SCHRIFTEN ZUR BODENDENKMALPFLEGE IN NORDRHEIN-WESTFALEN

Band 3

EIN LAND MACHT GESCHICHTE

Archäologie in Nordrhein-Westfalen

€ 11,50

VERLAG PHILIPP VON ZABERN · GEGRÜNDET 1785 · MAINZ

MINISTERIUM FÜR STADTENTWICKLUNG UND VERKEHR
DES LANDES NORDRHEIN-WESTFALEN

Ein Land macht Geschichte

Archäologie in Nordrhein-Westfalen

Römisch-Germanisches Museum der Stadt Köln

Herausgegeben von Heinz Günter Horn,
Hansgerd Hellenkemper, Harald Koschik, Bendix Trier

im Auftrag des Ministeriums für Stadtentwicklung
und Verkehr des Landes Nordrhein-Westfalen
in Zusammenarbeit mit

dem Rheinischen Amt für Bodendenkmalpflege
des Landschaftsverbandes Rheinland, dem Westfälischen
Museum für Archäologie/Amt für Bodendenkmalpflege
des Landschaftsverbandes Westfalen-Lippe
und dem Römisch-Germanischen Museum/Amt für
Bodendenkmalpflege der Stadt Köln

Begleitbuch zur Landesausstellung
EIN LAND MACHT GESCHICHTE
Archäologie in Nordrhein-Westfalen

Köln, Römisch-Germanisches Museum
18. März bis 24. September 1995

Münster, Westfälisches Museum für Archäologie
November 1995 bis März 1996

Leitung: Hansgerd Hellenkemper, Heinz Günter Horn

Koordination: Hansgeorg Stiegeler und Ute Klatt

Brigitte Beyer-Rotthoff, Winfried Fischer, Alfred Hendricks,
Hans-Eckart Joachim, Peter Lanser, Hartwig Lüdtke,
Friederike Naumann-Steckner, Gundolf Precht,
Anita Rieche, Matthias Riedel, Hans-Joachim Schalles,
Gisela Schumacher-Matthäus

Architektur: Siegfried Ellegiers mit Agnes Konietzko
(Architekturbüro von Lom & Partner)

Lichtplanung: Robin Uber

Baukoordination: Paul Josef Kohlhof

Textredaktion des Begleitbuches: Joachim von Freeden

Sekretariat: Elke Schmickler

Restauratorische Betreuung durch
die Restaurierungswerkstätten des Rheinischen
Landesmuseums Bonn,
des Westfälischen Museums für Archäologie/Amt für
Bodendenkmalpflege Münster,
des Westfälischen Museums für Naturkunde Münster,
des Römisch-Germanischen Museums/Amt für
Archäologische Bodendenkmalpflege Köln

Umschlag vorne: Bemalter Glaspokal aus Köln (Detail). Achilles. Um 200 n. Chr. (siehe S. 269).

Vorsatz vorne: Römische Badeanlage in Zülpich/Kreis Euskirchen. Pfeiler der Fußboden-(Hypokausten-)Heizung. 3. Jahrhundert n. Chr.

Frontispiz: Verzierte Kelchgläser aus Herford. Spätes 16. Jahrhundert (siehe S. 316).

Vorsatz hinten: Taufkeller (fossa sanguinis) der kleinasiatischen Göttin Kybele in Neuss-Gnadental. Mauerdetail. 2. Hälfte 3. Jahrhundert n. Chr.

Umschlag hinten: Tonrelief mit tanzenden Eroten aus Gelsenkirchen. Schloß Horst. 3. Viertel 16. Jahrhundert (siehe S. 308).

360 Seiten mit 261 Farb- und 59 Schwarzweißabbildungen

ISBN 3-8053-1801-4
ISBN 3-8053-1793-X (Museumsausgabe)
Gestaltung: Lothar Bache, Verlag Philipp von Zabern
Satz: Typo-Service Mainz
Lithos: M&R, Wiesbaden
Papier: Papierfabrik Scheufelen, Lenningen
Gesamtherstellung: Verlag Philipp von Zabern, Mainz
Printed in Germany/Imprimé en Allemagne
Printed on fade resistant and archival quality paper
(PH 7 neutral)

Inhalt

Franz-Josef Kniola, Vorwort 9

Einführende Beiträge

Heinz Günter Horn, Aspekte des Bodendenkmalschutzes und der Bodendenkmalpflege in Nordrhein-Westfalen 13

Bendix Trier, Bodendenkmalpflege in Westfalen 1990–1994 25

Alfred Hendricks, Paläontologische Bodendenkmalpflege in Westfalen-Lippe 42

Harald Koschik, Bodendenkmalpflege im Rheinland 1990–1994 49

Gundolf Precht, Bodendenkmalpflege im Bereich der *Colonia Ulpia Traiana* in Xanten 67

Hansgerd Hellenkemper, Archäologie in Köln 79

Georg Hauser, Die Domgrabung Köln – Vorgeschichte und Geschichte einer Kathedrale 91

Kommunale Bodendenkmalpflege

Henriette Brink-Kloke, Archäologie am Hellweg in Dortmund 97

Andreas König, Archäologische Stadtkernforschungen in Höxter an der Weser 101

Helmut Luley und Elke Treude, Bodendenkmalpflege in Lippe 105

Walter Melzer, Stadtarchäologie in Soest 110

Günter Krause, Stadtarchäologie in Duisburg 119

Detlev Hopp, Archäologie im Herzen der Essener Innenstadt 124

Marcell Perse, Archäologie vor den Toren – Bodendenkmalpflege in Jülich 1989–1994 127

Christoph Reichmann, Stadtarchäologie in Krefeld 1990–1994 131

Claus Zerlach, Früheisenzeitliche Besiedlung in Moers 134

Sabine Sauer und Michael Kaiser, Archäologische Bodendenkmalpflege in Neuss 1990–1994 137

Erdgeschichte

Renate Gerlach und Richard Bersch, Fische aus dem Unterdevon 145

Jörg Niemeyer, Hagen-Vorhalle – Eine Fossillagerstätte von Weltrang 147

Klaus-Peter Lanser, Neue Funde aus der Jurazeit in Westfalen 152

Klaus-Peter Lanser und Jörg Niemeyer, Nehden – Eine kreidezeitliche Saurierfundstelle und die Geschichte ihrer Erforschung 156

Detlef Grzegorczyk, Ein seltenes Tertiär-Vorkommen bei Bünde 160

Klaus-Peter Lanser, Der Fund eines Steppenelefanten in den Ablagerungen der Lippe bei Dorsten/Kreis Recklinghausen 164

Wighart von Koenigswald, Martin Sander und Martin Walders, Eiszeitliche Löwenfährten aus Bottrop-Welheim 167

Vorgeschichtliche Zeit

Klaus Schmude und Horst Klingelhöfer, Altpaläolithische Fundstellen in Nordrhein-Westfalen 175

Klaus Günther, Jungsteinzeitliche Megalithgräber im östlichen Westfalen 177

Jürgen Weiner, Eine zimmermannstechnische Glanzleistung: der 7000 Jahre alte Eichenholzbrunnen aus Erkelenz-Kückhoven 179

Jürgen Gaffrey, Ein Flachgrab der Trichterbecherkultur in Coesfeld-Lette 188

Wolf Dieter Becker, Von verkohlten Nahrungsvorräten, geheimnisvollen Wällen und bitteren Mahlzeiten – Archäobotanische Untersuchungen in Westfalen 191

Hans-Otto Pollmann, Archäologie auf der MIDAL-Trasse in Ostwestfalen 195

Henriette Brink-Kloke, Jungbronzezeit am Hellweg in Dortmund-Oespel/Marten 198

Römische Zeit

Johann-Sebastian Kühlborn, Die Grabungen in den westfälischen Römerlagern Oberaden und Anreppen 203

Stephan Berke, Die Funde von Veltheim/Kreis Minden-Lübbecke 210

Elisabeth Dickmann, Der Handels- und Opferplatz der späten römischen Kaiserzeit in Castrop-Rauxel, Erin 213

Frank Siegmund, Manche Rätsel bleiben: eine ungewöhnliche Graburne aus Costedt 218

Julia Obladen-Kauder, Das römerzeitliche Plattbodenschiff von Xanten-Wardt 220

Hans-Joachim Schalles, Römische Funde aus dem Kies von Xanten-Wardt 223

Heinz Günter Horn, Wiederhergestellt – Ein Hemmoorer Eimer mit bacchischem Fries aus Xanten/Kreis Wesel 228

Sabine Leih, Der römische Hafen der *Colonia Ulpia Traiana* in Xanten 233

Gundolf Precht, Ein römisches Wasserrohr mit Absperrventil 236

KERSTIN KRAUS und THILO REHREN, Vom Gröbsten und vom Feinsten: zum Metallhandwerk in der Insula 39 der *Colonia Ulpia Traiana* 237

MARIA-THERESIA EHSES, Römische Maler in Xanten 241

PAUL WAGNER und GERHARD BAUCHHENSS, Die römischen Brunnen von Geilenkirchen-Hommerschen 244

WOLFGANG GAITZSCH und BERND PÄFFGEN, Der trunkene Hercules von Lich 251

WOLFGANG GAITZSCH, BERND PÄFFGEN und WINFRIED THOMA, Notgeld des späten 3. Jahrhunderts aus dem Hambacher Forst – Münzprägung in der *villa rustica* Hambach 206? 254

WOLFGANG GAITZSCH und BERND PÄFFGEN, Ein römischer Metallhort bei Aldenhoven-Pattern/Kreis Düren 256

RENATE PIRLING, Die Ausgrabungen auf den Gräberfeldern von Krefeld-Gellep 1990–1994 258

GERHARD BAUCHHENSS und RUT WIRTZ, Die Statuette einer Göttin aus Linnich 261

STEFAN NEU, Römische Gräber in Köln 265

STEFAN NEU, Die Entdeckung des Achilles – in Köln 269

RENATE THOMAS, Das römische Bronzepferdchen aus der *villa suburbana* am Barbarossaplatz in Köln 274

SURENDRA-KUMAR ARORA, WOLFGANG BOENIGK, WOLF-DIETER BECKER, FRANS P. M. BUNNIK, BURKHARD BÖHM und BURGHART SCHMIDT, Feuchtbodenprojekt Elsbachtal – Modell einer römischen Landschaft 276

Frühes Mittelalter, Mittelalter und Neuzeit

WOLFGANG GAITZSCH und BERND PÄFFGEN, Römische Siedlung, *burgus* und fränkisches Gräberfeld bei Steinstraß-Lich/Kreis Düren 285

CHRISTOPH GRÜNEWALD, Ausgrabungen in Beelen – Neue Erkenntnisse zur Frühgeschichte im östlichen Münsterland 289

URSULA FRANCKE, Eine merowingerzeitliche Bronzepfanne und ein Beinkamm aus Korschenbroich/Kreis Neuss 295

SVEN SEILER, Kölner Grabsteine aus dem 7.–11. Jahrhundert 297

SVEN SEILER und MARIANNE GECHTER, Das Grab des Bischofs Rudolf von Schleswig in St. Kunibert zu Köln 300

ANDREAS KÖNIG, Archäologische Bodenfunde aus der Altstadt von Höxter 304

ELMAR ALSHUT und HANS-WERNER PEINE, Vom Hof zum Schloß – Ausgrabung und Bauforschung an der Burg und dem Renaissance-Schloß Horst 308

HOLGER GREWE und MATTHIAS WEMHOFF, Die ‚Frau von Herford' und ihr Hausrat 316

MARGIT MERSCH und BERND THIER, Die Ausgrabungen im Kloster Brenkhausen bei Höxter – Das ehemalige Nonnenkloster Vallis Dei 321

Cornelia Kneppe und Hans-Werner Peine, Steinwerke, Brunnen und Kloaken – Ein Blick in die Geschichte der Warburger Altstadt 325

Jörg Heimeshoff, Das Statuenfragment einer Heiligen Barbara aus Düsseldorf 330

Ulrike Müssemeier, Ausgrabungen im spätmittelalterlichen bis frühneuzeitlichen Töpfereibezirk der Stadt Brühl/Erftkreis 333

Andrea Korte-Böger, Wohnhaus und Werkstatt in der Aulgasse 40–44 in Siegburg 336

Bernd Päffgen, Spätmittelalterliche Töpfereifunde aus Langerwehe/Kreis Düren 339

Hermann Mesch, Pfeifenfunde in der Zitadelle Jülich 346

Uwe Schellhas, Porzellan von einem Adelssitz im Ruhrgebiet 349

Abbildungsnachweis 352

Aufbewahrungsorte der abgebildeten Denkmäler und Modelle 352

Ortsverzeichnis 353

Vorwort

Nordrhein-Westfalen hat eine lange und wechselvolle Geschichte. Überall zwischen Nordeifel und Niederrhein, Wittgensteiner Land und Ostwestfalen-Lippe begegnet man ihren Zeugnissen. Selbst das Ruhrgebiet ist reich an Bau- und Bodendenkmälern. Unübersehbar prägen sie das Landschafts- und Siedlungsbild, belegen Vergangenes und Bewahrtes, Kontinuität, Wandel und Entwicklung gleichermaßen. Sie sind Merk- und Mahnmale oft längst vergangener Epochen, ‚Zeitmarken' von zumeist eindringlicher Originalität und Unmittelbarkeit; vielerorts machen sie überhaupt erst die Unverwechselbarkeit eines Dorfes, einer Stadt oder einer Region aus.

Der Schutz dieses einzigartigen kulturellen Erbes ist nicht nur in der nordrhein-westfälischen Landesverfassung festgeschrieben; auch das Denkmalschutzgesetz fordert, es zu schützen, zu pflegen, sinnvoll zu nutzen, wissenschaftlich zu erforschen und der Öffentlichkeit zugänglich zu machen. Denkmalschutz ist nicht das Hobby weniger: Er liegt im öffentlichen Interesse und geht alle an. Staat und Gesellschaft sind gesetzlich gehalten, dafür zu sorgen, daß das überkommene Kulturgut trotz aller aktueller Zwänge und zukunftsorientierter Erfordernisse so wenig wie möglich Schaden nimmt. Auch nachfolgende Generationen haben das Recht, ihre Geschichte dinglich zu fassen und im wahrsten Sinne des Wortes be‚greifen' zu können. Dies bedeutet, daß sich heute ein jeder in der Verantwortung sehen muß. Ohne das bürgerschaftliche Engagement – d. h. die Bereitschaft jedes einzelnen, sich für den Schutz, die Pflege und den Erhalt der von Menschenhand über Jahrtausende gestalteten bzw. historisch gewachsenen Umwelt nach Kräften einzusetzen – ist jedes amtliche Handeln auf diesem Gebiet elementarer Lebensgrundlagen von vornherein zum Scheitern verurteilt.

Das Verständnis der Bürgerinnen und Bürger Nordrhein-Westfalens für Denkmalschutz und Denkmalpflege ist groß. Bisweilen fehlt es jedoch an Informationen, an einsichtiger Erklärung dessen, was von den Denkmalbehörden und -ämtern gewollt und getan wird. Allzu vieles bleibt unkommentiert und nicht nachvollziehbar. In einer Zeit, in der der Denkmalschutz bzw. die Denkmalpflege im allgemeinen und der Bodendenkmalschutz bzw. die Bodendenkmalpflege im besonderen immer wieder auf dem Prüfstand stehen und nach ihrem Sinn gefragt, ihre Kosten aufgerechnet und ihre Notwendigkeit bezweifelt werden, ist es erforderlich, regelmäßig über ihre Zielsetzung, ihre Arbeit und ihre Erfolge zu unterrichten.

Dabei geht es darum, Denkmalschutz und Denkmalpflege auch unter veränderten Rahmenbedingungen nicht als das öffentliche Interesse erscheinen zu lassen, das in den erforderlichen Abwägungsprozessen am ehesten aufgegeben werden kann; es muß stärker als bisher deutlich werden, daß beide unverzichtbare Voraussetzungen etwa für eine auch langfristig sinnvolle Landesplanung oder eine auf den Menschen und dessen Bedürfnisse ausgerichtete Stadtentwicklung sind. Viel zu häufig werden nur die kulturellen Aspekte gesehen. Viel zu selten wird dagegen die ökologische und ökonomische Bedeutung von Denkmalschutz und Denkmalpflege erkannt und betont. Erwiesenermaßen sichern sie nämlich Natur- und Lebensräume, geben vornehmlich klein- und mittelständischen Betrieben Arbeit. Bau- und Bodendenkmäler sind ein Kapital, mit dem sich wuchern läßt, und gerade für ein so hochindustrialisiertes und technisiertes Land wie Nordrhein-Westfalen nicht selten wichtige Standortfaktoren.

Dem Denkmalschutz und der Denkmalpflege hängt landauf landab der Ruf an, alles zu verzögern oder gar zu verhindern, zumindest aber zu behindern. Dieses

Image – das zeigt der Alltag – ist unzutreffend und muß sich ändern. Dazu können zunächst einmal die zuständigen Bau- und Bodendenkmalpflegeämter sowie die Denkmalbehörden selbst beitragen. Viele Entscheidungen könnten schneller fallen, auch wenn manchenorts personelle Engpässe bestehen. Oft wären Verfahren möglich, die allen Beteiligten Kompromisse abverlangen, wenn nur die entsprechende Bereitschaft dazu bestünde. Ob es in bau- und bodendenkmalpflegerischen Fragen bei öffentlichen und privaten Planungen bzw. Baumaßnahmen letztendlich zu einvernehmlichen, in jeder Beziehung vertretbaren Lösungen kommt, hängt auch von den anderen Verfahrensbeteiligten, wie Städte- und Verkehrsplanern, Bauherren, Architekten und Investoren, ab; ihnen muß bewußt sein, daß sie auch selbst zum aktiven Denkmalschutz aufgerufen sind.

In diesem Zusammenhang ist die für die Anliegen der Bau- und Bodendenkmalpflege werbende Öffentlichkeitsarbeit von großer Bedeutung. Der Erfolg der archäologischen Landesausstellung im Jahre 1990, die damals erstmals einem breiten Publikum eine Übersicht über die gesamten Aktivitäten der nordrhein-westfälischen Bodendenkmalpflegeämter gab, ermunterte, auf diesem Wege fortzuschreiten.

Die diesjährige Präsentation z. T. herausragender und zumeist noch nie öffentlich gezeigter Bodenfunde aus den unterschiedlichsten Abschnitten der Erd- und Menschheitsgeschichte, die den selbstbewußten Titel „Ein Land macht Geschichte" trägt, berichtet wieder in anschaulicher Weise über die bodendenkmalpflegerische Arbeit im Feld, in den Restaurierungswerkstätten und am Schreibtisch. Das zugehörige Begleitbuch wird, so steht zu erwarten, erneut eine Dokumentation von bleibendem Wert sein. Im Vordergrund steht das Erreichte. Die insgesamt positive Bilanz sollte jedoch niemanden dazu verleiten, sich damit zufriedenzugeben; Verbesserungen sind auch in Nordrhein-Westfalen noch nötig und möglich. Die Landesregierung wird sich trotz der angestrengten Haushaltslage ihren Verpflichtungen in der Bodendenkmalpflege nicht entziehen. Es bestehen gute Gründe für die Annahme, daß dies auch die beiden Landschaftsverbände und die Stadt Köln nicht tun wollen. Die übrigen nordrhein-westfälischen Kommunen und Kommunalverbände sollten dadurch ermutigt werden, ihrerseits ebenfalls einen entsprechenden Beitrag zur Sicherung ihrer vielfach ureigensten Geschichte und deren materiellen Hinterlassenschaften im Boden zu leisten.

Ausstellung und Begleitbuch würden dann ihren Zweck erfüllen, wenn sie möglichst vielen Bürgerinnen und Bürgern Nordrhein-Westfalens vermitteln könnten, daß sie ohne die Bodendenkmalpflege und bei einem endgültigen Verlust der ausgestellten Objekte ein beträchtliches Stück Geschichtlichkeit und Identität verloren hätten.

Das Ausstellungs- und Publikationsvorhaben wäre ohne die tatkräftige Unterstützung der Bodendenkmalpflegeämter in Bonn, Münster und Köln nicht zustande gekommen. Stellvertretend für alle, die in irgendeiner Form an den Projekten mitgearbeitet haben, danke ich vor allem Herrn Prof. Dr. Hansgerd Hellenkemper, dem Direktor des Römisch-Germanischen Museums/Amt für Archäologische Bodendenkmalpflege der Stadt Köln, für seinen außergewöhnlichen Einsatz im Interesse der Sache. Er und sein Team haben sich in besonderem Maße um die nordrhein-westfälische Bodendenkmalpflege verdient gemacht. Möge der Erfolg der Ausstellung und des Begleitbuches die vielfältigen Anstrengungen lohnen.

FRANZ-JOSEF KNIOLA
Minister für Stadtentwicklung und Verkehr des Landes Nordrhein-Westfalen

Einführende Beiträge

Aspekte des Bodendenkmalschutzes und der Bodendenkmalpflege in Nordrhein-Westfalen

Heinz Günter Horn

Fast fünfzehn Jahre hatten nun die Bürgerinnen und Bürger, die Räte und Verwaltungen der Städte, Gemeinden und Kreise, die Denkmalbehörden und die Bodendenkmalpflegeämter Nordrhein-Westfalens Gelegenheit, das Denkmalschutzgesetz, das am 1. Juli 1980 in Kraft trat, seine Anwendungs- und Umsetzungsmöglichkeiten sowie seine Auswirkungen in den verschiedensten Bereichen zu erproben bzw. kennenzulernen.

In dieser Zeit zeigte sich eines besonders deutlich: Der Bodendenkmalpflege fällt es wesentlich schwerer als ihrer ,Schwesterdisziplin', der Bau- und Kunstdenkmalpflege, ihre Vorstellungen und Ziele verständlich zu machen und sich mit ihren Anliegen durchzusetzen. Dies hat in erster Linie wohl folgende Gründe:

Zum einen läßt sich zugegebenermaßen des öfteren über die Erfahrbarkeit, die Ausdehnung bzw. Abgrenzung und den historischen, materiellen oder auch wissenschaftlichen Wert eines Bodendenkmals ebenso trefflich streiten wie über die Notwendigkeiten seines Schutzes und seiner Erhaltung. Tausend Diskutanten ergeben tausend und noch mehr Meinungen. Verständlicherweise ist nicht jedem einsichtig, daß ein paar von durchfeuchteten oder eingeschwemmten Gräben begleitete Wälle, die seit Menschengedenken schon den Bauern eine lohnende Nutzung ihrer Äcker erschweren, die Reste mittelalterlicher Grenzanlagen (Landwehren) und damit schutzwürdige Zeugnisse der nordrhein-westfälischen Landes- und Territorialgeschichte sind, daß die bei Wald- und Forstarbeiten so hinderlichen Hügel möglicherweise die letzten erkennbaren Hinweise auf einen ausgedehnten vorgeschichtlichen Friedhof darstellen oder daß es sich bei einem vermeintlich freien Gelände, das gerade zur Bebauung ansteht, um das Areal eines ehemaligen römischen Gutshofes handelt und im Boden mit bedeutender archäologischer Substanz gerechnet werden muß, die dringend des gesetzlichen Schutzes bedarf. Da ist es schon mehr als nützlich, daß das Oberverwaltungsgericht Münster zwischenzeitlich im Zusammenhang mit dem annähernd 500 Hektar großen Bodendenkmal „Die Berge" bei Borken, einer jungsteinzeitlichen Siedlungskammer, die für ein ungeübtes Auge und den Laien kaum auszumachen ist, wichtige Festlegungen zur Beweispflicht der Bodendenkmalpflegeämter und Denkmalbehörden bei Unterschutzstellungsverfahren getroffen hat (vgl. Urteil vom 5.3.1992 – 10 A 1748/86 – BauR 1992, 617). Danach ist es nicht erforderlich, ein Bodendenkmal an- oder gar auszugraben, um seine Existenz und seinen Denkmalwert im Sinne des Gesetzes glaubhaft nachzuweisen. Da jede Ausgrabung zugleich auch Zerstörung bedeutet, würde dies dem Schutzgedanken zuwiderlaufen. Nach Auffassung der Richter reicht es vielmehr aus, sich bei der Beweisführung auf Indizien, z.B. auf die Ergebnisse einer intensiven, flächendeckenden Geländebegehung, die charakterisierende Oberflächenfunde erbrachte, auf aussagekräftige Luftbilder und historische Schrift- bzw. Bildquellen – etwa auf alte Urkunden und Berichte, Karten, Pläne und Ansichten –, auf entsprechende Resultate von Radar- und Widerstandsmessungen oder Phosphatanalysen sowie auf geeignete Analogieschlüsse, d.h. auf vergleichbare archäologische Gegebenheiten und Erfahrungen anderswo zu stützen. Den Bodendenkmalpflegeämtern wird dabei eine hohe Fachkompetenz und Glaubwürdigkeit attestiert; ihre Beweis- und Argumentationskette muß – so ist der Begründung der oberverwaltungsgerichtlichen und letztinstanzlichen Entscheidung in Sachen „Die Berge" zu entnehmen – nicht jeden, sondern eigentlich nur ein Gericht überzeugen. Damit ist in dieser Beziehung die notwendige Rechtssicherheit geschaffen. Über Bodendenkmäler und deren Denkmalwert kann man eben nicht abstimmen und mehrheitlich entscheiden.

◁ *Steinstraß-Lich/Kreis Düren. Römische Befestigungsanlage (burgus) und fränkisches Gräberfeld. Luftbild (siehe S. 285).*

Zum anderen sorgen die Bodendenkmalpflegeämter als Anwälte der Bodendenkmäler notwendigerweise immer wieder für Unruhe und Konflikte. Sie haben es nämlich mit einem Kulturgut zu tun, das weitgehend unsichtbar im Boden steckt und oft erst im Zuge unterschiedlichster Erdbewegungen und Baumaßnahmen unvermutet zutage tritt. Zwangsläufig kommen die dann erforderlichen bodendenkmalpflegerischen Aktivitäten meistens zur Unzeit, stoßen auf Unverständnis nicht allein bei den unmittelbar Betroffenen, sondern auch in der gewöhnlich über die Umstände und Hintergründe nur unzureichend unterrichteten Öffentlichkeit und schaffen Verärgerung. Daß die Bodendenkmalpflege allen sozial- und wirtschaftspolitisch notwendigen, auf die Zukunft gerichteten Entwicklungen in Stadt und Land entgegenstehe, ist immer wieder zu hören, wird aber auch durch Wiederholungen nicht ‚richtiger'; sie fühlt sich vielmehr auch in ihrem Einsatz für die bodendenkmalpflegerischen Belange dem Allgemeinwohl verpflichtet und ist stets der zuverlässige Partner derer, die mit Respekt vor den Zeugnissen der Geschichte, mit Vernunft und Augenmaß den Fortschritt planen.

Die Bodendenkmalpflegeämter in Nordrhein-Westfalen haben in den letzten Jahren mit Unterstützung des Landes vieles getan, um gerade im Bereich der Erfassung und Unterschutzstellung von Bodendenkmälern und in der Frage der Akzeptanz ihrer Arbeit voranzukommen. Auf diesem Gebiet ist jedoch noch manches zu tun.

Inzwischen sind ca. 3900 nordrhein-westfälische Bodendenkmäler bestandskräftig in die gemeindlichen Denkmallisten eingetragen. Damit sind – so schätzen die Bodendenkmalpflegeämter – ca. 10% der schützenswerten Objekte erfaßt. Dies ist in Anbetracht des enormen Ermittlungsaufwandes im Vorfeld eines Unterschutzstellungsverfahrens recht beachtlich, kann jedoch dann nur bedingt zufriedenstellen, wenn man weiß, daß sich die archäologische Denkmalpflege nur dann angemessen Gehör zu verschaffen vermag, wenn es um das Schicksal eines eingetragenen Bodendenkmals geht. Insofern bleibt die Bodendenkmälererfassung, die wichtigste Voraussetzung für eine Eintragung, noch auf unabsehbare Zeit die vorrangigste Aufgabe der Fachämter.

Der weitgefaßte Denkmalbegriff des nordrhein-westfälischen Denkmalschutzgesetzes gilt auch für den Bereich der Bodendenkmalpflege. Er erstreckt sich nicht nur auf die traditionellen Objekte, wie beispielsweise vor- und frühgeschichtliche Ring- und Abschnittswälle, römische Kastelle, Siedlungen und Gutshöfe oder auch mittelalterliche Niederungsburgen, Töpfereien, Kirchen- und Klosteranlagen. Er umfaßt u. a. auch historische Straßen- und Wegeverbindungen, Schiffahrtskanäle, Flurrelikte, Abbau- und Verhüttungsspuren, Mühlengräben, Deichbauten und Flachsgruben, sofern sie z. B. besonders geeignet sind, die mit der Arbeitswelt des Menschen verbundenen verkehrlichen, wirtschaftlichen und sozialen Verhältnisse im Lauf der Jahrtausende zu dokumentieren. Die Bodendenkmalpflege wird sich wohl auch mit den dinglichen Zeugnissen unserer jüngsten Vergangenheit, sofern sie sich im Boden befinden oder befanden und noch wichtige Rückschlüsse auf das Denken, Wollen und Handeln in der nationalsozialistischen Zeit zulassen, auseinandersetzen müssen; trotz der gewöhnlich außerordentlich guten Quellenlage weiß sie nämlich oft durch ihre Methoden doch noch wesentliches zur Dokumentation und Erforschung etwa von Flak-Stellungen, Bunkern oder Konzentrationslagern beizutragen. Es ist also nicht nur im Sinne des Denkmalschutzes, sondern auch ein bewußtes Bekenntnis zur eigenen Geschichte, wenn derzeit in Nordrhein-Westfalen die nationalsozialistischen Unrechtsstätten systematisch erfaßt werden. Ähnlich bedeutsam ist ein Projekt, das sich mit dem jüdischen kulturellen Erbe hierzulande befaßt; erstmals wird dabei so umfassend wie möglich einem wichtigen Aspekt nicht allein nordrhein-westfälischer, sondern sogar abendländischer Kunst- und Kulturgeschichte nachgegangen.

Nach dem Denkmalschutzgesetz NW können auch Zeugnisse tierischen und pflanzlichen Lebens aus erdgeschichtlicher Zeit zu den erhaltens- und schützenswerten Bodendenkmälern zählen. Sicherlich erfüllt nicht jeder Aufschluß und jedes Fossil die hierfür erforderlichen Voraussetzungen; gleichwohl gibt es in Nordrhein-Westfalen doch zahlreiche fossile Lagerstätten, die – wie der Steinbruch von Hagen-Vorhalle oder die Mergelgruben des Dobergs bei Bünde – wegen ihrer Einzigartigkeit und weltweiten Bedeutung zweifellos Denkmalwert besitzen und dauerhaft

Velen-Ramsdorf/Kreis Borken. Bronzezeitlicher Grabhügel. Um 1500 v. Chr. ▷

Hilchenbach/Kreis Siegen-Wittgenstein. Bergbauwüstung Altenberg. Pingenfeld. 13. Jahrhundert.

Lübbecke/Kreis Minden-Lübbecke. Mittelalterliche/frühneuzeitliche Hohlwege. ▷

zu schützen sind. Dies bedeutet zwangsläufig, daß sie dem allgemeinen Zugriff entzogen sind. Dort Fossilien bergen zu wollen erfordert in jedem Fall eine Grabungserlaubnis; jedes unerlaubte Handeln zieht zu Recht ein Ordnungswidrigkeitsverfahren nach sich. Es ist sicherlich nicht ganz einfach, die zahlreichen Paläontologen in Nordrhein-Westfalen von dieser Gesetzeslage zu überzeugen; es bleibt zu hoffen, daß hier ein Rechtsgutachten zu Fragen der paläontologischen Denkmalpflege, das vom Ministerium für Stadtentwicklung und Verkehr als Oberster Denkmalbehörde in Auftrag gegeben wurde und noch im Jahr 1995 veröffentlicht werden soll, aufklärt und die bisher im Lande mit großer Emotionalität und äußerst kontrovers geführte Diskussion dieses Themas versachlicht und beendet.

Die heutige Bodendenkmalpflege hat die vorrangige Aufgabe, dafür zu sorgen, daß die noch vorhandene archäologische Substanz vornehmlich in den Innenstadtbereichen, wo die Bauwirtschaft besonders boomt und der Veränderungsdruck zunehmend stärker wird, so weit wie möglich erhalten bleibt; andererseits kann sie sich selbstverständlich den notwendigen städtebaulichen Veränderungen und Entwicklungen nicht verschließen. So wird bei allen öffentlichen und privaten Planungen bzw. Baumaßnahmen, die Bodendenkmäler zu gefährden oder zu zerstören drohen, der archäologischen Denkmalpflege geradezu ein ‚Drahtseilakt' abverlangt. Die Erfahrung lehrt jedoch, daß selbst bei komplizierter Ausgangslage Ergebnisse zustandekommen können, mit denen Bodendenkmalpfleger, Städteplaner, Architekten und Investoren gleichermaßen zu leben vermögen. Wichtig ist, rechtzeitig sozusagen die bodendenkmalpflegerischen ‚Eckdaten' und ‚Schmerzgrenzen' zu kennen. Hier setzt die archäologische Bestandsaufnahme der Fachhochschule Köln (Fachbereich Architektur) in Verbindung mit den beiden Bodendenkmalpflegeämtern Rheinland und Westfalen-Lippe an, die aus Mitteln der Stadterneuerung finanziert wird und darauf abzielt, zunächst einmal in ausgewählten historischen Orts- und Stadtkernen Nordrhein-Westfalens – darunter Stolberg/Kreis Aachen, Bedburg-Kaster/Erftkreis, Hennef-Blankenberg/Rhein-Sieg-Kreis, Tecklenburg/Kreis Steinfurt und Soest – alles das zusammenzufassen und darzustellen, was man über die Orts- und Stadtgeschichte weiß, unterirdisch noch erhalten ist und für die archäologische Denkmalpflege von Interesse und Belang sein könnte. Schon jetzt zeigt sich, daß die auf diese Weise zusammengetragenen und den Kommunen an die Hand gegebenen Daten und Unterlagen helfen, Probleme mit der Bodendenkmalpflege und der Archäologie, die dadurch in allem berechenbarer werden, insbesondere in den innerstädtischen Bereichen zu lösen, zumindest aber zu vermindern. Deshalb soll diese vorbeugende und durchaus pragmatische archäologische Denkmalpflege in Nordrhein-Westfalen weiter intensiviert werden; sie liegt letztendlich auch im Interesse der Städte und Gemeinden, die dadurch ein beachtliches Mehr an gestalterischer Freiheit und Planungssicherheit erhalten.

Nach wie vor ist es das erklärte Ziel der nordrhein-westfälischen Bodendenkmalpflege, möglichst viele archäologisch bedeutsame Flächen in öffentliches Eigentum zu bringen und als ‚Archäologische Reservate' dauerhaft zu schützen. Wie weit sie damit kommt, hängt davon ab, ob ihr die für den Grunderwerb erforderlichen finanziellen Mittel zur Verfügung stehen. In diesem Zusammenhang ist es besonders dem Engagement der Nordrhein-Westfalen-Stiftung Naturschutz, Heimat- und Kulturpflege zu verdanken, daß sich Nordrhein-Westfalen inzwischen rühmen darf, mit den jungsteinzeitlichen Landschafts- und Siedlungsstrukturen der Ammerter Mark bei Heek/Kreis Borken, den eisenzeitlichen Wallanlagen bei den Bruchhauser Steinen unweit von Olsberg/Hochsauerlandkreis, dem gallo-römischen Kultbezirk von Varnenum bei Aachen-Kornelimünster und dem spätantiken Kastell ‚Haus Bürgel' bei Monheim/Kreis Mettmann nicht nur einige hochrangige Bodendenkmäler auf Dauer ungefährdet zu wissen, sondern auch die größten derartigen Schutzzonen in Deutschland zu besitzen. Daß sich in allen diesen Fällen die Interessen des Denkmalschutzes mit denen des Naturschutzes decken, machte und macht manches leichter. Auch in Zukunft sollten beide Bereiche ‚an einem Strang ziehen', sind es doch nur zwei Seiten ein und derselben Medaille. Dem Denkmalschutz geht es nämlich ebenso wie dem Naturschutz um einen verantwortungsbewußten Umgang mit unserer Umwelt und – soweit möglich – um deren Bestandssicherung. Das jetzt auch im Rahmen von Umweltverträglichkeitsprüfungen verstärkt die Auswirkungen geplanter Maßnahmen auf die Kulturgüter, wie z. B. Bodendenkmäler, eingehender als

Schermbeck/Kreis Wesel. Wälle und Gräben der Klever Landwehr von 1417.

früher untersucht werden, ist zu begrüßen; auf diese Weise lassen sich manche Gefahren für das kulturelle Erbe im Boden rechtzeitig erkennen und abwenden.
Für Nordrhein-Westfalen ist der Archäologische Park in Xanten nach wie vor von außerordentlicher denkmalpolitischer Bedeutung und zweifellos ein überzeugendes Beispiel dafür, wie eine über viele Jahre unbeirrte und gezielte Denkmalförderung, die zu einem gelenkten ‚Bildungstourismus' geführt hat, einer

strukturschwachen Region neue wirtschaftliche Perspektiven eröffnet. Inzwischen sind mehr als 80% der *Colonia Ulpia Traiana*-Xanten, der einzigen weitgehend unüberbauten römischen Stadt nördlich der Alpen, mit Landesmitteln käuflich erworben, einer Nutzung, die dem bedeutsamen Bodendenkmal schaden könnte, entzogen und für die Forschung gesichert worden. Ca. 350 000 Besucher pro Jahr bestätigen das Konzept des Archäologischen Parks, an wenigen ausgewählten Beispielen den römischen Städtebau und seine Architektur modellhaft darzustellen und für ein breites Publikum erfahrbar zu machen.

Im Denkmalschutzgesetz NW ist das Verursacherprinzip nicht ausdrücklich verankert. Dennoch hat vor kurzem das Verwaltungsgericht Aachen entschieden (VG Aachen, Urteil vom 6. 9. 1994–5 K 3521/92 – nicht rechtskräftig), daß es rechtens ist, im Wege der denkmalrechtlichen Erlaubnisse nach den §§ 9 und 13 DSchG NW dem Erlaubnisnehmer über Nebenbestimmungen nach § 36 Abs. 1 (Zweite Alternative) VwVfG NW bzw. § 13 Abs. 3 DSchG NW aufzugeben, auftretende archäologische Substanz zu sichern, wissenschaftlich untersuchen und bergen zu lassen sowie diesen Vorgang zu dokumentieren. Daß ein Erlaubnisnehmer die Kosten für die archäologischen Maßnahmen zu tragen hat, ist nach Auffassung des Gerichts sachgemäß und liegt im öffentlichen Interesse. Mit diesem Urteil hat sich die rechtliche und auch finanzielle Situation der nordrhein-westfälischen Bodendenkmalpflege erheblich verbessert; gleichzeitig muß sie sich aber weit mehr als bisher gefordert sehen. Das von den Bodendenkmalpflegeämtern bislang immer wieder vorgebrachte Argument, die ihnen gesetzlich zugewachsenen bodendenkmalpflegerischen Aufgaben nur so weit erfüllen zu können, wie dies Stellen- und Haushaltsplan zulassen, verliert damit nämlich an Überzeugungskraft. Eine konsequente Anwendung der gesetzlichen Bestimmungen – so steht zu erwarten – wird ihre Möglichkeiten, im Bedarfsfalle organisatorisch und personell kurzfristig und projektbezogen reagieren zu können, erhöhen.

Seit einigen Jahren stehen die Bodendenkmalpflegeämter in einer gewissen Konkurrenz zu den sogenannten Grabungsfirmen. Die Vorstellung, bodendenkmalpflegerische Arbeiten an Privatunternehmen zu übertragen, ist in einer Zeit, in der man über die Verschlankung der öffentlichen Verwaltung und die Privatisierung eines Großteils ihrer Aufgaben bzw. Tätigkeiten intensiv nachdenkt, außerordentlich verlockend. Es zeigt sich jedoch, daß eine solche Aufgabenverlagerung im Bereich der Bodendenkmalpflege, die z. B. im Vorfeld einer Baumaßnahme unwiederbringliches Kulturgut nicht möglichst schnell und kostensparend zu entsorgen, sondern mit der gebotenen wissenschaftlichen Verantwortung bzw. Sorgfalt – allerdings unter Beachtung einer vernünftigen Kosten-Nutzen-Relation – zu untersuchen und zu dokumentieren hat, nur bedingt möglich ist. Wirtschaftliche Überlegungen gepaart mit finanziellem Gewinnstreben führen bei archäologischen Untersuchungen nur selten zu vertretbaren Resultaten. Das öffentliche Interesse definiert sich hier nämlich nicht in der ‚Altlastenbeseitigung', sondern in der Rettung von unterirdischen Geschichtszeugnissen, deren Aussagewert nicht zuletzt von der Sorgfältigkeit und der Zuverlässigkeit der Grabungsdokumentationen abhängt. Verschiedene Grabungsfirmen verfügen durchaus über qualifiziertes Personal; etliche sind sogar an universitäre Fachinstitute gebunden. Die Seriosität und die Qualität ihrer Arbeit bzw. Arbeitsergebnisse lassen sich oft durchaus mit denen der Bodendenkmalpflegeämter vergleichen. In Anbetracht der gewaltigen Aufgaben in der archäologischen Denkmalpflege wäre also ein Miteinander von Bodendenkmalpflegeämtern und Grabungsfirmen denkbar und sicherlich geeignet, manche objektiv bestehenden Probleme zu lösen.

Es wird auch in Zukunft nicht darum gehen können, die amtliche Bodendenkmalpflege im Zuge von Aufgabenkritik und funktionaler Reformen allein auf administrative und gutachterliche Tätigkeiten zurückzudrängen. Sie muß vielmehr weiterhin befähigt bleiben, auch selbst zu prospektieren, auszugraben und zu veröffentlichen, sich fortzubilden und sich auf diese Weise immer wieder zu qualifizieren. Das Fachwissen bedarf einer ständigen Auffrischung und Vertiefung; es ist die Basis jeglicher Kompetenz. Die Bodendenkmalpflegeämter besitzen zahllose Möglichkeiten zu forschen; sie müssen nur erkannt und genutzt werden. Die äußerst intensive Untersuchung des jungsteinzeitlichen Holzbrunnens und der zugehörigen Siedlung in Erkelenz-Kückhoven/Kreis Heinsberg oder die systematischen Flächengrabungen im Bereich des augusteischen Römerlagers von Bergkamen-Oberaden/Kreis Unna mit ihren europaweit anerkannten Ergebnissen zeigen dies eindrucksvoll.

Nettetal-Kaldenkirchen/Kreis Viersen. Flachsröstgruben des 19. Jahrhunderts.

Ähnlich verhält es sich auch mit dem Feuchtbodenprojekt im Elsbachtal bei Jüchen/Kreis Neuss an der Kante des Braunkohlentagebaus Garzweiler I, wo – einmalig in Europa – mit erheblichem Maschinen- und Personaleinsatz großflächig die Landschafts- und Siedlungsgenese eines Kleinraumes erforscht wird. Dieses Unternehmen zeigt zudem, daß die interdisziplinäre Zusammenarbeit mit der Geologie und Sedimentologie, der Hydrologie und Klimatologie, der Paläobotanik, Paläozoologie und Dendrochronologie, kurz: mit den Naturwissenschaften verschiedenster Art für die Bodendenkmalpflege heutzutage unver-

Erkelenz-Kückhoven/ Kreis Heinsberg. Ausgrabung des jungsteinzeitlichen Holzbrunnens in einer Kiesgrube. Ende 6. Jahrtausend v. Chr.

Witten-Annen/Ennepe-Ruhr-Kreis. Freigelegter Löschteich des ehemaligen Konzentrationslagers, errichtet 1944.

Witten-Annen/Ennepe-Ruhr-Kreis. Blechbehälter aus der Verfüllung des Löschteiches des ehemaligen Konzentrationslagers.

zichtbar geworden ist, wenn der archäologische Befund umfassend interpretiert und ausgewertet werden soll.
Die unaufhaltsam fortschreitenden Braunkohlentagebaue zwischen Köln, Aachen und Mönchengladbach, denen der Großteil einer historischen Kulturlandschaft samt ihrer dinglichen Zeugnisse zum Opfer fällt, gestatten schon lange keine flächendeckenden archäologischen Untersuchungen mehr. An die Stelle eher vom Zufall bestimmter Einzelaktionen sind jetzt von bestehenden Forschungsdefiziten und -desideraten geprägte bzw. formulierte Schwerpunktprogramme getreten, wie etwa die zielgerichtete Erforschung der ländlichen Besiedlung im Hinterland der römischen Provinz Niedergermanien oder der mittelalterlichen Dorfentwicklung. Diese und andere Forschungsvorhaben – insbesondere in Kooperation mit den einschlägigen Instituten vornehmlich nordrhein-westfälischer Universitäten – zu ermöglichen und zu intensivieren ist auch das erklärte Ziel der Stiftung zur Förderung der Archäologie im Rheinischen Braunkohlenrevier, die derzeit hierfür jährlich ca. eine Million DM zur Verfügung stellt.
Sich nur auf das wesentliche zu beschränken, müßte mehr denn je die Devise der nordrhein-westfälischen Bodendenkmalpflegeämter sein. Sich selbst in der originären Verantwortung für Wissenschaft und Forschung in der Bodendenkmalpflege zu sehen, die sog. Grabungsfirmen ggfs. die ‚Alltagsgeschäfte' erledigen zu lassen, könnte für die Zukunft eine durchaus vertretbare Aufgabenverteilung sein.
Man mag auf dem Standpunkt stehen, daß die Bodendenkmalpflegeämter in Nordrhein-Westfalen zunächst einmal überall dort tätig werden müßten, wo archäologische Substanz gefährdet ist. Ihre vordringliche Aufgabe wäre es, das von der Zerstörung bedrohte Material möglichst vollständig in die Archive und Magazine hinüberzuretten. Die wissenschaftliche Bearbeitung und Veröffentlichung könnte dann später erfolgen. Diese Auffassung wird von der nordrhein-westfälischen Bodendenkmalpflege selbst seit langem schon nicht mehr vertreten. Unpublizierte Grabungen sind nämlich totes Kapital und der mit ihnen verbundenen Investitionen eigentlich nicht wert. Die Bodendenkmalpflegeämter wissen um die Bedeutung abschließend bearbeiteter und publizierter Grabungen und Funde für ihre alltägliche Arbeit, insbesondere für ihre bodendenkmalpflegerischen Entscheidungen und für die Formulierung sinnvoller, allgemein akzeptierter Forschungsziele. Der archäologischen Denkmalpflege ist mehr mit einer fundierten und greifbaren Grabungspublikation als mit einer weiteren Ausgrabung gedient, deren Ergebnisse ‚gebunkert' werden und unbekannt bleiben. Aus diesem

Grunde wurden in den Denkmalförderungsprogrammen der letzten Jahre für die Bodendenkmalpflege in Nordrhein-Westfalen verstärkt Mittel für die wissenschaftliche Aufarbeitung sog. Altgrabungen ausgewiesen. So steht zu hoffen, daß in absehbarer Zeit z. B. die vor vielen Jahren teilweise mit großem finanziellen und personellen Aufwand durchgeführten Ausgrabungen in der karolingischen Kaiserpfalz in Paderborn, im Bereich der römischen Legionslager in Neuss oder westlich bzw. südlich des Kölner Doms veröffentlicht und damit für Wissenschaft und Forschung verfügbar werden.

Kein Zweifel: Die amtliche Bodendenkmalpflege in Nordrhein-Westfalen muß mit den ihr vornehmlich von Politik und Wirtschaft vorgegebenen Rahmenbedingungen, auf die sie selbst zumeist kaum Einfluß hat, leben. Sie darf sich ihnen jedoch nicht im vorauseilenden Gehorsam und/oder in Selbstaufgabe bedingungslos unterwerfen. Noch hat sie gute Karten; das Denkmalschutzgesetz stützt sie. Fachliche Kompetenz, uneingeschränkte Glaubwürdigkeit und Zuverlässigkeit sind ihr Kapital; sie muß es im Bewußtsein ihrer Aufgaben, ihrer Verantwortung und ihrer Möglichkeiten ständig einbringen. Die Fachämter sollten dabei die enge Kooperation mit allen gesellschaftlichen Kräften, die sich für den Denkmalschutz und die Denkmalpflege einsetzen, nicht scheuen. Die nordrhein-westfälische Bodendenkmalpflege kann beispielsweise durch eine noch stärkere Einbindung der städtischen Archäologen und der Universitäten, die zunehmend ihre Hilfe anbieten, nur gewinnen. Die Verantwortlichen überall im Lande bleiben aufgerufen, der archäologischen Denkmalpflege trotz aller derzeitigen wirtschaftlichen und finanziellen Zwänge wenigstens die bisherigen Arbeitsmöglichkeiten zu erhalten. Die Lebensgrundlagen und -bedingungen für morgen werden nämlich heute geschaffen. Dies erschöpft sich nicht nur in Investition und Expansion. Auch die Zukunft wird von unserer Vergangenheit – zumindest von dem, was noch von ihr übriggeblieben ist (sei es unter oder über dem Boden, sei es in den Museen oder in den Archiven) – geprägt sein. Die Frage nach den Wurzeln der Menschheit wird immer wieder gestellt werden. Wehe der Zeit, wehe der Gesellschaft, die darauf keine Antwort mehr zu geben und nichts von ihrer Geschichte vorzuzeigen weiß. Daran sollten alle, die von Amts wegen um eine gut funktionierende und erfolgreiche Bodendenkmalpflege besorgt sein müssen, stets denken.

Bodendenkmalpflege in Westfalen 1990–1994

Bendix Trier

Bereits im Begleitbuch für die Ausstellung „Archäologie in Nordrhein-Westfalen – Geschichte im Herzen Europas" (Köln 1990), war über die Geschichte des Westfälischen Museums für Archäologie/Amt für Bodendenkmalpflege und seine Aufgaben berichtet worden. Auch der organisatorische Aufbau des Hauses war schon angesprochen worden, zugleich mit dem Hinweis, daß die Dezentralisation der westfälischen Bodendenkmalpflege und Museumsarbeit ihre Grenzen habe und sich ihre Vorteile in das Gegenteil umkehrten, wenn lebenswichtige Kontakte innerhalb des Hauses oder zu anderen Institutionen erschwert würden.

Hinter diesen allgemein gehaltenen Bemerkungen stand damals die im Landschaftsverband Westfalen-Lippe und in der Öffentlichkeit geführte Diskussion um den künftigen Standort unseres Hauses. Die Verwaltung und die politischen Gremien des Landschaftsverbandes waren zu der Ansicht gelangt, daß das Westfälische Museum für Archäologie/Amt für Bodendenkmalpflege seinen angestammten Platz an der Rothenburg verlassen müsse, um hier zusätzlichen Platz für das Nachbarmuseum, das Westfälische Landesmuseum für Kunst und Kulturgeschichte, zu schaffen.

Schon bald machten die Städte Bielefeld, Dortmund und Herne der Stadt Münster mit konkurrierenden Offerten den Anspruch streitig, das Museum weiterhin zu behalten. Am 7. November 1991 fällte die Landschaftsversammlung des Landschaftsverbandes mit einer Stimme Mehrheit die schwerwiegende Entscheidung, zwar die Zentrale des Westfälischen Museums für Archäologie/Amt für Bodendenkmalpflege in Münster zu belassen, seine Münsteraner Schausammlung jedoch nach Herne in einen Neubau zu verlagern.

Inzwischen aber wurde das Vorhaben, in Herne ein neues Museum zu errichten, vom allgemeinen Sparzwang überholt. Der Neubau, für den vom Land Nordrhein-Westfalen, dem Landschaftsverband Westfalen-Lippe und der Stadt Herne ca. 75 Millionen Mark aufzubringen sind, wird in den kommenden Jahren nicht zu realisieren sein.

Während also der Verbleib der Schausammlung am angestammten Ort für die nächsten Jahre gesichert ist, wird unter dem Druck der Platznot, unter der sowohl unser Haus wie auch das Nachbarmuseum leidet, der Umzug der Zentrale in ein neues Quartier in Münster geplant. Wichtig ist dabei, daß die unverzichtbaren Kontakte zu anderen Institutionen in Münster mit ihren Wissenschaftlern, Bibliotheken und Archiven erhalten bleiben. Allerdings beginnt dann auch die örtliche Trennung vom Schausammlungsreferat, die, wenn später einmal die Distanz auf die Entfernung Münster–Herne angewachsen sein wird, den Landschaftsverband Westfalen-Lippe zur Schaffung der für den Schausammlungsbetrieb notwendigen Einrichtungen in Herne zwingt. Schädlich wäre es für die Symbiose zwischen den Arbeitsbereichen Bodendenkmalpflege und Schausammlung, wenn sich aus der örtlichen auch eine organisatorische Trennung entwickelte. Die Aufgabe der Schausammlungsreferate, immer aktuell über die Forschungsergebnisse der Bodendenkmalpflege zu berichten, ist unter ein und demselben organisatorischen Dach leichter zu erfüllen. Es ist zu hoffen, daß diese gegenseitig förderliche Verbindung in Westfalen-Lippe erhalten bleibt.

Dank der Sicherung der Arbeitsmöglichkeiten des Schausammlungsreferates Münster für die nächsten Jahre kann auch die Ausstellung „Ein Land macht Geschichte – Archäologie in Nordrhein-Westfalen" vom November 1995 bis zum März 1996 in den gewohnten Räumen in Münster gezeigt werden: Sonderausstellungen erhöhen die Attraktivität eines Museums. Sie verlocken in besonderem Maße dazu, immer wieder das Haus zu besuchen, wobei neben der aktuellen Ausstellung dann auch erneut die ständige Schausammlung Interesse findet. Gegenteilige Wirkung hat hingegen das Eintrittsgeld, das dem Besucher der Münsteraner Schausammlung seit 1993 abverlangt werden muß. Es hat leider seither zu

Haltern/Kreis Recklinghausen. Das 1993 eröffnete Westfälische Römermuseum mit dem freigelegten Spitzgraben des römischen ‚Feldlagers'.

einer erheblichen Reduzierung der Besucherzahl geführt.
Ein im Leben des Hauses besonders erfreuliches Ereignis war die Eröffnung des Westfälischen Römermuseums in Haltern am 25. November 1993. Nach vielen vergeblichen Versuchen seit dem Krieg, das 1907 errichtete, 1945 zerstörte ‚Römisch-Germanische Museum' in Haltern wieder aufzubauen, konnte nach der Sicherung der Finanzierung durch den Landschaftsverband Westfalen-Lippe, das Land Nordrhein-Westfalen, den Kreis Recklinghausen und die Stadt Haltern schließlich am 7. Mai 1990 der erste Spatenstich vollzogen werden. Dem Stuttgarter Architekten Knut Lohrer ist auf dem Gelände der römischen Lageranlagen nördlich der Weseler Straße unter Einhaltung der angesetzten Bau- und Einrichtungskosten in Höhe von ca. 15 Millionen Mark ein unverwechselbarer Bau gelungen, der sich unaufdringlich dem Gelände anpaßt und Bezug nimmt auf die archäologischen Strukturen im Boden. Entgegen der ursprünglichen Planung steht das Museum in der alleinigen Trägerschaft des Landschaftsverbandes Westfalen-Lippe und zeigt als Filiale des Westfälischen Museums für Archäologie/Amt für Bodendenkmalpflege nicht nur die Funde und Befunde aus Haltern, sondern auch aus den anderen augusteischen Lageranlagen an der Lippe. Der unverzüglich einsetzende, erfreulich gute Besuch zeigt die Richtigkeit der Konzeption, das Museum im grünen Vorland des Industriegebietes zu errichten.
Im Museum in der Kaiserpfalz in Paderborn konnte die längere Zeit vakante Stelle des Museumsleiters zum 1. November 1992 wieder besetzt werden. Träger des Hauses ist das Hohe Domkapitel zu Paderborn, doch liegt die wissenschaftliche und restauratorische Betreuung der Ausgrabungsfunde und -befunde aus dem Pfalzenbezirk nördlich des Paderborner Doms ebenso in der Hand unseres Hauses wie die Schausammlungsarbeit. Zu den Aufgaben des Museumsleiters gehört auch die Mitarbeit an der Veröffentlichung der im Pfalzenbezirk durch Wilhelm Winkelmann gewonnenen Grabungsergebnisse. Auf diesem Gebiet sind neue Arbeitsgrundlagen geschaffen worden: Die Stadt Paderborn hat mit Blick auf das Jahr 1999, in dem 1200 Jahre nach dem Besuch des Papstes Leo III. in Paderborn der historisch bedeutsamen Begegnung mit Karl dem Großen mit einer Ausstellung gedacht werden soll, großzügigerweise kostenlos im Ortsteil Schloß Neuhaus Räume für eine Arbeitsstelle zur Verfügung gestellt. Zusätzliches wissenschaftliches und technisches Personal zur Aufarbeitung der umfangreichen Materialien und zur Vorbereitung dieser Ausstellung wird dem Arbeitsamt Paderborn, dem Land Nordrhein-Westfalen und der Sparkasse Paderborn verdankt. Die neuen, guten Rahmenbedingungen erlauben, die Arbeiten rascher, als das bisher möglich war, voranzutreiben.
Ganz im Sinne der politischen Forderung nach einer Dezentralisation unserer Präsenz sind die vielen kleineren, von den Referaten der Bodendenkmalpflege im Lande ausgerichteten Ausstellungen. Häufig ausgelöst durch das Interesse der umwohnenden Bevölkerung an einer über mehrere Jahre laufenden Grabung können sie der örtlichen Bevölkerung den Sinn der bodendenkmalpflegerischen Arbeit vor Augen führen, die nicht so leicht den Weg in unsere Schausammlungen in Münster, Paderborn und Haltern finden würde. In den Jahren von 1990 bis 1994 sind in Westfalen-Lippe neben vielen kleinen Präsentationen über zwanzig derartige Sonderausstellungen gezeigt worden.
Um Verständnis für die Arbeit der Bodendenkmalpflege werben also nicht nur die Schausammlungsreferate, sondern auch die Referate der Bodendenkmal-

pflege. Letztere vermögen durch ihre engen Kontakte mit den Denkmalbehörden, den Denkmaleigentümern, den freien Mitarbeitern und den Heimatvereinen gerade auch in entlegeneren Bereichen der Öffentlichkeit Bericht über aktuelle Forschungsergebnisse zu erstatten. Nur eine Bodendenkmalpflege, die sich auf die Einsicht breiterer Bevölkerungskreise stützen kann, ist sinnvoll und hat auf Dauer Bestand.

Im Rahmen des Themas ‚Öffentlichkeitsarbeit' braucht hier nicht auf die hauseigenen Publikationen eingegangen zu werden. Bereits im letzten Bericht sind die verschiedenen Organe behandelt worden, die sich teils an die Fachkollegen, teils – wie der „Neujahrsgruß" – an den interessierten Laien und an alle wenden, die amtlich oder ehrenamtlich mit unserem Hause Kontakt haben. Hier sei nur auf eine 1991 im Auftrag des Ministeriums für Stadtentwicklung und Verkehr des Landes Nordrhein-Westfalen herausgegebene Schrift hingewiesen: „Archäologie und Recht – Was ist ein Bodendenkmal?" (Schriften zur Bodendenkmalpflege in Nordrhein-Westfalen, Band 2). Während Teil 1 die Dokumentation der Vorträge des gleichnamigen Kolloquiums enthält, das anläßlich der Tagung des Verbandes der Landesarchäologen in der Bundesrepublik Deutschland am 31. Oktober 1989 in Münster stattfand, werden im zweiten Teil anhand von 38 Beispielen verschiedene Erscheinungsformen von Bodendenkmälern vorgestellt. Diese Einführung in die archäologisch-denkmalrechtlich oft schwierige Materie ist ein wichtiger Leitfaden vor allem für die Mitarbeiter in den Denkmalbehörden, aber auch für Juristen, die in Verwaltungsgerichten über strittige Fälle z. B. im Rahmen von Unterschutzstellungsverfahren zu entscheiden haben.

Erfreulich ist, daß die kommunale Archäologie, also die von Städten mit eigenem Personal durchgeführte Bodendenkmalpflege, leistungsfähiger geworden ist. Nach Höxter haben 1990 die Stadt Soest und 1993 die Stadt Dortmund Archäologen eingestellt, die in Absprache mit unserem Haus ihre Arbeitsbereiche, insbesondere die historischen Stadtkerne, intensiv betreuen.

Dem Landschaftsverband Westfalen-Lippe ist zu danken, daß trotz der im Berichtszeitraum immer schwieriger werdenden Haushaltslage bis 1992 noch drei Wissenschaftlerstellen geschaffen werden konnten, um die personellen Engpässe im Gebietsreferat Münster, in der Außenstelle Bielefeld und im Fachreferat Mittelalterarchäologie zu mildern. Seither muß allerdings auf jeden Stellenzuwachs verzichtet werden – ja, einige Stellen werden eingezogen, wenn ihre Inhaber aus dem Dienst ausscheiden. Da die Bodendenkmalpflege als gesetzliche Aufgabe wichtiger Bestandteil der landschaftlichen Kulturpflege ist und damit zum Kernbereich der Arbeit des Landschaftsverbandes gehört, ist zu hoffen, daß der Landschaftsverband die Leistungsfähigkeit seiner Bodendenkmalpflege selbst in schwierigen Zeiten nicht weiter absinken läßt.

Im folgenden soll eine knappe Übersicht über die wichtigsten Forschungsergebnisse aus dem Zeitraum 1990–1994 gegeben werden. Ein großer Teil der Rettungsgrabungen ist durch Sachmittel vom Land Nordrhein-Westfalen gefördert worden. Die westfälisch-lippische Bodendenkmalpflege dankt für diese wirkungsvolle Unterstützung der Obersten Denkmalbehörde, dem Ministerium für Stadtentwicklung und Verkehr des Landes Nordrhein-Westfalen.

Altsteinzeit

Die aus westfälischen Höhlen und Freilandstationen bisher bekannt gewordenen ältesten Funde reichten nur bis in die mittlere Altsteinzeit, bis zum Beginn der Weichsel-Kaltzeit zurück (vor etwa 80 000 Jahren). Aus dem älteren Abschnitt der Altsteinzeit fehlten jegliche Hinweise auf die Anwesenheit des Menschen, bis 1989 in einer Kiesgrube bei Bottrop-Kirchhellen eine große Entdeckung gelang. Unter den Rückständen der Siebanlage wurde ein sehr viel älteres Material erkannt (siehe S. 175). Die in fließendem Wasser stark abgerollten Steingeräte stammen aus den Schottern der Rhein-Hauptterrasse. Da die Geologen annehmen, daß sie vor mindestens 700 000 Jahren abgelagert worden sind, müssen die Geräte also noch älter sein und in das Altacheuléen gehören. Aber auch in anderen Bereichen Westfalens ist durch systematische, beharrliche Sammeltätigkeit freier Mitarbeiter das Bild von der altsteinzeitlichen Besiedlung verdichtet und erweitert worden. So ist es gelungen, auf der Ruhrterrasse bei Meschede auf Ackerland Steingeräte aufzulesen, die in die ausgehende Altsteinzeit, zum Teil sogar in die mittlere Altsteinzeit gehören. Es sind die ersten Funde dieser Zeitstellung von der oberen Ruhr.

Salzkotten-Oberntudorf/Kreis Paderborn. Schnitt durch die Gräben des jungsteinzeitlichen Erdwerkes (siehe S. 191). Um 3500 v. Chr.

Jungsteinzeit

Andere Schwerpunkte der durch die Bodendenkmalpflege gewonnenen Ergebnisse der letzten Jahre liegen zweifellos in der Jungsteinzeit. Es sind die großen, ursprünglich durch Wall und Graben umhegten Bezirke, die sog. Erdwerke. Ob diese Anlagen befestigte Siedlungen waren oder der umwohnenden Bevölkerung als Refugium, vielleicht auch zugleich als Kultplatz dienten, ist noch nicht geklärt (siehe S. 191). Von diesen Erdwerken ist das bereits 1985 durch Otto Braasch aus der Luft entdeckte Erdwerk von Salzkotten-Oberntudorf/Kreis Paderborn, das ursprünglich einen Durchmesser von mindestens 400 m gehabt haben muß, in mehreren Kampagnen untersucht worden, um der von Norden vorrückenden Tongrube zuvorzukommen. Eine Voruntersuchung hat alle fünf, in dichtem Abstand parallel verlaufenden Gräben erfaßt. Sie waren bis zu 1,5 m tief in den anstehenden Kalkfels eingearbeitet, eine erstaunliche Leistung, wenn man bedenkt, daß den damaligen Menschen kein Metallgerät zur Verfügung stand. Die am Rand der Tongrube angesetzte Untersuchung ergab eine Aufteilung in ein inneres Bündel von drei und ein äußeres Bündel von zwei Gräben. Parallel zum innersten Graben konnten die Standspuren einer Palisade und einer Pfostenreihe beobachtet werden. Der zweite Graben von außen weist eine 2,5 m breite Unterbrechung auf. Zu beiden Seiten dieser als Durchlaß genutzten Erdbrücke fanden sich neben zahlreichen Tierknochen auch viele Scherben, zum Teil sogar fast vollständige Gefäße der Michelsberger Kultur. Einen ähnlichen Befund hat die Stadtarchäologie in Soest beobachtet, als sie bei der Untersuchung mittelalterlicher und neuzeitlicher Bauspuren auf mehreren Parzellen südlich der Rosenstraße in Soest auf den Graben eines solchen Erdwerks stieß (siehe S. 117). Auch hier lag auf seiner Sohle viel Keramik der Michelsberger Kultur im Bereich einer Erdbrücke.

Dieser Kultur, insbesondere aber der etwas jüngeren Wartbergkultur, ist die Bevölkerung zuzurechnen, die auf dem Gaulskopf, einem Berg bei Warburg-Ossendorf/Kreis Höxter einen Opferplatz angelegt hat. Bis zu 1,25 m senkrecht in den Kalkfels eingearbeitete Gruben mit einem Durchmesser bis zu 1,6 m enthalten viele Tierknochen, aber auch Feuersteingeräte, darunter zahlreiche Pfeilspitzen. Daneben fanden sich auf einer pflasterartigen Steinpackung in Verbindung mit Brandspuren nicht nur Tierknochen, sondern auch verbrannte Teile menschlicher Schädeldächer. Der weiteren Verfolgung und Klärung dieses in Westfalen bisher einzigartigen Befundes gelten die Grabungen in den Jahren 1994 und 1995.

Ein weiterer Schwerpunkt der Bodendenkmalpflege

Erwitte-Völlinghausen/Kreis Soest. Reste eines jungsteinzeitlichen Kammergrabes, dessen Wände aus Holzpfosten und Trockenmauerwerk errichtet waren. Um 3000 v. Chr. ▷

in Ostwestfalen lag in der Untersuchung von Steinkistengräbern der Wartbergkultur (siehe S. 177). Besonders interessant sind bestimmte Merkmale der Bauart und der Beigaben, die auf Verbindungen dieser Bevölkerung zur benachbarten nordwestdeutschen Trichterbecherkultur hinweisen. Als Baumaterial für diese Kammern wurde aber nicht immer nur Stein verwendet. Die Kammer des Grabes Warburg II war vollständig aus Holz errichtet. Eine andere Bauweise wiederum zeigt das von 1991 bis 1993 untersuchte Grab von Erwitte-Völlinghausen/Kreis Soest. Hier hat die Kammerdecke nicht auf großen Wandsteinen, sondern auf einer Kombination von Holzpfosten und trocken gesetzten Mauern aus Kalksteinplatten gelegen.
In der Trichterbecherkultur im nördlichen und westlichen Westfalen tritt neben den Großsteingräbern, die meist aus Findlingen errichtet worden sind und ebenfalls als Gemeinschaftsgräber dienten, eine gänzlich abweichende Grabform auf: das sog. Flachgrab. Es sind in die Erde eingetiefte Einzelgräber. Während diese Grabform noch vor wenigen Jahren in Westfalen ausgesprochen selten war, ist sie in den letzten Jahren immer wieder beobachtet worden. Gerade die reich mit Tongefäßen ausgestatteten Gräber, wie z. B. das Grab von Coesfeld-Lette mit seinen ca. 20 Gefäßen (siehe S. 188), erlauben überraschende Feststellungen, welche Gefäßformen und Verzierungen gleichzeitig nebeneinander bestanden haben. Völlig ungeklärt ist noch immer die Frage, welche Bevölkerungsteile in den Großsteingräbern und welche in den Flachgräbern bestattet worden sind.

Bronzezeit

Auch den bronzezeitlichen Grabhügeln galt ein besonderes Augenmerk. Ehrenamtliche Mitarbeiter haben durch systematische Prospektion viele bisher unbekannte Grabhügel entdeckt. Die Kenntnis dieser Bodendenkmäler ist wichtig, weil sie überhaupt die Anwesenheit des Menschen anzeigen und Hinweise auf die Lage der zugehörigen Siedlungen geben können. Besonders wertvoll ist deshalb die Entdeckung von Grabhügeln in einem Bereich, der bisher kaum bronzezeitliche Siedlungshinweise ergeben hat, wie das Bergland südlich der Ruhr. Jede neue Grabanlage, wie z. B. der 1992 auf über 400 m Höhe südlich von Hemer/Märkischer Kreis im Wald entdeckte Hügel, korrigiert das bisherige Bild von der Siedlungsfeindlichkeit des Berglandes.
Besondere Sorge bereiten die im Ackerland liegenden Grabbauten. Sie werden durch den Pflug immer weiter abgetragen, so daß schließlich sogar die ehemals im gewachsenen Boden eingetieften Bestattungen zerstört werden. Um einer völligen Einebnung zuvorzukommen, wird seit 1990 ein Grabhügelfeld bei Borchen-Etteln/Kreis Paderborn untersucht. Hier sind die Hügel zum Teil schon restlos abgepflügt, zum Teil nur noch weniger als 0,3 m hoch. Einige sind von den Spuren kreisförmiger Einfassungsgräbchen mit Durchmessern bis zu 15 m umgeben. Unterbrechungen zeigen Durchlässe an, die wahrscheinlich eine ‚Kontaktaufnahme' der Lebenden mit den Toten ermöglichen sollten.
Spuren der Bestattungen haben sich nicht bei allen Hügeln erhalten. Von besonderem Interesse ist, daß sich hier Elemente der älterbronzezeitlichen Körperbestattung, wie z. B. der Schutz der Grablege durch eine hölzerne Totenhütte und die Verwendung von Baumsärgen, mit Elementen der in der jüngeren Bronzezeit üblichen Leichenverbrennung vermischen. Mehrfach wurden längliche Grabgruben beobachtet, die für eine Körperbestattung angelegt gewesen sein könnten, in ihren Füllungen liegen jedoch verbrannte Skelettreste. Auch die Bohlen der Totenhütte und der

Borchen-Etteln/Kreis Paderborn. Grabhügelfeld der älteren und mittleren Bronzezeit (um 1500 v. Chr.). Verkohlte Reste einer sog. Totenhütte.

Lotte-Wersen/Kreis Steinfurt. Jungsteinzeitliches Großsteingrab ‚Sloopsteene'. Um 3000 v. Chr.

Olsberg/Hochsauerlandkreis. Bruchhauser Steine. Eisenzeitliche Befestigungsanlagen. 3./2. Jahrhundert v. Chr.

Baumsarg sind wie in einem Kohlenmeiler verkohlt worden. Da der Friedhof nach den wenigen Beigaben aus Bronze in die ältere und mittlere Bronzezeit gehört, kann es sich hier um frühe, vielleicht auf sozial herausgehobene Personen beschränkte Beispiele der Leichenverbrennung handeln. Erst mit der jüngeren Bronzezeit setzt sich die Leichenverbrennung und die Bestattung der Knochenreste in Behältnissen aus Ton oder organischen Materialien allgemein durch. Zahlreiche Grabungen im Berichtszeitraum galten diesen weiträumigen Urnenfriedhöfen (siehe S. 198).

Vorrömische Eisenzeit

Mit fließendem Übergang setzt sich die Sitte der Leichenverbrennung in der vorrömischen Eisenzeit fort. Mit der Einführung des neuen Werkstoffs Eisen war nördlich des südwestfälischen Berglandes offenbar keine wesentliche Veränderung der Bevölkerungsstruktur verbunden. Andere Verhältnisse sind vielleicht in Südwestfalen anzunehmen. Die Frage, ob auch hier in der vorangehenden Periode eine derart dichte Besiedlung wie nördlich des Berglandes angenommen werden darf, ist auf der Grundlage der z. Zt. noch mangelhaften Kenntnisse schwer zu entscheiden. Wahrscheinlich ist, daß sie erheblich lockerer war und erst in der späten Hallstattzeit, im 7. Jahrhundert v. Chr., neue Bevölkerungsteile von Westen und Osten eingesickert sind. Sie können die Kenntnis der Eisenerzprospektion und der Verhüttungstechnik mitgebracht und in Südwestfalen die Entwicklung zu einem Zentrum der Eisenverhüttung eingeleitet haben. Ungezählte Schlackenhalden zeugen von einer Eisenproduktion, die vor allem in den letzten drei Jahrhunderten v. Chr. blühte.

Für die frühe Phase dieser neuen Zeit ist der Friedhof von Netphen-Deuz/Kreis Siegen-Wittgenstein von besonderer Bedeutung. Der durch Überpflügen gefährdete Urnenfriedhof zieht sich in einem etwa 50 m breiten Streifen ca. 95 m hangaufwärts bis zum Kamm eines Bergrückens, der sich nach Westen in den Mündungswinkel von Werthenbach und Sieg schiebt. Die reichen Metallbeigaben in den 66 Brandgräbern, so z. B. Hals- und Armringe sowie Ohrringe mit aufgeschobenen Glasperlen, erlauben eine zeitliche Einstufung in das 6. Jahrhundert v. Chr. In die Zeit um 500 v. Chr. ist ein Körpergrab einzuordnen, das am

Netphen-Deuz/Kreis Siegen-Wittgenstein. Brandgräberfriedhof der vorrömischen Eisenzeit (um 500 v. Chr.). Im Vordergrund das einzige Körpergrab.

Nordrand des Friedhofs knapp unterhalb des Kamms zutage getreten ist. Diese vom Üblichen abweichende Bestattungsart weist vielleicht auf Verbindungen mit den angrenzenden Regionen Oberhessens oder des Rheingebietes. Der Friedhof liegt nicht isoliert. Vielleicht besteht ein Zusammenhang mit einer frühlatènezeitlichen Siedlung auf der gegenüberliegenden Seite des Werthenbachs. Auch Eisenverhüttungsplätze und ein Erzgang mit Brauneisenstein liegen in der Nähe.

Im Zusammenhang mit der Eisenverhüttung im Bergland Südwestfalens und der vielleicht damit verbundenen Herausbildung kleinräumiger Herrschafts-

strukturen stehen wohl auch die Wallburgen. Sie verlieren durch die jüngsten Entdeckungen von Siedlungen und Friedhöfen im Umland ihre bisherige Isolierung. Grabungen allerdings sind in diesen meist ungefährdeten Anlagen in den letzten Jahrzehnten wegen dringenderer Aufgaben nicht mehr durchgeführt worden. Jedoch wird die Verfüllung alter Grabungsschnitte zu Nachuntersuchungen genutzt, die zu wichtigen neuen Erkenntnissen über die Konstruktion der Wälle führen.
Während über das Aussehen von Siedlungen und Häusern der vorrömischen Eisenzeit im Bergland bisher nur wenige, uneindeutige Hinweise vorliegen, sind im Flachland der westfälischen Bucht auch aufgrund günstigerer Beobachtungsbedingungen im Berichtszeitraum weiterführende Einblicke gelungen. So sind in Heek-Wichum/Kreis Borken auf dem Westufer der Dinkel Teile eines Siedlungsplatzes erfaßt worden, der sich in West-Ost-Richtung über etwa 200 m erstreckt hat. Hier gaben sich die Grundrisse mehrerer, etwa 5,5 m breiter und über 10 m langer Pfostenhäuser zu erkennen. Mit ihren Firstpfosten, den gegenüberliegenden 2 m breiten Eingängen in der Mitte der Langseiten und den Außenpfosten vor den Wänden entsprechen sie dem in den Niederlanden erkannten Haustyp von Haps. Andere Grundrisse dieser Zeitstellung konnten an der Ems bereits 1987 in Rheda-Wiedenbrück/Kreis Gütersloh und 1990 in Saerbeck/Kreis Steinfurt beobachtet werden. Hier wie dort weisen Spuren von Boxenwänden darauf hin, daß in bestimmten Hausabschnitten Vieh aufgestallt war, und zwar nicht rechtwinklig, sondern parallel zur Längsachse des Hauses.

Augusteische Zeit

Über die wichtigsten Ergebnisse der Grabungen in den augusteischen Lageranlagen von Bergkamen-Oberaden/Kreis Unna und Delbrück-Anreppen/Kreis Paderborn wird an anderer Stelle gesondert berichtet (siehe S. 203). Hier sei nur auf die Untersuchungen eingegangen, die durch den Bau des Westfälischen Römermuseums in Haltern ausgelöst worden sind. Sie betrafen zum einen südliche Teile des römischen ‚Feldlagers' mit seinem Spitzgraben, dessen Füllung für eine Rekonstruktion der Befestigung auf über 70 m Länge auszuräumen war, zum anderen römische Spuren im Bereich des Museumsparkplatzes unmittelbar an der Weseler Straße. Von besonderer Bedeutung sind Gebäudespuren, die in ihrer Orientierung von der Bebauung des ‚Hauptlagers' abweichen und offensichtlich zu einer vor dem Südtor des ‚Hauptlagers' liegenden Zivilsiedlung gehören. Hier zeigten sich auch die Reste von insgesamt zehn Töpferöfen. Sie reichen bis zu 2,1 m tief in den Boden. Ihre mit kleinen Steinplatten trocken aufgemauerten Schachtwände sind mit rot verziegeltem Lehm überzogen. Mit Steinen verkleidet sind auch die von vorgelagerten Arbeitsgruben bedienten Feuerungen. Öfen und Arbeitsgruben waren mit vielen Zentnern Abwurfmaterial verfüllt. Die Scherben stammen überwiegend von Gebrauchsgeschirr, wie Krügen und Kochtöpfen, aber auch von Bechern und Öllämpchen. Eine der Arbeitsgruben barg ein besonderes Geheimnis: In ihr waren in augusteischer Zeit über 20 Tote verscharrt worden. Eine anthropologische Untersuchung des Skelettmaterials wird hoffentlich erlauben, mehr über diesen rätselhaften Befund zu sagen, als es die Archäologie mangels jeglicher auf die Toten zu beziehender Begleitfunde vermag. Ein besonders gut erhaltener Ofen mit noch intakter Lochplatte konnte 1993 im Block geborgen und kurz vor der Eröffnung in das Museum überführt werden. Drei Öfen sollen später an Ort und Stelle unter einem Schutzbau den Passanten und Museumsbesuchern gezeigt werden.

Römische Kaiserzeit

Für diesen Zeitabschnitt lag der Schwerpunkt der Arbeit eindeutig auf dem Gebiet der Siedlungsgrabungen. Sie konzentrierten sich im Gebiet von Heek/Kreis Borken, wo verschiedene Straßenbaumaßnahmen die Freilegung großer Flächen zu beiden Seiten der Dinkel erzwangen. Aus der spätkaiserzeitlichen Siedlung in der Bauerschaft Wichum auf dem westlichen Dinkelufer wurde u. a. eine inzwischen konservierte dreisprossige Leiter geborgen. Diese Siedlung zeichnet sich durch einen hohen Anteil römischen Importmaterials, z. B. Schmuck, Münzen und Glas, im Fundgut aus. Ob Bewohner der Siedlung in römischen Diensten gestanden haben oder ob die offensichtlich engen Verbindungen zu den römischen Provinzen durch Handel zustande gekommen sind, kann noch nicht entschieden werden. Merkwür-

digerweise fehlt der römische Import fast vollständig im Fundgut einer ebenfalls spätkaiserzeitlichen Siedlung, die nur 500 m weiter nördlich liegt. Auch hier ist es gelungen, mehrere von West nach Ost gerichtete Pfostenhäuser unterschiedlicher Konstruktionen zusammen mit Grubenhäusern aufzudecken.
Das Bild von einer außerordentlich dichten Besiedlung wiederholte sich auf der östlichen Seite der Dinkel. Hier überschnitt die Trasse einer geplanten Umgehungsstraße im Ortsteil Nienborg eine Reihe weiterer Hofstellen, die von der Bronze- und vorrömischen Eisenzeit über die frühe und jüngere römische Kaiserzeit bis zur Völkerwanderungszeit reichen. Aus der jüngerkaiserzeitlichen Phase liegt u. a. ein 6 m breites und insgesamt 28 m langes Pfostenhaus vor, dessen Dach auf zwei inneren Pfostenreihen ruhte. Kaiserzeitlich sind auch die Reste von benachbarten Rennfeueröfen. In ihnen ist wahrscheinlich Raseneisenerz aus der Dinkelniederung verhüttet worden.

Völkerwanderungszeit

Eine Fortdauer der Besiedlung von der Kaiserzeit in die Völkerwanderungszeit hinein konnte in Westfalen-Lippe bisher ausgesprochen selten beobachtet werden. Die meisten der bisher bekannt gewordenen Siedlungen brechen in der jüngeren Kaiserzeit ab. Umso interessanter sind Friedhöfe, die über die jüngere Kaiserzeit hinaus trotz der Unruhe der Völkerwanderungszeit weiter belegt worden sind und eine Kontinuität der Besiedlung an dieser Stelle anzeigen. Dies gilt für den 1991 und 1992 im Vorfeld von Baumaßnahmen untersuchten Friedhof von Beelen/Kreis Warendorf, der an anderer Stelle behandelt wird (siehe S. 289). Dies gilt aber auch für den Friedhof von Lünen-Wethmar/Kreis Unna. Auf diesem nördlich der Lippe gelegenen Platz ist im gesamten Berichtszeitraum gegraben worden. Bereits in der jüngeren Bronzezeit lag hier ein Friedhof mit Brandbestattungen innerhalb von Grabbezirken, die durch Gräbchen eingefaßt waren. Dieser Phase folgen Brandbestattungen der Zeit um Christi Geburt, der mittleren römischen Kaiserzeit und der Völkerwanderungszeit. Letztere ist u. a. durch eine mit Buckeln plastisch verzierte Urne des 5. Jahrhunderts vertreten, die eine von Norden kommende, frühsächsische Komponente anzeigt. Die Belegung des Friedhofs setzt sich mit von

Haltern/Kreis Recklinghausen. Brennraum, Feuerungsraum und Arbeitsgrube eines römischen Töpferofens. Anfang 1. Jahrhundert n. Chr.

Süd nach Nord gerichteten, teils als fränkisch, teils als sächsisch anzusprechenden Körpergräbern weiter fort. Darunter befindet sich ein in die Zeit um 600 n. Chr. gehörendes, reich ausgestattetes Grab einer Frau. Diese frühmittelalterliche Belegungsphase, zu der auch von Süd nach Nord gerichtete Pferdegräber gehören, reicht bis in das 8. Jahrhundert. Vielleicht waren in einigen abweichend – nämlich von West nach Ost – gerichteten, immer noch Beigaben führenden Gräbern bereits Christen bestattet.

Lünen-Wethmar/Kreis Unna. Brand- und Körpergräber. Friedhof mit Spuren von Grabanlagen (von Gräbchen umgebene Grabbezirke) aus der jüngeren Bronzezeit. Um 1000 v. Chr.

Frühmittelalter

Mit der Darstellung der Grabungsergebnisse im Friedhof von Lünen-Wethmar ist dieser Bericht bereits in das Frühmittelalter vorgedrungen. Hinzuweisen ist hier auf die Untersuchungen der letzten Jahre, die der frühmittelalterlichen Wallburg auf dem Gaulskopf bei Warburg-Ossendorf/Kreis Höxter galten, nachdem schon von den jungsteinzeitlichen Befunden die Rede war. Die Untersuchung des Walls an einer durch eine Planierraupe gerissenen Bresche ergab, daß er von innen gegen eine hölzerne Palisade geschüttet war. Grabungen im Innenraum der Burg legten die Standfläche mehrerer Häuser und ein Grubenhaus frei. Zum Teil sind für sie in dem hängigen Gelände Verebnungen geschaffen worden. Da hier keine Pfostengruben zu beobachten waren, können die Gebäude in Ständerbauweise auf den Boden aufgesetzt gewesen sein. Eindeutig hingegen sind die Grundrisse von drei Gebäuden, für die tiefe Pfostengruben in den Fels eingearbeitet worden sind. Von besonderem Interesse ist ein 5 m breiter und 12 m langer, von West nach Ost gerichteter Bau ohne innere Dachträger. Außen vor seiner Nordost-Ecke lag eine Gruppe von drei von West nach Ost gerichteten, beigabenlosen Körpergräbern. Demnach dürfte es sich hier um eine kleine Kirche handeln. Zusammen mit besonderen Funden, so z. B. einer goldenen kreuzförmigen Fibel der Zeit um 800 n. Chr. und einem goldenen Kettenanhänger, weist der Befund auf den hohen Rang dieses herrschaftlichen Burgsitzes hin.

Mittelalter und Neuzeit

Im Rahmen des Themas ‚Kirche und Burg' soll hier auch auf die Untersuchungen der Jahre 1990–1992 in der Kirche St. Peter und Paul in Marsberg-Ober-

Marsberg-Obermarsberg/Hochsauerlandkreis. Blick von Süden auf die sächsisch/fränkische Eresburg über dem Diemeltal (8. Jahrhundert). Im Hintergrund die Stiftskirche St. Peter und Paul.

marsberg/Hochsauerlandkreis eingegangen werden. Die Pfarrkirche, die in ihrer heutigen Gestalt aus dem 13. und 15. Jahrhundert stammt, war bis 1803 die Kirche eines südlich anschließenden Benediktiner-Stiftes. Sie steht auf der höchsten Stelle in der frühmittelalterlichen, ursprünglich sächsischen, später fränkischen Eresburg. In ihr soll die Irminsul gestanden haben. Aus der schriftlichen Überlieferung ist bekannt, daß Karl der Große im Jahre 785 in der Burg eine Peterskirche gegründet hat. Eine Sanierung des Fußbodens und der Einbau einer Heizung erzwangen eine Grabung in der Turmhalle und in den Kirchenschiffen. Entdeckt wurden zwar keine Mauerreste der Gründungskirche, jedoch deutliche Hinweise auf ihren Standort: Sie muß im östlichen Abschnitt der heutigen Kirche gestanden haben. Hier steigt die Felsoberfläche von Westen her so hoch an, daß durch den Bau der nachfolgenden Kirchen alle Standspuren beseitigt worden sind. Hinweise auf ihren Standort gaben jedoch Putzreste in den Füllungen von West nach Ost gerichteter, westlich vorgelagerter Gräber. Sie können aufgrund ihrer Struktur in das 8./9. Jahrhundert eingestuft werden. Baureste *in situ* haben sich erst von der nachfolgenden größeren, aus der ersten Hälfte des 9. Jahrhunderts stammenden Kirche, einer Basilika, finden lassen. Sie überbaut den alten Friedhof und schiebt sich mit ihren mehrfach veränderten Westbauten immer weiter nach Westen vor. Ein besonders wichtiges Ergebnis der Grabung ist, daß als westlicher Abschluß dieser Kirche ein Westwerk nachgewiesen werden konnte, das mit dem 885 errichteten Westwerk der Stiftskirche von Corvey unmittelbar zu vergleichen ist. Es bestand aus einem überwölbten Mittelraum mit vier im Quadrat gestellten Pfeilern und zwei kleineren flankierenden Räumen im Norden und Süden. Die in der Architektur sichtbaren Verbindungen verwundern nicht, hat doch Ludwig der Fromme im Jahre 826 diesen Besitz dem Kloster Corvey geschenkt. Das Vorbild Corvey wird durch den späteren Anbau eines Westriegels mit zwei seitlichen Türmen an das Westwerk noch deutlicher.

Wadersloh-Liesborn/Kreis Warendorf. Grabungen im Kreuzgang des ehemaligen Damenstiftes (Mitte 9. Jahrhundert) und späteren Benediktinerklosters (13./14. Jahrhundert).

Während die Grabungen in Obermarsberg der Stiftskirche galten, mußten von 1988 bis 1991 in Wadersloh-Liesborn/Kreis Warendorf große Teile des Klaustrums vom ehemaligen, in der Mitte des 9. Jahrhunderts gegründeten Damenstift und späteren Benediktiner-Kloster untersucht werden. Auf dem durch den Abriß großer Teile des Klosters entstandenen Hof nördlich der heutigen Pfarrkirche und ehemaligen Stiftskirche waren Baumaßnahmen geplant. Die Grabungen haben unter dem Hof Reste des frühneuzeitlichen Kreuzgangs und nördlich sowie östlich daran anschließender Gebäude erfaßt. Dieser im 19. Jahrhundert abgerissene Kreuzgang hatte einen fast gleich großen Vorgänger aus der Zeit kurz vor 1200, an dessen nördlichen Flügel ein Brunnenhaus mit einem Laufbrunnen angebaut war. Auch das nördlich an den frühneuzeitlichen Kreuzgang anschließende

Münster. Hausrat des 17. Jahrhunderts aus dem Quartier der Kaufleute nördlich des Alten Steinwegs.

Refektorium hatte einen älteren, aus Trockenmauerwerk errichteten Vorgänger. Die Laufhorizonte in seinem Inneren reichen vom 13./14. Jahrhundert bis in das 10./11. Jahrhundert zurück. Im Bereich dieses Gebäudes zeugen einzelne, nicht zu Grundrissen zu rekonstruierende Pfostengruben von älteren, in das 9./10. Jahrhundert einzustufenden Pfostenhäusern. Noch älter jedoch sind Bestattungen in Baumsärgen vor der Nordwand der heutigen gotischen Kirche. Sie können zu ihrem ältesten, karolingischen Vorgänger gehören.

Noch in manchen anderen Klöstern sind größere aufschlußreiche Grabungen durchgeführt worden, so z. B. im Damenstift von Herford (siehe S. 316) und im Kloster Brenkhausen in Höxter (siehe S. 321).

Aber auch den Vorgängerbauten von Pfarrkirchen in Städten und Dörfern galten viele kleine Untersuchungen, die – meist durch den Einbau neuer Heizungsanlagen ausgelöst – sich auf die Beobachtung oder Anlage von Schnitten beschränkten. In historischen Stadtkernen standen sowohl Untersuchungen einzelner Häuser im Zuge von Sanierungsarbeiten, als auch parzellenübergreifende Grabungen im Rahmen der Neubebauung ganzer Stadtquartiere an, so z. B. in Warburg (siehe S. 325) und in Lippstadt an der Soeststraße (über die Untersuchungen in den Städten Dortmund, Soest und Höxter berichten die Stadtarchäologen S. 97, 110 und 101).

Die erste große Ausgrabung im Stadtkern Münsters außerhalb der zentralen Domimmunität ist zwar schon

Gelsenkirchen. Schloß Horst. Reich dekoriertes Schenk- und Tafelgeschirr des 16. Jahrhunderts. Siegburger Ware.

von 1986 bis 1989 an der Asche unternommen worden, doch konnte die Restaurierung der Funde erst jetzt abgeschlossen werden. Die Untersuchung im Vorfeld der Baumaßnahmen für die neue Stadtbibliothek betraf ein Stadtquartier östlich der vom Bischof knapp außerhalb der Domimmunität um 1000 gegründeten Marktkirche St. Lamberti. Es wird im Westen von der Kirchherrngasse, im Süden vom Alten Steinweg und im Osten von der Asche eingefaßt. Trotz größerer Störungen durch die neuzeitliche Bebauung konnte der Vorgang der Aufsiedlung dieses Areals von der Zeit um 1100 bis in das 18. Jahr-

hundert verfolgt werden. Von frühen, giebelständig an der Kirchherrngasse aufgereihten Häusern haben sich nur große, mit Trockenmauern verschalte Keller im hinteren Teil der Häuser erhalten. Bereits gegen Ende des 12. Jahrhunderts entstand als östlicher Abschluß des Areals die Asche. Kurz nach 1300 wurde das Gartenland zwischen der Bebauung im Westen und Osten durch eine Zeile von Häusern entlang des Alten Steinwegs überbaut. Überrascht hat die Beobachtung, daß die Häuser zunächst nicht rechtwinklig auf diese nach bisheriger Meinung hochrangige Verkehrsachse ausgerichtet sind, sondern parallel zur Kirchherrngasse stehen. Hier dominierte damals noch das durch den weiter im Westen liegenden Alten Fischmarkt vorgegebene Orientierungssystem. Wichtig sind auch die Beobachtungen zur Veränderung der Parzellenstruktur im Mittelalter und in der Neuzeit. Das reiche Fundgut, das aus den Füllungen der hinter den Häusern angelegten Sandentnahmegruben geborgen werden konnte, gibt einen guten Einblick in die Ausstattung der Haushalte dieser Kaufleute.
Ergebnisreiche Grabungen sind aber auch außerhalb historischer Stadtkerne in Burgen und Schlössern durchgeführt worden. Seit 1990 laufen die Grabungen in Schloß Horst in Gelsenkirchen, dessen Entwicklung von einer Flachsiedlung des 12. Jahrhunderts über eine Turmhügelburg bis zum vierflügeligen Renaissanceschloß verfolgt wird (siehe S. 308). Abgeschlossen werden konnte im Berichtszeitraum die Untersuchung des im Spätmittelalter gegründeten Haus Herbede in Witten/Ennepe-Ruhr-Kreis.
Doch auch die Untersuchungen technischer Objekte des Mittelalters und der Neuzeit, wie des Töpfereiareals in Dortmund-Mengede oder der Eisenhütte von Brilon-Gudenhagen/Hochsauerlandkreis, haben neue Erkenntnisse gebracht, die vorhandene Text- und Bildquellen ergänzen.
Wenn die archäologische Forschung durch ihre Methode in der Lage ist, zu Erkenntnissen zu kommen, die auf andere Weise nicht zu gewinnen sind, kann und muß sie sich sogar mit Objekten des 20. Jahrhunderts beschäftigen. Unter dieser Prämisse ist auch das Gelände der 1944 eingerichteten Nebenstelle des Konzentrationslagers Buchenwald an der Immermannstraße in Witten-Annen ein Bodendenkmal. Die noch im Boden erhaltenen Reste der Lagergebäude und anderer Einrichtungen, aber auch die noch in den Füllungen von Eintiefungen liegenden Gegenstände, die zur Habe und zur Ausstattung der Häftlinge und ihrer Bewacher gehörten, vermögen ein Bild vom Aussehen eines solchen Lagers und von den Lebensbedingungen in ihm zu geben. Ein kleiner Eindruck davon war zu gewinnen, als ein mit Abbruchschutt verfüllter Feuerlöschteich im Lagerareal ausgeräumt wurde und dabei u. a. Häftlingsmarken, Kochgeschirre, Eßnäpfe, Münzen und Militaria geborgen werden konnten.
Zweifellos spielt die Archäologie bei der Erhellung der Geschichte junger und jüngster Epochen, aus denen eine Fülle von schriftlichen und bildlichen Quellen vorliegt, oft nur eine untergeordnete Rolle. Doch wenn sie sich als historische Wissenschaft verstehen will, muß sie bereit sein, ihre Technik und Methode auch für diese jüngsten Abschnitte zur Verfügung zu stellen – und sei es nur, um Ergänzendes beizutragen.

Paläontologische Bodendenkmalpflege in Westfalen-Lippe

Alfred Hendricks

Seit der ersten Ausstellung „Archäologie in Nordrhein-Westfalen – Geschichte im Herzen Europas", die 1990 in Köln gezeigt wurde, hat sich die Paläontologische Bodendenkmalpflege in Westfalen-Lippe weiterentwickeln können. Die flächendeckende Erfassung des paläontologischen Inventars in Westfalen-Lippe konnte 1992 abgeschlossen werden. Insgesamt wurde während der Inventarisationsarbeiten ca. 16700 Hinweisen im Gelände nachgegangen. Etwa 400 Objekte sind als potentielle ortsfeste paläontologische Bodendenkmäler bewertet worden. Hinsichtlich der Eintragung dieser Objekte in die Denkmallisten der Gemeinden sind in der Regel weit über die Inventarisationsarbeiten hinausgehende Nachforschungen erforderlich. Diese Spezialuntersuchungen beziehen sich auf den paläontologischen Inhalt und die gesicherte Grenzbestimmung des als Denkmal einzutragenden Bereiches.

Ortsfeste paläontologische Bodendenkmäler sind in der Regel Gesteinsschichten, die in einiger Tiefe im Untergrund anstehen. Die Kenntnis von diesen Schichten und ihrem Fossilinhalt rührt häufig von Steinbrüchen her, die Einblick in tiefere Gesteinsschichten geben. Diese ‚Fenster' in den Untergrund sind wichtige Quellen unserer Kenntnis. Die für die Paläontologie bedeutsamen Schichten sind in den Steinbrüchen entweder bereits abgebaut oder stehen nur noch in den Steinbruchsohlen oder -wänden an. Je nach den geologischen Gegebenheiten setzt sich eine fragliche Schicht jenseits der sichtbaren Steinbruchwand fort oder auch nicht. Eine entsprechende Beweisführung, die für die Begrenzung des Denkmals erforderlich ist, kann häufig nur mit erheblichem Aufwand geführt werden. Da es sich bei den Steinbrüchen häufig um noch aktive Rohstoffgewinnungsbetriebe handelt, ist eine Eintragung des für den Abbau vorgesehenen Bereiches in die Denkmalliste nur sehr selten zu realisieren. Dem stehen wirtschaftliche Interessen entgegen. Auch bereits stillgelegte Steinbrüche, welche die genehmigten Abbaugrenzen erreicht haben, sind nur ausnahmsweise als Bodendenkmal auszuweisen. Da diese aufgelassenen Steinbrüche häufig einer Nutzung als Mülldeponie zugeführt werden sollen, stehen auch hier der Bodendenkmalpflege wirtschaftliche und z. T. politische In-

Fröndenberg/Kreis Unna. Farnwedel (Eusphenopteris hollandica) aus der Tongrube am Küchenberg (vor ca. 320 Millionen Jahren). Länge ca. 10 cm.

teressen entgegen. Die Belange der Paläontologischen Bodendenkmalpflege werden im Vergleich zu den geschilderten Interessen in der Regel als zweitrangig eingestuft werden. In der Konsequenz daraus, daß diese Steinbrüche in ihrer jeweils vorliegenden Form nicht zu erhalten sind, ergibt sich für die Paläontologische Bodendenkmalpflege diesbezüglich eine andere Vorgehensweise. In Zukunft sind nur noch selten die Steinbrüche selbst mit dem sichtbaren paläontologischen Inhalt zu schützen. Statt dessen wird zunehmend der jenseits einer solchen Aufschlußwand liegende Bereich, an dem keine wirtschaftlichen Interessen vorliegen, als Denkmal auszuweisen sein. In diesen Fällen ist die Beweisführung des Denkmalwertes besonders erschwert. Zum einen existiert kein Aufschluß mehr. Zum anderen hat sich der Fossilinhalt möglicherweise verändert. Das Gestein kann auch in einer anderen Fazies, d. h. in einer anderen Ausbildung vorliegen. Veränderte tektonische Verhältnisse müssen untersucht und eventuell ausgeschlossen werden. In aktiven Steinbrüchen wird durch den maschinellen Abbau eine Vielzahl von Fossilien zerstört. In diesen Bereichen sollten zunehmend von dritter Seite Rettungsbergungen von Fossilien vorgenommen werden. Aus diesem Grund hat das Westfälische Museum für Naturkunde seine Zusammenarbeit mit ehrenamtlichen Mitarbeitern wesentlich verstärkt. Entscheidend ist bei diesen Rettungsbergungen, daß die geborgenen Fossilien dokumentiert, bewertet und gegebenenfalls wissenschaftlich bearbeitet werden.

Auch innerhalb seiner Öffentlichkeitsarbeit hinsichtlich der Paläontologischen Bodendenkmalpflege hat das Westfälische Museum für Naturkunde seine Aktivitäten seit 1990 verstärkt. So beteiligte sich das Museum beispielsweise 1991 und 1993 jeweils mit einem Messestand an der Geotechnica in Köln, einer Fachmesse für Geowissenschaften, und wies auf die Paläontologische Bodendenkmalpflege in Nordrhein-Westfalen und auf die Tätigkeiten des Museums hin. Von September 1992 bis Mai 1993 zeigte das Museum eine große Dinosaurier-Ausstellung, die auch bedeutende Funde aus Westfalen, d. h. bewegliche paläontologische Bodendenkmäler, enthielt.

Entsprechend der in § 22 des Denkmalschutzgesetzes genannten Aufgaben führt das Westfälische Museum für Naturkunde wissenschaftliche Grabungen durch. Es beauftragt auch Fachleute mit Spezialuntersuchungen zwecks wissenschaftlicher Bearbeitung geborgener Fossilien oder im Hinblick auf geplante Unterschutzstellungsanträge. Eine Vielzahl derartiger Untersuchungsergebnisse konnte in der museumseigenen Schriftenreihe „Geologie und Paläontologie in Westfalen" veröffentlicht werden. Darüber hinaus gehörte die Präparation und Konservierung geretteter Fossilien zu den wichtigsten Aufgaben des Museums.

Halle/Kreis Gütersloh. Paläontologische Rettungsgrabung im Steinbruch Dieckmann. Schichten der Oberkreide. Vor ca. 90 Millionen Jahren.

Im folgenden werden einige Maßnahmen aus der

Arnsberg. Felsarbeiten an der Baustelle der A 46. Durchstoß der ‚ersten Grauwacke' an der Basis der Arnsberger Schichten (Oberkarbon; vor ca. 325 Millionen Jahren).

Paläontologischen Bodendenkmalpflege der letzten Jahre vorgestellt.

Im zentralen Münsterland sind Gesteinsschichten des Campan (Oberkreide) weitflächig an der Erdoberfläche vertreten. Da in diesem Bereich nur wenige Steinbrüche oder Mergelgruben vorhanden sind, existiert keine zusammenfassende Beschreibung der fossilen Fauna dieses Raumes. In dieser Region fand in den letzten Jahren eine rege Bautätigkeit statt. Immer wieder entstanden – vor allem im Raum Coesfeld und Holtwick – kurzzeitige Baugruben, die einen Einblick in die Schichtenfolge zuließen. Das Westfälische Museum für Naturkunde ließ hauptsächlich in der Zeit von 1990 bis 1992 in diesem Bereich regelmäßig Baustellenbeobachtungen durchführen. Diese sollten die fossilreichen Schichten des Untercampan und des tieferen Obercampan erkunden. Gleichzeitig sollten Fossilien vor ihrer Zerstörung gerettet werden. Bei diesen Untersuchungen wurden ca. 5000 Fossilien beschrieben und statistisch ausgewertet. Über 3000 Fossilien konnten gerettet und der Sammlung des Westfälischen Museums für Naturkunde zugeführt werden.

Im September 1990 wurde dem Westfälischen Museum für Naturkunde der Fund von lepadomorphen Cirripediern aus dem Cenoman (Oberkreide) des nordöstlichen Münsterlandes gemeldet. Die Cirripedier oder Rankenfüßler sind festsitzend lebende Meereskrebse. Das Fundstück, eine Gesteinsplatte mit insgesamt 14 Cirripediern, konnte vom Westfälischen

Iserlohn/Märkischer Kreis. Schädel eines eiszeitlichen Waldnashorns (Dicerorhinus kirchbergensis) aus der Dechenhöhle. Vor ca. 350 000 Jahren.

Museum für Naturkunde angekauft werden, eine wissenschaftliche Bearbeitung wurde veranlaßt. Mit diesem Fund, der der Paläontologischen Bodendenkmalpflege zugeführt wurde, wurde erstmalig diese Tiergruppe für das Cenoman (Oberkreide) in Westfalen beschrieben.

1990 veranlaßte das Westfälische Museum für Naturkunde eine Untersuchung in Gesteinen des höheren Namur B (Oberkarbon). Zum einen wurde die ehemalige Ziegeleigrube Voßacker, zum anderen eine Abgrabung am Küchenberg – beide Lokalitäten in der Nähe von Fröndenberg – erforscht und miteinander verglichen. Die Untersuchungen galten der Schutzwürdigkeit nach dem Denkmalschutzgesetz und einer Bewertung der in beiden Aufschlüssen anstehenden Gesteinsfolgen. In beiden untersuchten Lokalitäten konnten sehr unterschiedliche fossile Pflanzen geborgen und beschrieben werden. Darüber hinaus ergab sich, daß die Schichtenfolgen beider Lokalitäten unterschiedliche stratigraphische Bereiche des Namur B aufschließen.

1990 führte ein Wissenschaftler im Auftrag des Westfälischen Museums für Naturkunde eine litho- und biostratigraphische Untersuchung in zwei Ziegeleigruben bei Buldern durch. Während die eine Grube bereits mit Wasser gefüllt und kaum noch zugänglich war, bot die zweite Grube dafür seinerzeit hervorragende Voraussetzungen. Beide Gruben sind in Tonmergeln des Untercampan (Oberkreide) angelegt. Neben anderen Fossilien sind vor allem die nachgewiesenen Reste von Haien von Bedeutung.

Die Bauarbeiten für die A 46 bei Arnsberg machten umfangreiche Eingriffe in den Boden erforderlich. Um die aufgeschlossenen Schichtfolgen hinsichtlich ihres paläontologischen Inhaltes zu untersuchen, betraute das Westfälische Museum für Naturkunde 1990 einen Wissenschaftler mit dieser Aufgabe. Die aufgeschlossenen Schichten aus dem Karbon lieferten insbesondere Goniatiten, eine besondere Gruppe paläozoischer Ammonoideen. Die Untersuchungen führten zur Kenntnis einer bisher unbekannten Art, für die der Name *Sundernites horni* eingeführt wurde. Ein derartiges Fossil, nach dem eine neue Art bestimmt und festgelegt wurde, nennt man Holotyp. Dieser Holotypus befindet sich im Archiv des Westfälischen Museums für Naturkunde.

Bereits 1987 erschien in der Reihe „Geologie und Paläontologie in Westfalen" das Heft 7 mit Beiträgen zur Geschiebekunde Westfalens, in dem mittel- und oberordovizische Geschiebe und deren Ostrakodenfaunen beschrieben wurden. Ostrakoden sind Scha-

Iserlohn/Märkischer Kreis. Bergung des eiszeitlichen Waldnashornschädels (Dicerorhinus kirchbergensis) in der Dechenhöhle im Januar 1994.

len- oder Muschelkrebse, zumeist in der Größe zwischen 0,5 und 5 mm. Manche Formen erreichen 30 mm Länge. Um die wissenschaftliche Bearbeitung der Geschiebeaufsammlungen in Westfalen kontinuierlich weiterzuführen, beauftragte das Westfälische Museum für Naturkunde 1991 einen Fachwissenschaftler mit dieser Aufgabe. Es sollten insbesondere die Mikrofossilien aus den aufgesammelten Geschieben der Grube Ahlintel im Kreis Steinfurt bearbeitet und dokumentiert werden. Die Untersuchungen, die 1993 als Heft 27 in „Geologie und Paläontolo-

Coesfeld. Fossiler Kieselschwamm (Plocoscyphia roemeri) aus dem Campan (vor ca. 75 Millionen Jahren). Höhe 13 cm.

Warstein-Allagen/Kreis Soest. Aufschluß von Kalk- und Mergellagen. Typische marine Schichtenfolge des Turon. Vor ca. 88 Millionen Jahren. ▷

Hagen-Vorhalle. Schachtelhalmgewächs (‚Calamit') aus dem Oberkarbon (vor ca. 320 Millionen Jahren). Länge 26 cm.

Hagen-Vorhalle. Urschnabelkerve (Kemperala hagenensis) aus dem Oberkarbon (vor ca. 320 Millionen Jahren). Flügellänge 7 cm.

gie in Westfalen" publiziert werden konnten, erbrachten eine Reihe neu beschriebener Gattungen und Arten. Die Fossilien, die für diese Neubeschreibungen die Grundlage bildeten, konnten für die Bodendenkmalpflege gerettet werden. In der Fortsetzung dieses Forschungsprojektes führte ein Wissenschaftler 1994 Untersuchungen zu silurischen Ostrakoden an Geschieben durch. Die Ergebnisse können vermutlich 1995 publiziert werden.
Die westfälische Kreide ist bekannt für ihre Ammoniten. Eine umfassende Beschreibung der Ammoniten-Fauna des westfälischen Coniac (Oberkreide) wurde letztmalig im 19. Jahrhundert gegeben. Daher schien es angebracht, von kompetenten Fachleuten eine Revidierung vornehmen zu lassen. Dies geschah 1993. Das Ergebnis liegt in Heft 31 von „Geologie und Paläontologie in Westfalen" vor.
Zwecks litho- und biostratigraphischer Dokumentation verschiedener Aufschlüsse der Unterkreide im nördlichen Wiehengebirgsvorland überantwortete das Museum 1990 diese Aufgabe einem Wissenschaftler. Die Ergebnisse dieser Untersuchungen werden bei den späteren Unterschutzstellungsanträgen als fachliche Begründungen einfließen können.
Im Januar 1994 mußte das Westfälische Museum für Naturkunde in der Dechenhöhle eine Rettungsgrabung durchführen. Eine höhlenuntersuchende Gruppe hatte in einer Spalte der Höhle den Schädel eines eiszeitlichen Säugetieres entdeckt und Teile davon geborgen. Unter sehr ungünstigen und beengten räumlichen Bedingungen mußten Mitarbeiter des Museums den Fund bergen. Es handelt sich um den Schädel eines Nashornes. Die Freipräparation des Schädels aus dem umgebenden, sehr harten Gestein gestaltete sich sehr zeitaufwendig und mühsam. Die wissenschaftliche Bearbeitung steht noch aus, ist aber für 1995 vorgesehen.
Im Teutoburger Wald bei Halle sind mehrere Steinbrüche in den Gesteinen der Oberkreide angelegt. Im Steinbruch Dieckmann wurden die Gesteine so abgebaut, daß eine mehrere hundert Meter lange und bis zu 50 m hohe, steil einfallende Schichtfläche erhalten blieb. Die Verwitterung legt auf dieser Schichtfläche nach und nach immer wieder Fossilien frei. Auffällig war insbesondere eine sehr seltene Form von Ammoniten mit Namen *Pachydesmoceras*. Je nach Verwitterungsgrad wurden gerade diese seltenen Ammoniten von verschiedenen Museen oder Privatpersonen geborgen. 1994 führte das Westfälische Museum für Naturkunde eine umfassende Grabung durch. Darüber hinaus wurde die gesamte Schichtfläche vermessen und beschrieben. Dabei wurden auch die Fundstellen bereits früher geborgener Fossilien eingemessen und für eine wissenschaftliche Bearbeitung berücksichtigt. Angestrebt wird für 1995 eine Gesamtbearbeitung der großen Fundschicht, die auch die bereits vor längerer Zeit geborgenen Fossilien berücksichtigen soll.
Die beschriebenen Aktivitäten spiegeln nur einen kleinen Teil der Arbeiten des Westfälischen Museums für Naturkunde im Bereich der Paläontologischen Bodendenkmalpflege wider. Sie zeigen jedoch die Vielfältigkeit der Arbeit und das Bestreben, von der Fossilbergung über eine Beschreibung und eine wissenschaftliche Bearbeitung hin zur Publikation zu gelangen. Erst mit der Publikation einer Grabung oder eines Fundes, also der Verfügbarmachung des wissenschaftlichen Inhaltes, ist die Aufgabe der Denkmalpflege konsequent zu Ende geführt.

Lit.: N. Hauschke, Temporäre Aufschlüsse im Campan des nordwestlichen Münsterlandes in den Jahren 1990–1992, unter besonderer Berücksichtigung der Fossilfunde. Geol. u. Paläontol. Westfalen 32 (Münster 1994) 41–111. – N. Hauschke, Lepadomorphe Cirripedier (Crustacea, Thoracica) aus dem höchsten Cenoman des nördlichen Westfalen/Nordwestdeutschland, mit Bemerkungen zur Verbreitung, Paläökologie und Taphonomie der Stramentiden. Ebd. 539. – U. Jenchen/S. Schultka, Die ehemalige Ziegeleitongrube Voßacker und die Abgrabung am Küchenberg, zwei fossilführende Aufschlüsse im tiefen Oberkarbon. Ebd. 22 (Münster 1993) 41–85. – U. Kaplan/W. J. Kennedy, Ammoniten des westfälischen Coniac. Ebd. 31 (Münster 1994). – D. Korn, Stratigraphie und Fossilführung der Visé/Namur-Aufschlüsse am Bau der A 46 bei Arnsberg/Westfalen. Ebd. 23 (Münster 1993) 35–50. – A. Müller, Geologisch-paläontologische Aufschlußaufnahme und Dokumentation der Ziegeleigrube Buldern. Ebd. 22 (Münster 1993) 87–103. – J. Mutterlose, Die Unterkreide-Aufschlüsse (Berrias-Hauterive) im nördlichen Wiehengebirgsvorland. Ebd. 21 (Münster 1992) 39–113. – R. Schallreuter, Beiträge zur Geschiebekunde Westfalens II. Ostrakoden aus ordovizischen Geschieben II. Ebd. 27 (Münster 1993).

Bodendenkmalpflege im Rheinland 1990–1994

Harald Koschik

Der fünf Jahre umspannende Berichtszeitraum war für das seit 1987 selbständige und neu organisierte Rheinische Amt für Bodendenkmalpflege geprägt vom Bemühen um Konsolidierung und Weiterentwicklung. Dabei zeichnete sich angesichts der kurzen und nur wenig geradlinig verlaufenen Tradition der archäologischen Denkmalpflege im Rheinland das Erfordernis ganz besonders deutlich ab, nach neuen Erfahrungen zu suchen sowie diese genau zu beobachten und auszuwerten. Eine auch in unserem Bereich der öffentlichen Kulturpflege spürbare, offensichtlich ‚rheinlandtypische' Dynamik machte und macht es unerläßlich, auf die wechselnden Situationen im Umfeld der Bodendenkmalpflege flexibel zu reagieren, ohne dabei die Grundpositionen einer konsequenten und zielorientierten Arbeit im Gelände und am Schreibtisch zu gefährden.

Der Gang der Entwicklung vollzog sich schrittweise. Ersten Anschub bewirkte die Umstrukturierung von 1989, die aufgrund einer umfassenden Analyse der hauptsächlichen Defizite und Problembereiche zustandegekommen war und die zur Schaffung von zwölf neuen Planstellen für das Amt führte. Diese konnten im Laufe der Jahre 1990 und 1991 besetzt werden. Hauptnutznießer waren die größere Flächen betreuenden Außenstellen Overath, Niederzier und Xanten, die Stellen für einen dritten Wissenschaftler sowie für weitere Kräfte zur Einrichtung eines Innendienstes samt Fundbearbeitung erhielten. In der Amtszentrale in Bonn gelang es nun, die Abteilung Praktische Bodendenkmalpflege/Grabungskoordination einzurichten und Stellen für das Referat Paläontologische Denkmalpflege sowie für die Verstärkung des Fotodienstes zu schaffen.

Bedarf für eine erneute Strukturveränderung innerhalb des Rheinischen Amtes für Bodendenkmalpflege ergab sich in der Folgezeit schon wenig später in den Jahren 1991 und 1992. Zum einen bewog hierzu die eigene Erkenntnis, besonders den Bereich der Geländetätigkeiten, wie Prospektion und Ausgrabungen, zu straffen und die Vielzahl verschiedenartigster, kurzzeitiger Unternehmungen zugunsten einer fundierten Schwerpunktbildung aufzugeben. Durch den konzentrierten Einsatz des nach wie vor ja kaum ausreichenden Stammpersonals waren verbesserte Arbeitsqualität und tiefergehende Erkenntnisse zu erwarten. Zum anderen kam durch das seit 1991 praktizierte sog. Verursacherprinzip eine völlig neue Aufgabe auf das Amt zu. Im Rahmen dieser Regelung wird dem Baubetreiber als Verursacher auferlegt, für die Kosten von Ausgrabung und Dokumentation eingetragener Bodendenkmäler selbst aufzukommen. In besonderen Fällen, z. B. im Straßen- und Bahnbau, kann dies auch schon für Prospektionsmaßnahmen gelten. Für den Arbeitskatalog des Fachamtes bewirkt dies eine erhebliche Zunahme: Bereits in den denkmalrechtlichen Verfahren ist ein beträchtlicher Mehraufwand zu verzeichnen. Die nahezu erdrückende Hauptlast der fachlichen Betreuung dieser Verursachergrabungen, die zumeist von Grabungsfirmen durchgeführt werden, trägt vor allem die zentrale Abteilung Praktische Bodendenkmalpflege/Grabungskoordination, die ursprünglich für andere, nicht weniger wichtige Aufgaben vorgesehen war. Das Verursachersystem fordert zusätzliche Leistungen auch in der Prospektion, die die Grundlagen der Unterschutzstellung von Bodendenkmälern liefert. Das unbestreitbare ‚Mehr' an Grabungsaktivitäten im Lande hat somit keineswegs zu einer Entlastung der amtlichen Bodendenkmalpflege geführt, wie anfänglich da und dort – auch mit dem Hintergedanken möglicher Einsparungen – gemutmaßt worden war.

Die erst 1994 vollzogene zweite Organisationsveränderung mußte ohne personelle Verstärkung auskommen und konnte nur durch die Umschichtung vorhandener Kräfte bewerkstelligt werden. Die Mini-Abteilung Wissenschaftliche EDV/Geophysikalische Verfahren sowie der Torso des Sachbereichs Wissenschaftlicher Dienst/Öffentlichkeitsarbeit wurden aufgelöst und als Referate in andere Abteilungen eingegliedert, wo sie im unmittelbaren Kontakt mit den praxisbezogenen Tätigkeiten des Amtes effizienter als

Erkrath-Hochdahl/Kreis Mettmann. Gestuftes Bodenprofil mit Fundhorizont des Neandertalers (dunkle Schicht). Vor ca. 50 000 Jahren.

bisher arbeiten können. Am stärksten begünstigt ist durch diese Konzentration die Abteilung Prospektion, auf die jetzt und in Zukunft bei der Entscheidung, was an archäologischen Fundplätzen im Rheinland bedeutsam und schützenswert ist, eine hohe Verantwortung zukommt.

Einer befriedigenden Lösung bedürfen noch die Defizite in der personellen Ausstattung der Abteilungen Praktische Bodendenkmalpflege/Grabungskoordination und des Referates Denkmalpflege in der Abteilung Denkmalschutz/Archiv. Deutlich wird die angespannte Situation im letzteren Bereich u. a. daran, daß dort alljährlich über 7000 Vorgänge zur denkmalrechtlichen Bearbeitung eingehen. Im Zeichen der noch anhaltenden Rezession werden aber Verbesserungen im Personalbestand nicht oder nur in kleinsten Schritten möglich sein. Die natürlich im Zusammenhang mit der wirtschaftlichen Situation zu sehende Diskussion um den Öffentlichen Dienst generell trägt ein übriges dazu bei, die begründeten Anliegen des in wichtigen Teilen nach wie vor erst im Ausbau begriffenen Fachamtes in den Hintergrund zu drängen.

Die düstere Gegenwart mit drohenden und bereits wirksamen Stelleneinsparungen und Mittelkürzungen darf jedoch den Blick nicht für die Fortschritte verstellen, die in den vergangenen fünf Jahren zweifellos zu verzeichnen waren. In der Hauptsache betrafen diese die äußeren Rahmenbedingungen für die Arbeit des Amtes, das seit seinem Bestehen in unzulänglichen oder provisorischen Quartieren untergebracht war. Nachdem bereits Ende 1989 die Außenstelle Overath das sanierte Gut Eichthal bei Overath im Rheinisch-Bergischen Kreis beziehen konnte, tauschte die Bonner Zentrale im Frühjahr 1992 seine beengte Unterkunft im Gebäudekomplex des Rheinischen Landesmuseums mit einem arbeitsgerecht ausgestatteten Neubau an der Endenicher Straße in Bonn. Von der geplanten Verlagerung nach auswärts – in Rede standen u. a. Brauweiler und Meckenheim – hatte man schließlich Abstand genommen. Die Außenstelle Zülpich wechselte zwei Jahre später aus ihrem bisherigen Quartier in der ehemaligen Zwergschule von Zülpich-Bessenich in den historischen, gründlich renovierten Stiftshof von Nideggen-Wollersheim/Kreis Düren. Zum Jahresbeginn 1995 bezog die Außenstelle Niederzier das ebenfalls sanierte Gut Coenen in Titz-Höllen/Kreis Düren. Waren diese Erfolge zu einem nicht unwesentlichen Teil glücklichen Umständen, d. h. auch einer günstigen Finanzlage Ende der achtziger Jahre zu verdanken, so ist es derzeit um so schwieriger, die älteste, bereits 1957 eingerichtete Außenstelle des Amtes in Xanten in ein ebenfalls dringend benötigtes neues Dienstquartier umzusetzen. Trotzdem scheint sich auch dort eine Lösung abzuzeichnen.

Überaus nutzbringend hat sich das Wirken der 1990 gegründeten „Stiftung zur Förderung der Archäologie im rheinischen Braunkohlenrevier“ erwiesen. Seit der Verfügbarkeit von Zinserträgen aus dem Stammkapital sind bis Mitte 1994 über 5,1 Millionen DM in verschiedene Maßnahmen der Archäologie in den rheinischen Tagebauen geflossen. Vorrang hatten in jedem Fall die Auswertungen und Publikationen bereits vorliegender Grabungsbefunde, wobei auch zahlreiche Stipendien zur Ausschüttung kamen. Prospektionsvorhaben genießen ebenfalls hohe Priorität, sodann folgen arbeitsmethodische Projekte, die zur Verbesserung der archäologischen Denkmalpflege vor den Kohlebaggern führen. Auch Ausgrabungen und Präsentationen wie Ausstellungen gehören zum Förderungsspektrum, an dem bislang das Fachamt und verschiedene Universitäten den größten Anteil hatten.

Weit vorangekommen ist das Rheinische Amt für Bodendenkmalpflege auch mit seinen ehrenamtlichen Mitarbeitern. Diese verdienstvollen, uneigennützigen Helfer liefern viele Informationen und leisten Zuarbeit dort, wo die amtlichen Kräfte nicht oder nur bedingt einsetzbar sind. Es gelang auch, eine beträchtliche Anzahl interessierter Bürger neu für diese Art nützlicher Freizeitgestaltung zu begeistern. Die ehrenamtlichen Mitarbeiter werden von den Außenstellen direkt betreut und in z. T. regelmäßigen Zusammenkünften auf ihre Arbeit vorbereitet – sei es nun die Feststellung und die Begehung von Fundstellen, die Kartierung von Funden, die Fundbergung oder auch der kulturgeschichtliche Hintergrund archäologischer Funde und Fundorte. In manchen, bislang scheinbar fundleeren Gegenden, wie beispielsweise im Bergischen Land, sind die Fundmeldungen dort, wo ehrenamtliche Mitarbeiter neu oder verstärkt tätig wurden, sprunghaft angestiegen.

Schon Tradition ist im Rheinland die Einrichtung kommunaler Bodendenkmalpflegen, die unmittelbar am Ort des Geschehens schnell und wirkungsvoll eingreifen können. Zu den bereits seit vielen Jahren bestehenden Stadtarchäologien von Krefeld, Duisburg und Neuss kamen 1993 und 1994 die der Städte Essen und Moers neu hinzu; eine ebensolche beginnt sich in Rheinbach zu etablieren, wo in den kommenden Jahren rings um die Stadt große Flächen voll geschichtsträchtigen Bodens zur Bebauung anstehen.

Die Bilanz der Grabungstätigkeiten im Rheinland erweist sich für den Berichtszeitraum als vielfältig und erfolgreich. Auch in diesem Arbeitsbericht, der nur

Bornheim-Sechtem/Rhein-Sieg-Kreis. Frühbronzezeitliche Doppelbestattung eines Kindes und eines Erwachsenen. Um 1700 v. Chr.

Meerbusch-Strümp/Kreis Neuss. Brandbestattung der frühen Eisenzeit. 7./6. Jahrhundert v. Chr.

einen knappen Abriß liefern kann, ist das große Übergewicht der Ausgrabungen in römerzeitlichen und mittelalterlichen/neuzeitlichen Objekten zu erkennen. Dennoch läßt sich hier wiederum ein buntes Bild der rheinischen Archäologie quer durch die Jahrtausende zeichnen, wobei die spektakulären Unternehmungen in diesem Buch von den Ausgräbern im einzelnen vorgestellt werden. Die kommunalen Bodendenkmalpflegen berichten in eigenen Beiträgen.

Altsteinzeit

In die Altsteinzeit vor mehr als 50 000 Jahren führte eine Ausgrabung am Abhang des Düsseltals bei Erkrath-Hochdahl/Kreis Mettmann in der Nähe der längst einem Steinbruch zum Opfer gefallenen Fundstelle des berühmten Neandertalers. Die Untersuchung bezweckte die Feststellung der geologischen Schichtenverhältnisse vornehmlich im Löß, wodurch sich wichtige Einblicke in die Klima- und Landschaftsgenese im zeitlichen und räumlichen Umfeld des Neandertalers ergeben. Ähnliche Erkenntnisse lieferte eine Kontrollgrabung in Bonn-Oberkassel unweit des ebenfalls schon seit langem zerstörten Fundortes von Skelettresten eines Mannes, einer Frau und eines Hundes aus dem Magdalénien vor etwa 16 000 Jahren. Das Tier gilt im übrigen als der älteste bislang bekanntgewordene ‚Haushund' des Menschen.
Aus der Mittelsteinzeit vor ca. 9000 Jahren stammen Skelettreste eines Auerochsen, die in Dormagen-Straberg/Kreis Neuss geborgen werden konnten. Der Stier lag eingebettet in einer mächtigen Torfschicht, deren pollenanalytische Auswertung Rückschlüsse auf die klimatisch-landschaftsspezifischen Verhältnisse auch dieser Zeit zuließ.

Jungsteinzeit

Die die Jungsteinzeit betreffenden Untersuchungen standen ganz im Zeichen der bandkeramischen Siedlung von Erkelenz-Kückhoven/Kreis Heinsberg samt ihrem aufsehenerregenden Brunnen aus dem 51. Jahrhundert v. Chr. (siehe S. 179). Hausgrundrisse jener frühen Ackerbauernkultur kamen auch in Niederzier und bei Niederzier-Hambach/Kreis Düren, an verschiedenen Stellen bei Rheinbach/Rhein-Sieg-Kreis sowie auch in Frechen/Erftkreis zutage. Eines der seltenen neolithischen Erdwerke scheint sich im Umsiedlungsstandort der Rheinbraun AG bei Langerwehe-Jüngersdorf/Kreis Düren abzuzeichnen. Auch in einem anderen Umsiedlungsgebiet des Braunkohlenreviers, in Inden-Altdorf/Kreis Düren, sowie im Stadtgebiet von Aachen, in Meerbusch-Strümp/Kreis Neuss, in Moers/Kreis Wesel und auf einer Autobahnbaustelle bei Hückelhoven/Kreis Heinsberg konnten jungsteinzeitliche Siedlungsspuren entdeckt werden – um hier nur einige Fundpunkte zu nennen.

Bronzezeit

Wegen ihres schlechten Erhaltungszustandes und auch wegen ihrer Unscheinbarkeit werden Befunde aus der Bronze- und Urnenfelderzeit nur in Ausnahmefällen entdeckt und identifiziert. Der Fund einer Doppelbestattung bei Bornheim-Sechtem/Rhein-Sieg-Kreis, bestehend aus einem erwachsenen und einem kindlichen Individuum, beide in Hockerlage mit einigen wenigen untypischen Feuersteingeräten bzw. -absplissen beigesetzt, ließ sich nur anhand der ^{14}C-Methode in die Zeit etwa um die Mitte des 18. Jahrhunderts v. Chr. datieren. Es handelt sich hierbei offensichtlich um eine der für die sog. Rheinischen Becherkulturen typische Hockerbestattung aus der Zeit des Überganges vom Neolithikum zur älteren Bronzezeit. Im Zuge einer Prospektionsgrabung in einem Neubaugebiet der Stadt Rheinberg/Kreis Wesel gelang es, auf einem Hektar Fläche eine große Anzahl älterbronzezeitlicher Vorratsgruben samt einigen Pfostenspuren freizulegen. Aus der späten Bronzezeit bzw. der Urnenfelderzeit (ca. 1200–750 v. Chr.) stammen ein kompletter Hausgrundriß und einige Gruben, die in einem Baubereich von Meckenheim/Rhein-Sieg-Kreis entdeckt wurden – ebenfalls nach vorausgegangener, sorgfältiger Prospektion. Ähnlich zu datieren sind Siedlungsfunde aus Aldenhoven/Kreis Düren, bei Rheinbach-Flerzheim/Rhein-Sieg-Kreis und von Moers-Hülsdonk/Kreis Wesel, von denen die beiden letzteren Fundplätze noch in die nachfolgende frühe bzw. ältere vorrömische Eisenzeit (ca. 750–500 v. Chr.) hineinreichen. Für die prähistorische Siedlungsgeschichte eminent wichtig ist in Moers die Aufdeckung des zugehörigen zeitgleichen Gräberfeldes der sog. Niederrheinischen Grabhügel-

Dormagen/Kreis Neuss. Grabungsfläche im nördlichen Teil des römischen Kavallerielagers. 3. Jahrhundert n. Chr.

kultur (siehe S. 134). Aus dem Übergang von der späten Bronzezeit zur frühen Eisenzeit sind schließlich Siedlungsreste von der Trasse der B 59n bei Pulheim/Erftkreis und aus einem zukünftigen Gewerbegebiet in Niederzier/Kreis Düren belegt.

Eisenzeit

Eine Siedlung der frühen Eisenzeit – aus dem 7. und 6. vorchristlichen Jahrhundert – und Teile eines Bestattungsplatzes konnten ebenfalls im Zuge großflächiger Grabungen in Meerbusch-Strümp/Kreis Neuss nachgewiesen werden. Hier wie beispielsweise in Mülheim a. d. Ruhr nahe Schloß Broich, bei Hückelhoven/Kreis Heinsberg und in Eschweiler-Weisweiler/Kreis Aachen zeichneten sich die Reste solcher Wohnplätze nur noch als Gruben mit entsprechender Verfüllung ab. Besser bestellt war es um die Relikte früheisenzeitlicher Siedlungen von Düsseldorf-Rath, Neuss-Norf, Pulheim und Elsdorf-Angelsdorf/Erftkreis sowie Aldenhoven-Pattern/Kreis Düren, wo sich aus den Bodenverfärbungen vergangener Stützpfosten regelrechte Hausgrundrisse rekonstruieren

ließen und – wie am rechtsrheinischen Beispiel Düsseldorf-Rath – auch Hinweise auf eine locker gestreute Siedlungsweise zu gewinnen waren. Bemerkenswert ist in Krefeld der Fund eines Brunnens, dessen unterste Teile der hölzernen Wandung erhalten waren. Das Fällungsdatum des Baumes, aus dessen Holz die Brunnenfassung gearbeitet war, kann dendrochronologisch, d. h. durch Auszählung der Jahrringe, in die Zeit zwischen 825 und 800 v. Chr. datiert werden.
Ein Teil der vorgenannten Siedlungen und ein Gräberfeld mit 48 Bestattungen von Linnich/Kreis Düren reicht offensichtlich noch in die späte Eisenzeit (ca. 500 v. Chr. bis um Chr. Geb.) hinein. Dies gilt auch für eine Hofanlage von Inden-Altdorf/Kreis Düren und für die Abfolge von mehreren Bestattungen, die in einem Grabhügel bei Kranenburg/Kreis Kleve nachgewiesen werden konnte. Eine der hierzulande äußerst seltenen befestigten Flachlandsiedlungen – vermutlich aus dem 1. vorchristlichen Jahrhundert – wurde in Meckenheim/Rhein-Sieg-Kreis entdeckt und in Teilen ergraben. Ein Umwehrungssystem, bestehend aus einem ca. 1,5 m tiefen Hauptgraben mit zwei Vorgräben, zu dem wahrscheinlich auch ein nunmehr verebneter Wall gehörte, schützte den Innenraum, in dem die Spuren mehrerer Häuser in Pfostenbauweise ergraben werden konnten. Eine Besonderheit liegt auch in einer hofartigen Siedlungsstruktur, ebenfalls aus dem 1. Jahrhundert v. Chr., von Muffendorf bei Bonn-Bad Godesberg vor, die wohl von einem rechteckigen Spitzgraben und Wall umgeben war. Vergleichbare Anlagen sind am Niederrhein bislang nicht festgestellt worden. Vermutlich handelt es sich um ein umwehrtes Gehöft, ähnlich den befestigten Höfen dieser Zeit aus den nördlichen Niederlanden. In altem und neuem Fundmaterial aus Grabungen spätesteisenzeitlicher und frührömischer Fundplätze im südlichen Rheinland lassen sich u. a. Keramikformen aussondern, die einen lokalen, eigenständigen Typus vertreten. Ob man darin die Hinterlassenschaft des in der zweiten Hälfte des 1. vorchristlichen Jahrhunderts hier von den Römern angesiedelten Stammes der Ubier sehen darf, muß zunächst weiteren genauen Beobachtungen und Analysen vorbehalten bleiben.

Römische Zeit

Auf den ersten Blick mag die Fülle der Ausgrabungen in römerzeitlichen Stätten schier ‚erdrücken'. Dennoch vermittelt die Auswertung dieser vermeintlich alltäglichen archäologischen Hinterlassenschaften des Rheinlandes immer wieder neue Erkenntnisse, die all diejenigen eines besseren belehren, die gerne die Meinung vertreten, man könne nunmehr auf die Untersuchung beispielsweise von römischen Villen verzichten.
Von Baumaßnahmen aller Art sind in den vergangenen Jahren die römischen Militärlager betroffen gewesen. Im Kavalleriekastell von Dormagen/Kreis Neuss fanden daher erneut Grabungen statt, diesmal vor allem an der Nordseite des Lagers. Erstmals gelang es dabei, die Existenz eines spätantiken Kleinkastells nachzuweisen, das man nach dem Frankeneinfall von 276 n. Chr. in der Nordostecke des Alenkastells errichtet hatte. Die erst jüngst gesicherte Lokalisierung der westlichen Lagermauer führt zum Schluß, daß das Kastell etwa um ein Viertel größer war, als bisher angenommen wurde. Neue Informationen zur bereits bekannten Legionsziegelei lieferten Grabungen südlich von Kastell und *vicus*. Dabei konnte auch ein fünfter Ziegelbrennofen festgestellt und die Ausdehnung der Ziegelei präzisiert werden. Ebenso war im Legionslager von Bonn eine kleinräumige, jedoch nicht minder befundreiche Grabung notwendig, bei der man u. a. auch auf die von den Germanen 351/353 n. Chr. verursachte Zerstörungsschicht stieß. Hier verdichtet sich die Annahme, daß danach das Militärlager in seinen größten Teilen aufgegeben und durch eine kleine Befestigung – vermutlich in der Nordostecke – ersetzt wurde. In der Bonner Lagervorstadt führten umfangreiche Ausgrabungen zu Baubefunden, die auch zu einem römischen Heiligtum gehören könnten.
Ganz überraschende Resultate lieferten die verhältnismäßig kleinflächigen Grabungsschnitte in und bei der spätantiken Befestigung Haus Bürgel nahe Monheim/Kreis Mettmann, die im Zuge der Sanierung des von der Nordrhein-Westfalen-Stiftung erworbenen Bauwerks erforderlich waren. Zum einen stellte sich heraus, daß das etwa 64 × 64 m im Geviert messende spätrömische Kleinkastell, das seit einer Verlagerung des Rheinstroms im späten Mittelalter rechts des Flusses liegt, offenbar schon seit der zweiten

Monheim/Kreis Mettmann. Spätantikes Kastell ‚Haus Bürgel'. Blick von Süden. Anfang 4. Jahrhundert n. Chr.

Hälfte des 1. Jahrhunderts n. Chr. einen Vorläufer besessen haben muß. Dies deuten die Ansätze eines älteren Wehrgrabens sowie bislang über 70 Gräber, zumeist Brandbestattungen, im Vorfeld der Wehranlagen zwischen den Doppelgräben und der Kastellmauer an. Des weiteren könnte das spätere Kleinkastell noch bis zur Mitte des 5. Jahrhunderts bestanden haben oder zumindest bewohnt gewesen sein, wie entsprechende Münzfunde und germanisch geprägtes Fundgut nahelegen. Schließlich gelang es durch diese ersten modernen Grabungen, die Architektur etwas genauer zu erfassen. Dem nun erbrach-

Monheim/Kreis Mettmann. Spätantikes Kastell ,Haus Bürgel'. Halbrundes Turmfundament. Anfang 4. Jahrhundert n. Chr.

ten Nachweis eines Tores an der Ostseite zufolge besaß die Festung offenbar ein weiteres Tor an der Westseite, die Schlupfpforte in der Südfront stellte sich als mittelalterlich heraus. Auf die Reste des Kastellbades im Innenraum unmittelbar an der Südmauer stieß man ebenso wie auf die Fundamente einer Getreidedarre des 4. Jahrhunderts vor der östlichen Kastellmauer.

Ein Schnitt durch den Wall und die anschließende Lagerstraße des Legionslagers Neuss legte u. a. einen späteren Einbau in Form eines Fachwerkgebäudes mit Backstube frei sowie Spuren von Bauaktivitäten aus neronischer Zeit, die sich durch gut erhaltene Spateneinstiche in den anstehenden Boden zu erkennen gaben. – Im Legionslager *Vetera I* auf dem Fürstenberg südlich von Xanten/Kreis Wesel wurden gezielte Sondagen zur Gewinnung von Funden aus Metall durchgeführt. Aus ihrem Erhaltungszustand sollen im Vergleich mit Funden vom gleichen Ort aus den früheren Jahrzehnten Rückschlüsse auf die Einwirkung schädlicher Umwelteinflüsse gezogen werden. Dies ist Teil eines bundesweiten Forschungsprogramms, basierend auf einer Initiative des Verbandes der Landesarchäologen in der Bundesrepublik Deutschland. Ein anderer Aspekt des römischen Militärwesens konnte im Xantener Stadtgebiet weiter verfolgt werden, als erneut Reste der Legionsziegelei überbaut wurden. Zur Lagervorstadt von *Vetera I* gehören Bauspuren, die man bei Neubauten in Xanten-Birten entdeckte.

In den römischen Städten und größeren ländlichen Siedlungen erweitern und verdichten zahlreiche Sicherungsgrabungen das bisher bekannte Fundbild (zu Krefeld, Neuss und Jülich siehe S. 131, 137 und 127). Im Regierungsviertel von Bonn konnte die Bebauung des römischen *vicus* in Form von Streifenhäusern in Fachwerktechnik weiter erforscht werden. Wie zahlreiche Fundstücke von hoher Qualität und die Ausstattung mancher Räume mit Freskenmalerei andeuten, hat sich die Bevölkerung dieses vom Ende des 1. bis zum Beginn des 3. Jahrhunderts bestehenden Handwerkerviertels – es wurden beispielsweise Horn und Bein verarbeitet – in gut 3 km Entfernung des Legionslagers eines gewissen Wohlstandes erfreut.

In Aachen zwang der geplante Neubau einer Domherrengruft zu einer Ausgrabung im Kreuzgang des Doms. Dabei konnten Teile des römischen Straßensystems, der Wasserversorgung und -entsorgung sowie Teile von Wohnhäusern und auch großräumigen Bauwerken freigelegt und somit ein neuer Bildausschnitt der urbanen Siedeltätigkeiten vom frühen 1. bis zum 5. Jahrhundert gewonnen werden. – Von den verschiedenen Untersuchungen im römischen *vicus* von Zülpich/Kreis Euskirchen verdienen die Grabungskampagnen an der Normannenstraße und an der Kölnstraße besonderes Interesse. In ersterem Areal fand sich in mehreren Fundschichten vom 1. bis 4. Jahrhundert umfangreiches Material, vor allem eine große Menge von Keramikgefäßen, sowie auch Brand- und Körpergräber. An der Kölnstraße konnte ein beträchtlicher Teil eines Gräberfeldes untersucht werden, dessen etwa 220 geborgene Bestattungen aus der Zeit vom 1. bis 4. Jahrhundert z. T. mit verhältnismäßig wertvollen Grabbeigaben versehen waren. – Schon seit mehreren Jahren ist der *vicus* von Mönchengladbach-Mülfort am Übergang der Römerstraße Neuss–Roermond über die Niers das alljährliche Objekt aufwendiger Ausgrabungen. Vom großen Brandgräberfeld des 1.–2. Jahrhunderts konnten bereits über 600 Bestattungen freigelegt werden. Teile des Friedhofs sind von einem großen Töpfereibezirk überlagert, von dem bis jetzt drei Brennöfen ausgegraben wurden. Sie dienten sowohl zur Herstellung einfacher Grobkeramik als auch von sog. Firnisware, einer feineren Geschirrart. – In Moers-Asberg/Kreis Neuss gelang es, die bereits bei der Anlage einer Bau-

grube nahezu völlig zerstörten Überbleibsel von Pfählen und Brettern als die Spuren einer römischen Anlegestelle am Rhein zu identifizieren. Sie war dem dendrochronologischen Gutachten zufolge in der zweiten Hälfte des 1. nachchristlichen Jahrhunderts gebaut worden und diente zur Versorgung des Hilfstruppenlagers und der Zivilsiedlung von *Asciburgium*. – Im römischen Xanten/Kreis Wesel, der *Colonia Ulpia Traiana* (siehe S. 67), und in der Umgebung kommt es ständig zu archäologischen Maßnahmen. Neben einem materialreichen Zuwachs von Fundobjekten nicht nur aus der Römerzeit (siehe S. 75) bescherten die Kiesbaggereien des Rheins bei Xanten-Wardt und Xanten-Lüttingen zwei römische Schiffe, die erstmalig in ihrem erhaltenen Bestand komplett geborgen werden konnten (siehe S. 220). Anhand von Gräbern und Gruben erkennbare Baubefunde am Altrhein bei Xanten-Lüttingen – unweit der Fundstelle des Schiffs – könnten zu einem Hafen oder Umschlagplatz gehören, der im 3. oder 4. Jahrhundert den nicht mehr benutzbaren Hafen unmittelbar vor der Ostmauer der *Colonia* ersetzte.
Auch die kontinuierliche Untersuchung der kleinen und großen römischen Landgüter, der *villae rusticae*,

Mönchengladbach-Mülfort. Römische Siedlung. Reste dreier Töpferöfen. 2. Jahrhundert n. Chr.

Meerbusch-Strümp/Kreis Neuss. Fränkische Siedlung. Opfergrube mit den Skelettresten eines in mehrere Teile zerlegten Pferdes. 6. Jahrhundert.

die netzartig die fruchtbaren Regionen der Provinz überzogen, führt immer wieder zu beträchtlichem Zuwachs an Wissen über Wesen und Infrastruktur dieser landwirtschaftlichen Produktionseinrichtungen. Als beispielhaft können die Forschungen an Villen im Bereich Niederzier-Steinstraß/Kreis Düren gelten, wo eine ehedem reiche römische Kulturlandschaft den Baggern des Braunkohlentagebaus Hambach zum Opfer fällt. Nur hier war und ist es aber möglich, durch großflächige Ausgrabungen auch diffizilen Einzelheiten des römischen Landlebens auf die Spur zu kommen. Besonderes Zielobjekt war in den vergangenen Jahren eine römische Villa mit einem sog. *burgus*, einem kleinen turmartigen Verteidigungsbauwerk, dessen Fläche in späterer Zeit den Franken als Begräbnisplatz diente. Auch in diesem Landgut wird beispielsweise die Auswertung von Sedimenten aus verschiedenen Brunnen zur Kenntnis der landschaftlichen und klimatischen Verhältnisse während der Römerzeit beitragen. Ein Spitzenerzeugnis römischer Kleinkunst verkörpert ohne Zweifel die Bronzestatuette des *Hercules bibax* aus dieser Villa (siehe S. 251). – In einer anderen Villa im Hambacher Forst stieß man auf einen kleinen Schatzfund spätrömischer Münzen (siehe S. 254), in einer weiteren kamen Glasöfen und ein kleines Brandgräberfeld zutage. – Im Braunkohlenrevier Inden I fand sich bei Aldenhoven-Pattern/Kreis Düren im Bereich einer Villa, zu der ebenfalls einige Gräber gehörten, ein mehrere Zentner schwerer Hort, in der überwiegenden Masse aus unterschiedlichsten Eisengegenständen bestehend, der in seiner Art in dieser Gegend bislang einmalig ist (siehe S. 256). – Der Nachweis von Eisenverhüttung größeren Stils, die schon bald nach der römischen Okkupation eingesetzt haben muß und die bis ins frühe 2. Jahrhundert betrieben wurde, gelang im Umfeld eines anderen Hofgutes am gleichen Ort. Das kleine Gräberfeld der erst später erbauten Villa überlagerte diese Produktionsstätte. Mehr oder weniger flächenhaft untersucht wurden während des Berichtszeitraums römische Villen des weiteren in: Aachen-Süsterfeld und Aachen-Vetschau, im Kreis Düren in Aldenhoven, Inden-Altdorf, Langerwehe-Jüngersdorf, Linnich (siehe S. 261), Niederzier und Niederzier-Oberzier, im Rhein-Sieg-Kreis in Rheinbach und Meckenheim, im Erftkreis in Frechen, im Kreis Neuss in Dormagen-Nievenheim sowie im Kreis Heinsberg in Erkelenz-Commerden und Erkelenz-Hückelhoven.
Kaum noch zu klären dürfte der Charakter von römischen Baulichkeiten bei Geilenkirchen-Hommerschen/Kreis Heinsberg sein, deren Reste vermutlich zur Gänze in einer großen Kiesgrube zerstört wurden. Aus einem der beiden Brunnen in der Nähe dieses Gebäudes stammen ganz außergewöhnliche Architekturteile, die ein Schlaglicht auf das repräsentative Aussehen des Bauwerks werfen (siehe S. 244).
Im Rahmen des seit längerem bestehenden Untersuchungsprojektes Römerstraßen wurden in den beiden Testgebieten in der Voreifel und auf der Rheinbacher

Kalkar-Niedermörmter/Kreis Kleve. Freilegung eines karolingischen Flußkahns in einer Kiesgrube (Länge ca. 14 m). Um 800.

Lößplatte gezielte Prospektionen und einzelne Sondagegrabungen durchgeführt. Die Kenntnis von Trassenführung und technischen Details erweitern immer wieder Aufschlüsse im Braunkohlenrevier Hambach, so zuletzt im Hambacher Forst bei Niederzier/Kreis Düren.

Im Tagebau Garzweiler I wurde die Erforschung des Elsbachtales bei Jüchen und Grevenbroich/Kreis Neuss in nahezu ganzjährigen Kampagnen fortgesetzt. Hier bietet sich die außergewöhnliche Gelegenheit, die Besiedlung einer Kleinlandschaft von der Römerzeit bis in die Neuzeit über eine Strecke von mehreren Kilometern mit archäologischen und naturwissenschaftlichen Methoden zu analysieren und zu rekonstruieren. Begünstigt werden diese Erkenntnismöglichkeiten vor allem durch den Umstand, daß die Befunde und Funde im feuchten Talgrund unter meterhohen Lößschichten, die sich im Laufe der Jahrtausende durch Verwehung und Abschwemmung gebildet haben, gut erhalten sind (siehe S. 276).

Frühes Mittelalter

Ähnlich wie die vorgeschichtlichen Metallzeiten offenbart sich das frühe Mittelalter nur in verhältnismäßig seltenen Fällen durch handfeste archäologische Aufschlüsse. Daher darf man die Entdeckung und Ausgrabung einer fränkischen Siedlung des 5.–7. Jahrhunderts in Meerbusch-Strümp/Kreis Neuss in jeder Hinsicht als ein außerordentliches Ereignis bezeichnen, das keinesfalls nur glücklichen Umständen zuzuschreiben ist. Ausgehend von einer genauen Prospektion des 13 Hektar großen Neubaugeländes, bei der vorgeschichtliche und römerzeitliche Siedlungsspuren lokalisiert werden konnten, kam es anschließend zu umfassenden Ausgrabungen, die überraschenderweise in der Hauptsache eine Fülle von Überresten einer merowingerzeitlichen Siedlung ans Tageslicht förderten. Die nachgewiesenen Bauformen reichen von großen Langhäusern über kleine Grubenhäuser bis zu Speicherbauten, alle in Pfostenbauweise und mit lehmverputzten Flechtwerkwänden. Funde von Schlacken und Glasmasse deuten auf eine Eisenverarbeitung und Glasherstellung am Ort hin. Nicht zu beantworten war allerdings die Frage, ob es sich bei dieser Siedlung nur um einen kleinen Weiler von ein bis zwei Gehöften oder um ein regelrechtes Dorf handelt. Der Großflächigkeit planmäßiger Sicherungsgrabungen im neuen Umsiedlungsgebiet von Inden-Altdorf/Kreis Düren ist u. a. auch der Nachweis von Siedlungsspuren – ebenerdige Pfostenbauten, Grubenhäuser, Brunnen – und Gräbern des 6.–8. Jahrhunderts zu verdanken.

Friedhöfe der Merowingerzeit stellen dagegen für den Archäologen eine eher vertraute Hinterlassenschaft dar. Ein weiterer Teil eines bereits bekannten Gräberfeldes mit 80 z. T. aufwendig ausgestatteten Grablegen mußte in Bedburg-Blerichen/Erftkreis untersucht werden. Des weiteren wurde in Niederzier-Steinstraß/Kreis Düren ein Friedhof ebenfalls des 6. und 7. Jahrhunderts mit 205 Gräbern ausgegraben, die sich über die Fläche eines weitestgehend verebneten römischen *burgus* verteilten (siehe S. 285). In Wesseling/Erftkreis verursachten Neubauten wiederum Ausgrabungen im schon teilweise erforschten Reihengräberfeld. Im großen römisch-fränkischen Friedhof von Krefeld-Gellep wurden die Untersuchungen planmäßig vorangetrieben. Das 6000. Grab konnte im Sommer 1994 geborgen werden (siehe S. 258).

Ebenfalls zu den äußerst seltenen Befunden aus dem frühen Mittelalter zählt die Entdeckung eines Flußkahns aus dem Rhein bei Kalkar-Niedermörmter/Kreis Kleve, die der Aufmerksamkeit des kiesabbauenden Betriebs verdankt wird. Das 14 m lange Lastschiff, das vermutlich Tuffsteine aus der Eifel geladen hatte, konnte komplett geborgen werden. Die dendrochronologische Untersuchung des Eichenholzes ergab eine Datierung in die karolingische Zeit um 800.

Stadtarchäologie

Fast ohne Ausnahme ist in allen großen und kleinen Städten des Rheinlandes nach wie vor eine überaus starke Bautätigkeit zu verzeichnen, die immer wieder in noch unberührte Teile des altstädtischen Kulturbodens eingreift und all das an unwiederbringlichen Zeugnissen baulicher Stadtentwicklung über Jahrtausende hinweg vernichtet, was sich in immer spärlicheren Resten bis in die Gegenwart erhalten hat. Entsprechend hoch ist der Arbeitsdruck, der auf allen lastet, die mit der Stadtarchäologie zu tun haben. In einer Reihe von rheinischen Städten mit besonders hohem Bauaufkomen wird die fachamtliche Bodendenkmalpflege durch kommunale Archäologien oder

Jülich/Kreis Düren. Grabung im Bereich des Torwächterhauses der Zitadelle (um 1550). Grundmauern.

Jüchen-Belmen/Kreis Neuss. Hahner Hof. Mittelalterliche Turmfundamente. 14./15. Jahrhundert.

vergleichbare Einrichtungen entlastet, so in Krefeld (siehe S. 131), Duisburg (siehe S. 119), Neuss (siehe S. 137), Essen (siehe S. 124) und Moers (siehe S. 134) sowie in Düsseldorf (siehe S. 330), Siegburg (siehe S. 336) und Jülich (siehe S. 127).

Unter den vom Amt veranlaßten, begleiteten oder selbst durchgeführten Maßnahmen ist für die Stadt Siegburg/Rhein-Sieg-Kreis besonders die im mutmaßlichen Bereich des jüdischen Ritualbades aus dem Mittelalter, der Mikwe, anzuführen, die dann tatsächlich den Nachweis des Badebeckens in einem Kellerraum lieferte. Nach Aussage der Archivunterlagen bestand die Mikwe während des 15. Jahrhunderts. Die Gewölbe des Judenbades wurden in der zweiten Hälfte des folgenden Jahrhunderts abgerissen und das Bad mit Töpfereiabfall aus der Siegburger Aulgasse verfüllt, wie sich bei der Ausgrabung zeigte.

Große Bedeutung haben die Untersuchungen in der Zitadelle von Jülich/Erftkreis erlangt, die zu den wichtigsten Befestigungsbauwerken der Renaissance nördlich der Alpen zählt. Nachdem umfängliche Sanierungsmaßnahmen bereits in den achtziger Jahren angelaufen waren, gelang es nach intensiver Einwirkung des Fachamtes, die archäologische Begleitung der Arbeiten seit 1990 planmäßig sicherzustellen. Seither konnten zu vielen Einzelheiten der Festungsbaukunst wichtige Erkenntnisse gewonnen und zahlreiche Bauaufnahmen mit archäologischen Methoden bewerkstelligt werden. Nicht zuletzt haben die vielen Sondagen und Grabungsschnitte auch Licht auf das ungelöste Problem der Grundwasserabsenkung in Jülich geworfen, die nicht nur die alte Bausubstanz, sondern auch die neuen Ausbesserungen ernsthaft gefährdet. Nach neubaubedingten Ausgrabungen an der ebenfalls renaissancezeitlichen Jülicher Stadtbefestigung ist nun auch der napoleonische Brückenkopf am westlichen Rurufer in Jülich, der Mittelpunkt der Landesgartenschau 1998 sein soll, zum archäologischen Untersuchungsobjekt geworden.

In Düsseldorf kam es neben den intensiven Ausgrabungen im Bauvorlauf zum Rheinufertunnel (siehe S. 330) auch zu Grabungen des Amtes in der Altstadt, so im Quartier an der Lambertuskirche, wo sich aus der Füllung verschiedener Kloaken, die Unmengen an Speiseresten, Küchenabfällen und Gebrauchsgegenständen enthielten, ein vielfältiges Bild der Lebensumstände der Stadtbürger seit dem 17. Jahrhundert nachzeichnen läßt. In verschiedenen Stadtteilen Düsseldorfs waren in romanischen Kirchen und ehemaligen Klöstern Sicherungsgrabungen notwendig, so z. B. in St. Suitbert zu Kaiserswerth, in Alt St. Martin in Bilk und im ehemaligen Franziskanerinnenkloster von Rath, wo außer Fundamentmauern des 15.–19. Jahrhunderts auch drei Brunnen aus einer Vorgängersiedlung des 9. oder 10. Jahrhunderts untersucht werden konnten. Einblicke in die vergangenen Strukturen der Stadtviertel und Wehranlagen vom Mittelalter bis zur Neuzeit gestatteten Ausgrabungen in Kleve, Kalkar, Emmerich und Geldern/Kreis Kleve, in Mülheim a. d. Ruhr, in Grefrath/Kreis Viersen, in Bergheim-Jobberath/Erftkreis sowie in Aachen und in Bonn.

Klöster, Kirchen, Burgen und Schlösser

In einer Reihe von Klöstern und Kirchen war während des Berichtszeitraums die Aufmerksamkeit der Archäologen gefordert. Im ehemaligen Christinenstift von Nideggen/Kreis Düren mußten Fundamente der gotischen Kirche von 1342 sowie von älteren Bauten im Stiftsbereich dokumentiert werden. Baureste des vormaligen Dominikanerklosters aus dem 15. bis 18. Jahrhunderts waren in Kalkar/Kreis Kleve Ziel von Ausgrabungen ebenso wie der mittelalterliche Vorgängerbau der Kirche St. Georg zu Geldern-Kapellen/Kreis Kleve. Teilflächen des Minoritenklosters Remscheid-Lennep und des Kapuzinerklosters von Wassenberg/Kreis Heinsberg, beide als barocke Anlagen in der zweiten Hälfte des 17. Jahrhunderts erbaut und nach der Säkularisation zu Beginn des 19. Jahrhunderts aufgelassen und zerstört, mußten ebenfalls vor der Neubebauung untersucht werden.

Ausgrabungen in Burgen, Schlössern und sog. festen Häusern sind für die oftmals nur lückenhaft überlieferte Baugeschichte jener Herrschaftssitze von großer Bedeutung. In der Burg Binsfeld bei Nörvenich/Kreis Düren waren Einblicke in verschiedene Bauphasen vom 12. bis zum 19. Jahrhundert möglich. Aus glasierten Tonfliesen ließ sich die Ausstattung einzelner Räume mit Schmuckfußböden zur Zeit der Gotik und Renaissance rekonstruieren. Umfangreiche Nachforschungen waren auch in der Wasserburg Schloß Ringenberg in Hamminkeln/Kreis Wesel erforderlich. Weitere Grabungen fanden u. a. statt in den Schlössern Styrum und Broich/Stadt Mülheim a. d. Ruhr, in Schloß Rheydt/Stadt Mönchengladbach und in Schloß Moyland bei Bedburg-Hau/Kreis Kleve sowie in den befestigten Hofanlagen von Haus Morp bei Erkrath/Kreis Mettmann, Haus Bey in Nettetal-Hinsbeck/Kreis Viersen und Haus Lützeler bei Inden-Altdorf/Kreis Düren. In den Randbereichen des Gutes Heilendonk bei Düsseldorf-Rath konnten ebenfalls entsprechende Baubefunde festgestellt werden. Besonderen Raum nahm die genaue Untersuchung des Hahner Hofes bei Jüchen/Kreis Neuss als Projekt der „Stiftung zur Förderung der Archäologie im rheinischen Braunkohlenrevier“ ein. Dieser ehemalige Ansitz des niederen Ortsadels hatte dem Tagebau Garzweiler I zu weichen. Die großflächige Ausgrabung lieferte neben einer Fülle von Bauaufschlüssen auch Hinweise darauf, daß Siedlungskontinuität an dieser Stelle schon seit dem 12. Jahrhundert bestand – lange vor der ersten urkundlichen Erwähnung des Hahner Hofes in der zweiten Hälfte des 14. Jahrhunderts.

Dörfer

Zwingende Gelegenheiten verschafft die Braunkohlengewinnung auch für die flächige Ausgrabung dörflicher Siedlungen. So wurde seit 1988 planmäßig und mit großem Einsatz an Personal und Material die Dorfuntersuchung von Aldenhoven-Pattern/Kreis Düren betrieben. Aus der Masse der Forschungsergebnisse ragen die Grabungen in Haus Ahr und Haus Bock, den beiden örtlichen Adelssitzen, sowie in der Pfarrkirche St. Matthäus mit ihren bis ins 10. Jahrhundert zurückreichenden Vorgängerbauten besonders hervor. Zusammen mit den Untersuchungen der alten Bauernhöfe bis hin zum Dorfgasthaus entsteht hier wie bei einem Puzzle das Bild vom Entstehen und der Entwicklung einer typisch rheinischen Landsiedlung, um es vor ihrem unwiderruflichen Vergehen wenigstens dokumentarisch für die Nachwelt zu erhalten. Ähnliche Zielsetzung verfolgen die Aktivitäten in den Feuchtböden des Elsbachtals bei Jüchen und Grevenbroich/Kreis Neuss, wo – wie oben schon erwähnt – die Abläufe und Infrastrukturen ländlichen Siedlungswesens auch während des Mittelalters und der Neuzeit nachvollzogen werden können (siehe S. 276). Bemerkenswert sind auch die zum Zwecke der Vorratshaltung und als Zufluchtsorte in den weichen Lößboden gegrabenen Gang- und Kammersysteme, wie sie zuletzt wieder in Jüchen-Belmen und am Hahner Hof entdeckt werden konnten. In ebenfalls großflächigen Untersuchungsgebieten des Umsiedlungsstandortes Inden-Altdorf/Kreis Düren stieß man auf eine bislang unbekannte dorfartige Siedlung des Hochmittelalters, bestehend offensichtlich aus mehreren grabenumwehrten Ge-

Aldenhoven-Pattern/Kreis Düren. Fundamente der neugotischen Dorfkirche St. Matthäus und eines romanischen Vorgängerbaus am Rande des Braunkohlentagebaus Inden I.

höften. Andere Relikte mittelalterlicher, z. T. noch neuzeitlicher Hof- und Dorfwüstungen wurden u. a. am Klein-Balgheimer Hof bei Dormagen/Kreis Neuss, am Derner Hof bei Düsseldorf-Gerresheim, am Daubenspeckshof in Moers-Hülsdonk (siehe S. 134) und bei Hückelhoven/Kreis Heinsberg ergraben. Von spezieller Aussagekraft sind die Ergebnisse umfangreicher Ausgrabungen auf dem zukünftigen Gelände des Bergischen Freilandmuseums für Ökologie und bäuerlich-handwerkliche Kultur in Lindlar-Steinscheid/Oberbergischer Kreis, einem in großen Teilen bereits abgegangenen Dörfchen, dessen Anfänge im 18. Jahrhundert liegen. Die Einfügung einer konservierten Kelleranlage in das Freilichtmuseum wird dazu beitragen, die Geschichte und die Lebensverhältnisse der ‚kleinen Leute' dieser Gegend ‚begreifbar' zu machen.

Verkehrswege, Handwerk und Industrie

Es kann nicht verwundern, daß der Rhein als naturgegebener Verkehrsweg und Transportstrecke immer wieder und ganz besonders bei extremem Niedrigwasser Schiffsfunde freigibt. So geschah dies auch im Sommer 1991, als bei Bad Honnef/Rhein-Sieg-Kreis das hölzerne Seitenruder vermutlich eines Flachbodenfrachtkahns aus dem 18. oder 19. Jahrhundert

Niederzier/Kreis Düren. ‚Historische Meilenstation' an der alten B 55. Kopien römischer und preußischer Meilen- bzw. Grenzsteine.

und in Düsseldorf-Oberkassel die Wrackteile eines weiteren, der Dendrodatierung zufolge Ende des vergangenen Jahrhunderts in Süddeutschland gebauten Plattbodenschiffs trockenfielen.
Zu den in aller Regel sehr materialreichen Fundstellen zählen die Standorte rheinischer Töpfereien aus dem Mittelalter und der Neuzeit. Aus Siegburg/Rhein-Sieg-Kreis (siehe S. 336), Langerwehe/Kreis Düren (siehe S. 339) sowie aus Brühl (siehe S. 333) und Frechen im Erftkreis sind in den vergangenen Jahren z. T. mehrmals Befunde von Töpferöfen und Töpfereiabfällen zu verzeichnen gewesen. Im 12. Jahrhundert ist ein Brennofen in Betrieb gewesen, der in Bergisch-Gladbach-Paffrath/Rheinisch-Bergischer Kreis angeschnitten wurde. Vom 11. bis zum 13. Jahrhundert scheint die Keramikproduktion in einer bislang noch unbekannten, nun erstmals identifizierten Töpferei von Ratingen-Breitscheid/Kreis Mettmann betrieben worden zu sein.
Weitestgehend ausgestorben sind heute die Technik und die Praxis des Kalkbrennens. Doch ab und zu stößt man im Boden auf die Überreste von Brennöfen, in denen das Baumaterial gewonnen wurde. In Marienheide-Himmerkusen/Rheinisch-Bergischer Kreis konnten so fünf Kalköfen des 15./16. Jahrhunderts nachgewiesen werden.
Den Spuren der Erzgewinnung und -verarbeitung im Mittelalter und in der Neuzeit, besonders seit dem 17. Jahrhundert, galten 1990 gezielte Prospektionen im Bergischen Land. Die montanarchäologischen Erkundungen und kleinflächigen Ausgrabungen in z. T. abgelegenem Gelände bei Wermelskirchen/Rheinisch-Bergischer Kreis, Velbert-Langenberg/Kreis Mettmann und im Lobachtal bei Remscheid lieferten eine Vielzahl von Aufschlüssen zur vor- und frühindustriellen Gewinnung und Verarbeitung von Eisenerz, aber auch von Alaun und Alaunschiefer. Typische archäologische Fundstellen dieses Bergbaus sind Schürfgruben, sog. Pingen, und natürlich Stollen. Das Ausschmelzen des Eisenerzes in Schmelzöfen und die Verarbeitung in Hammerwerken und Schleifkotten ließ sich anhand der Bodenfunde ebenso nachvollziehen wie andere Strukturen dieses einst bedeutenden Wirtschaftszweiges, so beispielsweise die Meilerplätze für die Holzkohle, die Wasserteiche samt Zu- und Ableitungen sowie die alten Wirtschaftswege und nicht zuletzt auch die Abraumhalden.

Sonstige Aktivitäten

In den abgelaufenen fünf Jahren kam es verstärkt zu großflächigen Prospektionen sowohl zum Zwecke der Unterschutzstellung von nachgewiesenen Bodendenkmälern als auch zur Vorbereitung auf die im Zuge anstehender Bauplanungen erforderlichen Sicherungsgrabungen. Verschiedene Unternehmungen dieser Art sind bereits oben bei den Grabungen genannt worden. Umfangreiche Prospektionen auf fast 6000 Hektar Fläche fanden im Bereich des geplanten Braunkohlentagebaus Garzweiler II statt. Dort verdoppelte sich die bislang aus den Unterlagen des Amtes bekannte Menge an archäologischen Fundplätzen. Ähnliche weiträumige Untersuchungen sind im zukünftigen Braunkohlenrevier Inden II angelaufen – hier ebenfalls maßgeblich finanziert von der Stiftung zur Förderung der Archäologie im rheinischen Braunkohlenrevier.
Nicht unerwähnt dürfen die Leistungen bleiben, die bei der Einrichtung und Praxis der paläontologischen Denkmalpflege im Rheinland erzielt werden konnten. In erster Linie ist diese Arbeit auf den Schutz der fossilen Reste aus erdgeschichtlicher Zeit ausgerichtet, die wissenschaftliche Auswertung und Erforschung muß vorerst anderen Institutionen überlassen bleiben. Immerhin sind aber in den wenigen Jahren plan-

Bonn. Restaurierter Keller eines römischen Handwerkerhauses des 3. Jahrhunderts n. Chr. im ,Haus der Geschichte der Bundesrepublik Deutschland'.

mäßig betriebener paläontologischer Denkmalpflege im Rheinland bis jetzt 30 bedeutsame Bodendenkmäler erdgeschichtlichen Charakters unter Schutz gestellt worden, darunter auch die Fundstelle versteinerter Fische aus dem Unterdevon (vor ca. 385 Millionen Jahren) bei Reichshof-Denklingen/Oberbergischer Kreis (siehe S. 145).
Die Öffentlichkeitsarbeit des Rheinischen Amtes für Bodendenkmalpflege erreichte einen gewissen Höhepunkt im Sommer 1992, als im Krönungssaal des Historischen Rathauses zu Aachen unter der Schirmherrschaft der Generalsekretärin des Europarates, Mme. Catherine Lalumière, und des Ministers für Stadtentwicklung und Verkehr des Landes Nordrhein-Westfalen, Herrn Franz-Josef Kniola, die große internationale Ausstellung „Spurensicherung – Archäologische Denkmalpflege in der Euregio Maas–Rhein" eröffnet wurde. Sie war in enger Zusammenarbeit mit den Nachbarinstitutionen in Belgien und in den Niederlanden zustande gekommen. Anhand bei-

spielhafter Befundszenerien und ausgewählter, typischer bis ungewöhnlicher Fundobjekte wurden die beiderseits der Grenzen akuten bodendenkmalpflegerischen Gefahrensituationen Städtebau, Rohstoffgewinnung und Landwirtschaft dargestellt, gleichzeitig aber auch die hervorragenden Leistungen moderner Bodendenkmalpflege präsentiert. Zum Rahmenprogramm dieser Schau zählten sowohl Vorträge und Vorführungen experimenteller Archäologie als auch Exkursionen und Sonderveranstaltungen wie z. B. die Vorstellung der ‚Historischen Meilenstation' an der Sophienhöhe bei Jülich/Kreis Düren, wo Straßenhistorie seit der Römerzeit erlebbar ist, und die Übergabe der konservierten Reste eines römischen Bades in Übach-Palenberg/Kreis Heinsberg. Ein Kolloquium zu Problemen und Chancen der archäologischen Denkmalpflege im vereinten Europa stieß in der Fachwelt auf reges Interesse. Die Ausstellung wurde anschließend noch in Lüttich und in Brüssel gezeigt. Das umfangreiche Begleitbuch in den Sprachen der beteiligten Länder wird seinen Wert als nützliches Handbuch gemeinsamer Archäologie und Geschichte in einer mitteleuropäischen Herz- und Grenzregion sicherlich auf lange Zeit behalten.
Mit hohem Aufwand wurden die Publikationsaktivitäten des Amtes betrieben, um alte wie neue Grabungen und Funde sowohl fachwissenschaftlich als auch in populärer Weise der Fachwelt und breiteren Kreisen eines interessierten Publikums vorzustellen. Instrumente sind die bekannten Reihen und Zeitschriften der rheinischen Archäologie. Um eine Lücke zwischen den rein wissenschaftlichen und den mehr allgemeinverständlich angelegten Schriften zu schließen, hat das Amt 1992 eine neue kleine Reihe eingerichtet, die sich vor allem mit arbeitsmethodischen und fachpolitischen Themen befaßt, aber auch eine Plattform bietet zur Selbstdarstellung des Fachamtes. Mittlerweile sind in den „Materialien zur Bodendenkmalpflege im Rheinland" fünf Hefte erschienen, so zur Altstadtarchäologie, zur Kulturlandschaft und Bodendenkmalpflege, zur Erhaltung und Präsentation archäologischer Denkmäler in den Städten sowie zu Tagungen, die sich mit Fragen der archäologischen Denkmalpflege im überregionalen und internationalen Rahmen befaßt haben.
Die Reihe größerer wissenschaftlicher Forschungsprojekte zur Kulturlandschaftspflege, zur Feuchtbodenarchäologie in den Tälern von Elsbach, Schlangengraben und Inde sowie zu den Römerstraßen und zur Archäometallurgie konnte in z. T. enger Zusammenarbeit mit verschiedenen Universitätsinstituten fortgesetzt werden. Darüber hinaus kam es nach der Wende ab 1990 zu einem intensiven Erfahrungsaustausch mit der Bodendenkmalpflege des Landes Brandenburg, der auch noch in Zukunft weiter gepflegt werden soll. Gemeinsame fachmethodische Berührungspunkte gibt es in großer Zahl, beispielsweise im Hinblick auf die Archäologie in den Braunkohlenrevieren, die im Osten weitaus mehr Fläche als im Rheinland beanspruchen und somit ein ganz erhebliches Problempotential darstellen.

Das Rheinische Amt für Bodendenkmalpflege kennt seine Position im Spannungsfeld zwischen einem Dienstleistungsbetrieb und einer wissenschaftlichen Einrichtung. Wie schon geschildert, ist es als Teil der öffentlichen Verwaltung Zwängen ausgesetzt, die sich in Zeiten wirtschaftlicher Talfahrten und verordneter Rationalisierung beträchtlich verstärken. Es gilt also, in weitaus höherem Maße als bisher um Akzeptanz für die archäologische Denkmalpflege zu werben – in der breiten Öffentlichkeit ebenso wie bei den höheren und benachbarten Verwaltungsorganen sowie nicht zuletzt auch in der Politik. Nichts liegt somit näher, als die Leistungsfähigkeit und die Erfolgsbilanz der archäologischen Denkmalpflege immer wieder darzustellen und als gewichtige Argumente vorzutragen, wenn es darum geht, auch für die Bodendenkmalpflege im Rheinland und ihr Fachamt Strategien und Konzepte für die Zukunft zu entwickeln.

Bodendenkmalpflege im Bereich der *Colonia Ulpia Traiana* in Xanten

Gundolf Precht

Die Bodendenkmalpflege in Nordrhein-Westfalen wird von den beiden großen Bodendenkmalpflegeämtern in Münster und in Bonn sowie dem für das Stadtgebiet Köln zuständigen Römisch-Germanische Museum wahrgenommen. Seit 1985 gesellt sich die Außendienststelle Archäologischer Park/Regionalmuseum Xanten des Landschaftsverbandes Rheinland hinzu. Dieses kleinste Amt nimmt im Rahmen eines ungewöhnlichen Projektes die Aufgaben der Bodendenkmalpflege auf dem Areal der Römerstadt *Colonia Ulpia Traiana* (CUT) wahr. Auf dem Gebiet der CUT wurden mit erheblicher finanzieller Unterstützung des Landes Nordrhein-Westfalen mehrere große Areale durch Ausgrabungen erschlossen. Sie waren eingebunden in die Planung zum Aufbau des Archäologischen Parks Xanten: Dazu gehörten die Ausgrabung der Großen Thermen, die Untersuchung einer Handwerker- und Gewerbebebauung, die in Hafennähe vermutet wurde, sowie der vor dem großen Nordtor zu erwartende Friedhof. Kleinere Untersuchungen im Stadtzentrum wurden mit dem Ziel durchgeführt, den Planungsprozeß der Coloniagründung zu erhellen. Neben diesen Zielsetzungen sollte den Anfängen der älteren und ältesten Siedlungstätigkeiten nachgegangen werden, um das Entstehen dieses Kulturraumes zu erforschen.

Die Großen Thermen der CUT

Im Nordwestteil der Stadt liegt die mehr als 11 000 Quadratmeter große öffentliche Thermenanlage. Zur Blütezeit der Stadt bildete sie ein wichtiges kulturelles Zentrum: Thermen dienten nicht nur der Hygiene und dem Sport, sondern sie waren für die Bewohner der Stadt ein wichtiger Treffpunkt. Die Ende des vorigen Jahrhunderts vom Niederrheinischen Altertumsverein entdeckte Anlage wurde in den Jahren 1957–1963 untersucht, als Pläne zur Errichtung einer Fabrikanlage über den Thermen bekannt wurden. Im Jahre 1980 wurde die Fabrikanlage mit großer finanzieller Unterstützung des Landes Nordrhein-Westfalen erworben und kurz darauf abgerissen. Anschließend wurden zwei große Grabungskampagnen in den Thermen mit dem Ziel durchgeführt, die Badeanlage vollständig freizulegen, um sie künftig für die Öffentlichkeit begehbar und erfahrbar zu machen.

Die Großen Thermen der CUT setzen sich im wesentlichen aus einem Badegebäude im Ostteil und einem von Säulenhallen gerahmten Hof *(palaestra)* zusammen. Die Wasserversorgung erfolgte über einen Hochbehälter im Nordosten der Anlage vor den großen Öfen des Caldariums. Mit einer Grundfläche von über 1200 Quadratmetern stellt die Eingangshalle *(basilica thermarum)* den größten Raum der Thermen dar, der in der Antike sicher vielfältig genutzt wurde. An diese Halle schließt sich nach Norden hin das *frigidarium* mit zwei Kaltbadebecken an, das über drei Portale erreichbar war. Erhaltene Reste des Bodenbelags aus weißem und schwarzem Marmor geben eine Vorstellung von der luxuriösen Ausstattung der Baderäume. Nördlich des *frigidarium* liegen zwei lauwarm beheizte Hallen *(tepidaria)* mit insgesamt drei Badebecken, von denen zwei – offenbar wegen erhöhten Bedarfs – nachträglich eingebaut wurden. Die Beheizung erfolgte über Praefurnien an den Schmalseiten der Räume: Das Heißbad *(caldarium)* mit seinen großen seitlichen Apsiden wurde dagegen über zwei große Ofenanlagen von Norden her beheizt; hier wie möglicherweise in den Apsiden lagen die Badebecken. Zum Badegebäude gehören schließlich noch zwei große Schwitzbäder. Ein drittes wurde wohl ebenfalls wegen des großen Bedarfs später zugefügt. Außerhalb des eigentlichen Badegebäudes befindet sich im Nordwestteil der Thermenanlage noch ein Gebäudetrakt mit kleinräumiger Unterteilung. Der Fund eines Arztbesteckes deutet darauf hin, daß hier Badegäste medizinisch versorgt wurden. Im Südwesten des Thermenkomplexes liegt eine große Latrine mit mindestens 30 Plätzen, die von den Abwässern des westlichen Frigidariumbeckens durchspült wurde. Nach den Jahrringanalysen von Eichenhölzern eines

Xanten/Kreis Wesel. Colonia Ulpia Traiana. Freigelegte Reste des Stadtbades (Große Thermen). 2. Jahrhundert n. Chr.

Pfahlrostes unter der Nordmauer der *basilica thermarum* datiert die Errichtung der Thermen in hadrianische Zeit (125 ± 5 n. Chr.). Unter dem Fußboden der Eingangshalle konnten Reste mindestens zweier Wohn- und Handwerkerhäuser der zweiten Hälfte des 1. Jahrhunderts n. Chr. nachgewiesen werden, deren aufgehende Mauern zum Bau der Thermen einplaniert worden waren.

Diese archäologischen Spuren und die vielfältigen Befunde der Badeanlage gilt es, für die Zukunft zu sichern und den Besuchern des Archäologischen Parks zugänglich zu machen. Zwei internationale Kolloquien mit namhaften Fachwissenschaftlern und Architekten diskutierten 1991 und 1993 Lösungen für einen Schutzbau über dem Ruinenkomplex. Als Ergebnis der Erörterung wurde empfohlen, über der Thermenanlage einen Schutz- und Präsentationsbau zu errichten, der die antiken Bau- und Raumvolumina mit modernen Konstruktionsmitteln nachzeichnen sollte. Dabei wird die Möglichkeit, in den Schutzbau einen Präsentationsbereich für die Ausgrabungsfunde der Römerstadt und der Region zu integrieren, für die Zukunft offengehalten.

◁ *Xanten/Kreis Wesel. Bereich der Colonia Ulpia Traiana und des Archäologischen Parks Xanten, von Nordwesten. Luftbild.*

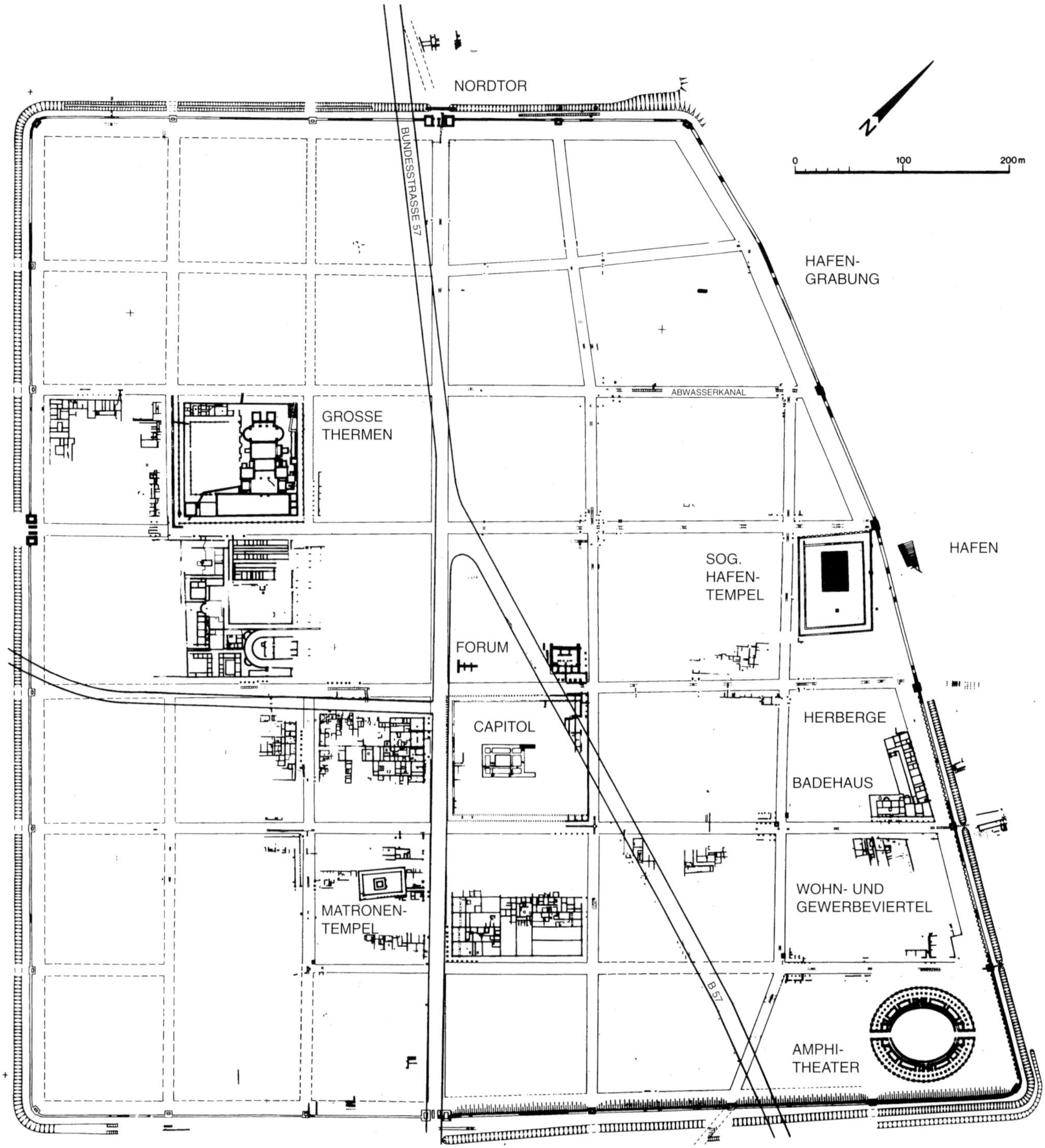

Xanten/Kreis Wesel. Plan der Colonia Ulpia Traiana. Der Archäologische Park Xanten befindet sich östlich der B 57.

Straßen und Kanäle – Elemente der städtischen Infrastruktur

Die *Colonia Ulpia Traiana* war, wie wir seit den Notgrabungen der fünfziger und sechziger Jahre und durch jüngste Untersuchungen wissen, durch ein streng gefügtes Straßensystem gegliedert. Es war in der Regel parallel zu den beiden Hauptstraßen, dem *cardo maximus* und dem *decumanus maximus*, die sich am Forum rechtwinklig kreuzten, ausgerichtet. Dieses Straßensystem bildet heute das Wegenetz im Archäologischen Park Xanten. In den letzten Jahren wurden größere Flächen auf dem westlichen Stadtareal für eine zukünftige Parkerweiterung erworben. Für das Herrichten der Parkwege mußte anschließend die genaue Lage der antiken Straßenzüge genauer untersucht werden. Das besondere Interesse galt dabei den in der Straßenmitte verlegten Kanälen, die der Oberflächenentwässerung der Stadt sowie der Aufnahme der häuslichen Abwässer dienten und für den Archäologen den Verlauf der Straßenachsen bestimmen. Sie waren in der Anfangsphase der Stadtentwicklung, als diese Infrastruktur schnell funktionieren mußte, in hölzernen Konstruktionen ausgeführt worden. Später wurde ein Teil dieser Kanäle, die einem größeren Verschleiß unterlagen und eine größere Abwassermenge aufnehmen mußten, wie sie beispielsweise bei der Entsorgung der Großen Thermen anfiel, mit widerstandsfähigerem Steinmaterial erneuert. Leider wurden diese Steinkanäle in späteren Zeiten wie viele Bauten der Stadt wegen des begehrten Materials von Steinräubern geplündert. Um dem Besucher den hohen Ausbaustandard der antiken Stadt an einer Stelle zeigen zu können, wurde nördlich des *decumanus maximus* ein Abschnitt eines Steinkanals ausgegraben und nach den Ausgrabungsbefunden rekonstruiert.

Xanten/Kreis Wesel. Colonia Ulpia Traiana. Rekonstruierter Abwasserkanal im Archäologischen Park.

Der Sakralbereich des sog. Hafentempels

Der ursprünglich von Säulenhallen begrenzte Tempelhof, an dessen Nordseite der auf einem Podium errichtete monumentale Umgangstempel *(peripteros)* stand – welcher Gottheit er geweiht war, ist noch ungeklärt –, muß anderen Tempelanlagen entsprechend durch einen besonderen Eingangsbau erschlossen gewesen sein. Dieser wurde an der Ostseite in der Achse des im Hof stehenden Altares vermutet, weil dort bereits vor einhundert Jahren im Boden Mauerzüge angetroffen worden waren. Im Rahmen des vom Land Nordrhein-Westfalen geförderten 10. Aufbauabschnittes wurde deshalb zunächst an der Ostseite der äußeren Tempelhofmauer eine größere Ausgrabung mit dem Ziel begonnen, diese Frage zu klären. Es war beabsichtigt, das zu erwartende Eingangsgebäude in Gestalt einer (Teil-)Rekonstruktion wiedererstehen zu lassen, um somit den Gesamtzusammenhang des heiligen Bezirks zu verdeutlichen. Doch konnten weder an dieser noch an der gegenüberliegenden Seite Hinweise für ein besonders gestaltetes Eingangsbauwerk gewonnen werden. So wird man sich den Zugang zum Tempelhof nur als ein in der äußeren Temenosmauer (Mauer des heiligen Bezirks) eingelassenes Portal vorzustellen haben. Für die vorcoloniazeitliche Besiedlung unter dem Tempelhof konnten wichtige Ergebnisse gewonnen werden. So wurden vier ältere Bauphasen an diesem Fundort gesichert, die in die zwanziger Jahre des 1. Jahrhunderts n. Chr. zurückführen und eine intensive Besiedlung belegen. Die aus Lehm und Holzelementen gebauten

Häuser waren verputzt und bemalt. Die Ausstattung der Häuser läßt darauf schließen, daß die dort ansässigen Bewohner einen hohen Lebensstandard hatten. Möglicherweise handelt es sich um eine aus Gallien eingewanderte Bevölkerungsgruppe. Einblick in das Schaffen der Bewohner gibt der Fund einer Malerausrüstung im Brandschutt aus dem letzten Viertel des 1. Jahrhunderts (siehe S. 241). Etliche militärische Ausrüstungsgegenstände deuten darauf hin, daß sich vielleicht auch Veteranen des nahegelegenen Militärlagers *Vetera Castra* im Bereich des schiffbaren Rheinarmes niedergelassen hatten. Diese Siedlungstätigkeit endete abrupt durch einen Brand. In der Folgezeit wurde das vormals von Handwerkern und Gewerbetreibenden besiedelte Gebiet mit der großen Tempelanlage neu bebaut.

Häuser von Handwerkern und Gewerbetreibenden

Seit 1989 wurden südlich der Herberge und Herbergsthermen mit Mitteln des Landes Nordrhein-Westfalen Grabungen mit dem Ziel durchgeführt, einen zivilen Stadtbereich genauer zu erforschen. Es bestand die Vorstellung, die Ergebnisse dieser Ausgrabung nach ihrer Auswertung als Rekonstruktion wiedererstehen zu lassen, um mit der in den achtziger Jahren rekonstruierten Herbergsanlage ein kleines städtisches Bautenensemble darstellen zu können. Im zentralen Grabungsbereich konnten drei Häuser freigelegt werden. Die unterschiedlich breit parzellierten länglichen Grundstücke (Breite 6,27 m, 9,27 m und 12,15 m; Länge etwa 36 m) scheinen in ihrer wirtschaftlichen Blütezeit fast vollständig überbaut gewesen zu sein. Kleinere Höfe sorgten im Inneren der Gebäudekomplexe für Licht und Belüftung. Zur Straßenseite hin waren gewerblich genutzte Räume angeordnet. Im hinteren Gebäudeteil lagen die Wohnräume. In einem Fall wurde ein Wohnbereich mit einer Boden- und Wandheizung klimatisiert. Häufige Veränderungen auf den Grundstücken deuten auf eine intensive Nutzung. Die mindestens

Xanten/Kreis Wesel. Colonia Ulpia Traiana. Bronzestatuette des römischen Gottes Mars Ultor aus dem Bereich der Großen Thermen (Höhe 8,6 cm). 1. Jahrhundert n. Chr.

Xanten/Kreis Wesel. Colonia Ulpia Traiana. Freilegung einer Fußbodenheizung in einem der Handwerkerhäuser des 2. Jahrhunderts n. Chr. (siehe S. 72).

zweigeschossigen Häuser waren auf steinernen Fundamenten in Stampflehmtechnik erbaut. Die raumgliedernden Innenwände scheinen aus einer leichteren Fachwerkkonstruktion bestanden zu haben. Sieht man von dem Einbau der Heizung in einem der Häuser einmal ab, so waren die Häuser nur einfach ausgestattet; als Boden diente häufig ein gestampfter Lehmauftrag, auf dem, an einer Raumwand angelegt, auch die Ofen- und Herdstellen plaziert wurden. In den oberen Geschossen wird man Holzdielenböden annehmen dürfen. Gelegentlich scheint man die weiß getünchten Wände mit farbigen Linien und Feldern gestaltet zu haben.

Wie die zukünftige Präsentation der Großen Thermen

Xanten/Kreis Wesel. Colonia Ulpia Traiana. Wohn- und Handwerkerhaus. Raum mit Fußbodenheizung und drei Estrichböden. 2. Jahrhundert n. Chr.

im Archäologischen Park Xanten so wurden auch diese Grabungsergebnisse mit Fachkollegen eingehend erörtert. Man kam überein, über den ergrabenen Grundmauern diese in ihrer äußeren Form sehr unterschiedlich ausgeprägten Gebäude in den nächsten Jahren schrittweise zu rekonstruieren, um später in den Häusern Handwerk und Gewerbe der Stadtbewohner darstellen zu können. Neben diesen Großgrabungen fanden in den letzten Jahren mehrere kleinere Untersuchungen statt. So galt es, vor dem Haupttor auf der Nordseite der CUT zu klären, wie weit ein dort vermuteter Friedhof an die Stadt heranreichte. Überraschenderweise fanden sich nicht die dort vermuteten Gräber, wohl aber eine Wohn- und Gewerbebebauung entlang der Fernstraße.

Eine vom Flächenumfang eher bescheidene Ausgrabung an der Südwestecke der Capitolinsula wurde mit dem Ziel begonnen, einen vor mehr als 150 Jahren aufgezeichneten Grabungsbefund der Hofumbauung des Haupttempels der CUT kartographisch und historisch nach heutigen Erkenntnissen zu bewerten und einzuordnen. Neben dem avisierten Ziel wurden weitere unerwartete Ergebnisse gewonnen, die zu einer Weiterführung der Grabung berechtigen. So konnte nachgewiesen werden, daß der Tempelbereich nach einer großen Brandkatastrophe in der zweiten Hälfte des 2. Jahrhunderts stark in Mitleidenschaft gezogen worden war und in großen Teilen erneuert werden mußte. Wahrscheinlich wurde nach diesem Brand auch der Haupttempel der Stadt *(capitolium)* – er gehört zu den größten seiner Art – neu gestaltet. Reste dieses Tempels, der den drei römischen Hauptgottheiten Jupiter, Juno und Minerva geweiht war, hatten sich bis ins 18. Jahrhundert erhalten. Unter der Tempelhofumbauung wurden noch weitere Siedlungsschichten, die auf eine unterschiedliche Nutzung dieses Geländes vor der Tempelbebauung hinweisen, ausgegraben. So konnten Schlachtabfälle von Rindern aus einer Abfallgrube geborgen werden, die eine Metzgerei mit Straßenverkauf belegen. Der Befund eines großen Brandgrabs *(bustum)* deutet darauf hin, daß man eine Generation zuvor diese Stelle als Bestattungsplatz genutzt hatte. Nur etwa 150 m weiter nördlich dieses in die claudische Zeit (um 40 n. Chr.) datierten Begräbnisplatzes fanden sich auf der Ostseite des Forums bei früheren Grabungen spätlatènezeitliche Grabhügel mit Urnenbestattungen, die in der nachfolgenden römischen Besiedlungsphase geschleift worden waren. In welchen Zusammenhang nun die frührömische Bustum-Bestattung einzuordnen ist, muß zunächst offen bleiben.

Xanten/Kreis Wesel. Colonia Ulpia Traiana. Gemme (Karneol) mit Porträt eines Offiziers (Höhe ca. 2 cm). 1. Jahrhundert n. Chr.

Der römische Hafen

Der römische Hafen vor der Ostseite der CUT ist ein Bodendenkmal europäischen Ranges. An einem natürlichen Rheinarm gelegen, war der Hafen der um 100 n. Chr. gegründeten römischen Stadt über Jahrhunderte hinweg Dreh- und Angelpunkt römischer Wirtschaft und Kultur. Heute birgt der feuchte Untergrund den seit den dreißiger Jahren bekannten hölzernen Hafenkai. An den weitläufigen Uferzonen werden Werften und Schiffsländen vermutet. Bereits in römischer Zeit wurde das Hafenbecken als Müllkippe benutzt, so daß fast alle Gegenstände des täglichen Lebens hineingelangten. Der Untergrund des römischen Hafens birgt jedoch noch eine Fülle weiterer Informationen aus der Vorzeit. Die Flußverlagerungen haben ihre Spuren hinterlassen. Die wechselnde Vegetation ist in fossilen Resten erhalten, der Einfluß des Menschen auf die Umwelt ablesbar. Mit Hilfe interdisziplinärer Forschungen kann das Bodendenkmal Römerhafen Quelle für Geschichts-, Umwelt- und Klimaforschung sein, die es für zukünftige Untersuchungen zu nutzen und zu erhalten gilt. Durch intensive Grundwasserbeobachtungen der letzten 20 Jahre konnte im Bereich des Römerhafens eine dramatische Grundwasserabsenkung beobachtet werden, die befürchten ließ, daß die feuchten Schichten der Hafensedimente trockenfallen und damit alle organischen Überreste unwiederbringlich zerstört würden.

Um den Stand dieses Zerstörungsprozesses festzustellen und mögliche Rettungsmaßnahmen planen zu können, wurde im Auftrag und mit Mitteln des Landes Nordrhein-Westfalen 1993 im nördlichen Teil des Hafenbeckens quer zur Fahrrinne ein 50 m langer und 14 m breiter Testschnitt angelegt und ausgegraben (siehe S. 234). Ziel dieser Grabungsunternehmung war es, im Zusammenwirken mit Paläobotanikern (Institut für Ur- und Frühgeschichte der Universität zu Köln) und Geologen (Geologisches Landesamt Krefeld) den Zerstörungsprozeß der organischen Substanzen sowie den Verlandungs- und Verlagerungsprozeß des Rheinarms vor der CUT zu erforschen. Ferner galt es, den Erhaltungszustand eventuell vorhandener hölzerner Hafenbefestigungen römischer Zeit zu erfassen sowie der Nutzung des Hafens im 1.–3. Jahrhundert n. Chr. nachzugehen.

Die ersten Ergebnisse der Untersuchung liegen vor: Offenbar hat die fast vollständig aus organischen Abfällen und Sedimenten bestehende und durch die jüngeren Schuttablagerungen zusammengepreßte Müllhalde wie eine Wandkonstruktion gewirkt, die das von der Niederterrasse herabströmende Grundwasser aufstaute und langsam nach unten abströmen

Xanten/Kreis Wesel. Colonia Ulpia Traiana. Fundamente von Magazinräumen oder Läden am Rande des Marktplatzes (Forum). 2./3. Jahrhundert n. Chr.

ließ. Dadurch konnten sich zumindest in diesem Teilabschnitt der römischen Hafenrinne gute Bedingungen für den Erhalt der organischen Substanzen innerhalb der Müllhalde und der untersten Hafensedimente mit den ältesten hölzernen Uferbefestigungen und -anlagen einstellen. In den nächsten Jahren wird durch weitere Untersuchungen geprüft werden müssen, welche Erhaltungsbedingungen an anderen Stellen der Hafenrinne vorliegen.

Das Xantener Regionalmuseum

Wurden bisher Ziele und Aufgaben der Bodendenkmalpflege des Instituts vorgestellt, so wäre das Bild der Aktivitäten des Xantener Amtes unvollständig, wenn nicht die Forschungsarbeit und Präsentation, die als Einheit zwischen den Abteilungen Bodendenkmalpflege, Park und Museum verstanden wird, Erwähnung finden würde. So konnte im Regionalmuseum 1994 ein zentrales Forschungsanliegen der Xantener Archäologie erfolgreich abgeschlossen werden: die Erfassung und Publikation der Xantener Gemmen in Privatbesitz. Die überragende Bedeutung des Ortes für die Gemmenforschung ist schon allein darin begründet, daß – von Aquileia, Pompeji und Carnuntum abgesehen – von keiner anderen Stelle des Römischen Reiches mehr Gemmen bekannt geworden sind als aus Xanten. Die Geschichte der wissenschaftlichen Erforschung der Xantener Gemmen ist wechselvoll. Die umfangreiche, 200 Gemmen umfassende Sammlung des Xantener Notars Philipp Houben, die bereits 1839 veröffentlicht wurde, wurde 1860 versteigert und in ‚alle Wind' zerstreut. In der Folgezeit bemühte sich der 1877 gegründete Niederrheinische Altertumsverein Xanten um den Erwerb von Gemmen. Paul Steiner publizierte 1911 die Antikensammlung des Altertumsvereins und damit auch diese Objekte. Gut ein Dreivierteljahrhundert später schließlich legte Gertrud Platz-Horster 1987 den mittlerweile auf etwa 250 Stück angewachsenen Bestand von Xantener Gemmen vor – die Sammlung des Vereins, die die Kriegswirren erstaunlicherweise ohne Verluste überstanden hatte, sowie die bei den verschiedenen Grabungen des Landesmuseums Bonn gefundenen Gemmen. Die jetzt erfolgte Publikation der Gemmen aus Privatbesitz („Die antiken Gemmen aus Xanten II"), die die Fundgemmen der jüngsten Grabungen einschließt, lag wiederum in den Händen von G. Platz-Horster. Das Xantener Fundmaterial ist damit auf insgesamt 400 Stücke angewachsen. Die Interpretation des Gesamtbildes führte unter anderem zu der Erkenntnis, daß die ersten römischen Soldaten Ring- oder Siegelsteine, zuweilen ‚Familienerbstücke', an den Rhein mitbrachten, die in einigen Fällen schon einhundert Jahre alt waren.

Mit den niederländischen Kollegen vom Rjiksdienst voor het Oudheidkundig Bodemonderzoek (ROB) findet seit Jahren über die Landesgrenze hinweg ein zwangloser wissenschaftlicher Austausch von Ergebnissen zur Entwicklung römischer Siedlungen und Städte im 1. und 2. Jahrhundert n. Chr. statt. Neue Erkenntnisse über die frühe römische Besiedlung des Niederrheins durch gallo-römische Volksgruppen wurden erst durch den wissenschaftlichen Austausch mit den Grenznachbarn möglich und veränderten den Forschungsstand über die frührömischen Siedlungen im Rheinland erheblich.

Xanten/Kreis Wesel. Colonia Ulpia Traiana. Wandmalerei des 2. Jahrhunderts aus dem Handwerkerviertel. ‚Pferdeführer'.

Xanten/Kreis Wesel. Colonia Ulpia Traiana. Als Esse wiederverwendete Amphore in einem Handwerkerhaus. 2. Jahrhundert n. Chr.

Eines der wichtigsten Ziele für die Bodendenkmalpflege des Landes war, das hervorragende Bodendenkmal *Colonia Ulpia Traiana* vor der endgültigen Zerstörung durch moderne Siedlungsmaßnahmen zu schützen und auf Dauer für die Forschung zu erhalten. Dieses Ziel wurde durch die Schaffung des ersten archäologischen Reservats in der Bundesrepublik Deutschland, des Archäologischen Parks Xanten, erreicht. Neben der Bewahrung der archäologischen Quelle für die Forschung und Öffentlichkeit galt es, die aus den Grabungen gewonnenen Erkenntnisse zu überprüfen. So wurden im Archäologischen Park Bauten und technische Einrichtungen in experimentellen Prozessen wiedererrichtet. Ein solches Projekt experimenteller Archäologie wurde mit der Rekonstruktion der Herbergsthermen verwirklicht. Diese kleine römische Badeanlage wurde 1986–1989 voll funktionsfähig auf ihren Fundamenten wieder aufgebaut und anschließend in Heizversuchen getestet. In den Jahren 1993 und 1994 fanden mit Unterstützung des Ministeriums für Bauen und Wohnen des Landes Nordrhein-Westfalen, der Fachhochschule Köln (Labor Versorgungstechnik) und dem Verein Deutscher Ingenieure (VDI) zwei großangelegte Heizversuche statt, um die Wirkungsweise und Effizienz der römischen Hypokausten- und Wandheizung zu ergründen. Mit mehr als 75 Meßstationen – die Thermenanlage glich zeitweise einem Patienten auf der Intensivstation – wurden Strömung der Heizgase, Abgas-, Wasser- und Raumtemperaturen sowie CO_2-Belastungen in den Baderäumen gemessen, wobei gleichzeitig die Gewichtsanteile des verbrauchten Brennstoffes Holz festgehalten wurden. Die Auswertung der über einen Zeitraum von mehr als 14 Tagen hinweg aufgezeichneten Meßdaten ist noch nicht abgeschlossen, doch lassen erste Ergebnisse neue Daten zur Wirkungsweise der römischen Boden- und Wandheizung erwarten.

Viele der aufgezeigten Forschungsprojekte wären ohne die tatkräftige finanzielle Unterstützung des Landes Nordrhein-Westfalen, das auch die Finanzierung der wissenschaftlichen Kolloquien übernahm, und ohne die Förderungen der Sparkassenstiftung und der Gerda Henkel Stiftung nicht möglich gewesen. Mit Hilfe der Stiftungen konnten die Restaurierung und wissenschaftliche Aufarbeitung von Malereifunden aus Grabungen der CUT und die Konservierung exzeptioneller Metallfunde realisiert werden. Auch die Ausstellung „Geschichte aus dem Kies", die Funde aus den Kiesbaggereien nahe bei Xanten zum ersten Mal einer breiten Öffentlichkeit zugänglich machte (siehe S. 223), konnte auf diese Weise ermöglicht werden.

Um die Spannweite und das Niveau der archäologischen Forschungsarbeit in Xanten aufrechterhalten zu können, bedarf es auch in Zukunft der Förderung durch das Land Nordrhein-Westfalen sowie der Unterstützung von Stiftungen und Sponsoren. Sicherlich gilt es auch, neue Finanzierungsmöglichkeiten zu erschließen, nicht zuletzt, um den mehr als 400 000 Besuchern, die den Archäologischen Park und das Regionalmuseum Xanten im Jahr besuchen, ein stets sich erweiterndes lebendiges Bild vom historischen Werden einer Region vermitteln zu können.

Archäologie in Köln

Hansgerd Hellenkemper

Mit dem Privileg, die gesetzlichen Aufgaben der Bodendenkmalpflege und des Schutzes der Bodendenkmäler in eigener Verantwortung wahrzunehmen, ist die Stadt Köln die Verpflichtung eingegangen, eine Stadtarchäologie zu fördern, die dem Rang und der Geschichte der Stadt entspricht. „Archäologie in Köln" ist aber nicht ausschließlich eine institutionelle Amtsarchäologie, sondern verbindet archäologische Disziplinen mit unterschiedlichen Trägerschaften: das Römisch-Germanische Museum der Stadt Köln als Untere Denkmalbehörde und Fachamt, das Metropolitankapitel der Hohen Domkirche als Träger der Domgrabung, das Archäologische Institut und das Institut für Ur- und Frühgeschichte der Universität zu Köln mit seinen naturwissenschaftlichen Laboratorien. Damit ist an einem Ort die Chance gegeben, im wissenschaftlichen Austausch und in gemeinsamen Unternehmen die archäologischen Quellen der Stadt, des Umlandes und zuweilen weitreichender Verbindungen in der alten und mittelalterlichen Welt zu erschließen.

Die Verbundforschung hat sich in den vergangenen Jahren vertieft, nicht zuletzt unter dem Druck, daß eine archäologische Institution den vielfältigen wissenschaftlichen Herausforderungen nicht mehr allein begegnen kann. Eine solche Zusammenarbeit universitärer und nichtuniversitärer wissenschaftlicher Einrichtungen ist auch erklärtes Ziel des Ministeriums für Stadtentwicklung und Verkehr und des Ministeriums für Wissenschaft und Forschung, die mit erheblichen Mitteln die Voraussetzung zu diesen Forschungsvorhaben geschaffen haben.

Innerhalb der Stadt Köln als Trägerin des Römisch-Germanischen Museums und der Bodendenkmalpflege ist es darüber hinaus zu einer Neuorientierung gekommen. Am 1. Dezember 1990 hat die Verwaltung der Stadt das Römisch-Germanische Museum, seit 1946 in der Tradition seiner Vorgänger Träger der städtischen Bodendenkmalpflege, in seinen Aufgaben geteilt und eine eigene Dienststelle „Amt für Archäologische Bodendenkmalpflege" eingerichtet. Durch diese Trennung ergab sich eine Konkurrenz in der weitgehend deckungsgleichen Zielrichtung, archäologische Stadtforschung und Schutz der ortsfesten und beweglichen Bodendenkmäler zu unternehmen, die beide auf die gleichen materiellen Archiv- und Sammlungsbestände zurückgreifen. Am 18. August 1994 wurde die institutionelle Trennung wieder aufgehoben. An diese Entscheidung knüpft sich die Erwartung, daß das Römisch-Germanische Museum seine denkmalpflegerische und denkmalschützende Verantwortung wie in der Vergangenheit wahrnimmt.

In den achtziger Jahren hatte sich – nicht zuletzt als Folge vertiefender Diskussion um Geist und Anwendung des Denkmalschutzgesetzes – zunehmend die Einsicht verstärkt, daß die Rettung und Archivierung der Funde und Befunde als Folge der (Not-)Ausgrabungen trotz aller Belastungen nicht einziges Ziel archäologischer Arbeit sein können. Die wissenschaftliche Erschließung archäologischer Quellen müsse einen ebenbürtigen Rang neben der Feldarbeit einnehmen, Forschungs- und Veröffentlichungsvorhaben dürften nicht als unerledigte Bürden an nachfolgende Generationen weitergeschoben werden.

Aus diesem Unbehagen ist in Köln ein Programm zur wissenschaftlichen Bearbeitung archäologischer Funde und Ausgrabungen aus vorgeschichtlicher, römischer und mittelalterlicher Zeit erwachsen, dessen Ergebnisse nun erkennbar werden.

Die Stein- und Metallzeiten im Stadtgebiet Köln gewinnen zunehmend an Kontur, mit einem Schwerpunkt im Kölner Norden. Hier gelang es im Vorfeld der Planungen zum Stadtteil Blumenberg, die bisherigen Oberflächenfunde vorzulegen und die Berichte zu den weitflächigen neuen Ausgrabungen zeitnah zu veröffentlichen. Ein Desiderat bleibt, die Vor- und Frühgeschichte insbesondere des rechtsrheinischen Köln über das bisher verstreute Wissen hinaus zu erschließen.

Das römische Köln mit seinem stadtnahen Umland ist aus geschichtlicher Tradition und städtischer Identität ein Forschungsschwerpunkt. Hier hat sich gezeigt, daß Projekte – von erster Planung bis zur abschlie-

Köln-Blumenberg. Spuren einer eisenzeitlichen Siedlung. Pfostenstellungen. Um 500 v. Chr.

ßenden Veröffentlichung – eines langen Atems bedürfen und in der Regel zehn Jahre in Anspruch nehmen. Erfolgreiche Beispiele sind die Monographien von Ulrich Friedhoff über den „Römischen Friedhof an der Jakobstraße zu Köln" (1991) und von Renate Thomas über die „Römische Wandmalerei in Köln" (1993). Der Friedhof an der Jakobstraße, bereits 1929 und 1930 ausgegraben, ist eine der reichen Nekropolen im römischen Deutschland und erlaubt, sich ändernde Bestattungssitten und Totenfeiern über zahlreiche Generationen hinweg, vom 2. bis zum ausgehenden 4. Jahrhundert n. Chr., zu verfolgen. Mit Friedhoffs Monographie wurde erstmals ein geschlossener römischer Friedhofsbezirk vorgelegt, ein Vorbild für die künftige Erschließung anderer Kölner Friedhöfe römischer Zeit.

Mit der Veröffentlichung und Interpretation römischer Wandmalerei in einer römischen Provinzstadt fernab des kulturellen Zentrums in Italien wird die reiche farbige Fassung der Wohnungen, ein Zeichen bürgerlicher Wohnwelten, erschlossen. Die Summe aus hunderten von Fundnachrichten, -beobachtungen und Malereibruchstücken aus der Stadt und den Villen im Weichbild ist beispielhaft für die Notwendigkeit, Querschnittforschungen im gleichen Maße wie die Feldarbeit zu fördern.

Aus diesen Überlegungen ist eine Fachkonferenz zwischen Ministerium für Stadtentwicklung und Verkehr, Universität und Museum erwachsen, die jährlich zusammentritt, um über Forschungsthemen zu beraten, Förderprogramme zu empfehlen, dem wissenschaftlichen Nachwuchs Arbeitsmöglichkeiten zu eröffnen und in gemeinsamer Unterstützung die Untersuchungen bis zur Drucklegung (zumeist im Kölner Jahrbuch) zu begleiten. Diese Förderung reicht von der Erschließung archäologischer Sammlungen des 19. Jahrhunderts bis zur Veröffentlichung bislang nur archivierter Ausgrabungen; sie umschließt auch die archäologische Bauforschung, Sammlungen zu literarischen und epigraphischen Quellen und wissenschaftliche Bestandskataloge zu antiken Kleinbronzen, zur Gefäßkeramik, den Steinskulpturen, der Bauornamentik und Studien zur Architektur. Verschiedene Wissenschafts-Stiftungen (Deutsche Forschungsgemeinschaft, Gerda Henkel Stiftung, Fritz Thyssen Stiftung) unterstützen mit ihren Mitteln solche Einzelprojekte. Es ist ein Gebot der Ehrlichkeit, öffentlich zu sagen, daß nicht jedes Projekt sofort einen erfolgreichen Abschluß findet; manchmal sind mehrere Versuche notwendig, um die Widrigkeiten zu überwinden und um das gesteckte Ziel zu erreichen (dies gilt beispielsweise für PENK – Programm zur Erforschung der Nekropolen Kölns).

Zu den umfangreichen Arbeitsprojekten gehört gegenwärtig die Bearbeitung der Ausgrabungen am Dom von 1969 bis 1971 – in der Öffentlichkeit unter dem Titel „Rom am Dom" bekannt geworden – vor dem Bau der Tiefgarage, in der nur ein (versetzter) römischer Hauskeller und ein Fundamentabschnitt der nördlichen römischen Stadtmauer erhalten werden konnten. Die wissenschaftliche Bearbeitung der Funde und Befunde wird mit Mitteln des Ministeriums für Stadtentwicklung und Verkehr gefördert, ebenso wie die archäologischen Regesten zur bislang in Köln weitgehend unbekannt gebliebenen Kaiser- und Bischofspfalz im Domviertel.

In der teils heftigen wissenschaftlichen und öffentlichen Diskussion der beiden letzten Jahre standen Fragen zur Frühzeit der römischen Okkupation und Siedlungsgründung in Köln im Vordergrund, ausgehend von neuen Ausgrabungsbefunden in der Innenstadt. Engagierte Auseinandersetzungen können dazu beitragen, Möglichkeiten und Grenzen archäologischer und historischer Interpretation aufzuzeigen und zugleich auch an die Verantwortung im Umgang und in der Deutung archäologischer Quellen zu erinnern. Oftmals steht der Archäologe nur während weniger Stunden vor einem Befund, den er in seiner möglichen historischen Bedeutung erfassen muß. Er ist vielfach einziger Zeuge eines Quellenindizes, das

Köln-Blumenberg. Schnitt durch eine eisenzeitliche Grube mit Feuerspuren. Um 500 v. Chr.

er mit fachlicher Kompetenz und Umsicht bewerten muß.

Selten gelingt es, in den nordwestlichen Provinzen des Römischen Reiches literarische Überlieferungen und archäologischen Befund aufeinander zu beziehen. Ein solcher Glücksfall ist der Fund eines in Teilen erhaltenen Tempelfundamentes und einer Sima (Dachtraufe) aus Kalkstein auf der Kante der Niederterrasse in der Mitte der römischen Stadtfassade über dem Rhein. Der römische Biograph Sueton berichtet anläßlich der Kaisererhebung des Vitellius am 2. Januar 69 n. Chr. im Kölner *Praetorium*, jemand habe Vitellius das Schwert Cäsars aus dem Marstempel – gleichsam als Legitimation – in die Hand gedrückt. Das nahe römische Stadttor, im Hochmittelalter noch erhalten, ist im 12. Jahrhundert als *Porta Martis* bezeugt, die dem Tempel benachbarte Straße als Obenmarspforten. Die topographischen und literarischen Quellen aus Antike und Mittelalter fügen sich hier zum Kultnamen des Tempels zusammen. Die örtliche Bedeutung des Marstempels unterstreicht eine Münzprägung des Kaisers Gallienus.

Eine Grundlage zur Diskussion der spät- und nachrömischen Geschichte am unteren Rhein bietet die

Das römische Köln (Colonia Claudia Ara Agrippinensium) im 4. Jahrhundert n. Chr. Schaubild aus der Vogelperspektive. ▷

Köln. Römische, mittelalterliche und neuzeitliche Siedlungsspuren in der Innenstadt.

Fundvorlage der Ausgrabungen in der konstantinischen Militärfestung Köln-Deutz. Das Schicksal dieses Bodendenkmals ist typisch für zahlreiche, vielfach bereits verlorengegangene archäologische Stätten in Köln. Stück um Stück wurden seit dem 19. Jahrhundert Fundament- und Mauerabschnitte ausgebrochen, die Ausgrabungsdokumentationen der dreißiger Jahre erlitten schwere Verluste im Krieg, Neubauten und schnelle Sanierungen haben das Denkmal fast bis zur Unkenntlichkeit beseitigt. Aber auch solche verlorenen Denkmäler bedürfen einer Dokumentation, um das noch vorhandene Wissen zu sichern. Eine römische Festprägung Kaiser Konstantins I. des Jahres 315 aus Trier ist jüngst mit ihrem Rückseitenbild als Festung *Divitia* mit der Kölner Rheinbrücke erkannt worden. Damit läßt die Münze die Vollendung der Grenzfestung erkennen, ein präzises Baudatum, das die archäologische Forschung mit ihren Mitteln in solcher Exaktheit nicht hätte erschließen können.

Ein besonderes Ereignis der Kölner Archäologie war die Veröffentlichung der „Ausgrabungen in St. Severin zu Köln" (1992). In drei Bänden sind weit über eintausend römische und merowingische Gräber beschrieben, ihre Grabbeigaben dokumentiert und in eine chronologische Folge geordnet. Die weitreichenden Untersuchungen von Bernd Päffgen geben erstmals ein nachprüfbares Fundament zur Stadtgeschichte von römischer bis zum Ende der merowingischen Zeit, insbesondere zu den kritischen, weil quellenarmen Jahrhunderten des Frühmittelalters. Im Vergleich zu den stadtnahen ländlichen Friedhöfen in Müngersdorf und Junkersdorf wird in den Grablegen und -sitten in St. Severin eine differenzierte städtische Bevölkerung erkennbar, die bis an die Schwelle des beginnenden Hochmittelalters über Jahrhunderte an einem traditionsreichen Bestattungsort festhält. Die Forschungsergebnisse von St. Severin sind ein entscheidender Ausgangspunkt zur Klärung der Stadtgenese zwischen Antike und Mittelalter, einer Stadt, die bereits zu Beginn des Hochmittelalters aus ihrem römischen Schutzring hinauswächst, um mit neuen Siedlungs- und Bauformen ein eigenes mittelalterliches Bild zu prägen.

Zum tiefverwurzelten Selbstverständnis der Kölner Bürgerinnen und Bürger gehört das Wissen über die römischen Ursprünge der Stadt; Kölner Familien sahen zeitweilig ihre Ahnherren in Troja und Rom. Diese jahrhundertelange Ortstradition setzt sich bis heute in öffentlichen Reden und im Spiegel der Medien fort. Diese Lust am übermächtigen Alter verschiebt zeitweilig die Proportionen und läßt in den Hintergrund treten, daß Köln als freie Reichsstadt (und heimliche Hauptstadt der romanischen Architektur) eine der führenden Kräfte des europäischen Mittelalters war. Dies hat zur Klage geführt, die Archäologie des Mittelalters sei in Köln benachteiligt. Wer ein halbes Jahrhundert Archäologie in Köln, von 1945 bis 1995, zurückverfolgt, wird zu der erstaunlichen Beobachtung gelangen, daß in Köln bereits eine Archäologie des Mittelalters existierte, als es eine solche eigene Disziplin noch nicht gab. Archäologie und Bauforschung des Mittelalters in Köln überwiegen in der Nachkriegszeit erkennbar gegenüber dem vorgeschichtlichen und römischen Arbeitsbereich.

Die erste archäologische Untersuchung, noch in den letzten Kriegstagen, galt der Basilika St. Gereon, nur wenige Monate später begannen die Ausgrabungen

Köln. Ausgrabungen in der Innenstadt. Mittelalterliche Latrinen und Gruben zwischen römischen Fundamenten und Brandschichten. ▷

CAT

im Kölner Dom, ein Langzeitprojekt der Archäologie des Mittelalters, das freilich damals noch niemand in seiner Tragweite abschätzen konnte. Die Kriegszerstörungen in den historischen Kirchen Kölns haben mittlerweile zu kaum mehr überschaubaren archäologischen Baugrund- und Architekturuntersuchungen geführt, dem umfangreichsten Forschungsbestand an einem Ort im deutschsprachigen Raum.

Ähnlich wie für die römische Epoche stellte sich in den achtziger Jahren die Frage, wie die seit Kriegsende gesammelten archäologischen Archivalien, insbesondere aus den Kirchengrabungen, angemessen veröffentlicht werden können. Die historischen Kirchen der Kölner Altstadt haben in den Jahren zwischen 1911 und 1937 in den „Kunstdenkmälern der Stadt Köln" eine umfassende Dokumentation erfahren; nun gilt es, über die Vielzahl archäologischer (Vor-)Berichte der Nachkriegszeit hinauszugelangen und nach Möglichkeit ebenbürtige archäologische Forschungen – getrennt in Dokumentation und Interpretation – an die Seite zu stellen. Der Anfang wurde mit St. Pantaleon (1983) gemacht, mittlerweile liegen weitere Dokumentationen, zuweilen in Verbindung mit der Bau- und Kunstgeschichte vor: St. Cäcilien (1984), St. Maria Lyskirchen (1990), St. Aposteln (1992), Groß St. Martin (1992). Mehrere Arbeiten erschienen zu den Ausgrabungen im Dom, zu St. Gereon (literarische Bauquellen und zur spätantiken Kapitellplastik), zu den frühen Bauperioden in St. Ursula, ebenso zu den mittelalterlichen Dorfkirchen im Umfeld der Stadt: SS. Cosmas und Damian in Köln-Weiler (1990), St. Amandus in Köln-Rheinkassel (1991), St. Martin in Köln-Esch (1993), St. Gereon in Köln-Merheim (1994), St. Michael in Köln-Zündorf (1994). Umfassende Darstellungen, teilweise in Manuskripten konzipiert, sind noch notwendig für St. Severin (frühe Baugeschichte), St. Kolumba, St. Gereon, Alt-St. Heribert.

Zu den paläo-ethnobotanischen Untersuchungen, die in Köln zu einer synanthropen Vegetationsgeschichte über einen Zeitraum von über 7000 Jahren geführt haben, sind in bemerkenswertem Umfang archäozoologische Funde aus verschiedenen Ausgrabungen in der Stadt hinzugetreten. Diese Tierknochenfunde werden gegenwärtig in einem Sonderprogramm des Ministeriums für Stadtentwicklung und Verkehr erschlossen. Ziel dieser Reihenuntersuchungen (mit ca. 250 000 Knochenfragmenten) ist es, eine regionale Entwicklungsgeschichte der Nutz- und Haustiere (Wildtiere sind nur in geringer Zahl belegt) in römischer und mittelalterlicher Zeit zu schreiben; zugleich lassen sich Fragen zu den Ernährungsgewohnheiten der Stadtbevölkerung, zu Umfang und Art der Fleischversorgung wie zu Fischfang, Viehhaltung und Zuchtentwicklungen beantworten. Tierknochen, insbesondere von Hornvieh, dienten zugleich auch als Rohstoff für Beinschnitzer und Leimsieder.

Ausgrabungen sind, nimmt man den Schutzgedanken ernst, eine *ultima ratio* nach Abwägung aller Belange. Das Denkmalschutzgesetz erlaubt keine Zerstörung eines Bodendenkmals um der reinen Forschung willen. Gleichwohl sind die Träger der Bodendenkmalpflege, in diesem Falle die Stadt Köln, aufgefordert, Denkmäler zu erforschen, insbesondere dort, wo ein vollständiger Quellenverlust zu erwarten ist.

In den zurückliegenden Jahren hat die Bodendenkmalpflege im Jahresschnitt fünfzehn Ausgrabungen, oft von mehrmonatiger Dauer, im Kölner Stadtgebiet unternommen, hinzu traten zahlreiche baubegleitende Untersuchungen, archäologische Beobachtungen und Prospektionen. Dieser Umfang der Arbeiten schöpft die Grenze der personellen und finanziellen Kapazitäten aus. Hieraus ergeben sich erhebliche strukturelle Probleme: Kann die archivfähige Dokumentation einer Ausgrabung auch verantwortlich abgeschlossen werden? Wie ist die gleichrangige Aufgabe der wissenschaftlichen Durchdringung der Ergebnisse und die Veröffentlichung zu bewältigen?

Eine Ausgrabungsleiterin oder ein Ausgrabungsleiter betreuen jährlich mehrere, sich zuweilen zeitlich überlagernde Ausgrabungsprojekte, vertreten vielleicht gleichzeitig eine Kollegin oder einen Kollegen bei einem anderen Projekt. Wie kann unter diesen Umständen der gesetzliche Auftrag der Rettung und der Erforschung erfüllt werden? Muß nicht die wissenschaftliche Leitung ein Mindestmaß an Freistellung und Sachmitteln erhalten, um die zurückliegende Ausgrabung auch wissenschaftlich zu erschließen? Das Nächstliegende ist die Forderung nach personeller Ausweitung, aber die Grenzen des (öffentlichen Haushalts-)Wachstums sind erreicht, vielleicht schon überschritten.

Die Amtsarchäologie weiß um ihre Defizite, überdeckt sie allerdings häufig mit optimistischen öffent-

Köln. Beigaben einer römischen Bestattung aus der 1. Hälfte des 4. Jahrhunderts n. Chr. Im Teller liegen Geflügelknochen.

lichen Bekundungen. Es wäre ehrlicher zuzugeben, daß der gesellschaftliche Auftrag nicht in dem Umfang erfüllt werden kann, wie es aus Fachsicht erforderlich ist.

Angesichts dieser Situation gilt es, die vorhandenen Ressourcen und Entscheidungsspielräume intensiver zu nutzen, d. h. noch präziser vor und während einer Ausgrabung zu überlegen, welcher wissenschaftliche Gewinn erreichbar ist. Köln ist als archäologischer Ort privilegiert, da hier aus langer Tradition und prägendem Selbstverständnis die personellen und sachlichen Möglichkeiten größer sind als anderswo. Dennoch wäre es ein Irrtum zu glauben, eine allumfassende und flächendeckende Archäologie sei im Stadtgebiet möglich. Die intellektuelle Redlichkeit verlangt das Eingeständnis und das Bewußtsein, daß nicht alles und jedes archäologisch gerettet und erschlossen werden kann. Tagesaufgaben dürfen nicht die Reflexion über die eigene Arbeit und deren Ziele überlagern.

Vorrangiges Ziel archäologischer Arbeit ist der Schutz zumeist nicht sichtbarer Bodendenkmäler, d. h. der Schutz eines verborgenen und noch unerschlossenen Bodenarchivs, so fragmentiert es durch historische und neuzeitliche Eingriffe auch sein mag. Dieser Schutz, die Aufnahme in die Liste der Bodendenkmäler gemäß dem Denkmalschutzgesetz, ist in Köln – aber nicht nur hier – ein mühsames Unterfangen mit einem intensiven personellen Aufwand, beispielsweise für die Bewertung verstreuter Fundnachrichten, die Erschließung neuzeitlicher Bodeneingriffe, die Feststellung verzweigter Eigentümerschaften und im Vollzug der abschließenden Eintragung.

Köln. Spätantike und frühchristliche Bestattungen unter St. Severin. 4.–7. Jahrhundert n. Chr.

Das nicht Sichtbare plausibel zu machen, für dessen Schutz zu werben, erfordert Überzeugungskraft, denn wirksamer Schutz kann nur im gemeinschaftlichen Konsens erreicht werden. So vollzieht sich der Fortschritt in der Eintragung archäologischer Bodendenkmäler nicht in dem Umfang, wie es der Schutz der Denkmäler erfordert und seitens des Gesetzgebers erwartet wurde. Ein wichtiger Aspekt ist in der Diskussion noch nicht genügend herausgestellt worden: Die Arbeit an der Denkmälerliste ist angewandte Forschung. Das zielgerichtete Sammeln und Bewerten der archäologischen Indizien führt zu einem erheblichen Gewinn an neuem, aktuellem Wissen über das unsichtbare Bodendenkmal, gleichsam zu einem zerstörungsfreien Einblick in das historische Bodenarchiv.
In Köln sind in den vergangenen Jahren markante archäologische Denkmälerzonen vorrangig unter Schutz gestellt worden: Grabhügelzonen der Eisenzeit im rechtsrheinischen Köln, Areale der römischen und mittelalterlichen Innenstadt und Teile der weitläufigen römischen Nekropolen vor den Toren der *Colonia Claudia Ara Agrippinensium*, Abschnitte der römischen und mittelalterlichen Stadtbefestigungen (u. a. ein unterirdisches Grabensystem der großen Stadtbefestigung des Mittelalters, die obertägig seit 1881 weitgehend niedergelegt wurde), romanische Kirchen mit untertägigen Spuren der Stiftsbauten.
Gegenwärtig sind rund einhundert Bodendenkmäler (mit 337 Nummern der Denkmalliste) im Stadtgebiet Köln eingetragen. Die Zahl mag auf den ersten Blick gering erscheinen, aber unter einer Nummer verbergen sich mitunter oft wesentliche Areale archäologischer Schutzzonen, in der Kölner Innenstadt beispielsweise der Neumarkt und das Umfeld von St. Aposteln, die Rathausumgebung und Teile des Albansviertels, der Heumarkt. Es bleibt die Aufgabe, den Schutz untertägiger Denkmäler und die Verfahren der Eintragungen zu intensivieren, denn der Zeitverzug könnte den Umfang des Bodenarchivs schneller schmälern, als es der Öffentlichkeit bewußt wird.

Köln. Erhaltener Keller des 19. Jahrhunderts in der Innenstadt (Rosenstraße).

Um den noch vorhandenen unterirdischen archäologischen Bestand der Kölner Innenstadt zu erschließen, ist für die historische Rheinvorstadt ein Kellerkataster erstellt worden, das bereits die weitläufigen Verluste – bedingt durch Neubaumaßnahmen der 2. Hälfte des 19. Jahrhunderts und insbesondere durch die Kriegszerstörungen und den Wiederaufbau – erkennen läßt. Umso dringlicher ist der Schutz des noch erhaltenen Bestandes. Manche Keller zeigen die Spuren einer vielhundertjährigen Baugeschichte, im Einzelfall reichen sie bis in das 12. Jahrhundert zurück.
Historische Stadtforschung ist eine Säule geschichtlicher Landeskunde. Sie vereint – im Sinne H. Aubins – fächerübergreifend sehr verschiedene geschichtswissenschaftliche Disziplinen, Rechts- und Verfassungsgeschichte, Wirtschafts- und Sozialgeschichte, Religionsgeschichte und Sprachwissenschaft, Volkskunde, Archäologie, Kunst- und Baugeschichte. Als historische Hilfswissenschaft hat die Archäologie die Chance, mit ihren epochenüberschreitenden Methoden und Erkenntnismöglichkeiten ihren Beitrag zur Kulturgeschichte zu leisten.

◁ *Köln-Weiden. Römische Grabkammer. 2. Jahrhundert n. Chr.*

Die Domgrabung Köln – Vorgeschichte und Geschichte einer Kathedrale

Georg Hauser

Die zahlreichen Ausgrabungen in den Kirchen Nordrhein-Westfalens werden in aller Regel in Zeiten durchgeführt, in denen der Gottesdienst ruht. Unter dem Kölner Dom wird seit 1956 mit Erfolg versucht, die kirchliche Nutzung und die gleichzeitige archäologische Erkundung des Untergrundes miteinander in Einklang zu bringen; jedenfalls sehen es so das Domkapitel – zugleich Hausherr – und das Wissenschaftsministerium des Landes als gemeinsame Träger der Forschung. Das Hauptziel der Untersuchungen besteht darin, ein möglichst vollständiges Bild von dem Kirchenbau zu gewinnen, der hier stand, bevor die gotische Kathedrale zwischen 1248 und etwa 1560 und dann wieder zwischen 1842 und 1890 an dieser Stelle errichtet wurde. In den letzten Jahren, seit September 1986, wurde die Grabungsfläche unter dem Fußboden des Domes im Südwesten erheblich erweitert. Da die Ausmaße und die Form der Vorgängerkir-

Köln. Grundriß des Kölner Doms mit den Grabungsflächen der Jahre 1990–1994 (gerastert).

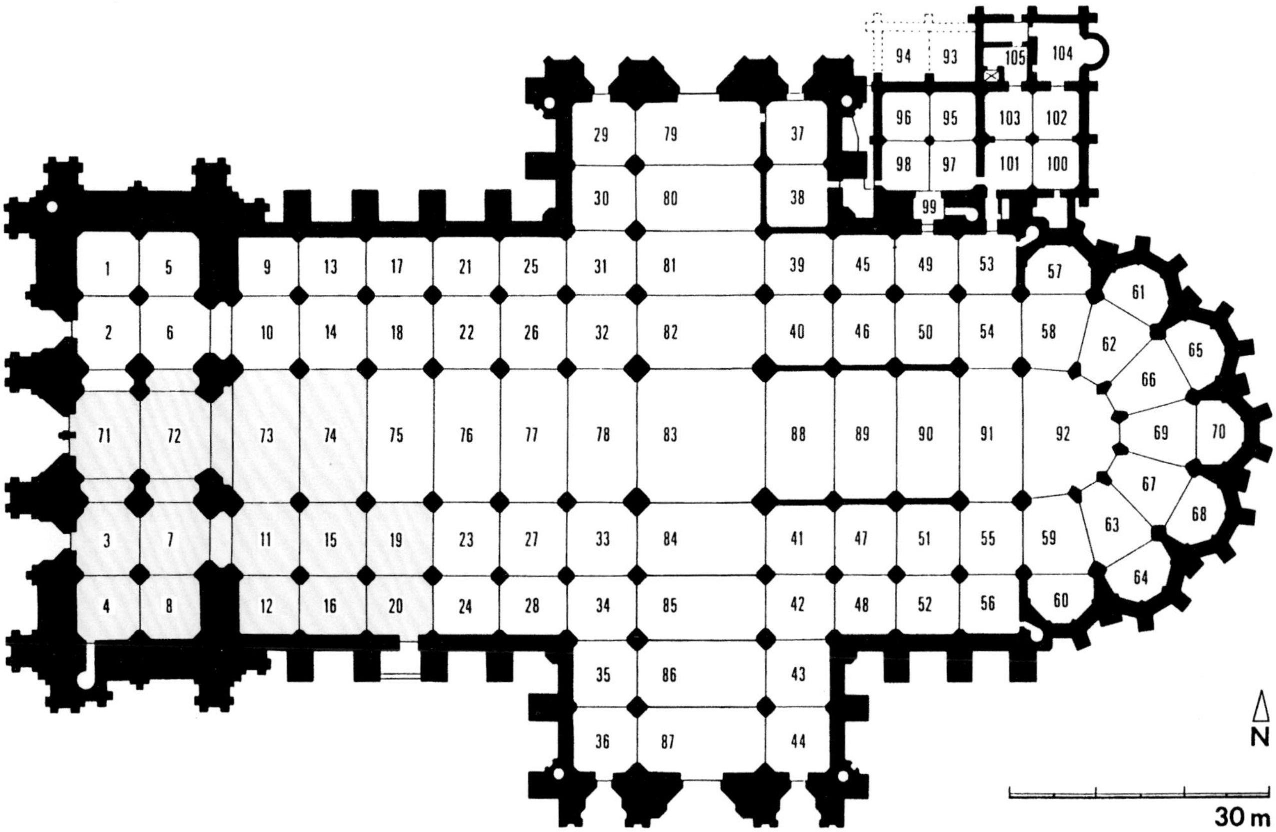

che in großen Zügen bekannt sind, war von vornherein klar, daß der neue Bereich bereits außerhalb, westlich des sog. alten Domes, lag. Hier hat sich etwa vierhundert Jahre lang das Domkloster befunden, das den Mitgliedern des Kapitels als Wohnung wie als Verwaltungszentrum des Domstifts diente. Heute erinnert daran nur noch der Straßenname, der so auch zur Adresse des Kölner Domes gehört: Domkloster 4.
Die Gebäude, die ehedem vorhanden gewesen sein müssen, begegnen uns manchmal in den zeitgenössischen Schriftquellen. In der Lebensbeschreibung des Erzbischofs Anno (1056–1075) findet sich der Hinweis, daß man aus dem Dom über eine Treppe in den Schlafraum des Domklosters gelangen konnte. Daraus ist zu entnehmen, daß diese Baulichkeiten mit der Kirche architektonisch verbunden und, wegen der Treppe, mindestens zweigeschossig waren. Schon 1946, im ersten Jahr der Domgrabung, war das nördliche Westportal des alten Domes mit einer Vorhalle gefunden worden, an die sich nach Westen ein Flügelbau anschloß. Aus der Vorhalle und auch unmittelbar aus dem dahinter liegenden Seitenschiff der Kirche führten Treppen nach Westen. Diesem Nordflügel, in dem sich die Wohnräume der Kapitelherren befanden, muß – angebunden an die Südwestecke des alten Domes – ein Südflügel entsprochen haben, der vermutlich Wirtschaftsräume des Stiftes umfaßt hat. Deren Erforschung sollten die archäologischen Untersuchungen der letzten Jahre dienen. Es stellte sich jedoch bald heraus, daß die Fundamentierungen für die gotische Kathedrale in diesem Bereich wesentlich rigoroser als im Norden und Osten des Domes alle älteren Schichten fast völlig zerstört haben. Lediglich ein kleines Mauerstück wurde gefunden, das wohl zum Westabschluß einer entsprechenden Vorhalle im Südwesten gehörte. Aus römischer Zeit blieben zwei schmale Stege zwischen den Baugruben zu den mittelalterlichen Pfeilerreihen und der Domsüdwand bestehen. Darin waren die Schichten einer antiken Straße erhalten, die in nachrömischer Zeit überbaut und durch Eingrabungen gestört wurde. In den Verfüllungen dieser frühmittelalterlichen Gruben fanden sich neben und über den baulichen Resten

Köln. Domgrabung. Römischer Weihealtar mit einem der beiden Dioskuren. Frühes 3. Jahrhundert n. Chr.

eines römischen Abwassersammlers (Gully) Fragmente einer wegen der Bruchstückhaftigkeit nur schwer zu deutenden Inschrift sowie ein großes Fragment eines römischen Altars mit der Darstellung eines der beiden Dioskuren.
Die Enttäuschung darüber, daß das selbstgesteckte Ziel nicht erreicht werden konnte, hielt nicht lange an, weil andererseits der Erkenntnisgewinn zum Baufortschritt im 14. Jahrhundert für das Fehlen älterer Befunde entschädigte. Die mächtigen Fundamente der Pfeilerreihen, des Südturmes und der Südwand der gotischen Kathedrale, die in einigen Jahren nach den Vorstellungen der Dombauverwaltung das angemessene Ambiente für die Präsentation der zahlreichen Klein- und Architekturfunde in einem Grabungsmuseum schaffen sollen, lassen nicht nur Details der spätmittelalterlichen Bautechnik erkennen, sondern sie zeigen auch ganz deutlich, daß der Dom in diesem Bereich kontinuierlich von Osten nach Westen fundamentiert wurde.
Dieser Vorgang war allerdings bisher anders gesehen worden. Unbestritten wurde der Chor anstelle des Ostteils des alten Domes in den Jahren ab 1248 erbaut, fertiggestellt und 1322 als provisorische Bischofskirche geweiht. Teilweise gleichzeitig, so vermutete man, wurde nach 1300 mit der Ausschachtung zum Südturm begonnen, während zwischen den damals neu entstehenden Turmfundamenten und dem Ostchor der Westteil des alten Domes bis zur Weihe von 1322 noch als ebenfalls provisorische Bischofskirche genutzt wurde. Nach 1322 sollte dann der Zwischenraum mit dem neuen Langhaus ‚aufgefüllt' worden sein. Dieses Bild ist jetzt zu korrigieren. Denn als Bestätigung der relativen Abfolge des Baubefundes wurde am 14. April 1994 in der Fundamentverfüllung im Südturm eine auf den Kölner Erzbischof Wilhelm von Gennep (1349–1362) geprägte Goldmünze, ein rheinischer Viertelgulden, gefunden, der beweist, daß das Fundament zum Südturm erst in der Regierungszeit dieses Kurfürsten gelegt wurde.
Die Forschungen der Kölner Domgrabung betreffen nur zum Teil Ausgrabungen unter dem Fußboden der Kathedrale. Die Untersuchungen, die am 26. Mai 1946 von Otto Doppelfeld im Auftrag des Metropolitankapitels begonnen wurden, haben trotz laufender Berichterstattung so umfangreiches Material zutage gefördert und so viele offene Fragen hinterlassen, daß deren Aufarbeitung heute mehr als die Hälfte der von

Köln. Domgrabung. Fundamente der Dompfeiler zwischen den südlichen Seitenschiffen. Um 1331.

den Mitarbeitern aufgewendeten Zeit in Anspruch nimmt. Konservierungs- und Restaurierungsmaßnahmen sowie die wissenschaftliche Dokumentation der aus den Bauschichten geborgenen Klein- und Architekturfunde stellen nicht nur die notwendige Voraussetzung für die geplante museale Präsentation dar, sondern sie ergeben sich zwangsläufig aus dem Versuch, die ergrabenen Gebäude und Bauteile mit chronologischen Daten zu versehen und in den zugehörigen historischen Rahmen zu stellen. Daneben müssen aber – wie bei jeder wissenschaftlichen Forschung – die älteren Ergebnisse der Domgrabung, die teilweise vor fast einem halben Jahrhundert gewonnen wurden, mit neueren Resultaten in Köln und an-

Köln. Domgrabung. Rheinischer Viertelgulden des Erzbischofs Wilhelm von Gennep (1349–1362). Vorder- und Rückseite.

derswo verglichen und überprüft werden. Manchmal erscheinen dann eigentlich vertraute Erkenntnisse in neuem Gewand, so wie wir aus heutiger Sicht z. B. sagen müssen, daß das bereits im 19. Jahrhundert östlich vor dem Dom entdeckte sternförmige Taufbecken ganz sicher nicht aus der Zeit des ersten (bekannten) Kölner Bischofs Maternus stammt, sondern vermutlich in das 6. Jahrhundert zu datieren ist. Noch einschneidender ist der Verlust des ‚römischen Tempels', den man unter dem Dom hatte rekonstruieren wollen: Die Mauern gehörten zu einem wenig repräsentativen Zweckbau.

Lit.: U. Back, Die Domgrabung XXXII. Die Ausgrabung in den südlichen Langhausseitenschiffen. Kölner Domblatt 56, 1991, 179–208. – G. Hauser, Abschied vom Hildebold-Dom. Die Bauzeit des Alten Domes aus archäologischer Sicht. Kölner Domblatt 56, 1991, 209–228. – G. Hauser, Fragen zu einem römischen Tempel unter dem Dom. Kölner Domblatt 58, 1993, 313–342. – U. Back, Die Domgrabung XXXIII. Die Ausgrabungen im Bereich des Südturmes. Kölner Domblatt 59, 1994, 193–224.

Kommunale Bodendenkmalpflege

Detmold-Hiddesen/Kreis Lippe. Ringwall „Kleiner Hünenring“ unterhalb der Grotenburg (Hermannsdenkmal). 9./10. Jahrhundert.

Archäologie am Hellweg in Dortmund

Henriette Brink-Kloke

Dortmund besitzt mit einer Fläche von knapp 28 000 Hektar das größte Stadtgebiet Westfalens. Der Hellweg durchquert das Stadtgebiet zentral von West nach Ost. Er ist ein Teilstück der seit dem Mittelalter bekannten Wegeführung zwischen dem Rhein und Ostwestfalen. Sein Verlauf orientiert sich nördlich unterhalb der Erhebungen des Stockumer und Dortmunder Rückens an der Höhenlinie von 80 m. Zahlreiche Quellaustritte und fruchtbarer Boden sind der Grund für die Anlage der vielen Hellwegorte, die zwar ihre erste Erwähnung in den Aufzeichnungen der Abtei Werden in Essen finden, aber vielfach sicherlich weitaus ältere Wurzeln besitzen. Karl der Große sicherte den Hellweg nach Eroberung der im Dortmunder Süden gelegenen Hohensyburg (Sigiburg) mit Burgen und Reichshöfen. Die Keimzelle des

Dortmund-Oespel/Marten. Grabanlagen der jüngeren Bronzezeit (um 1000 v. Chr.). – Am unteren Bildrand: Pfostenreihen jungsteinzeitlicher Häuser (ca. 4500 v. Chr.).

mittelalterlichen Dortmund ist eine solche Burg an der Kreuzung des Hellweges mit der Nord-Süd-Verbindung zwischen der Kölner Bucht und dem norddeutschen Raum.
Das derzeitige Stadtgebiet setzt sich zusammen aus der Innenstadt mit ihrem mittelalterlichen Kern, den ehemals ein mächtiger Befestigungsring umspannte, sowie aus 66 Ortsteilen, in denen vielfach noch Reste mittelalterlicher Strukturen erhalten geblieben sind: So besitzt Dortmund z. B. 21 spätromanische Kirchen. 365 durch Oberflächenfunde ausgewiesene archäologische Fundstellen (Stand Sommer 1994) sind bislang vom Stadtgebiet bekannt. Sie bedecken ca. ein Hundertstel der Stadtfläche und befinden sich häufig in verbliebenen Freiflächen, die jetzt im Zuge der sich neu orientierenden Ruhrgebietsstadt dringend für Wohnbebauung und Gewerbeansiedlung benötigt werden. Die Menge der gefährdeten Fundplätze und der zunehmende Flächenbedarf führten zur Einrichtung einer Archäologenstelle, die anfangs dem Museum für Kunst und Kulturgeschichte, seit 1993 der Unteren Denkmalbehörde im Stadtplanungsamt zugeordnet ist. Es ist in Westfalen bislang die einzige Stelle für die Kommunalarchäologie. Ausgelöst durch akute Bauvorhaben, wird seit Jahresbeginn 1990 im Stadtgebiet in Abstimmung mit dem Westfälischen Museum für Archäologie/Amt für Bodendenkmalpflege in Münster ununterbrochen ausgegraben. Dabei gewinnt allmählich auch die vormittelalterliche Geschichte an Konturen. Besonders erwähnenswert sind hier eine jungsteinzeitliche Siedlung, ein bronzezeitlicher Friedhof mit zugehöriger Siedlung in Oespel/Marten und eine eisenzeitliche Siedlung in Grevel. Dazu kommen zahlreiche Untersuchungen an mittelalterlichen Fundorten, wie der frühmittelalterliche Friedhof in Wickede oder große Teile der Töpfereiwüstung in Groppenbruch, die Schürfgruben an Haus Rodenberg und an der Kirche St. Georg in Aplerbeck, die Ausgrabungen am Adlerturm und am Wißstraßentor der Stadtbefestigung, Hofreste in Lindenhorst, die Kapelle des Klosters Marienborn in Lütgendortmund sowie der Marktbrunnen in der Innenstadt.

Eine ‚Rössener' Siedlung in Oespel/Marten

Die ältesten, systematisch ausgegrabenen Befunde Dortmunds sind die Siedlungsreste der sog. Rössener Kultur (mittlere Jungsteinzeit, ca. 4500 v. Chr.) in Oespel/Marten. Unter und neben jungbronzezeitlichen Gräbern konnten mindestens sechs Hausgrundrisse nachgewiesen werden. Ein Gebäude befindet sich isoliert im Norden der Grabungsfläche. Umgeben von wenigen Siedlungsgruben ist es nach seiner Grundrißausführung das älteste Haus. Eine nahegelegene, große Lehmentnahmegrube enthielt nur in den oberen Schichten Funde, während die untere Einfüllung aus umgelagertem, fundleerem Lehm bestand. Sie bekräftigt die Überlegung, daß wir hier die neolithische Landnahme dieses Gebietes erfaßt haben. Die anderen fünf Gebäude liegen ca. 200 m südlich; sie weisen voneinander abweichende Grundrißformen auf. Im Inneren eines Hauses befand sich eine sorgfältig ausgehobene, kreisrunde Grube von 1 m Durchmesser, die am Boden abwechselnd mit Schichten weißer und schwarzer, holzkohlenhaltiger Asche verfüllt war. Diese Verbrennungsrückstände wurden vollständig mit den Scherben von drei unverzierten Vorratsgefäßen bedeckt. Darüber hatte man eine Lehmschicht eingebracht, die unter anderem verbrannte Knochenstücke, einen Stößel aus Stein mit drei abgerundeten Reibeflächen und ein Stück Rötel enthielt. Bei dem Farbstoff handelt es sich mit großer Wahrscheinlichkeit um pulverisierten Roteisenstein aus dem Felsenmeer bei Hemer im Sauerland. Die Grubenfüllung wurde nach oben durch ein dickes Paket aus z. T. plattenartigen Rotlehmbrocken abgeschlossen, die man auf- und nebeneinandergeschichtet oder -geworfen hatte. Zwischen diesen Brocken lagen zwei mächtige Unterlieger von Getreidemühlen, die kaum oder gar nicht benutzt worden waren. Von einem Mahlstein hatte man mehrere Stücke abgeschlagen und in der Grube verstreut. Diese Grube liegt im Gebäude an einer Stelle, an der gewöhnlich die Hausgrube bzw. der Erdkeller zu finden ist. Vielleicht diente sie ursprünglich ebenfalls als Vorratsgrube und wurde aus unbekannten Gründen für Opferhandlungen ‚zweckentfremdet'. Über den jungbronzezeitlichen Friedhof, der auf dem neolithischen Siedlungsgelände angelegt wurde, wird weiter unten berichtet (siehe S. 198).

Dortmund-Oespel/Marten. Untersuchung einer jungsteinzeitlichen Lehmentnahmegrube (ca. 4500 v. Chr.). Übersicht über die Grabungsfläche.

Der frühmittelalterliche Friedhof in Wickede

Drei Gefäße des 9. Jahrhunderts führten bei Ausschachtungsarbeiten 1954 quasi als ‚Spur' zu einem frühmittelalterlichen Friedhof im Ortsteil Wickede. Südlich des Hellwegs und abgesetzt vom heutigen Ortskern mit spätromanischer Kirche liegen Gräber des 6. und 9. Jahrhunderts, die zusammen mit der Fundstelle von 1954 eine Fläche von mindestens 100 m Länge bedeckt haben können. Ein Hohlweg, der den Friedhof durchschneidet, und die auf ihn bezogenen Parzellen mit dem Gräberfeld inmitten von karolingischen Langfluren könnten Hinweise auf ein vorkarolingisches Siedlungsgefüge geben. Die Gräber des 6. Jahrhunderts enthalten Glasgefäße, Bronzeschnallen, eiserne Pfeilspitzen und Scheren. Auf zwei Bronzehafteln ist ein christliches Kreuz eingeritzt. In den von West nach Ost orientierten Grä-

Dortmund-Oespel/Marten. Vorratsgefäße, Stößel und Farbsteine aus einer jungsteinzeitlichen Opfergrube. Ca. 4500 v. Chr.

bern des 9. Jahrhunderts finden sich Holzkohlenpakete und halbierte Gefäße, mit deren Hilfe es möglich sein wird, die Datierung vergleichbarer, bislang nur aus Siedlungen bekannter Irdenware in den Griff zu bekommen.

Die Kapelle des Klosters Marienborn in Lütgendortmund

Bis vor kurzem war nur wenigen bekannt, daß im Ortsteil Lütgendortmund ein Beginenhaus existiert hat. Lediglich ein Tertiarierinnenkloster des Franziskanerordens seit 1467 ist in der Literatur belegt. Wenige schriftliche Urkunden geben aber Hinweise auf einen Beginenkonvent schon am Anfang des 14. Jahrhunderts. Die Ausgrabung erbrachte folgendes Ergebnis: Eine kleine, auf mächtigen Bruchsteinfundamenten errichtete Kirche von 12,50 m Länge und 9,6 m Breite mit polygonalem Chorabschluß bestand spätestens im 14. Jahrhundert. Ihr Aussehen erinnert an den Chor einer groß geplanten Kirche, die aus unbekannten Gründen nicht fertiggestellt werden konnte und die man provisorisch im Westen mit einer Fachwerkwand abschloß. Erst im Jahre 1725 verlängerte man während des Baues des neuen, heute noch vorhandenen Klostergebäudes die Kapelle nach Westen auf 21,60 m. Unter dem Pfarrhaus vor dem Kapellenchor lagen die Fundamentreste eines älteren, größeren Gebäudes, möglicherweise handelt es sich dabei um das ursprüngliche Beginenhaus. Heute steht vom Kloster Marienborn nur noch das Wohnhaus von 1725, seine Wirtschaftsgebäude verschwanden nach der Aufhebung des Klosters (1809). Die Klosterkapelle und das Pfarrhaus wurden noch eine Zeitlang von der katholischen Gemeinde genutzt, mußten aber um 1900 abgerissen werden, da der fortschreitende Verfall der Gebäude aufgrund fehlender finanzieller Mittel nicht aufzuhalten war. Wie so häufig wurden auch die ‚Schauplätze' der Archäologie in Dortmund während der letzten fünf Jahre von Bauvorhaben diktiert. Wenn auch die Zahl der Ausgrabungen groß erscheint, so darf sie nicht darüber hinwegtäuschen, daß damit nur ein Teil der archäologischen Arbeit erledigt werden konnte.

Lit.: H. Brink-Kloke/H. Vogel, Das Kloster Marienborn in Dortmund-Lütgendortmund. Historische Quellen und archäologische Ausgrabung. Ausgr. u. Funde Westfalen-Lippe 8 B, 1993, 81–112. – H. Brink-Kloke/Chr. Althoff, Gruben, Gräber und Gefäße. Funde und Befunde in Dortmund-Oespel/Marten von der Jungsteinzeit und der späten Bronzezeit (Dortmund 1994). – H. Brink-Kloke, Vorbericht über die Ausgrabungskampagnen 1991 und 1992 von Dortmund-Oespel/Marten. Ausgr. u. Funde Westfalen-Lippe (in Druckvorbereitung).

Archäologische Stadtkernforschungen in Höxter an der Weser

Andreas König

Die im Weserbergland gelegene Kreisstadt Höxter blickt auf eine lange Geschichte zurück. Mit dem Jahr 822 tritt der Weserort in das zu der Zeit noch schwache Licht der historischen Überlieferung. In diesem Jahr erstand Kaiser Ludwig der Fromme die *villa huxori* und übereignete sie 823 der in der Nachbarschaft gegründeten Reichsabtei Corvey. Seit dieser Zeit war die Geschichte Höxters mit der des einst wichtigsten Klosters Sachsens eng verbunden. Die Anfänge des Ortes liegen noch weitgehend im Dunkeln – für das 8. Jahrhundert ist eine Ansiedlung gesichert, wahrscheinlich reichen die Ursprünge aber

Höxter. Rathaus. Freigelegtes Fußbodenpflaster des 16. Jahrhunderts im zweischiffigen Ratskeller.

Höxter. An der Kilianikirche. Karolingische Kinderbestattung mit benachbartem Baumsarg. 9. Jahrhundert.

weiter zurück. Im Münz- und Marktprivileg von 833 für die Reichsabtei, der Grundlage für einen Handelsplatz, ist die wesentliche Ursache für das Anwachsen Höxters zu sehen. So ist auch seit dem 9. Jahrhundert eine deutliche Verdichtung der archäologischen Siedlungsspuren zu beobachten.
Die folgenschwersten Eingriffe in das Bodenarchiv der Stadt, der keine nennenswerten Zerstörungen durch den letzten Krieg und den Wiederaufbau widerfuhren, bedingte die Stadtsanierung seit Anfang der sechziger Jahre. Bis dahin hatte sich ein weitgehend intakter mittelalterlicher Stadtgrundriß mit entsprechender Bausubstanz und archäologischem Quellengut erhalten. Der fortschreitenden Vernichtung der im Boden konservierten Überreste einer über 1200jährigen Siedlungsgeschichte wird seit 1986 von seiten der Stadt Höxter durch die Einrichtung eines Projektes „Stadtarchäologie" entgegengewirkt. Somit können seit nunmehr über neun Jahren nahezu ganzjährig Rettungsgrabungen durchgeführt werden, die zumindest die Dokumentation der von der akuten Zerstörung bedrohten Bodendenkmäler und die Sicherung des Fundgutes gewährleisten. Aufgrund der Stadtkernuntersuchungen in den sechziger und siebziger Jahren und deren Intensivierung seit 1986 zählt Höxter sicherlich zu den archäologisch am besten erforschten Städten Norddeutschlands. Dennoch wäre es fatal, diese Arbeit nicht fortzuführen. Zu welchen bemerkenswerten Erkenntnissen eine kontinuierliche Stadtkernforschung führen kann, wird anhand von drei Beispielen aus der Praxis der vergangenen fünf Jahre kurz vorgestellt.
Eine der wichtigsten Untersuchungen galt dem höxterschen Rathaus, dem einstigen wirtschaftlichen und politischen Brennpunkt der Stadt. Sein heutiges Erscheinungsbild prägt im wesentlichen ein Umbau im Stil der Weserrenaissance (1608–1618); die älteste Erwähnung eines Rathauses stammt aus dem Jahre 1351. Im Rahmen der mehrjährigen Sanierung wurde eine fächerübergreifende Erforschung der Bau- und Nutzungsgeschichte ermöglicht, die zu einer entscheidenden Neubewertung dieses Baudenkmales führte. Es wurde demzufolge bereits in der Mitte des 13. Jahrhunderts als massiver Bruchsteinbau errichtet und zählt somit zu den ältesten Rathäusern Nordwestdeutschlands. Wesentliche Teile der mittelalterlichen Bausubstanz haben sich im Erd- und Kellergeschoß erhalten. Die Errichtung fällt in die ausgehende Blüte des Weserortes. Die beachtliche Größe (ca. 11 × 31 m) und die zentrale Lage auf dem hochmittelalterlichen Brückenmarkt lassen vermuten, daß es nicht nur von dem seit 1235 überlieferten Rat der Stadt genutzt wurde, sondern vorrangig als Markthalle diente, die im Erdgeschoß zu lokalisieren wäre. Im Kellergeschoß ist seit der Mitte des 16. Jahrhunderts der Ratsweinkeller mit Ausschank und Garküche archivalisch belegt, Einrichtungen, die auch archäologisch nachgewiesen werden konnten und vermutlich bereits im Spätmittelalter existierten.
Vor allem die Ausgrabungen im Ratskeller erbrachten die entscheidenden Aufschlüsse zum Alter des Gebäudes. Unter dem Keller des 13. Jahrhunderts wurden darüber hinaus Fundamente eines älteren Bauwerkes freigelegt, das anscheinend einer Katastrophe in der Mitte des 12. Jahrhunderts zum Opfer fiel. Mit großer Wahrscheinlichkeit handelt es sich um die Reste einer älteren Markthalle. Der seit 1115 bezeugte Brückenmarkt lag am Kreuzungsbereich von zwei alten Fernhandelsstraßen, einem Arm des über die höxtersche Brücke verlaufenden Hellweges und einer der Weser folgenden Route. Bisherigen Beobachtungen zufolge handelte es sich um einen Straßenmarkt, der sich zwischen Straßenkreuzung und Weserbrücke erstreckte und der in der Mitte eine dreieckige Platzerweiterung aufwies: Standort der älteren Markthalle und des Rathauses. In der ältesten Marktüberlieferung werden Kaufleute und Schlachter aufge-

Höxter. Grubestraße. Reste eines Grubenhauses des 11. Jahrhunderts mit Bruchsteinwänden. Darunter ein Vorgängerbau.

führt. Die Ausgrabungen belegen darüber hinaus die Anwesenheit von Knochenschnitzern sowie von buntmetall- und lederverarbeitenden Werkstätten im 12. Jahrhundert.

In direkter Nachbarschaft des Rathauses wurde bei einer archäologischen Notgrabung auf der Südseite der Kilianikirche 1991 ein stark gestörter karolingischer Friedhof entdeckt. Die Verstorbenen waren in Baumsärgen bestattet. Die 25 untersuchten, von West nach Ost gerichteten Gräber wiesen keine Beigaben auf. Nach derzeitigem Bearbeitungsstand stammen sie aus dem 9. Jahrhundert und gehören zum ältesten christlichen Friedhof der Stadt. Die um 800 erbaute Kilianikirche zählt zu den frühen Missionskirchen Sachsens. Erste anthropologische Analysen zeigen, daß die geborgenen Individuen in einem Alter zwischen etwa 2 und 60 Lebensjahren verstorben sind. Die Untersuchungen, die unmittelbar mit dem frühmittelalterlichen Menschen konfrontieren, erlauben z. T. detaillierte Rückschlüsse auf den Gesundheitszustand und die medizinische Versorgung der Bevölkerung im karolingischen Höxter. Bei den bestatteten Kindern lassen sich an Krankheiten bisher Anämie, Rachitis und Hirnhautreizung anführen, bei den Erwachsenen tritt Arthrose hinzu. Die Gründe, die nach vergleichsweise kurzer Zeit zur Aufgabe dieser Fläche als Friedhof führten, sind unbekannt. Möglicherweise gehen sie auf die Einrichtung eines Marktplatzes vor der Kirche zurück, die in unmittelbarer Nähe des Weserüberganges liegt.

Auf den Grundstücken der Grubestraße 12–16 konnten bemerkenswerte Erkenntnisse zu unterschiedlichen Aspekten der Siedlungsgeschichte der Stadt gewonnen werden. Anhand von zwei Grubenhäusern ist eine Besiedlung dieser an einem zum Kloster Corvey führenden Hellwegarm gelegenen Fläche seit dem 9./10. Jahrhundert zu verzeichnen. Im 11. Jahrhundert ist ein buntmetallverarbeitender Betrieb archäologisch belegbar. Das ca. 3,8 × 7,6 m messende Werkstattgebäude war als Grubenhaus mit Wänden aus Bruchsteinen angelegt worden. In einer im Gebäude freigelegten großen Arbeitsgrube fanden sich ein Gußkuchen aus Zinnbronze und mehrere Gußreste. Die Werkstatt wurde augenscheinlich durch ein Schadensfeuer zerstört. Für das folgende Jahrhundert ist auf dem Grundstück eine Bebauung mit Fachwerkgebäude samt steinernem Hinterhaus zu vermerken. Das unterkellerte Steinwerk zählt zu den frühen, sich in den letzten Jahren mehrenden archäologischen Nachweisen des romanischen Steinbaues.

In die jüngere Parzellengeschichte gehören die Abfälle einer Barocktöpferei. Wahrscheinlich entsorgte hier eine auf dem Nachbargrundstück ansässige Werkstatt ihre Fehlbrände zu Beginn des 18. Jahrhunderts. Das zu erschließende Produktionsspektrum umfaßt hauptsächlich bemalte Teller, Schüsseln und Dreibeintöpfe aus Irdenware, daneben auch Milchschüsseln, Ofenkacheln und Spielzeugmurmeln. Hiermit konnte erstmals für Höxter eine Töpferei archäologisch nachgewiesen werden. Die ältesten archivalischen Belege für dieses Handwerk in der Stadt liegen aus der 2. Hälfte des 16. Jahrhunderts vor.

Lit.: A. König, Archäologische Stadtkernuntersuchungen 1988 in Höxter a. d. Weser. Ausgr. u. Funde Westfalen-Lippe 8 B, 1993, 207–229. – A. König/H. Rabe, Jost Ziegenhirt. Ein höxterscher Bürger der Spätrenaissance im Spiegel archäologischer und archivalischer Quellen. Jahrb. Kreis Höxter 1994, 207–230. – A. König/H. Rabe/H. Reimers, Eine mittelalterliche „domus lapidea" in Höxter. Ergebnisse und Erkenntnismöglichkeiten fächerübergreifender Untersuchungen für die Hausforschung am Beispiel des Adelshofes Stummrigestraße 37. Jahrb. für Hausforsch. 42, 1994, 267–304. – Das Rathaus in Höxter. Schr. Weserrenaissance-Mus. Schloß Brake 7 (München, Berlin 1994). – H.-G. Stephan, Stadtarchäologie in Höxter und Corvey: die Siedlungsgeschichte. Zeitschr. Arch. 28, 1994, 123–137.

Bodendenkmalpflege in Lippe

HELMUT LULEY und ELKE TREUDE

Am Anfang einer amtlichen Bodendenkmalpflege in Lippe steht die Landesverordnung der Fürstlich Lippischen Regierung von 1821, die das Nachgraben „nach Todten-Urnen und sonstigen Alterthümern" strengstens verbot. Die Weichen zu einer systematischen Beobachtung und Sammeltätigkeit ur- und frühgeschichtlicher Bodenfunde wurden 1835 mit der Gründung einer „Naturwissenschaftlichen Sammlung für das Fürstentum Lippe", dem späteren Lippischen Landesmuseum, gestellt. 1920 bildet das Lippische Heimatschutzgesetz die gesetzliche Grundlage für die stetig wachsende Forschungs- und Pflegertätigkeit. Es verlor auch mit dem Anschluß Lippes an das Land Nordrhein-Westfalen im Jahre 1947 nicht seine Bedeutung, zumal die Landschaftsverbandsordnung von 1953 die eigenständige Wahrnehmung der bodendenkmalpflegerischen Tätigkeiten in Lippe vorsah.

Horn-Bad Meinberg/Kreis Lippe. Leopoldstal. Neuzeitliche Schleifmühle nach der Freilegung.

Lage-Müssen/Kreis Lippe. Bronzezeitliche Grabfunde aus einem stark verschliffenen Grabhügel. Ca. 4500 v. Chr.

Das nordrhein-westfälische Denkmalschutzgesetz von 1980 hebt das seit 1920 gültige Lippische Heimatschutzgesetz auf und überträgt die zukünftige Wahrnehmung der Bodendenkmalpflege den Landschaftsverbänden. Es bildet auch die Grundlage des Vertrages, den der Landschaftsverband Westfalen-Lippe mit dem Landesverband Lippe zur Regelung der Zusammenarbeit auf dem Gebiet der Bodendenkmalpflege 1981 abgeschlossen hat. Im Auftrag des Westfälischen Museums für Archäologie/Amt für Bodendenkmalpflege Münster und der für den Regierungsbezirk Detmold zuständigen Außenstelle in Bielefeld nimmt das Lippische Landesmuseum die Interessen der Träger öffentlicher Belange bei Planungen und sonstigen Entscheidungen wahr. Das Aufgabenspektrum reicht von fachlichen Beratungen der Unteren Denkmalbehörden der 16 Kommunen, der Erstellung von Gutachten zur Denkmälerbewertung und der Vorlage umfangreicher wissenschaftlicher Publikationen bis zur breitgefächerten Öffentlichkeitsarbeit. Die Darstellung der archäologischen Arbeit und ihrer Ergebnisse in Form von Ausstellungen, Vortragsreihen sowie Führungen auf Grabungsplätzen gehört ebenso dazu wie die Erstellung von Informationstafeln und -blättern zum besseren Verständnis konservierter bzw. restaurierter Bodendenkmäler, z. B. der freigelegten neuzeitlichen Schleifmühle in Leopoldstal/Stadt Horn-Bad Meinberg.

Eine Auswahl der bodendenkmalpflegerischen Arbeiten in den letzten fünf Jahren beginnt mit der von 1990 bis 1992 untersuchten Freilandstation der späten Altsteinzeit, die beim Bau einer durch ein geplantes Industriegebiet verlegten Abwasserleitung auf einem Geländesporn nördlich der Werre in Jerxen-Orbke/Stadt Detmold zum Vorschein kam. Etwa 60–80 cm unter der Geländeoberfläche wurden zwei, bis auf einige Holzkohlen fundfreie Gruben und ein eng begrenzter, hervorragend erhaltener Schlagplatz freigelegt. Auf der pleistozänen Oberfläche vorgefundene Klingenkerne, Klingenbruchstücke, Abschläge und Abfallmaterialien könnten aus der nahen, durch den vorbeifließenden Bach aufgeschlossenen Grundmoräne gewonnen und hier zu Geräten verarbeitet worden sein.

Auffallend viele Fundmeldungen mittelsteinzeitlicher Feuerstein-Artefakte in den vergangenen Jahrzehnten führten 1991 und 1992 an zwei Plätzen zu kleinflächigen Sondagen, um den Grad der Gefährdung zu ermitteln. Bei einem in der näheren Umgebung der Retlager Quellen in der Dörenschlucht bei Detmold bereits in den dreißiger Jahren angeblich vollständig ergrabenen Siedlungsplatz mit Hüttengrundrissen, Herdstellen und Aschengruben verstärkte sich durch regelmäßige Prospektionen alsbald der Verdacht, daß die durch Hangerosion und Wegebau zutage tretenden Funde aus einer noch ungestörten, von der Altgrabung nicht erfaßten Kulturschicht stammten. Die sachgerechte Erforschung der Fundstelle erbrachte neben der Ermittlung der alten Grabungsfläche tatsächlich Reste einer intakten Fundschicht mit einer Vielzahl von Feuerstein-Artefakten. Dieser aufschlußreiche Befund wie auch die Beobachtung weiterer Terrassen hangaufwärts auf den saale-eiszeitlichen Sanden des Teutoburger Waldes reicht aus, das gesamte Gelände unverzüglich unter Schutz zu stellen.

Die schon seit mehreren Jahren von einem ehrenamtlich Beauftragten für Denkmalpflege beobachtete Konzentration von kleinteiligen Flintgeräten und -abschlägen speziell der frühmesolithischen ‚Billinghauser Gruppe' auf einem Acker in Hummersen/Stadt Lügde war ebenfalls Anlaß einer kleinflächigen Sondage. Es zeigte sich mit erschreckender Deutlichkeit die Bedrohung der artefaktführenden Schicht durch den Pflug – ein Hinweis mehr, in den durch Land-

Lage-Lückhausen/Kreis Lippe. Siedlung der vorrömischen Eisenzeit bzw. der jüngeren römischen Kaiserzeit. Im Vordergrund zeichnen sich die Pfostenstellungen eines Speicherbaus auf der Grabungsfläche ab.

wirtschaft genutzten Gefährdungszonen vor allem gut erhaltene Siedlungsbereiche unverzüglich auszugraben.

Am Rande einer Kiesgrube in Müssen/Stadt Lage wurden 1990 auf einem nur wenig herausragenden Geländerücken insgesamt sechs Brandbestattungen und ein einzelnes Körpergrab erfaßt. Alle Befunde und Funde sind durch die intensive Überackerung stark beeinträchtigt. Eine Überraschung bot das östliche Umfeld der von Nordwest nach Südost ausgerichteten Körperbestattung. In der Verlängerung der Körperachse des Skelettes in 3 m bzw. in 4 m Entfernung fanden sich drei bronzene Blattpfeilspitzen und eine Feuersteinpfeilspitze mit hölzernem Pfeilschaftrest im Sandboden. Die gut erhaltenen 3,2 bis 4,7 cm langen, bronzenen Pfeilspitzen mit ausgezogenen Basisenden weisen lange, massive, zugespitzte Schäftungsdorne auf, die am Ende zu einem Widerhaken umgebogen sind; zwei von ihnen zeigen auf der Blattmitte die Reste der hölzernen Schäftung. Die Geschiebeflintspitze, ein flächenretuschiertes Exemplar mit konkaver Basis, fand sich unmittelbar unter einer bronzenen Pfeilspitze. Der ca. 7 cm lange Schäftungsrest besteht aus einem gekerbten Holzkern mit

Oerlinghausen/Kreis Lippe. Freilegung eines vom Straßenbau gefährdeten Grabhügels der späten Bronzezeit von Bewuchs. Um 1000 v. Chr.

Oerlinghausen/Kreis Lippe. Die den ehemaligen Grabhügel zerstörende Straßenbaumaßnahme.

Kordelbindung und darüber verklebter Birkenrinde. Die Spitze wie auch ein Teil des Schäftungsansatzes bedeckt eine tiefschwarze Pechmasse. Etwa 3 m östlich der Körperbestattung konnte eine noch ca. 14 cm lange gezackte Bronzenadel norddeutscher Machart freigelegt werden. Die Nadel besitzt einen geschwungenen, trompetenförmigen Kopf mit darunter liegender doppelkonischer Spule und mit ungewöhnlich reicher Schaftzier aus Spirallinien, Tannenzweigbändern und Kerbpunzierung. Die für das westfälisch-lippische Gebiet außergewöhnlichen Funde stehen zeitlich am Übergang von der Hügelgräberbronzezeit zur Urnenfelderzeit (ca. 1300–1200 v. Chr.).

Auf einem breiten, nach Norden in die Niederung der Bega vorspringenden Sporn in Lückhausen/Stadt Lage fällt eine Siedlung der vorrömischen Eisenzeit und Kaiserzeit dem stetig vordringenden Sandabbau zum Opfer. Hier konnten auf einer über 10 000 Quadratmeter großen Fläche seit 1991 neben mehreren Grubenhäusern und Abfallgruben mit auffälliger Keramikkonzentration die Standspuren eines Sechspfostenspeichers ergraben werden. Das Bemerkenswerte bei diesem 3 × 3 m großen Gebäude waren die mit Keramik aufgefüllten Pfostenlöcher. Die Form dieser Füllung entsprach der Proportion der im Querschnitt rechteckigen Pfosten. Daraus läßt sich ableiten, daß zur damaligen Zeit die Pfosten des Speichers aus dem Boden gezogen und die entstandenen Hohlräume sofort mit Keramikbruch zugefüllt worden waren.

Sprichwörtlich in letzter Minute konnten 1992 bei der Anlage der neuen Kreisstraße in Wüsten-Krutheide/Stadt Bad Salzuflen vor den herannahenden Straßenbaumaschinen Teile eines umfangreichen Siedlungsplatzes mit mehreren Hausbefunden aus dem 2.–3. Jahrhundert n. Chr. dokumentiert werden. Ein von West nach Ost ausgerichteter, offenbar einschiffiger 7 × 16 m großer Gebäudegrundriß mit über 60 quadratischen bis rechteckigen Pfostengruben besaß an den Längsseiten gegenüberliegende Eingänge, die durch besondere Pfostenstellungen gekennzeichnet waren.

Groß angelegte Prospektionsmaßnahmen in dem geplanten Kies- und Sandabbaugebiet in Müssen-Hachheide/Stadt Lage mit Hilfe von Feldbegehungen und Bohrsondagen erbrachten 1994 drei Fundkonzentrationsbereiche mit großen Mengen an Feuersteingeräten, Keramik und Holzkohle. Aufgrund der bisher ge-

Detmold/Kreis Lippe. Archäologische Untersuchungen in der Lutherkirche. Reste des Vorgängerbaus von 1741.

wonnenen Erkenntnisse sind hier aussagekräftige Siedlungsbefunde und Funde gefährdet, die für die Erforschung des Neolithikums in Lippe weitere wichtige Aufschlüsse geben. Eine großflächig angelegte Ausgrabung ist daher unabdingbar, um vor der endgültigen Zerstörung die archäologischen Quellen wenigstens in Form einer fachwissenschaftlichen Dokumentation zu fixieren. – Dem Neubau einer Umgehungsstraße der Stadt Oerlinghausen fiel 1994 ein Grabhügel zum Opfer. Obwohl der zentrale Bereich des aus Plaggen und Sand aufgebauten Hügel durch ältere Untersuchungen stark gestört war, lieferte die Grabung neben Scherben einer größeren Urne, Leichenbrand und Holzkohle ein kleines Bronzenadelfragment. Das Fundmaterial datiert die Grabanlage an das Ende der Bronzezeit. – 1994 bot die baubegleitende Untersuchung beim Einbau einer neuen Heizungsanlage die Möglichkeit, wichtige Erkenntnisse über die bauliche Entwicklung der Lutherkirche in der Detmolder Kernstadt zu gewinnen. Die Untersuchung in den einzelnen Heizungsschächten konnte den älteren Vorgängerbau – einen sechseckigen Zentralbau mit Turm im Norden – bestätigen und einzelne Maße korrigieren. Bei diesem Bau handelt es sich um die aus historischen Quellen und Zeichnungen bekannte 1741 geweihte und im Jahre 1896 abgebrochene Kirche der ersten lutherischen Gemeinde in Detmold.

Der dargestellte Streifzug durch das Tätigkeitsfeld der Kreisarchäologie in Lippe zeigt nur eine Seite der Denkmalpflegearbeit, die angefüllt ist mit Rettungsgrabungen, deren mehr oder weniger umfangreiche Ergebnisse die landesgeschichtliche Forschung vorantreiben und vervollständigen sollen. Vorrangiges Ziel wird es weiterhin sein, die dauerhafte Erhaltung der Bodenurkunden anzustreben, was dem ehemaligen Land Lippe und seiner Geschichte nachhaltig zugute kommt.

Stadtarchäologie in Soest

Walter Melzer

Seit dem Neolithikum ist das heutige Stadtgebiet von Soest ein bevorzugtes Siedlungsgebiet. Dies hängt sowohl mit der hervorragenden Güte des Lößbodens als auch mit dem Vorkommen von Salz- und Süßwasserquellen im Altstadtbereich zusammen. Es ist daher nicht verwunderlich, wenn wir aus allen Zeitepochen Nachweise finden. Von überregionaler Bedeutung sind die Fundplätze Soest-Deiringsen/Ruploh mit einer Siedlung der Rössener Kultur, Soest-Ardey als eisenzeitlicher bis merowingischer Siedlungsplatz oder das fränkische Gräberfeld vom Lübecker Ring. Dennoch war es immer wieder die Erforschung der bedeutenden Baudenkmäler der Altstadt, die Archäologen und Historiker nach Soest lockten, sowie die

Soest. Stadtansicht. Radierung aus dem Städtebuch von Braun und Hogenberg, 1588.

Soest. Blick vom Turm der Petrikirche auf die Ostseite der frühmittelalterlichen Pfalzanlage. Gräber des 9./10. Jahrhunderts.

Frühgeschichte der Stadt, deren Erhellung in den siebziger und achtziger Jahren dieses Jahrhunderts das Ziel archäologischer Rettungsgrabungen war. Trotz bedeutender Einzelergebnisse, wie etwa für die Petrikirche, den Patroklidom oder die erzbischöfliche Pfalz, das ‚Hohe Hospital', muß doch festgehalten werden, daß die innere Struktur des alten Siedlungskernes noch zum größten Teil unbekannt ist. Die heutige Stadt Soest, topographisch günstig am Hellweg gelegen, geht wahrscheinlich auf eine merowingische Gründung zurück, deren große Bedeutung unmittelbar mit einer umfangreichen Salzgewinnung in Verbindung zu bringen ist, die mittlerweile bis in die Zeit um 600 n. Chr. zurückverfolgt werden kann. Zwar sind frühmittelalterliche Befunde im Altstadtbereich selten, wir wissen aber durch die Ausgrabungen am ‚Kohlbrink' im Norden der Altstadt, daß dort schon Ende des 6. Jahrhunderts Salzsieder gewerbsmäßig Salz gewannen.

Die wenigen Funde des 7.–8. Jahrhunderts fanden sich alle im Zentrum der heutigen Altstadt. Anzeichen sprechen für eine größere offene Siedlung. In karolingischer Zeit stieg Soest zwar nicht zu einem Bischofssitz auf, wurde jedoch früh bedeutender Mis-

Soest. Freilegung karolingischer Gräber im Bereich des Petri-Gemeindehauses. 9./10. Jahrhundert.

sionsstandort und Nebenresidenz der Kölner Erzbischöfe. Noch im 9. Jahrhundert wurde eine Befestigung angelegt, deren rechteckige Form sich bis heute deutlich im Stadtgrundriß nachvollziehen läßt. Im Inneren dieser frühen, knapp 4,5 Hektar umfassenden Befestigung können wir archäologisch die am Ende des 8. Jahrhunderts gegründete Petrikirche sowie Teile eines umfangreichen Gräberfeldes aus dem 9. und 10. Jahrhundert nachweisen. Die historischen Quellen unterstützen dieses Bild vom frühen Soest. Für das Jahr 836 wird Soest während der Überführung der Gebeine des Heiligen Vitus von St. Denis nach Corvey als *villa Sosat* bezeichnet, wo dem Zug eine „große Schar Sachsen" entgegen kam. Mit der Gründung des St. Patroklistifts wurde spätestens nach dem Tode des Kölner Erzbischofs Bruno I. im Jahre 965 ein weiterer bedeutender Bereich innerhalb der Befestigung bebaut. Um das Jahr 1000 integrierte man außerdem in die Westflanke der Befestigung einen 25 × 25 m mächtigen Wohnturm, der mit der Pfalzanlage des Kölner Erzbischofs gleichgesetzt wird und eindrucksvoll die primär klerikale Nutzung der befestigten Anlage unterstreicht.

Aus dieser Zeit stammt auch die älteste schriftliche Nachricht über eine Befestigung. Wahrscheinlich in das Jahr 973 geht der Bericht eines arabischen Gesandten am Hof Ottos I. zurück, der den Ort als *castrum* beschreibt, in dem Salz durch Sieden von salzhaltigem Wasser in Pfannen gewonnen wurde. Die nächste Erwähnung Soests aus der Zeit um 980 findet sich in der Lebensbeschreibung der hl. Ida. Die Bezeichnung des Ortes dort als *civitas* unterstützt den Hinweis auf eine vorhandene Befestigung. Im Schutze dieses *castrum* ließen sich Kaufleute und Handwerker nieder, so daß die befestigte Kernsiedlung schnell eine Ausdehnung in alle Richtungen erfuhr. Archäologisch sind der Markt, die nördlich davon gelegenen Salzsiedewerkstätten, das im Westen am Hellweg gelegene *suburbium* und die im Süden nachgewiesenen eisenverarbeitenden Betriebe bisher belegt. Im 11. und 12. Jahrhundert nahm Soest einen gewaltigen Aufschwung. In der zweiten Hälfte des 12. Jahrhunderts entstand eine mit zehn Toren ausgestattete und 102 Hektar umfassende mächtige Befestigungsmauer, die die Entwicklung Soests hin zu einer mittelalterlichen Großstadt auch nach außen repräsentiert. Bis zur Soester Fehde (1444–1449) gelang es der Stadt dank günstiger politischer Entwicklungen und dank der durch die Hanse bedingten guten Handelsmöglichkeiten, auch das anfangs bedeutendere Dortmund sowie die Bischofsstädte Münster, Osnabrück, Paderborn und Minden zu übertreffen und zur mächtigsten Stadt in Westfalen mit ca. 10 000 Einwohnern aufzusteigen. Nach dem Soester Sieg in der Fehde folgte eine allmähliche Isolierung, und auch der Niedergang der Hanse verursachte einen Verlust der Prosperität. Der Dreißigjährige und der Siebenjährige Krieg waren weitere Einschnitte im

Soest. Spätmittelalterliche Abfallgruben im Hinterhof eines Steinhauses. 14./15. Jahrhundert.

Soest. Burgtheaterparkplatz. Östlicher Grabenrand des Michelsberger Erdwerkes. Um 3800 v. Chr.

Niedergang der Stadt bis hin zu einer unbedeutenden Landstadt mit ca. 3200 Einwohnern zu Beginn des 19. Jahrhunderts. Erst die beginnende Industrialisierung und die günstige Verkehrslage ließen die heutige Kreisstadt Soest erneut bedeutend werden. Die bauliche Entwicklung erfolgte in erster Linie um den Altstadtkern, so daß die archäologische Hinterlassenschaft in großen Teilen erhalten blieb.

Ausgrabungen in der Altstadt seit 1989

Die bevorstehende Neubebauung eines zuletzt als Parkplatz genutzten Geländes an der Straße „Isenacker" im südlichen Vorfeld des ottonischen Stadtkerns führte zu Rettungsgrabungen in einem ca. 2500 Quadratmeter großen Areal. Neben den Fundamenten von drei giebelständigen Gebäuden des 14./15. Jahrhunderts konnte eine Vielzahl von mächtigen Gruben aufgedeckt werden, die neben Asche und Holzkohle große Mengen von Schmiedeschlacken enthielten. Einige kleine rechteckige Erdkeller, die möglicherweise zu einfachen Gebäuden gehörten, wurden ebenfalls freigelegt. Zahlreiche Scherben datieren die Auflassung dieser Anlagen sowie der Gruben in das 13. Jahrhundert. Die nur ausschnitthaften Grabungen verdeutlichen, daß das eisenver-

Soest. Burgtheaterparkplatz. Keramikfunde auf der Grabensohle des Michelsberger Erdwerkes. Um 3800 v. Chr.

arbeitende Zentrum des hochmittelalterlichen Soest dem Bagger zum Opfer fiel. Obwohl dieses Quartier und das oben erwähnte Sälzerviertel für die Stadtentwicklung von großer Bedeutung waren, sind sie aus der archivalischen Überlieferung nicht bekannt.
Die für die Stadtgeschichte wichtigen und neuen Erkenntnisse aus der ‚Isenackergrabung' gaben den Ausschlag, ab Mitte 1990 eine systematische kommunale Stadtarchäologie zu betreiben. Bis heute wurden zahlreiche Ausgrabungen im Auftrag des Westfälischen Museums für Archäologie/Amt für Bodendenkmalpflege mit Mitteln der Stadt Soest, des Ministeriums für Stadtentwicklung und Verkehr des Landes Nordrhein-Westfalen sowie des Bundes durchgeführt. Schon bei der ersten Grabung 1990, ermöglicht durch den Abriß eines neuzeitlichen Fachwerkhauses, konnten nordwestlich der Petrikirche Reste der vermuteten Befestigungsanlage aus dem 9. Jahrhundert freigelegt werden. Eine Mauer aus vermörtelten Bruchsteinen verlief in West-Ost-Richtung und war noch 0,8 m hoch erhalten. Während die Nordseite der 0,6 m dicken Mauer auf Sicht ausgeführt war, verzahnte sich ihre Südseite unregelmäßig mit einer angeschütteten Wallpackung aus Steinen und Lehm.

Soest. Fußboden aus Grabsteinen des 17./18. Jahrhunderts in der Brunstein-Kapelle.

Soest. Umwehrtes Stadtzentrum mit Erzbischöflicher Pfalz, Petrikirche und Patroklikirche (um 1000). Rekonstruktion aufgrund der archäologischen Befunde (Ausschnitt).

Wall wie Steinverblendung sind auf einen Laufhorizont mit Fundmaterial des 8./9. Jahrhunderts aufgesetzt worden, der wiederum ein Grubenhaus mit Fundmaterial des 7./8. Jahrhunderts überlagerte. Die Errichtung der Befestigung dürfte auch nach den Funden aus der Wallschüttung noch ans Ende des 9. Jahrhunderts zu datieren sein. Nach der Niederlegung der Befestigung sind in den Abrißschutt Abfallgruben eingegraben worden, die u. a. Keramik des 11.–13. Jahrhunderts enthielten. Im Grabungsareal erfaßte

man außerdem Siedlungshinweise, wie Keller, Abfallgruben und einen Brunnen des 13.–20. Jahrhunderts.
Westlich der Petrikirche ermöglichte der Abriß des Petrigemeindehauses erneut umfangreiche Ausgrabungen im Stadtzentrum. Obwohl das Gebäude unterkellert war, kam noch Erstaunliches zum Vorschein. Die ältesten Funde gehören zu der auch bei früheren Grabungen angetroffenen Siedlung des 8. Jahrhunderts, von der zwei Abfallgruben ergraben und ein riesiger Brunnenschacht bis in 6 m Tiefe nachgewiesen werden konnten. Weiterhin wurden die Nordost-Ecke der ‚erzbischöflichen Pfalz' sowie das Fundament ihrer Ostseite auf 14 m Länge freigelegt. Die 2,6 m dicke, zweischalige Mörtelmauer war noch ca. 1,5 m tief erhalten: Sie läßt erahnen, welch mächtiges Bauwerk die Pfalz einst war. Als *palatium sive turris*, als Palast oder Turm, diente dieses Gebäude den Kölner Erzbischöfen als zeitweilige Wohnstätte und Repräsentationsbau. Um 1000 n. Chr. in die bestehende Befestigung integriert, hatte der Bau – als Westbollwerk gegen den Hellweg gerichtet – sicherlich auch eine strategische Bedeutung. Die Pfalz wurde mitten in das Gräberfeld der Petrikirche vom Ende des 8. Jahrhunderts hineingebaut. Daher waren zahlreiche Bestattungen durch die Fundamente gestört. Dennoch ließen sich noch insgesamt 165 Gräber des 9. und 10. Jahrhunderts nachweisen sowie ca. 20 Bestattungen bei späteren Baggerarbeiten beobachten. Neben einfachen Erdgräbern gab es Baumsargbestattungen, Bestattungen in Leichentüchern und auch Gräber mit Steinsetzungen. Zur Zeit wird das gut erhaltene Skelettmaterial anthropologisch untersucht, so daß bald interessante Ergebnisse zur Bevölkerung des frühen Soest zu erwarten sind. Die hohe Anzahl der freigelegten Bestattungen des einst sicherlich sehr großen Friedhofs ist noch beeindruckender, da die mit 230 Quadratmeter relativ kleine Grabungsfläche noch durch zwei weitere spätmittelalterliche Gebäude tief gestört war.
Die freigelegten Fundamente stammen aus der Hospitalzeit der Pfalz, als gegen Ende des 12. Jahrhunderts das Gebäude zum ‚Hohen Hospital' umgewidmet wurde. Um 1200 wurde ein kleines rechteckiges Gebäude mit 0,9 m dicken Mörtelmauern angesetzt, mit einer lichten Weite von 5,4 × 3,5 m und zwei kleinen Erdkellern im Innern. Ebenfalls eine ausgezeichnete Steinmetzarbeit zeigte eine 1,2 m breite Mauer, die 5 m südlich des ersten Anbaus die Nordseite eines zweiten Gebäudes bildete. Es handelt sich um die Vincentius-Kapelle, in deren Innern sich mehrere Estriche und Laufniveaus nachweisen ließen. Eine Herdstelle, die zur ersten Phase gehörte, sowie Ofenkacheln des 13. Jahrhunderts, die von einem späteren, höheren Fußboden aus vergraben wurden, belegen, daß das Gebäude zunächst profan und am Beginn des 14. Jahrhunderts als Kapelle (1319–1698) genutzt wurde. Beide Anbauten wurden wie das ‚Hohe Hospital' erst zu Beginn des 19. Jahrhunderts abgerissen.
Die Neugestaltung des Soester Marktes sowie angrenzender Straßen führte 1992/1993 zu verschiedenen Grabungen. Bereits 1144 wurde das Soester Marktrecht nach Medebach übertragen. Dies zeigt, wie früh sich Kaufleute und Handwerker im Schatten der fast ausschließlich klerikal genutzten Befestigung angesiedelt haben. Heute stellt sich der Markt als platzartige Erweiterung der Marktstraße dar. Die Ausgrabungen belegten, daß diese Aufweitung eine neuzeitliche Erscheinung ist, ursprünglich war nur eine Straße vorhanden, an der man schnell Gebäude errichtete. Von dieser ‚Marktstraße' konnten verschiedene Pflasterungen nachgewiesen werden. Das älteste Pflaster fand sich direkt auf dem Löß in ca. 1,3 m Tiefe und bestand aus einer einplanierten Schotterschicht. Besonders gut war ein Pflaster der Zeit um 1300 aus horizontal verlegten Kalksandsteinplatten in 1 m Tiefe erhalten. Es wurde überlagert durch einen 0,2 m dicken Laufhorizont mit Abfällen aller Art. Neben Speiseabfällen, Dung, Ästen und Blättern sowie Keramikbruchstücken des 14./15. Jahrhunderts fanden sich auch zahlreiche Funde, die auf Handel und Handwerk hinweisen. Große Mengen Schuhmacherabfälle waren genauso auf die Straße geworfen worden wie die Reste von Knochenschnitzereien. Der spätmittelalterliche Marktbetrieb ließ offenbar allmählich das Pflaster unter einer Abfallschicht versinken, so daß man wohl noch im 16. Jahrhundert darüber eine neue Pflasterung aus hochkant gestellten Steinen anlegen mußte.
Weiterhin konnte der Grundriß des Stalgadums, eines 58 × 8 m großen Gebäudes erforscht werden, das 1665 erbaut und 1878 abgerissen worden ist. Am Südrand des Marktes gelegen, waren dort nach Aussage der historischen Quellen Werkstätten, Versammlungsräume von Handwerkern, die Wache und die

auf dem Markt notwendigen Gewichte und Maße untergebracht. Unter anderem konnten eine Treppe und der dazugehörige Keller freigelegt werden, unter dessen Sohle überraschenderweise ein älterer, bereits im 13. Jahrhundert verfüllter Keller aufgedeckt wurde, der wohl zu einem hochmittelalterlichen Vorgänger des Stalgadums gehörte. Der Grundriß des Stalgadums ist im neuen Pflaster des Soester Marktes ebenso kenntlich gemacht worden wie der Grundriß eines achteckigen Fundamentes aus Sandsteinen mit einem Durchmesser von 3,1 m. Hierbei handelt es sich um den Unterbau des erstmals 1492 erwähnten Prangers, der im südöstlichen Bereich des Marktes stand.

Für die Erforschung der Stadtentwicklung war es notwendig, auf dem heutigen ‚Burgtheaterparkplatz', nur 100 m westlich der karolingisch-ottonischen Befestigung, vor dessen Neubebauung umfangreiche Grabungen durchzuführen. Dieses Gelände war seit mindestens 200 Jahren größtenteils unbebaut, und eine intakte Stratigraphie konnte erwartet werden. Die insgesamt drei Grabungskampagnen zwischen der Höggenstraße und der Rosenstraße, zwei nördlichen Parallelstraßen der Jakobistraße, die seit dem Ende des 12. Jahrhunderts den Hellweg innerhalb der Stadt kanalisierten, lieferten den Nachweis einer intensiven zweiphasigen Besiedlung. Für das 10.–12. Jahrhundert ließen sich auf dem ca. 600 Quadratmeter großen Grabungsareal sechs Grubenhäuser sowie zahlreiche Pfosten von großen Ständerbauten nachweisen, ohne daß jedoch ein Grundriß rekonstruiert werden konnte. In den einfach konstruierten Grubenhäusern fanden sich Reste von Buntmetall- und Bleiverarbeitung.

Um 1200 kam es dann offenbar zu einer systematischen Einplanierung der gesamten Bebauung. Giebelständig zur heute unbedeutenden Rosenstraße wurden drei große Gebäude errichtet, von denen das westliche ein massives Steinhaus war. Während die östliche, 17 m lange Längsseite des Gebäudes mit ihrem 1,4 m dickem Fundament ergraben werden konnte, ließen sich die Schmalseiten nur auf einer Länge von max. 6 m verfolgen. Gegen Ende des 16. Jahrhunderts wurde das Gebäude noch einmal um 3 m nach Süden verlängert, mit neuem Sandsteinplattenfußboden ausgestattet, und auch das Innere wurde repräsentativ mit Stuck ausgekleidet. Die beiden Nachbarparzellen waren mit ebenso großen Fachwerkhäusern bebaut. Von diesen ließen sich nur

Soest. Burgtheaterparkplatz. Gefäße und Geweihhacke aus dem Michelsberger Erdwerk. Um 3800 v. Chr.

große, bis zu 2,5 m tiefe Erdkeller nachweisen, die jedoch die Ausmaße der Bauten erahnen lassen. Bei allen drei Gebäuden fanden sich südlich angrenzend im Hinterhofbereich zahlreiche Abfallgruben und Kloaken. Zum Steinhaus gehörte eine mit Trockenmauerwerk ausgekleidete, 3 m tiefe Latrine. Alle Gruben enthielten zahlloses Fundmaterial des 14.–17. Jahrhunderts. Der Abriß der Häuser erfolgte nach Aussage der keramischen Funde zu Beginn des 18. Jahrhunderts – eine Datierung, die um so wichtiger ist, da sich die Gebäude und ihre Bewohner bisher nicht archivalisch erschließen lassen. Besonders für das Steinhaus, möglicherweise ein Adelssitz, wird die Auswertung der Ausgrabung wichtige Ergebnisse liefern.

Als große Überraschung fanden sich im Ostteil der Grabungsfläche jungsteinzeitliche Siedlungsreste. Auf einer Länge von 27 m konnte ein Erdwerk der Michelsberger Kultur verfolgt werden. Ein Graben verlief in Nordwest-Südost-Richtung und fand dort einen abgerundeten Abschluß. Es handelt sich um einen Sohlgraben von ca. 7 m Breite, dessen 5 m breite Sohle ungefähr 2 m unter der heutigen Oberfläche liegt. Etwas oberhalb der Grabensohle fand sich in einer 10–20 cm dicken Fundschicht zahlreiches Fundmaterial der Michelsberger Kultur. Es konnten sehr viel Keramik, aber auch Feuersteingeräte, Speiseabfälle in Form von Tierknochen, Bruchstücke von Reibplatten und Holzkohle geborgen werden. Alle typischen Gefäßformen der vollentwickelten bis späten Michelsberger Kultur sind vertreten. Große Vorratsgefäße finden sich genauso häufig wie die bekannten Tulpenbecher, Backteller und Ösenflaschen.

Bisher waren aus dem Soester Altstadtgebiet keine Michelsberger Funde bekannt, lediglich ein älterer bandkeramischer Grubenkomplex von der Nikolai-Kapelle. Die Grabung zeigte, daß das Michelsberger Erdwerk nicht die erste Anlage ihrer Art war, denn der Graben schnitt bereits in die Füllung eines östlich liegenden, nahezu parallelen Grabens ein. Es handelt sich ebenfalls um einen Sohlgraben, der jedoch wesentlich kleiner ist als der jüngere Graben II. Auf seiner 0,4 m höher liegenden, ca. 2 m breiten Sohle lagen keine datierenden Funde, dafür aber enthielt die Füllung viel Holzkohle, was auf genaue ^{14}C-Daten hoffen läßt. Diese naturwissenschaftliche Untersuchung dauert noch genauso an wie die der botanischen Proben und der Tierknochen. Zusammen mit der Auswertung der Keramik wird der Fundplatz ‚Burgtheaterparkplatz' in Soest sicherlich zu einem Eckstein für die Erforschung der Michelsberger Kultur in ihrem nördlichen Verbreitungsgebiet werden.

Neben den angesprochenen Ausgrabungen wurden durch die Stadtarchäologie noch viele kleine Maßnahmen durchgeführt und zahlreiche Kanaltrassen betreut. Bereits jetzt, nach fünf Jahren, läßt sich sagen, daß eine Fülle von neuen Erkenntnissen zur Stadtgeschichte gewonnen werden konnte, die ohne die Stadtarchäologie verloren gegangen wären. Die Erforschung speziell des mittelalterlichen Soests entwickelt sich mittlerweile zu einem Forschungsschwerpunkt von exemplarischer Bedeutung für westfälische Städte. Wie sonst nur noch in Höxter, werden hier alle Lebensbereiche des mittelalterlichen Menschen in ihrem Wandel im Rahmen der Stadtentwicklung bis heute erfaßt.

Lit.: G. Isenberg, Salzsieder in Soest. In: Archäologie in Nordrhein-Westfalen – Geschichte im Herzen Europas. Schr. Bodendenkmalpflege NRW 1 (Köln 1990) 290–293. – Dies., Neue Erkenntnisse zur Frühgeschichte Soests. Westfalen 70, 1992, 194–210. – B. M. Wenzke, Soest – Strukturen einer ottonischen Stadt (Diss. Bonn 1990). – V. Jakob/G. Köhn, Wege zum Modell einer mittelalterlichen Stadt – Sozialtopographische Ermittlungen am Beispiel Soest. In: H. Jäger u. a. (Hrsg.), Civitatum communitas. Studien zum europäischen Städtewesen. Festschr. H. Stoob (Köln, Wien 1984) 296–308. – H. Schwarz, Soest in seinen Denkmälern I–III (Soest 1955–1957). – W. Melzer, Soester Zeitschr. 102–105, 1990–1993 (verschiedene Beiträge).

Stadtarchäologie in Duisburg

Günter Krause

1990 wurde im Begleitbuch der Ausstellung „Archäologie in Nordrhein-Westfalen – Geschichte im Herzen Europas" über die ersten zehn Jahre kontinuierlicher Stadtarchäologie in Duisburg berichtet. Die Beobachtung eines Leitungsgrabens 1980 war zur Initialzündung für eine Stadtarchäologie im Rahmen des städtischen Museums geworden. Sie erzielte schon bald durch planvolle interdisziplinäre Arbeit beachtliche wissenschaftliche Ergebnisse und gewann europaweites Ansehen. Ein großes Interesse vor Ort trug zu einem neuen Bewußtsein für die Vergangenheit bei. Die Berücksichtigung des archäologischen Kulturerbes bei städtischen Planungen und Vorhaben wurde zum Regelfall. Man wollte das neue Duisburg auf dem alten und nicht mehr an seiner Stelle aufbauen und rückte deutlich von der Praxis der Nachkriegszeit ab, die ohne Rücksicht auf Vorhandenes die autogerechte Stadt der Zukunft erstrebt hatte. Die vom 10. bis zum 12. Jahrhundert gewachsene Altstadt fiel damals diesem Denken zum Opfer.

Duisburg und Umgebung. Plan. I: Römisches Kastell Asciburgium, 1. Jahrhundert n. Chr.; II: Kleinkastell Werthausen, 2. Jahrhundert n. Chr.; A: Rheinverlauf bis 1. Jahrhundert n. Chr.; B: Rheinverlauf bis um 1200; C: Rheinverlauf nach 1200; D: heutiger Rhein; 1: Duisburg mit Burgberg (a) in den Stadtmauern vom Ende des 13. Jahrhunderts; 2/3: spätkarolingischer Töpferbezirk mit Tonlagerstätten und Tongruben.

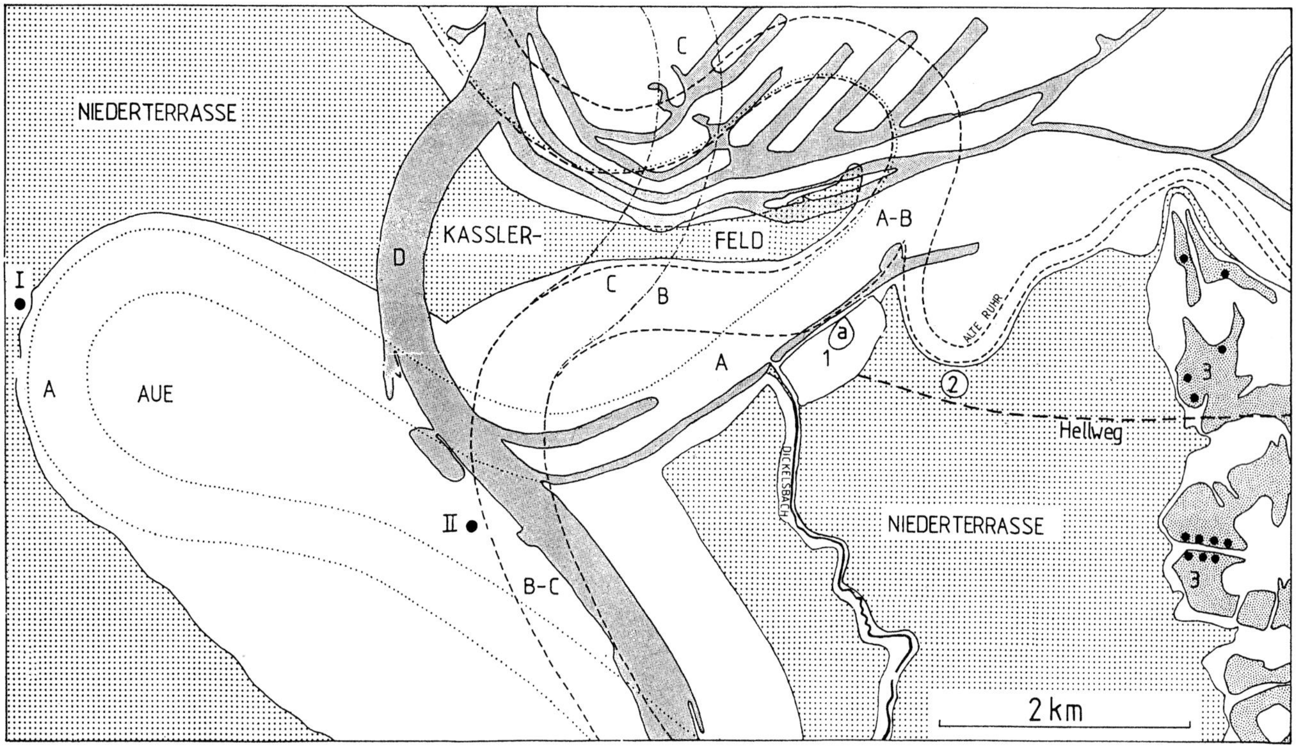

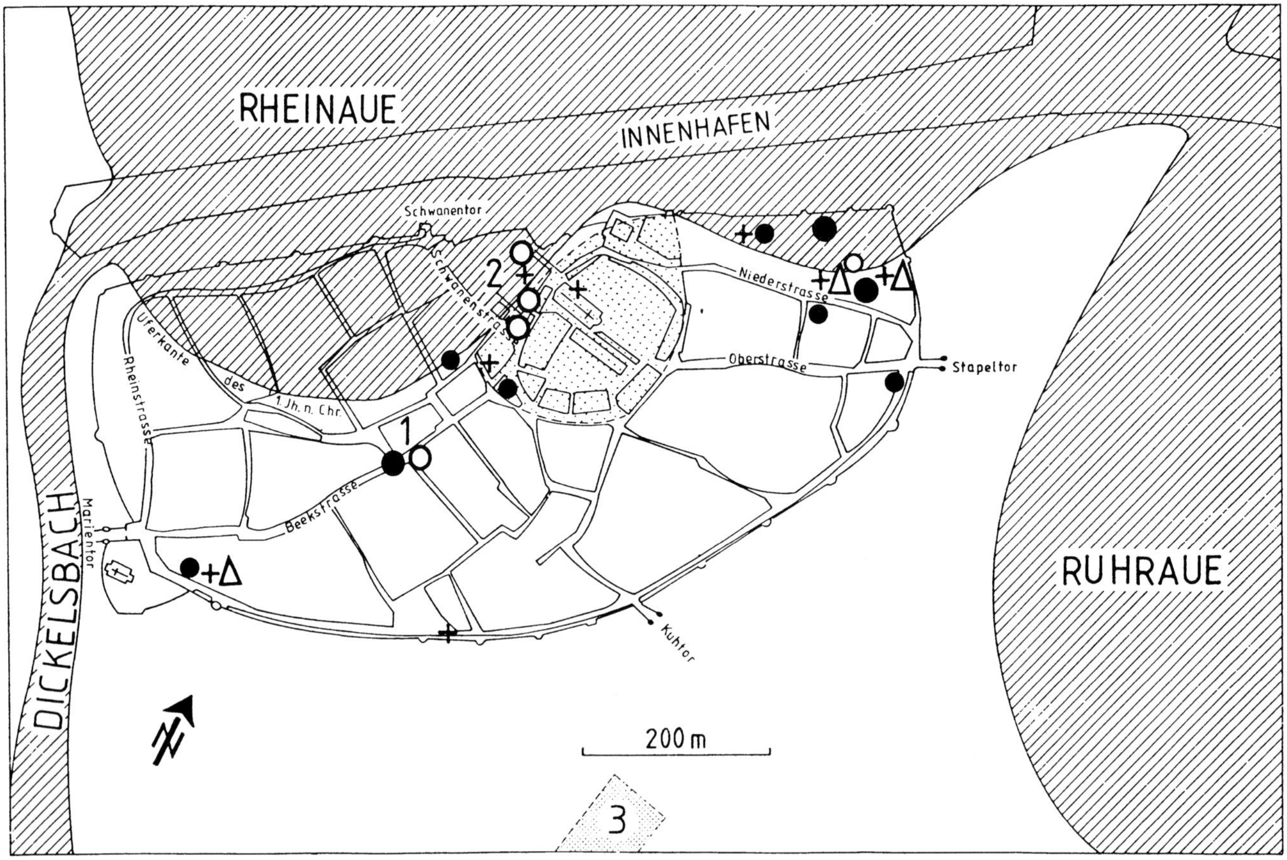

Δ eisenzeitliche Funde (4.–3. Jh. v. Chr.)
● römische Funde (1.–4. Jh. n. Chr.)
○ frühfränkische Funde (5. Jh. n. Chr.)
+ fränkische Funde (6.–8. Jh. n. Chr.)

1 Beekstraße/Universitätsstraße
2 Alter Markt
3 Fränkisches Gräberfeld (5.–8. Jh. n. Chr.)

Duisburg. Altstadt mit eisenzeitlichen, römischen und fränkischen Fundstellen.

Archäologische Arbeit hat in Duisburg eine fast 150jährige Tradition. Umfangreiche Sammlungen und das städtische Museum, seit den zwanziger Jahren von Archäologen betreut, sind die direkte Konsequenz. Nur so konnte sich eine Stadtarchäologie herausbilden und weit über die Stadt hinaus immer wieder mit zahlreichen Veranstaltungen und Publikationen Möglichkeiten zur Selbstdarstellung finden. Das Jahr 1990 war ein Höhepunkt dieser Entwicklung. Im September 1990 wurde der Neubau des Museums im Rahmen des Archäologenkongresses des Nordwestdeutschen Verbandes für Altertumskunde eröffnet. Die Stadtarchäologie bildete dabei einen Schwerpunkt. Der städtische Kulturdezernent versprach im Namen der Stadt den Ausbau der Duisburger Stadtarchäologie im Museum.
Nicht ohne Grund fand das neue Museum seinen Platz an der ehemaligen Rheinfront vor der mittel-

Duisburg. Neugestalteter Bereich entlang der mittelalterlichen Stadtmauer am Innenhafen.

alterlichen Stadtmauer. Diese wird seit 1985 sorgfältig freigelegt, wissenschaftlich untersucht und restauriert. Sie gehört inzwischen wieder zu den Sehenswürdigkeiten der Altstadt. Unmittelbar südlich des Museums wurde im Dezember 1990 die ‚Archäologische Zone Alter Markt' der Öffentlichkeit übergeben. Die bedeutendste Ausgrabungsstätte mit Funden seit der Antike ist damit in ein kleines Freilichtmuseum umgewandelt worden. Wichtige Zeugnisse der Duisburger Geschichte sind somit an Ort und Stelle wieder zugänglich. Das hohe öffentliche Ansehen der Stadtarchäologie in Duisburg zeigt die Verleihung des Duisburger Bürgerehrenwappens der Bürgervereine im Oktober 1990 an den Verfasser für seine langjährige archäologische Arbeit. Es ist auch ein Dank der Bürgerschaft an alle freiwilligen Helfer, in- und ausländische Mitarbeiter, Forschungseinrichtungen und Förderer.

Duisburg. Stadtzentrum mit Salvatorkirche, Rathaus und archäologischer Zone Alter Markt, 1991.

Wichtige Ergebnisse der Stadtarchäologie in Duisburg

Seit 1980 werden Bodenaufschlüsse in der Duisburger Altstadt gezielt beobachtet und untersucht, Quellen und Berichte zu archäologischen Fundstellen ausgewertet, desgleichen geologische Aufschlüsse. So gelang es, den Besiedlungsverlauf in seinen naturräumlichen Voraussetzungen zu erfassen und wie in einem großen Puzzle zusammenzusetzen. Bis heute konnten viele Teile hinzugefügt werden, so daß die früheste Geschichte Duisburgs neu geschrieben werden muß.

Grundlage der Entwicklung war die günstige Lage am Rhein zwischen Dickelsbach und Ruhr, an wichtigen Verkehrsverbindungen und Flußübergängen. Rheinverlagerungen waren wiederholt schicksalhaft. Drei Meter mächtige Sedimente eines im 1. Jahrhundert n. Chr. verlandeten Rheinlaufes am Alten Markt unter dem karolingischen Duisburg machten mit Spuren menschlicher Anwesenheit klar, daß der Ort bis in diese Zeit zurückreichen mußte und lange vor der ersten historischen Erwähnung, dem Wikingerüberfall von 883/884, bestand. Die frühe Besiedlung konnte mit diesem Wissen in den letzten Jahren unschwer oberhalb dieses Rheinlaufes gefunden werden. Sie reicht mindestens bis in das 1. Jahrhundert n. Chr. zurück. Eisenzeitliche Siedlungsfunde des 4./3. Jahrhunderts v. Chr. bilden vielleicht den Anfang einer weiter zurückreichenden Besiedlung. Gesichert sind römische Steingebäude auf dem späteren Burgplatz am alten Rheinufer. Ihre Abbruchreste fanden sich am Rande zum Alten Markt. Dort mag schon damals ein kleines Kastell zur Sicherung des Rheinübergangs und der Ruhrmündung gestanden haben. Es kann namengebend für die ‚Duisburg' gewesen und Keimzelle des hier vermuteten fränkischen und des gesicherten karolingischen Königshofes sein, aus dem im 10. Jahrhundert eine Königspfalz wurde. An ihrer Stelle steht heute das Rathaus. Am Ende des 9. Jahrhunderts nahm Duisburg schon den ganzen Rheinuferstreifen ein. Das Ufer diente als Schiffslände, wie zahlreiche Kalfatklammern und Niete von Schiffsplanken zeigen. Das Wirtschaftsleben und das Kaufleuteviertel waren damals auf den Rhein ausgerichtet. Im 12./13. Jahrhundert wurden in Ufernähe feste Lagerhallen erbaut. Ihre Reste konnten im Winter 1989/1990 freigelegt werden. Im Laufe des 14. Jahrhunderts trocknete die letzte Verbindung zum Rheinstrom aus, der im 12. Jahrhundert ein anderes Bett genommen hatte. Wälle und Gräben wurden vor der alten Hafenfront der Stadtmauer errichtet. Das Kaufleuteviertel verödete und wurde zu Gartenland.

Erst kürzlich konnte die urkundlich überlieferte Stadtmauer der Zeit um 1120 identifiziert werden. Sie ist teilweise noch in voller Höhe erhalten. Inzwischen weiß man, daß sie nicht die älteste Befestigung ist und einen im Boden verschwundenen Wall aus der Zeit um 1000 verstärkt. Zu ihm gehört ein Befestigungsgraben. Diese Umwallung hat schon damals den ganzen Bereich der späteren Altstadt umschlossen. Sie zeigt die frühe Bedeutung des Pfalzortes Duisburg.

Duisburg. Stadtzentrum mit Salvatorkirche, Marktplatz und Markthalle (N) auf dem Stadtplan von 1566.

Lit.: G. Krause (Hrsg.), Stadtarchäologie in Duisburg 1980–1990. Duisburger Forsch. 38, 1992. – Ders. u. a., Germania 72, 1994, 529–579. – Eine ganze Stadt steht Schlange – Duisburgs neue Seiten. Stadt Duisburg, der Oberstadtdirektor. Informationsschr. Juni 1994.

Archäologie im Herzen der Essener Innenstadt

Detlev Hopp

Seit dem Ende der achtziger Jahre veränderte sich das Gesicht der Stadt Essen rasant: Hochhäuser entstanden, Plätze wurden umgestaltet, Straßenzüge mit neuem Pflaster versehen. Seit Anfang 1992 werden diese Arbeiten in Zusammenarbeit mit der Unteren Denkmalbehörde, dem Tiefbauamt und dem Ruhrlandmuseum Essen archäologisch begleitet. Bei zahlreichen Baumaßnahmen konnten so nicht nur in der Essener Innenstadt – dort jedoch mit einem besonderen Schwerpunkt – Spuren der Vergangenheit dokumentiert werden. Unter den vielen Fundstellen, die im Laufe der letzten Jahre betreut wurden, weisen im Essener Zentrum vor allem die bei drei Maßnahmen freigelegten Überreste auf die Anfänge der Stadt: im Kreuzgang des Münsters, in der Kettwiger Straße – der wichtigsten Einkaufsstraße von Essen – und vor der Marktkirche.

Das Essener Münster

Im Februar 1992 wurden im Kreuzgang neben dem Münster acht Gräber für den Kapitelsfriedhof neu angelegt. Erst eine Woche nach Beginn dieser Arbeiten wurden die Mitarbeiter des Ruhrlandmuseums Essen auf diese Arbeiten aufmerksam gemacht. Zu diesem Zeitpunkt war bereits eine Hälfte der nur ca. 7 × 7 m messenden Fläche ausgeschachtet. Immerhin konnten bei den sich anschließenden dreiwöchigen Bergungen selbst in dieser Hälfte mehrere Pfostenstandspuren und Gruben aufgenommen werden. Datierende Funde wurden allerdings nicht gemacht. In der anderen Hälfte waren ebenfalls bereits die über 1 m mächtige Schicht aus Kriegsschutt und erhebliche Teile einer neuzeitlichen Grube abgetragen. Im Kriegsschutt fanden sich neben neuzeitlicher Keramik und anderen Funden auch zahlreiche Architekturreste. Bei ihnen handelt es sich zumeist um Fragmente des im Zweiten Weltkrieg stark beschädigten Kreuzganges. Zwei Laufhorizonte konnten freigelegt werden, die schon in den Profilen als dünne ‚Bänder' aus Sandsteinen und Schieferplatten zu erkennen waren. Die Datierung der beiden Laufhorizonte bereitet einige Schwierigkeiten, da nur sehr kleine und zum Teil auch schwer datierbare Funde geborgen wurden. Zudem war der Boden durch Wurzelwerk und Tiergänge stark durchwühlt. Allem Anschein nach stammen die meisten Funde, die über der älteren Schüttung aus Sandsteinen und Schieferstücken lagen, aus dem 13./14. Jahrhundert. Darunter konnte ein Pflaster, das sich fast auf der gesamten Fläche nachweisen ließ und aus dicht gesetzten, größeren und kleineren Sandsteinen bestand, ausgegraben werden. Die Funde, vor allem Gefäßscherben Badorfer und Pingsdorfer Art, die auf ihm lagen, gehören in den Zeitraum zwischen dem 9. und 11. Jahrhundert. Auch einige vorkarolingische Scherben lagen auf diesem Pflaster, andere wurden knapp darunter gefunden. Sie gehören wohl zu Schichten, die bei der Anlage des Pflasters weitgehend zerstört wurden. Wesentlich älter sind Befunde, die nach Abtrag dieser Schichten zum Vorschein kamen: mehrere Pfostenstandspuren, möglicherweise die Reste eines Gebäudes oder Zaunes und verschiedene Gruben. Sie lassen sich nur schwer datieren. Einige unscheinbare Scherben handgemachter, quarzgrusgemagerter Keramik, Bronzepartikel und einige Feuersteintrümmer deuten aber an, daß diese Befunde vorgeschichtlich – metallzeitlich – sind.

Noch im Herbst 1992 wurden im Bereich zwischen dem Essener Münster und der I. Dellbrügge Spuren eines dicht belegten Gräberfeldes angeschnitten. In zwei parallelen Gräben – der eine war für einen Abwasserkanal angelegt worden, der andere für Versorgungsleitungen – konnten bis zum Frühjahr 1993 auf einer Länge von ca. 30 m etwa 60 Bestattungen nachgewiesen werden. Die Gräber waren in den gewachsenen Boden eingetieft. In der Regel lagen die Bestatteten mit dem Kopf im Westen. Ältere Gräber sind häufig durch jüngere gestört: Bis zu vier Grabgruben überlagern einander. Die Ausstattung der Gräber beschränkte sich meist auf einen genagelten Holzsarg.

In einigen Särgen fand sich im Kopfbereich eine größere Platte aus Sandstein. Einen sicheren Hinweis auf Beigaben lieferte das durch eine jüngere Grablege gestörte Grab 42B: Die Reste der älteren Bestattung, einschließlich einer merowingischen Bronzeperle, waren sehr sorgfältig neben dem neu eingebrachten Sarg niedergelegt. Einige Tierknochen und Scherben Pingsdorfer Art, die sich vereinzelt in den Grabgruben fanden, gerieten wohl eher zufällig hinein. Die Scherben lassen den Schluß zu, daß sich die Belegungszeit des Friedhofes etwa bis in das 11./12. Jahrhundert erstreckte. Die obersten Gräber wurden von einem Pflaster aus groben Kieseln gekappt. In das Pflaster haben sich Wagen- und Karrenspuren gedrückt. Auf dem Pflaster selbst und in den Spuren fanden sich Scherben, darunter auch solche Siegburger Art (ca. 13./14. Jahrhundert). Die Anlage der Straße ging demnach mit einer umfangreichen Geländeabtragung einher. Auch später wurde immer wieder Material abgetragen, weshalb jüngere Schichtenpakete – und damit auch jüngere Funde – weitgehend fehlen. Über einen Graben und einige Pfosten, die das Gräberfeld möglicherweise begrenzten, reichten die Bestattungen nicht hinaus.

Kettwiger Straße

Etwa auf der Höhe der Nordmauer des heutigen Geschäftshauses ‚Steffensmeier' wurde eine aus Ruhrsandsteinen gesetzte Mauer gefunden. Sandiger, grauer Mörtel wurde bei dem Aufbau verwandt. Sie war noch auf ca. 60–70 cm Breite erhalten, allerdings zu einem erheblichen Teil bereits ausgebrochen. In der (Ausbruch-?)Grube, unmittelbar südlich vor der Mauer fanden sich einige Scherben Pingsdorfer Art, ein möglicher Hinweis auf das hohe Alter der Mauer. Weiter südlich kam ein Pfostenloch zutage, aus ihm stammt eine Scherbe Badorfer Art. Zudem konnten noch mehrere große Abfall- und Materialentnahmegruben des 11.–13. Jahrhunderts ergraben werden. Aus einer von ihnen stammten neben Keramik und zahlreichen Speiseabfällen auch zwei Knochen- oder Geweihkämme. Schließlich konnten die Fundamente der Gräflichen Rittberg'schen Kurie, die im frühen 17. Jahrhundert errichtet wurde und sich ungefähr auf der Höhe der heutigen „Lichtburg" befand, freigelegt werden.

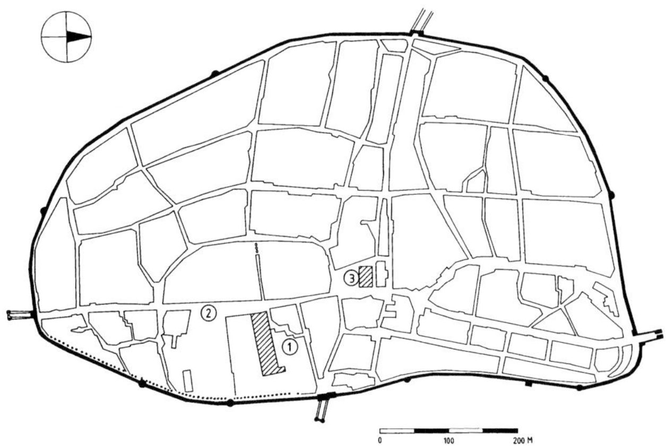

Essen. Umgezeichnete Planaufnahme nach E. Honigmann (1803/06). 1: Kreuzgang des Essener Münsters; 2: Kettwiger Straße; 3: Gräberfeld vor der Marktkirche.

Marktkirche

Im Juni und Juli 1993 führte man östlich und südlich der Marktkirche Vorarbeiten für eine Neupflasterung durch. Dazu wurden unter archäologischer Begleitung das alte Pflaster und darunter liegendes Material bis auf eine Tiefe von etwa 80 cm abgetragen. Obwohl Kanalgräben im Umfeld der Marktkirche zeigten, daß der Untergrund oft tiefgründig gestört war, ließ sich dennoch nicht ausschließen, daß Siedlungs- oder Grabreste in der Nähe der Kirche erhalten geblieben sein konnten. Südlich der Marktkirche wurden die Reste von etwa 25 Gräbern sowie zahlreiche verstreute Bestattungsreste dokumentiert und geborgen. Die ersten Gräber wurden bereits in einer Tiefe von nur 50 cm unter dem Pflaster entdeckt. Sämtliche Gräber sind durch Bodeneingriffe gestört, keine der von West nach Ost orientierten Bestattungen konnte vollständig erfaßt werden. Die Gräber, von denen nur die unteren erhalten blieben, waren in den gewachsenen Boden eingetieft. Jüngere Bestattungen wurden wahrscheinlich im Mittelalter oder in der Neuzeit ‚gekappt': So führte z. B. die alte Straßenbahntrasse über das Gräberfeld hinweg. Vermoderte Holzspuren, die sich bei allen Gräbern fanden, deuten auf Holzsärge, die – wie die Funde einiger eiser-

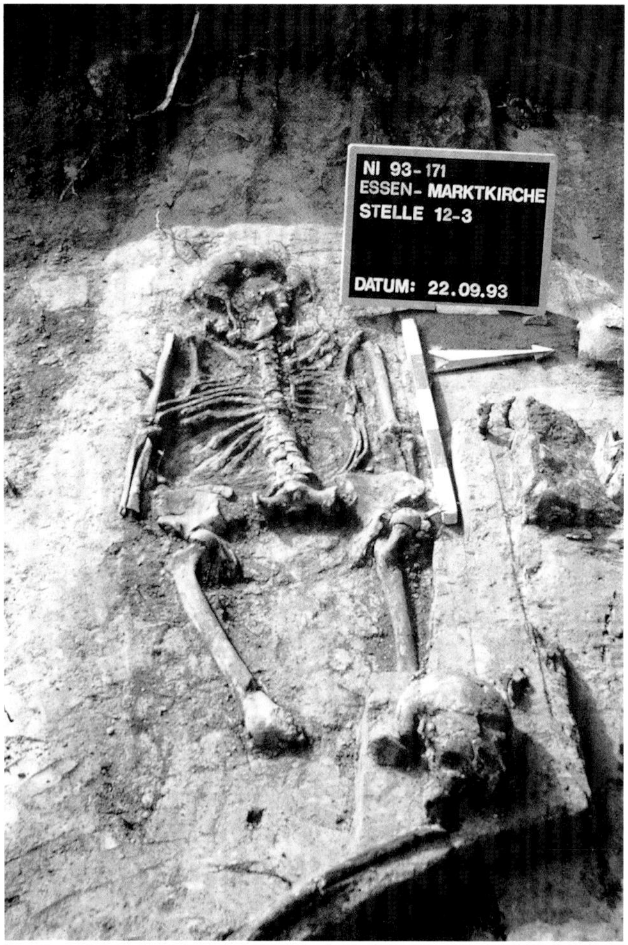

Essen. Freigelegte Bestattungen des 11.–13. Jahrhunderts im Bereich des Gräberfeldes vor der Marktkirche.

ner Nägel andeuten – teilweise aus zusammengenagelten Holzbrettern bestanden. Sichere Spuren von Baumsärgen fanden sich nicht. In einigen Grabgruben kam etwas Keramik ans Tageslicht, darunter Scherben Pingsdorfer Art. Die Lage der Bestattungen zueinander läßt auf mindestens vier Bestattungsphasen schließen.

Eine Siedlungsgrube schneidet eines der Gräber und gibt somit einen weiteren Hinweis zur Datierung. In ihr fanden sich neben zahlreichen Eisennägeln, mehreren kleinen Bronzenadeln, den Resten eines Gürtelhakens (?) und einer Glasperle auch Reste von Gefäßen Pingsdorfer und Siegburger Art. Die meisten Funde datieren etwa bis in das 13. Jahrhundert. Das gestörte Grab muß demnach älter sein. Die Durchsicht der weiteren Funde legt nahe, daß auch die meisten anderen Gräber mittelalterlich sind, deren älteste wohl in das 11. Jahrhundert gehören.

Bei weiteren begrenzten Ausgrabungen im September 1993 wurden in einer Fläche südlich der Marktkirche und im Westen, im Bereich des ehemaligen dritten Joches der Kirche (das später wieder errichtet werden soll) neben Fundamentresten auch zahlreiche Gräber freigelegt. Die jüngsten Bestattungen in der Kirche könnten, so legen es die Untersuchungen nahe, im 18. Jahrhundert niedergelegt worden sein.

Lit.: E. Kahrs, Aus Essens Vor- und Frühgeschichte (Essen 1949). – D. Hopp, Die Ausgrabungen im Kreuzgang des Essener Münsters. In: Essen gräbt. Archäologie 1992. Ausstellungskat. (Essen 1992) 22 ff.

Archäologie vor den Toren – Bodendenkmalpflege in Jülich 1989–1994

Marcell Perse

Zwei Epochen haben das Bild des heutigen Jülich entscheidend geprägt: Römerzeit und Renaissance sind entsprechend auch die Schwerpunkte in der Arbeit und Präsentation des Stadtgeschichtlichen Museums Jülich, das seit 1985 in konstruktiver und erfolgreicher Zusammenarbeit mit dem Rheinischen Amt für Bodendenkmalpflege/Außenstelle Zülpich (jetzt Nideggen) auch die Stadtarchäologie gestaltet. Das römische *Iuliacum*, das an dem Rurübergang der Fernstraße von Köln nach Gallien um Christi Geburt gegründet worden war, liegt unter dem heutigen Stadtzentrum von Jülich. Das Straßenbild der modernen Innenstadt geht jedoch auf den Ausbau Jülichs zur Residenzstadt nach dem Brand von 1547 zurück: Die Idealstadtplanung des italienischen Architekten Alessandro Pasqualini im Auftrag Herzog Wilhelms V. zeigt sich am markantesten im Landesdenkmal „Schloßfestung Zitadelle Jülich". Die zugehörige Stadtbefestigung, ebenfalls im neuitalienischen Bastionärsystem errichtet, und die später angelegten Vorwerke sind nach der Schleifung der Festung ab 1860 bis auf Baureste von zwei Bastionen und einem Mauerstück mit Teilen des Rurtores nur noch als Bodendenkmäler und z. T. als Grüngürtel „Promenade" erhalten. Die Festungsmauern des 16. Jahrhunderts umschließen die konzentrischen Entwicklungsbereiche des spätantiken Kastells und der mittelalterlichen Stadt. Die zivile Straßensiedlung *Iuliacum* des 1.–3. Jahrhunderts n. Chr. ist mit ihrer länglichen Ausdehnung jedoch nur teilweise durch diese Grenzziehung erfaßt.

Der „Archäologie vor den Toren" der Stadtfestung kommt auch dadurch besondere Bedeutung zu, daß der dort lokalisierte Ostrand der römischen Siedlung erst seit 1860 durch das „Neue Viertel" überbaut wurde. Archäologische Begleituntersuchungen von Kanalsanierungsmaßnahmen vor den Festungsgräben der Ostfront in den Jahren 1989, 1992 und 1993 ermöglichten eine weiträumige Prospektion. Am heutigen Westende der Römerstraße, die an dieser Stelle im 16. Jahrhundert durch den Zitadellengraben zerstört wurde, konnte 1989 im Kanalschnitt Kurfürstenstraße der Südrand der römischen Kiesstraßentrasse ermittelt werden. Von einem an der Straße gelegenen langschmalen Haus wurde ein Steinkeller dokumentiert. Der in dem 2,50 × 2,60 m messenden Kellerinnenraum verstürzte Brandschutt läßt ein Schadensfeuer am Anfang des 3. Jahrhunderts n. Chr. erschließen, dem der zugehörige Fachwerkbau zum Opfer fiel. Bereits 1971 entdeckte man auf einem benachbarten Grundstück verziegelte Fragmente von rollstempelverziertem Staklehm. Eine mögliche Rekonstruktion des Wandaufbaues wird seit 1992 im Stadtgeschichtlichen Museum Jülich in Originalgröße gezeigt. Im Hinterhofbereich des Streifenhauses wurde 1989 ein zeitlich zugehöriger, dicht mit Keramik und Tierknochen belegter Abfallstreifen untersucht. Wichtigste Ergebnisse der Fundauswertung waren der Nachweis einer Leimsiederei durch Bearbeitungsspuren der Rinderknochen und der Hinweis auf Glasverarbeitung durch das Fragment eines benutzten Glasschmelztiegels. Ein Graben von 70 cm Breite und 120 cm Tiefe wurde sowohl 1989 als auch in der 1993 neben dem ersten Kanalschnitt angelegten Trasse angetroffen. Er paßt in seiner Ausrichtung nicht in das sonstige Bild der römischen Befunde. Die aus der eingeschwemmten Verfüllung des Grabens geborgene tiberische Keramik wirft die Frage nach Jülichs Frühphase auf. Vereinzelte Streufunde aus der näheren Umgebung können dem Befund an die Seite gestellt werden. Etwa 30 m von dem Graben entfernt ist seit 1950 ein frührömischer Töpferofen bekannt, der 1992 beim Umbau des Hauses erneut untersucht werden konnte. Besonders auffällig sind Dolienbruchstücke mit einer Magerung aus flämischem Muschelkalk, die aus der Ofenverfüllung stammen.

Der Siedlungsbereich des 2./3. Jahrhunderts n. Chr. wurde durch ein kleines Gräbchen begrenzt, das 1993 zweimal in den parallelen Kanalschnitten der Kölnstraße aufgefunden werden konnte. Die nur ca. 45 cm tiefe Spur war an der flach gerundeten Sohle etwa 50 cm breit und weitete sich nach oben auf etwa 1 m

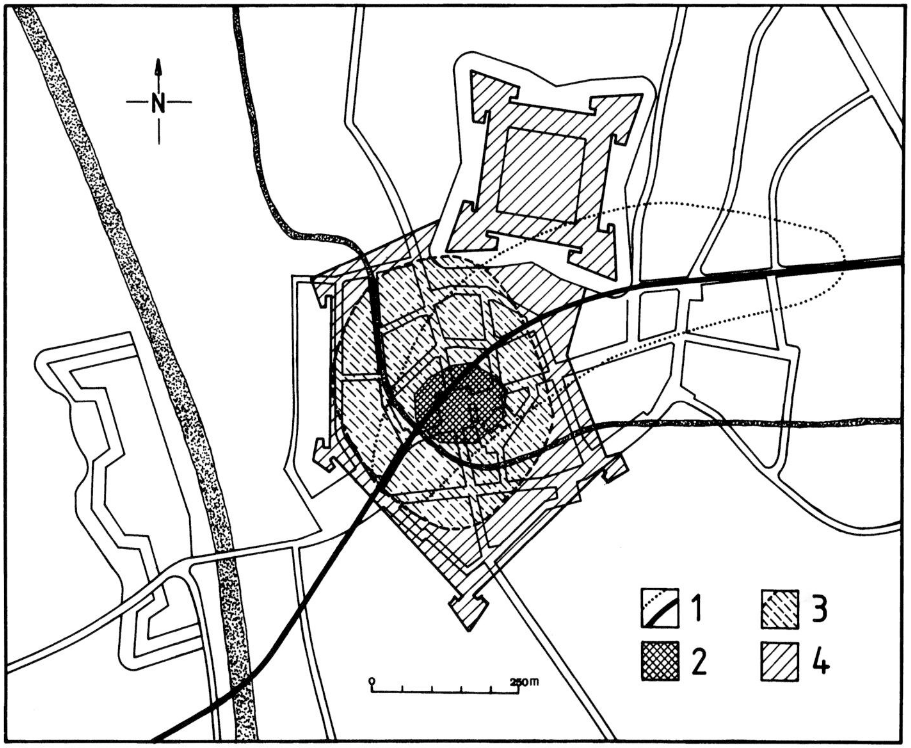

Jülich/Kreis Düren. 1: Römische Straßensiedlung, 1.–3. Jahrhundert n. Chr.; 2: spätantikes Kastell, 4.–13. Jahrhundert; 3: mittelalterlicher Mauerring, 14.–16. Jahrhundert; 4: Renaissancefestung, 16.–19. Jahrhundert.

Breite. Einzelne Streufunde aus Baustellenbeobachtungen in der östlichen Kölnstraße reichen zwar über die von dem Gräbchen vorgezeichnete Flucht hinaus, durch die kontinuierliche Beobachtung im Verlauf der Kanalschnitte konnte jedoch der Nachweis geführt werden, daß es sich bei der Eingrabung tatsächlich um eine römische Begrenzungsmarkierung handelte. Bis zum Rand des Töpferbezirkes im Bereich der Wilhelmstraße erstreckte sich ein rund 140 m breiter, weitgehend fundleerer Bereich. Ein Grundstücksgrenzgraben ähnlicher Größe wurde 1986/1987 beim Bau der Tiefgarage Schloßstraße im Esplanadenbereich der Zitadelle festgestellt. Jedoch lief hier die Flucht des Grabens annähernd parallel zum rekonstruierten Verlauf der ca. 120 m entfernten römischen Hauptstraße. Dagegen bezieht sich das in der Kölnstraße aufgedeckte Gräbchen in seiner Ausrichtung weder auf die Römerstraße noch auf die Fluchten des frührömischen Grabens oder die Kiesfundamente unbekannter Zeitstellung.

Die Festlegung solcher Siedlungsränder hilft, Stück um Stück die Flächenausdehnung des *vicus* zu konkretisieren: Auf der Basis einer Ausdehnung von etwa 15 Hektar könnte man für das römische *Iuliacum* zur Zeit seiner größten Ausdehnung etwa 1200–1500 Einwohner annehmen – eine im Vergleich mit der damaligen Provinzhauptstadt Köln mit ihren ca. 20 000 Einwohnern zwar nur geringe Zahl, aber für ein Zentrum des Hinterlandes, sozusagen für einen zentralen Ort zweiter Ordnung, eine doch nicht unbedeutende Größe. Beispielsweise ergaben noch die französischen Volkszählungen von 1799 und 1812 mit 2126 bzw. 2796 nur eine etwa doppelt so hohe Einwohnerzahl, wie sie hier zur römischen Zeit vermutet wird. In der Siedlung „Aus dem Wind" lag im 2. Jahrhundert n. Chr. ein Töpfereibezirk, wo einfaches Gebrauchsgeschirr wie Kochtöpfe, Reibschüsseln und

◁ *Jülich/Kreis Düren. Luftbild von Südwesten mit Römerstraße, Schloßfestung Zitadelle und Kernstadt bis zum mittelalterlichen Rurtor ‚Hexenturm'.*

Jülich/Kreis Düren. Archäologische Untersuchungen in einem Kanalschacht an der Kurfürstenstraße.

Tonflaschen mit einem oder zwei Henkeln produziert wurden. Ein Ofen wurde bereits 1812 bei der Anlage eines Vorwerkes der damals französischen Festung Juliers angeschnitten. Eine ebenfalls beim Aushub des Grabens aufgedeckte römische Grabkammer zeigt, daß sich in diesem Bereich Siedlungsareale und Friedhöfe verschiedener Phasen überlappen. Bei der Kanalsanierung der Wilhelmstraße konnte 1992 beiderseits des verfüllten Grabens der Lünette von 1812 die Fundstreuung des römischen Töpfereibezirkes festgestellt werden. Dabei kam ein im Profil des ehemaligen Befestigungsgrabens verbliebener Ofenrest zutage, aus einer Brennraumhälfte konnten ebenso wie vor genau 100 Jahren noch mehrere komplette Tonflaschen (vor allem ‚Einhenkelkrüge' Typ Gose 372) geborgen werden.
Diese Auswertungsansätze zeigen, daß sich gerade für die Beurteilung des östlichen Randes des *vicus* trotz relativer Fundstellendichte infolge von Kriegszerstörung und Wiederaufbau das Fehlen von Flächengrabungen schmerzlich bemerkbar macht. Nachdem die großen Kanalsanierungsmaßnahmen im Kernstadtbereich zunächst einmal abgeschlossen sind, wird sich der Arbeitsschwerpunkt der Jülicher Stadtarchäologie sicherlich verlagern. Die Klärung der historischen Topographie ist noch nicht abgeschlossen, aber es bleibt zu hoffen, daß durch die Vernetzung vorhandener Untersuchungen schon jetzt auch weiterreichende Fragen möglich werden.

Lit.: P. J. THOLEN, Bonner Jahrb. 175, 1975, 231 ff. – M. PERSE, Bonner Jahrb. 191, 1991, 555 f.; 578 ff. – DERS., Neue Beitr. Jülicher Gesch. 3, 1992, 175–185. – DERS. in: Jülich bunt (Jülich 1994) 5–24. – M. PERSE/B. DAUTZENBERG in: Juliers – France. Jülich in Frankreich 1794–1814. Ausstellungskat. (Jülich 1994) 71–77.

Jülich/Kreis Düren. Dokumentation eines römischen Kellers an der Kurfürstenstraße. Anfang 3. Jahrhundert n. Chr.

Stadtarchäologie in Krefeld 1990–1994

Christoph Reichmann

Auch in den fünf zurückliegenden Jahren mußte das Museum Burg Linn im Rahmen der ihm übertragenen Aufgaben zahlreiche Baumaßnahmen archäologisch begleiten. Zu den ältesten untersuchten Objekten zählte ein früheisenzeitlicher Brunnen, der bei Ausschachtungsarbeiten für eine Umschaltstation der Stadtwerke angeschnitten wurde. Von den offenbar aus einer einzigen Eiche geschnittenen Bohlen des Brunnenrohres war noch so viel erhalten, daß das Labor für Dendrochronologie der Universität Köln (B. Schmidt) eine Datierung in das ausgehende 9. Jahrhundert n. Chr. (bald nach 843) vornehmen konnte. Im Absatz der Brunnensohle ließen sich zahlreiche Pflanzen nachweisen (K. H. Knörzer, Neuss), darunter standortfremde, d. h. vermutlich durch den Menschen hierhin verbrachte Silberweiden. Im Hinblick auf die für diesen frühen Zeitraum seltene Möglichkeit einer absoluten Datierung ist es auch günstig, daß sich im Brunnen mehrere fast vollständig erhaltene Tongefäße gefunden haben.

Die meisten Untersuchungen galten jedoch nicht vorgeschichtlichen, sondern römerzeitlichen und mittelalterlichen Fundstellen. Bei der Planung eines neuen Golfplatzes im Stadtteil Traar waren z. B. die bislang bekannten Bodendenkmäler, vor allem eine größere römische Trümmerstätte, von Bodeneingriffen freigestellt worden, doch kamen im Verlauf der Bauarbeiten neue Fundplätze zum Vorschein, darunter eine Grube der älteren Bronzezeit, das zur römerzeitlichen Trümmerstätte gehörende Gräberfeld und eine Hofstelle des hohen Mittelalters. Das Gräberfeld wurde nur randlich berührt, so daß auf umfangreichere Grabungen verzichtet werden konnte.

Dagegen sollte der Hofplatz fast vollständig einer größeren Teichanlage weichen. Somit war eine großflächigere Untersuchung notwendig. Verteilt auf drei, den Zeitraum vom 10. bis zum frühen 12. Jahrhundert umfassende Bauperioden ließen sich insgesamt acht ebenerdige Gebäude freilegen. Ein größeres Haupt- und zwei bis drei kleinere Nebengebäude sowie Zäune und mindestens ein Brunnen bildeten den Kernbestand des Hofes. Die Hauptgebäude enthielten sowohl Wohn- und Arbeitsräume als auch Stallungen, wie die Funde, aber auch konstruktive Einzelheiten deutlich machten: Abflußrinnen deuteten auf das Vorhandensein von Ställen; Herdstellen und Herdkeramik belegen den Wohnbereich. Als Web-

Krefeld-Gellep. Kastell Gelduba. Stickung des nordwestlichen Zwischenturms an der Kastellmauer des 2. Jahrhunderts n. Chr.

Krefeld-Gellep. Waffenfunde des späten 3. Jahrhunderts n. Chr. aus der Nordwestecke des Kastells Gelduba.

stube dürfte eine seitlich ins Haus einbezogene, halb eingetiefte Kammer gedient haben. Die Funktion der Nebengebäude war dagegen schwerer zu erschließen. Immerhin läßt die Lage in Stallnähe eher an eine Nutzung als Winterfutterspeicher für das Vieh denken, während die Lage vor dem Wohnteil auf die Lagerung von Getreidevorräten hindeutet. Ein dritter, leicht gebauter Schuppen auf dem Hofplatz kann zur Aufbewahrung von Geräten, als Wagenremise oder ähnlich genutzt worden sein. Größere Scheunen, wie man sie später vor allem zur Zwischenlagerung ungedroschenen Getreides genutzt hat, scheint es hier allerdings – zumindest im untersuchten Bereich – nicht gegeben zu haben.
Mittelalterliche Befunde traten in den vergangenen Jahren auch an verschiedenen anderen Stellen zutage, so im Sanierungsgebiet der Linner Altstadt, an der Burg Linn oder an Haus Rath. Eine durchgehende Isolierung der Fundamente sowie die Verlegung neuer Kanalanschlüsse ermöglichten z. B. eine weitgehende Rekonstruktion des Grundrisses von Haus Rath für das 14. Jahrhundert. So hatte man den ursprünglich allein auf dem künstlich aufgeschütteten Burghügel (Motte) stehenden Steinturm des späten 12. Jahrhunderts in der Mitte des 14. Jahrhunderts um einen seitlich angefügten Palas und zwei rechteckige Flankentürme erweitert. Beide Türme stehen heute nicht mehr, sondern wurden im Zuge einer Erweiterung des Palas um 1500 niedergelegt und durch weiter vorgeschobene Rundtürme ersetzt.
Die umfamgreichsten Grabungen galten jedoch wie in den vorangehenden Jahren wieder den römischen Anlagen im Ausbaugebiet des Rheinhafens, insbesondere der Bebauung in der nordwestlichen *retentura* des Kastells *Gelduba* sowie in der nördlichen Lagervorstadt. Der bemerkenswerteste Befund aus der Frühzeit des Kastells (Ende 1./Anfang 2. Jahrhundert n. Chr.) war eine kleine Schmiede, die man nicht wie üblich in einem eigens vorgesehenen Gebäude, der *fabrica*, untergebracht hatte, sondern in einem umgebauten Mannschaftsraum an der Außenseite einer gewöhnlichen Kaserne. Allerdings scheint die Schmiede weniger der Herstellung neuer Gerätschaften als vielmehr der Reparatur älteren Gerätes gedient zu haben. Lediglich Kleinteile, wie Nägel, Krampen, Laschen und leichte Maueranker, wurden offenbar auch vor Ort gefertigt. Dies ist bereits der dritte Fund eines Sondereinbaus. Die benachbarte Kaserne enthielt einen kleinen Glasofen, in dem anscheinend farbiger Glasschmuck hergestellt wurde, eine dritte einen Reparaturbetrieb für schadhaftes Bronzegeschirr.
Interessant waren auch einige Befunde aus der Zeit der ersten Germaneneinbrüche (zweite Hälfte 3. Jahrhundert n. Chr.). So konnte an der wegen des ansteigenden Außengeländes besonders gefährdeten westlichen Kastellmauer ein bemerkenswerter Zwischenturm freigelegt werden. Zwar hatte man ihn schon während des 2. Jahrhunderts n. Chr. angebaut, doch wurde er offenbar im 3. Jahrhundert beträchtlich vergrößert und für die Aufstellung eines größeren Wurfgeschützes hergerichtet. Auf dem alten Lehmestrich im Inneren des Turmes lagen noch mehrere steinerne Geschützkugeln. Man zog die Vorderfront des ursprünglich nur 4,70 m tiefen Turmes um 2,70 m nach außen vor und verbreiterte ihn zudem beidseitig um mindestens 1 m, so daß er einen T-förmigen Grundriß erhielt. Auf diese Weise erweckte er nach außen hin einen wesentlich wuchtigeren Eindruck, erlaubte aber auch tatsächlich eine wirkungsvollere Flankierung. Erhalten waren von Turm und Mauer allerdings lediglich die unteren Teile des Fundamentes und die in Lehm gestampften Mauerstickungen aus Rollsteinen. Alles übrige hatte man zur Gewinnung neuen Baumaterials herausgebrochen, und zwar nicht erst im Mittelalter, sondern anscheinend schon im späteren 3. Jahrhundert n. Chr., wie eine unmittelbar auf der

Krefeld-Gellep. Kastell Gelduba. Freigelegte Lagerstraße (via sagularis). 2./3. Jahrhundert n. Chr.

Krefeld-Linn. Altstadt (Margaretenplatz). Spätmittelalterliche Kirchhofsmauer. 14./15. Jahrhundert.

Sohle des Ausbruchsgrabens gefundene Münze des Tetricus (270–274) nahelegt. Wahrscheinlich war das aufgehende Mauerwerk des Turmes während eines vorangegangenen Feuers stark beschädigt worden: Es fanden sich auf der benachbarten Lagerstraße noch Reste einer mit zahlreichen Bautrümmern durchsetzten kräftigen Brandschicht, die sich im übrigen auch in anderen Bereichen des Kastelles nachweisen ließ. Während die Brandschicht jedoch weiter im Inneren meist nur Baumaterialien, vor allem Dachschiefer sowie Gefäßreste, Handwerksgeräte und ähnliches, enthielt, war sie in der Umgebung des Turmes, auf der Lagerstraße und in der angrenzenden Kaserne mit zahlreichen Waffen und sonstigen Resten militärischer Ausrüstung durchsetzt. Viele der Waffen und Waffenteile zeigten deutliche Kampfspuren, wie Schlagmarken, Kerben und Verbiegungen, so daß es sich kaum um den Inhalt eines verbrannten Magazins gehandelt haben wird, sondern allem Anschein nach um die Überreste von Kampfhandlungen. Offensichtlich waren die Zerstörung so groß und der abgelagerte Brandschutt so unübersichtlich, daß man das Gelände nach den Ereignissen nur unvollständig hatte aufräumen können. Die an die Katastrophe anschließenden Instandsetzungsarbeiten scheinen nur sehr oberflächlich vorgenommen worden zu sein.

Von besonderem Interesse für eine genauere Datierung der Brandschicht und damit der Einnahme des Kastells während des späten 3. Jahrhunderts sind die im beschriebenen 10 m breiten Abschnitt aufgefundenen 45 bestimmbaren Münzen (B. Winter, Frankfurt). Bedauerlicherweise lassen sich die späten Prägungen des 3. Jahrhunderts oftmals zeitlich nicht sehr scharf einengen. Da die Masse der Münzen (31) jedoch dem bis 274 n. Chr. bestehenden gallischen Sonderreich angehört und die Zahl der ‚barbarisierten' Nachprägungen von gleichzeitigen Reichsmünzen noch sehr niedrig ist (3), läßt sich die Entstehung der Brandschicht bald nach 274 n. Chr. ansetzen. Ein Zusammenhang mit dem in den Schriftquellen überlieferten großen Frankeneinbruch von 275/276 n. Chr. liegt nahe, wenngleich einzuschränken ist, daß die Prägungen der Zeit zwischen den Jahren 275 und 299 überhaupt relativ selten sind. Aber auch in den weiter entfernt gelegenen Abschnitten wurden bislang jedenfalls im ungestörten Brandschutt keine jüngeren Münzen angetroffen.

Lit.: Chr. Reichmann, Eine mittelalterliche Hofstelle in Krefeld-Traar. Arch. Rheinland 1992 (Köln, Bonn 1993) 131–133. – Ders., Ein Brunnen der älteren vorrömischen Eisenzeit in Krefeld. Arch. Rheinland 1991 (Köln, Bonn 1992) 45–47. – Ders., Ein Gebäude aus dem 8. Jahrhundert an der Alde Kerck in Linn. Ebd. 1990 (Köln, Bonn 1991) 93–96.

Früheisenzeitliche Besiedlung in Moers

Claus Zerlach

Die Stadtarchäologie Moers hat im Gewerbegebiet Hülsdonk-Nord seit 1991 ein Siedlungsareal auf einer Fläche von mehr als 110 000 Quadratmetern ausgegraben und dokumentiert. Hier fanden sich neben steinzeitlichen, mittelalterlichen und frühneuzeitlichen Zeugnissen vor allem früheisenzeitliche Funde und Befunde in einem Umfang und in einer Vielfalt, wie sie für das Niederrheingebiet bisher unbekannt waren. Das großräumige Siedlungsareal liegt in einer für den Niederrhein typischen Landschaft auf einem flachen sandigen Geländesporn, einer Donk. Begrenzt durch zwei Bachläufe, den Hülsdonker Fleutgraben im Westen und den Weyergraben im Nordosten, waren die einzelnen Befundkomplexe in lockerer Streulage zu finden. Die eigentlichen Siedlungsgruben, sowohl Abfall- und Vorratsgruben als auch Scherbenstreuungen ohne eigentlichen Befund, befanden sich ausschließlich im hochwasserfreien Bereich der Erhebung. Hier sind sie jedoch aufgrund von Erosionseinflüssen und Ackerbau oft nur als Befundreste erhalten geblieben. Dennoch konnten sie und die Relikte von Brandbestattungen eines kleinen Gräberfeldes der Niederrheinischen Grabhügelkultur archäologisch dokumentiert werden. Keramisches Fundgut, das jeweils aus den einzelnen Befunden geborgen wurde, läßt sich eindeutig der frühen Eisenzeit zuordnen.

Wesentlich besser und oftmals vollständig erhalten waren Befunde, die parallel zum Fleutgraben, nahe am Wasserlauf gelegen, die Zeit unbeschadet überstanden haben. Mit einem Durchmesser von bis zu 7 m und einer Tiefe von 0,8 m bis 1,2 m unterscheiden sich die annähernd kreisrunden Befunde deutlich von den hier nicht näher beschriebenen Siedlungsgruben. In der Regel zeichnete sich der Kernbefund gleichmäßig muldenförmig ab. Während bei der Mehrzahl dieser Befunde die eine Seite des Profils kontinuierlich wannenförmig anstieg, strich die Schichtung zur gegenüberliegenden Seite hin flach aus. So entsteht der Eindruck eines planmäßig angelegten Zugangs zur eigentlichen Grube. Meist enthielten die Befunde

Moers-Hülsdonk/Kreis Wesel. Zeichnerische Dokumentationen eines früheisenzeitlichen Siedlungsbefundes. Ca. 750–450 v. Chr.

im Zentrum mehrere Zentimeter einer Einfüllung mit spätmittelalterlichem und neuzeitlichem Fundmaterial. Damit ist belegt, daß bis in diese Zeit die Gruben sichtbar gewesen sein müssen. Aus den eigentlichen Befundverfüllungen wurden jedoch ausschließlich eisenzeitliche Funde in großer Vielfalt geborgen. Während sich in allen diesen sehr großen Fundstellen früheisenzeitliche Keramik fand, verdienen einige von ihnen aufgrund der Funde eine besondere Erwähnung. So lieferte eine Grube nicht nur zwei Bruchstücke eines steinernen Werkzeuges – wahrscheinlich eines Schmiedehammers –, sondern darüber hinaus einen Schlackenrest mit gewölbter Unterseite. Diese Stücke sowie ein zweiter ähnlicher Schlackenrest belegen, daß in Moers-Hülsdonk Eisenverarbeitung und Schmiedearbeiten durchgeführt wur-

Moers-Hülsdonk/Kreis Wesel. Grabungsfläche mit früheisenzeitlichen Siedlungsspuren. Ca. 750–450 v. Chr.

den. Dieselbe Grube lieferte auch zahlreiche Fragmente typischer Mahlsteine aus Basaltlava (Napoleonshüte), ein anderer barg ein vollständiges Exemplar. In einem dritten Befund schließlich zeigte sich ein für die Eisenzeit typisches tönernes Webgewicht, das neben dem Bruchstück eines Spinnwirtels ebenfalls Hinweise auf die in Moers-Hülsdonk ausgeübten Tätigkeiten bietet. Auch wenn nicht alle derartigen Befunde solche eindeutigen Zeugen handwerklicher Tätigkeiten enthielten, ist doch davon auszugehen, daß es sich bei diesen Gruben ehemals durchweg um gesonderte Arbeitsbereiche handelte.

Ein herausragender Befund aus Moers-Hülsdonk ist ein eisenzeitlicher Brunnen, der nur dadurch erhalten geblieben ist, daß er im Innenraum einer modernen Scheune unmittelbar neben einem gemauerten Pfeilerfundament lag. Er hob sich im Planum zunächst als große, annähernd rechteckige Verfärbung vom umgebenden Sand ab. Bei vorsichtigem Tieferlegen verkleinerte sich das Rechteck zusehends, ohne jedoch schon eindeutig interpretierbar zu sein. Erst ein Profilschnitt machte deutlich, daß es sich um einen Brunnen mit noch erkennbarem hölzernem Kasteneinbau handelte. Im Profil ließ sich auch die ursprüngliche Baugrube des Brunnens deutlich erkennen und innerhalb des Kastens selbst eine komplexe Brunnenfüllung. In den vier Ecken des Brunnenkastens waren Holzpflöcke von 10 cm Durchmesser senkrecht einge-

Moers-Hülsdonk/Kreis Wesel. Zerscherbte Grobkeramik aus der frühen Eisenzeit. Ca. 750–450 v. Chr.

rammt. Dazwischen ermöglichte eine Art Flechtwerk das Einsickern des Wassers. Eine Datierung war nur möglich, da jede einzelne Schicht der Brunnenfüllung ausschließlich – wenn auch sehr kleinstückige – früheisenzeitliche Keramik enthielt. Ein zweiter 1,8 m tiefer Befund mit zahlreicher früheisenzeitlicher Keramik zeigte in den Profilschnitten einen noch komplexeren Aufbau. Auffallend war vor allem eine an der eigentlichen Grubensohle in den Kies eingegrabene runde Vertiefung, neben der sich ein Absatz mit fast horizontaler Sohle abzeichnete. Beim Abgraben der Füllschichten wurde deutlich, daß sich hier neben einem Wasserloch ein eingeebnetes Plateau befand, das es ermöglichte, kniend Wasser zu schöpfen. Die 70 cm tiefe Schöpfstelle war mit einer sich nach unten konisch erweiternden Holzverschalung eingefaßt. Nach ihrem Versiegen ist die Quelle noch in der Eisenzeit verfüllt worden und mit zwei großen Kieselsteinen und einem großen Fragment eines feinkeramischen Gefäßes abgedeckt worden.

Die vorgestellten Funde und Befunde aus Moers-Hülsdonk können in die frühe Eisenzeit datiert werden, d. h. in die Zeit zwischen 800 und 450 v. Chr. Ausschlaggebend für diese Datierung sind vor allem die Formen der keramischen Gefäße sowie deren typische Verzierung. Die Grobkeramik ist in der Regel mit groben gestoßenen Quarzstücken gemagert. Diese großen Vorratsgefäße tragen einen hellbraunen bis beigefarbenen Tonschlickerüberzug über einem reduzierend gebrannten schwarzen Tonkern. Sie sind nicht hart gebrannt und – obwohl stark zerscherbt – größtenteils vollständig erhalten geblieben. Nicht selten ist der Rand mit einer dichten Reihe von Fingertupfen verziert. Eine zweite Variante der Grobkeramik weist im Bruch des Scherbens an der Innenseite einen rotbraunen, im Kern schwarzen und an der Außenseite wieder rotbraunen Querschnitt auf. Sie ist feiner gemagert als die andere und deutlich härter. Die feinkeramischen Gefäße können dagegen sowohl oxydierend rot bis hin zu braun als auch reduzierend schwarz gebrannt sein. Sie sind vornehmlich klingend hart, immer geglättet und oft sogar poliert. Der kräftige Kammstrich, mit dem sie zum Teil verziert sind, ist nicht immer gleichmäßig und sorgfältig gearbeitet. Oftmals sind in regelmäßigen Abständen drei Fingertupfen am Bauchumbruch der stark profilierten Gefäße angebracht. Bis auf einige Ausnahmen ist die Feinkeramik nur in wenigen Fragmenten oder als einzelne Scherbe erhalten geblieben. Es lassen sich jedoch aus einzelnen Befunden mehr als hundert feinkeramische Gefäße rekonstruieren. Wie auch sonst bei entsprechendem niederrheinischem Fundmaterial lassen sich auch in Moers-Hülsdonk die früheisenzeitlichen Stufen Hallstatt C und Hallstatt D bisher nicht eindeutig voneinander unterscheiden.

Lit.: M. Bolus/M. Vollmer-König, Weitere Untersuchungen im Gewerbegebiet Hülsdonk-Nord. Arch. Rheinland 1993 (Köln 1994) 43–45. – H. Hinz, Die Ausgrabungen auf dem Friedhof der vorrömischen Eisenzeit von Veen, Kreis Moers. Rhein. Ausgr. 15 (Köln 1974) 243–345. – M. Müller-Wille, Eine niederrheinische Siedlung der vorrömischen Eisenzeit bei Weeze-Baal, Kreis Geldern. Bericht über die Grabungen 1956 bis 1961. Bonner Jahrb. 166, 1966, 379–432. – A. Simons, Bronze- und eisenzeitliche Besiedlung in den Rheinischen Lößbörden. Archäologische Siedlungsmuster im Braunkohlegebiet. British Archaeological Reports Internat. Ser. 467 (Oxford 1989). – R. Stampfuss, Das Hügelgräberfeld Rheinberg, Kreis Mörs (Leipzig 1939). – C. Zerlach, Besiedlungsgeschichte einer Donkenlandschaft: das Beispiel Hülsdonk. Arch. Rheinland 1991 (Köln 1992) 39–40.

Archäologische Bodendenkmalpflege in Neuss 1990–1994

SABINE SAUER und MICHAEL KAISER

In den vergangenen fünf Jahren haben sich die Arbeitsbedingungen der seit 1983 eingerichteten städtischen Bodendenkmalpflege entscheidend verbessert. Außer zwei Archäologen und einer Grabungstechnikerin waren im jährlichen Schnitt rund 30 Arbeiter und vier Zeichner beschäftigt. Neben den Untersuchungen der römischen Militärlager entlang des Rheins kam jetzt auch verstärkt die Erforschung der römischen Besiedlung und Infrastruktur des Hinterlandes hinzu. Zur besseren Beurteilung von Bebauungsplänen, die vor allem die bislang überwiegend landwirtschaftlich genutzten Flächen des Neusser Südens tangieren, wurden die Luftbildprospektion intensiviert und großflächige Feldbegehungen durchgeführt. Dabei wurden zwei unbekannte römische Straßen und etwa ein Dutzend neuer römischer Siedlungsstellen, darunter ein *vicus* in Neuss-Rosellen, lokalisiert. Zwischen den Stadtteilen Norf und Selikum wurde vor dem Ausbau des Golfplatzes Hummelbachaue zwischen 1989 und 1994 eine römische Fernstraße auf einer Strecke von 750 m untersucht. Außer geringen Resten des Straßendamms wurden drei parallel laufende Straßengräben beobachtet. Da aus dem mittleren Graben nur Keramik des 1. Jahrhunderts n. Chr. vorliegt, kann als gesichert gelten, daß der Straßendamm danach von 16 m auf 22 m verbreitert wurde. Unmittelbar südlich des Straßenübergangs über die Erft wurden auf einer Länge von 350 m beiderseits der Straße 60 Gräber eines römischen Brandgräberfeldes untersucht. Bei den Grabformen handelte es sich überwiegend um Ossuariengräber (Leichenbrandbehälter), aber auch um Bustumbestattungen, bei denen der Scheiterhaufen über der offenen Grabgrube abgebrannt wurde, wodurch die Grabwände verziegelten.

Neuss-Reckberg. Glasteller (‚Millefiori') aus dem römischen Gräberfeld. Anfang 3. Jahrhundert n. Chr.

Südlich, in Richtung Norf, wurden auf einer Fläche von ca. 400 × 200 m die Pfostenstellungen von sechs Gebäudegruppen aus der älteren Eisenzeit (Hallstatt C/D) festgestellt und unweit davon in einer alten Geländesenke ein Sohlgraben einer spätrömischen Militäranlage. Im Bereich einer Toranlage war das westliche Grabenende zangenartig rund 15 m nach Süden aus der Flanke herausgezogen. Der östliche Grabenkopf lag etwas zurück und ließ einen 2,5 m breiten Durchlaß frei. Im Innenbereich waren noch drei Pfostenlöcher des einstigen Tores, das ca. 16 m breit und 3,5 m tief gewesen sein dürfte, erhalten. Etwa 55 m östlich der Toranlage konnten die untersten Reste des Grabens beobachtet werden, der hier nach Norden abknickte. Im Westen hatte die Anlage eine natürliche Abgrenzung durch die Senke des Hummelbaches. Die Rekonstruktion der Anlage ergibt eine Kantenlänge von ca. 110 m, also etwa eine Grundfläche von einem Hektar. Die Kleinfunde, darunter das Bruchstück einer Zwiebelknopffibel aus vergoldeter Bronze,

Neuss-Meertal. Blick über die Hypokaustanlage eines römischen Gutshofes (villa rustica). Ende 1. Jahrhundert n. Chr.

lassen auf eine Errichtung der Befestigung gegen Ende des 4. Jahrhunderts n. Chr. und eine Nutzung während des 5. und wohl auch noch 6. Jahrhunderts schließen. Die hier stationierte Militäreinheit sollte eine seit römischer Zeit bestehende Wegegabelung mit der „Alte Kaster Straße", die über Kaster nach Jülich und Aachen führte, sichern und dies möglicherweise in Zusammenhang mit den Ereignissen der Jahre 387/388 n. Chr., als nach einem Frankeneinfall ein römisches Heer einen Teil der Franken im Kohlenwald (Ardennen) besiegte und zu einer Gegenoffensive in der Nähe des *castellum Nivisium* über den Rhein setzte. Der Flußübergang wird bei der Erftfurt unterhalb des Reckbergs (zwischen Neuss-Grimlinghausen und Neuss-Uedesheim) erfolgt sein, deren militärische Sicherungsanlagen – bestehend aus einem Kleinkastell und einem Wachtturm – gegen Ende des 4. Jahrhunderts n. Chr. zerstört wurden. Neben den Militärbauten ist am Reckberg ein rund 200 × 200 m großer Gebäudekomplex bekannt, eine Art *forum*, der sicherlich mit dem grenzüberschreitenden Verkehr durch die Furt in Verbindung stand. Vermutlich waren in ihm verschiedene Einrichtungen zu-

Neuss. Rheinwallgraben. Irdenware und Steinzeug des 17. Jahrhunderts aus der Verfüllung eines Brunnens des 14. Jahrhunderts. ▷

ANO 1670
SALMONIS

Neuss. Rheinwallgraben. Brunnen des 12. und 14. Jahrhunderts in einer Baugrube.

Neuss. Batteriestraße. Nordöstliche Eckbefestigung der Händlersiedlung des 12. Jahrhunderts.

sammengefaßt, wie Handels- und Stapelplatz, Badeanlage, Beherbergungsbetrieb oder auch Zollstation. Im Umkreis dieser Anlage und des Kleinkastells liegt ein Gräberfeld, das 1990 und 1991 teilweise untersucht wurde. Viele Gräber waren durch die natürliche Erosion am Rand der Wanderdüne, aber auch durch intensive landwirtschaftliche Nutzung zerstört. Insgesamt wurden 45 Gräber und Grabreste von Brandgräbern aus der Zeit vom Anfang des 2. bis zur ersten Hälfte des 3. Jahrhunderts n. Chr. freigelegt. Sie lagen innerhalb einer von einem schmalen Spitzgraben eingegrenzten Fläche. Die Grabbeigaben waren recht ärmlich. Nur vier Gräber aus der Zeit vom Ende des 2. Jahrhunderts bzw. vom Anfang des 3. Jahrhunderts n. Chr. waren etwas reicher ausgestattet, darunter ein Grab eines Mannes namens Ursicinus, wie aus dem Graffito eines Terra-sigillata-Tellers hervorgeht. Diesem war außerdem ein Glastellerchen in Millefiori- und Streifenmosaiktechnik beigegeben, einer für das 3. Jahrhundert unüblichen Fertigungsweise.

Reste eines römischen Gutshauses wurden 1993/1994 im Vorfeld einer Wohnbebauung am Rande des Meertals, rund 1,5 km westlich der Militärlager von Neuss-Gnadental freigelegt. Die römische *villa*, die dritte im Neusser Stadtgebiet, deren Grundriß gänzlich erfaßt werden konnte, bestand vom Ende des 1. bis zum Beginn des 4. Jahrhunderts n. Chr. Das ursprüngliche Gebäude, ein 22 × 15 m großer und steinfundamentierter Fachwerkbau, wurde während des 2. Jahrhunderts um einen 7 m breiten Wohntrakt mit einem neuen Eckrisaliten erweitert. Damit besaß diese Portikusvilla mit zwei Eckrisaliten eine Grundfläche von ca. 600 Quadratmetern. In der Mitte der Veranda führte eine Treppe in einen 155 Quadratmeter großen Hauptraum, in dem sich der verziegelte Boden einer Herdstelle befand. Während des 2. Jahrhunderts baute man in der Nordostecke des Gebäudes eine Badeanlage an, von der eine Hypokaustanlage (Fußbodenheizung) und das *praefurnium* (Feuerungsraum) erhalten waren. Die Villa war offensichtlich zweigeschossig und mit Moselschiefer gedeckt. Rund 30 m hinter der Nordwestecke des Hauptgebäudes befanden sich zwei Kastenbrunnen. Zu Beginn des 4. Jahrhunderts n. Chr. wurde die Villa verlassen, ohne daß sie jedoch zerstört wurde. Vielleicht hat man in der Mitte des 4. Jahrhunderts, nachdem in der Neusser Innenstadt die spätantike Befestigung nach den Frankeneinfällen unter Kaiser Julian erneuert worden war, versucht, den Betrieb wieder aufzunehmen. Dafür spricht der Fund einer zur Militärtracht gehörigen Zwiebelknopffibel jener Zeit.

Ein weiterer Schwerpunkt der Untersuchungen lag im Bereich des mittelalterlichen Stadtkerns, der aus dem römischen zivilen *vicus* hervorgegangen war. Im Jahre 1990 wurde der für die Michaelstraße namengebende und bereits im 14. Jahrhundert urkundlich genannte Beginenkonvent „Michaelisberg“ erforscht. Dabei zeigte sich, daß ein auf dem Kupferstich von Braun und Hogenberg 1590 dargestellter Anbau der Kirche keine Kirchenerweiterung, sondern ein unterkellertes Wirtschafts- oder Schlafgebäude war. Es besaß eine überdachte Verbindung zu einer runden, aus Ziegeln gemauerten Kloake mit einem Durchmesser von 2,20 m, die neben Fäkalien auch Glas aus dem 16. Jahrhundert enthielt. Drei weitere Fäkalienschächte aus dem 16.–18. Jahrhundert enthielten neben Küchenabfällen abgeschnittenes (Nonnen-)Haar. Südlich des langgestreckten Wirtschaftsgebäudes, das quer durch das Klostergebäude bis vor den ehemaligen Wehrgang der Stadtmauer reichte, wurde die Klosterbackstube des 15. Jahrhunderts mit zwei runden Kuppelöfen, ein daran angeschlossener Brunnen und ein seit dem 14. Jahrhundert betriebenes Abwassersystem ausgegraben. Innerhalb der mittelalterlichen Stadtquartiere wurden rund ein Dutzend Brunnen aus dem 12.–19. Jahrhundert untersucht. Es zeigte sich, daß es in der Neusser Innenstadt sehr lohnend ist, auch bei Neubebauungen in bereits gestörten, unterkellerten Bereichen bodendenkmalpflegerisch präsent zu sein, da bei den neuen Unterkellerungen zahlreiche Faßgruben und Brunnen, die in den sechziger und siebziger Jahren in den oberen Bereichen unbeobachtet abgebaggert wurden, erneut angeschnitten werden.

Ein dritter Schwerpunkt im mittelalterlichen Stadtkern lag auf der Erforschung der Befestigungssysteme. Von besonderem Interesse war dabei die Frage, ob und in welcher Ausdehnung der 1021 urkundlich erwähnte *portus nussiae* befestigt war. Mittlerweile ließ sich die erste mittelalterliche Befestigung der Händlersiedlung des 12. Jahrhunderts genauer lokalisieren. 1987 war beim Bau des Neusser Rathauses eine Toranlage, die den Markt in westlicher Richtung begrenzte, angeschnitten worden. 1992 konnte in der Klarissenstraße ein Kopfstück einer palisadenbewehrten, von West nach Ost orientierten Grabenanlage untersucht werden. Der 7 m breite Graben enthielt zahlreiche pingsdorfartige Keramik des 12. Jahrhunderts. Zusammen mit einem 1982 entdeckten Rundturm ist der Befund als die südwestliche Eckbefestigung der Händlersiedlung zu interpretieren. Die Nordostecke wurde 1994 bei Sanierungsarbeiten an der Batteriestraße unmittelbar vor dem mittelalterlichen Rheinbett angetroffen. Die Stadtmauer, die sich an der Batteriestraßenseite mit einer Feldbrandziegelschale zeigt, war an der Stadtinnenseite als Gußmauerwerk in einer Tuffschale ausgebildet. Dieses 1,20–1,50 m starke Gußmauerwerk knickte im rechten Winkel nach Westen zur Immunitätsbefestigung am Markt ab. In den Mauerwinkel war eine graue, lehmige Schuttverfüllung gekippt worden, die neben zahlreichen Tierknochen auch Keramik Pingsdorfer Machart enthielt. Parallel zur Immunitätsbefestigung rund um St. Quirin gab es also eine ca. 220 × 200 m große, befestigte Händlersiedlung am Neusser Markt, die Ende des 12. Jahrhunderts aufgegeben wurde. An der Westflanke, am Hamtorwall und an der Nordflanke am Niederwall ebenso wie an der ehemaligen Rheinfront am Kehlturm wurde der zum Teil zweizügige große Stadtmauerring zwischen 1990 und 1994 untersucht, und es zeigte sich, daß zu Beginn des 13. Jahrhunderts beim Bau des inneren Mauerrings an den Fundamentierungsarbeiten gespart wurde: Deshalb mußte schon gegen Ende des 13. und zu Beginn des 14. Jahrhunderts mit dem Bau eines zweiten vorgelagerten Mauerrings begonnen werden.

Erdgeschichte

Reichshof-Odenspiel/Oberbergischer Kreis. Odenspieler Schichten (Unterdevon; vor ca. 385 Millionen Jahren) im Steinbruch ‚Jäger'. Fundstelle der Panzerfische.

◁ *Dülmen/Kreis Coesfeld. Riesenammonit. Vor ca. 80 Millionen Jahren.*

Fische aus dem Unterdevon

Renate Gerlach und Richard Bersch

Der Fundplatz der ältesten Fische in Nordrhein-Westfalen, die mit zu den ältesten Tier-Fossilienfunden in unserem Land überhaupt zählen, liegt auf dem Gebiet der Gemeinde Reichshof im südöstlichsten Zipfel des Rheinlandes nahe der Rheinland-Pfälzischen Grenze. Hier werden im Steinbruch der Familie Jäger seit mehreren Jahrzehnten harte, hellgraue bis graublaue quarzitische Sandsteine und dunklere Grauwacken als Werksteine und Straßenschotter abgebaut, welche zu den 100–200 m mächtigen, ca. 385 Millionen Jahre alten Odenspieler Schichten (Teil der unterdevonischen Siegen-Stufe) zählen. Die Rekonstruktion der ursprünglichen Lagerung der Schichten, nämlich Sandsteine mit häufiger Kreuzschichtung und zwischengeschalteten dunklen Ton- und Schlufflinsen, lassen den Schluß zu, daß sich diese Steine in einem küstennahen flachen Meeresbereich mit zeitweilig brackigem Wattmilieu abgelagert haben. Den damaligen Naturraum kann man sich wie ein großes, nach heutigen Maßstäben fast unbewachsenes Deltagebiet vorstellen, in das die Flüsse vom nahen Festland sandiges Abtragungsmaterial einschwemmten. Der breite ausgedehnte Strand-, Watt- und Deltabereich war von ständig wechselnden Prielarmen durchzogen, in denen sich feineres Sediment wie Ton und Schluff absetzen konnten. Die urzeitlichen Flüsse füllten mit ihrer Fracht ein sich über Jahrmillionen ganz allmählich absenkendes Meeresbecken (den Siegener Trog). Am Ende war dieser Meerestrog mehr als 4000 m tief abgesunken. Etliche Jahrmillionen später wurde dieses mächtige Sedimentpaket des Siegener Troges durch die varistische Gebirgsbildung (im Oberkarbon vor ca. 300 Millionen Jahren) aufgefaltet und herausgehoben, ganz ähnlich wie heute die Alpen. Die schroffen Formen eines jungen Faltengebirges sind allerdings im Laufe der Erdgeschichte völlig abgetragen worden, so daß die sanftwellige Landschaft des Oberbergischen Landes übrigblieb.

Vor allem in den Ton- und Schlufflinsen der mutmaßlichen Prielarme wurden bereits Anfang der siebziger Jahre sowohl Skeletteile als auch vollständige Exemplare von agnathen (d. h. kieferlosen), gepanzerten Fischen aufgefunden. Diese frühen, heute ausgestorbenen Fische markieren den Anfang der Entwicklungsgeschichte der Wirbeltiere, an deren Ende der Mensch steht. Im eigentlichen Sinne sind es keine Fische, sondern nur fischähnliche Lebewesen, denen neben dem Kiefer auch die Flossen fehlten, die also nicht sehr beweglich waren und höchstens das für die Kiemenatmung benutzte Wasser zur Steuerung verwenden konnten. Zur heute noch lebenden, allerdings panzerlosen Verwandtschaft gehören die Rundmäuler (z. B. das Flußneunauge). Neben den kieferlosen Fischformen (zu nennen sind hier z. B. *Rhinopteraspis, Pteraspis, Drepanaspis, Hemicyclaspis, Cephalaspsis*) treten auch bereits zeitgleich die ebenfalls gepanzerten Vorläufer unserer heutigen Fische auf (z. B. *Tiaraspis, Coccosteus, Porolepsis*), deren neues Kennzeichen nun ausgebildete Unterkiefer und Flossen sind. Daß die kieferlosen Fische in den Odenspieler Schichten in einem Grenzbereich zwischen Meer und Land lebten, zeigen auch die häufig zusammengeschwemmten Pflanzenreste von Psylophyten (erste Landpflanzen) in den Ton- und Schluffablagerungen und die aus dem marinen Milieu stammenden Brachiopoden (Armfüßer).

Die Bedeutung der Fossilfunde liegt zuallererst natürlich in ihrem Alter, denn als ‚Experimente der Evolution' sind sie für die Entschlüsselung der stammesgeschichtlichen (phylogenetischen) Vorgänge von hohem Interesse. Gerade im unteren Devon wiesen die heute fast verschwundenen kieferlosen Fische die größte Mannigfaltigkeit in ihrem Aufbau auf. In den Odenspieler Schichten werden neben diesen alten Fischformen bereits auch deren zeitgleich auftretende ‚Konkurrenten', nämlich die ‚modernen', gnathostomen (kiefertragenden) Fischarten (s. o.), die eigentlichen Panzerfische, gefunden. Am Ende des Devons kamen die Agnathen gegen diese aktiveren, räuberischeren und beweglicheren (flossentragenden) Fische nicht mehr an und mußten ihnen den Lebensraum überlassen.

Reichshof-Odenspiel/Oberbergischer Kreis. Aus der Odenspieler Grauwacke herauspräparierter Panzerfisch (Drepanaspis) des Unterdevon. Vor ca. 385 Millionen Jahren.

Die Fischfauna des Devon ist individuenreich aber artenarm. Typisch, auch in zahlreichen ganzen Exemplaren vertreten, sind Pteraspiden, die meist zu *Pteraspis dunensis* ROEMER zu stellen sind, und Drepanaspiden, die als körperlich in ihrer ganzen Dreidimensionalität erhaltenen Exemplare mehr von ihrer Anatomie preisgeben können als die durch den Sedimentationsdruck flachgepreßten Drepanaspiden aus dem unterdevonischen Dachschiefer von Bundenbach (Hunsrück), die dort zudem meist nur als Einzelexemplare und nicht im Zusammenhang einer Lebens- oder Grabgemeinschaft vorkommen. Eine genaue Bestimmung der Arten steht indes noch aus. Daß hier insbesondere bei den Pteraspiden Überraschungen möglich sind, läßt eine signifikante Varianz in den Körpermaßen und deren Relation zueinander erwarten. Erst der außergewöhnliche Umfang des neuen Fundmaterials ermöglicht zum ersten Mal gesicherte statistische Untersuchungen, die zu einer genauen Artbestimmung nötig sind. Bisher nur in isolierten, manchmal auch zusammengeschwemmten Schuppen und Panzerteilen läßt sich *Porolepsis*, ein Quastenflosser aus der Ordnung der Osteolepidiformes, nachweisen. Daß unter den Funden hunderter Panzerteile auch solche seltenerer Arten zu erwarten sind, darf angesichts der bis zum gegenwärtigen Zeitpunkt nicht annähernd ausgewerteten Materialfülle als sicher gelten.

Lit.: K. Fahlbusch, Pteraspis dunensis ROEMER. Eine Neubearbeitung der Pteraspidenfunde (Agnathen) von Overath (Bez. Köln). Palaeontographica 108 Abt. A (Stuttgart 1957). – H. Grabert, Oberbergisches Land – zwischen Wupper und Sieg. Slg. Geol. Führer 68 (Stuttgart 1980). – Ders., Das Oberbergische Land – eine Erd- und Landschaftsgeschichte, Teil 1. Jahresber. naturwiss. Ver. Wuppertal 42, 1989. – H. Grabert/H. D. Hilden, Erläuterungen zu Blatt 5012 Eckenhagen, Geologische Karte von Nordrhein-Westfalen 1 : 25 000; hrsg. Geologisches Landesamt NRW (Krefeld 1972). – U. Jux/U. Manze, Milieu-Indikatoren im Devon des Bergischen Landes mittels Kohlenstoff-Isotopen. N. Jahrb. Geol. Paläontol. Mitt. 6, 1974. – W. S. McKerrow, Paläökologie (Stuttgart 1981). – W. Schmidt, Grundlagen einer Pteraspiden-Stratigraphie im Unterdevon der rheinischen Geosynklinale. In: Fortschr. Geol. Rheinl. u. Westfalen 5 (Krefeld 1959).

Hagen-Vorhalle – Eine Fossillagerstätte von Weltrang

Jörg Niemeyer

Den ersten Versuch, auf gesetzlicher Grundlage einen Teil des Ziegelei-Steinbruchs Schütte & Tücking in Hagen-Vorhalle vor dem weiteren Abbau zu schützen, unternahm Anfang der siebziger Jahre das Geologische Landesamt in Krefeld. Es ging um die Ostwand innerhalb des Steinbruchgeländes, die exemplarisch die Tektonik der hier anstehenden oberkarbonischen Schichtenfolge zeigte und zudem durch eine besondere Fossilführung ausgezeichnet war. In einem 1972 vom Geologischen Landesamt erstellten „Verzeichnis der schützenswerten geologischen Naturdenkmale in Nordrhein-Westfalen" ist festgehalten: „Hagen, Ziegeleigrube am Sporbecker Weg, Vorhalle, sehr bemerkenswerter Goniatiten-Fundpunkt, tektonisch außerordentlich bemerkenswert, Flözleeres Namur B". Der Versuch einer Unterschutzstellung scheiterte. Die gesetzliche Grundlage hierfür sollte seinerzeit das Landschaftsgesetz von Nordrhein-Westfalen liefern. Es war vorhersehbar, daß es nicht zum Tragen kommen würde, handelte es sich doch um einen laufenden Steinbruchbetrieb, für den eine Unterschutzstellung das Ende bedeutet hätte. 1980 trat in Nordrhein-Westfalen ein neues Denkmalschutzgesetz in Kraft. Es war sofort klar, daß dieser Ziegelei-Steinbruch nicht nur ein Objekt des Naturschutzes, sondern nun auch des Denkmalschutzes war. Doch blieben die Probleme im Hinblick auf eine Schutzausweisung erst einmal dieselben wie zuvor.

Die wissenschaftliche Bedeutung der im Ziegelei-Steinbruch von Hagen-Vorhalle anstehenden Gesteine mit ihrem Inhalt an Fossilien wuchs enorm, als 1982 von Sammlern erste Insektenreste entdeckt wurden. Fundstellen karbonzeitlicher Insekten sind weltweit außerordentlich selten. Diese ersten Funde aus Vorhalle und die sich anschließenden weiteren Funde in immer besserer Erhaltung gaben den Anstoß, sich nun sehr intensiv für eine Unterschutzstellung – jetzt auf der Grundlage des neuen Denkmalschutzgesetzes – einzusetzen. In Absprache mit dem Steinbruchbetreiber, nun die Vorhaller Klinkerwerke, wurde innerhalb des Grubengeländes das denkmalpflegerisch wichtigste Areal abgesteckt und 1984 von der Stadt Hagen als zuständiger Denkmalbehörde vorläufig unter Denkmalschutz gestellt. Vielfältige Probleme, größtenteils juristischer Art wie beispielsweise Fragen der Verkehrssicherung, ließen etliche Jahre verstreichen, ehe das ausgewählte Areal dann am 9. 3. 1993 endgültig in die Denkmalliste der Stadt Hagen eingetragen wurde.

Hagen-Vorhalle. Karbonzeitliche Urnetzflügler (links: Homoioptera vorhallensis; rechts: Lithomantis varius). Vor ca. 320 Millionen Jahren.

Doch erst einmal verstärkten sich ab 1982 die Anstrengungen der Sammler, die – nun in Absprache mit der Paläontologischen Bodendenkmalpflege – im Verlaufe der nächsten Jahre aus dem laufenden Steinbruchbetrieb zahlreiche weitere Funde bargen. Es sind ihnen an die einhundert Insektenreste zu verdanken, außerdem vier Exemplare der äußerst seltenen Spinnentiere, darunter eine Kapuzinerspinne und ein Geißelskorpion – eine Leistung, die gar nicht hoch genug bewertet werden kann. Als Anerkennung dafür wurden viele Neufunde nach diesen

Hagen-Vorhalle. Schichten des Oberkarbon (vor ca. 320 Millionen Jahren). Blick über den Steinbruch und die Grabungsstelle.

Hagen-Vorhalle. Urnetzflügler (Lithomantis varius) aus dem Oberkarbon (vor ca. 320 Millionen Jahren). Flügelspannweite 13 cm. ▷

Hagen-Vorhalle. Landschaftsbild aus dem Oberkarbon im Bereich des heutigen Hagen-Vorhalle. Vor ca. 320 Millionen Jahren.

Sammlern benannt. So kamen wissenschaftliche Namen zustande wie: *Dictyoneura kemperi*, ein Urnetzflügler; *Namurotypus sippeli*, eine Libelle; *Kemperala hagenensis* oder *Kochopteron hoffmanorum*, zwei ‚Urgeradflügler' als Vorläufer der heute lebenden Schnabelkerfe. Die Gesamtzahl der Funde fossiler Insekten und Spinnentiere beläuft sich mittlerweile auf über 160 Stück – ein Erfolg, an dem nun auch maßgeblich das Westfälische Museum für Naturkunde in Münster Anteil hat. Seit 1990, nach Stillegung des Steinbruchbetriebes, werden systematisch Grabungen in einem Bereich durchgeführt, der innerhalb einer geplanten Deponie liegt und somit nicht zu schützen sein wird („höherrangige Interessen").

Die Insekten von Hagen-Vorhalle – besser: deren fossil überlieferten Reste – verteilen sich auf fünf Ordnungen, vertreten mit mindestens fünfzehn Arten. Die Mehrzahl der Arten stellen die Urnetzflügler, die Libellen sind mit drei Arten vertreten. Die meisten Funde stammen dagegen aus der Sammelgruppe der bereits erwähnten ‚Urgeradflügler'. Diese waren im Gegensatz zu den beiden vorherigen Gruppen in der Lage, ihre Flügel zusammenzulegen. *Kemperala hagenensis* stellt als Vertreter dieser Gruppe die größten Individuen (Flügellänge ca. 6 cm) und ist gleichzeitig die am häufigsten auftretende Art. Man könnte sie als ‚Markenzeichen' der Insektenfauna von Hagen-Vorhalle bezeichnen. Die Libellen des jüngeren Erdaltertums sind häufig Bestandteil von Lebensbildern der Karbon- oder Perm-Zeit. Grund ist ihre mit Flügelspannweiten bis zu 75 cm eindrucksvolle Größe (‚Riesenlibelle'): Die Hagen-Vorhaller Exemplare erreichen diese Größe nicht. Dennoch ist *Namurotypus sippeli* mit einer Flügelspannweite von über 30 cm noch recht eindrucksvoll, zumal, wenn es sich um nahezu vollständig erhaltene Exemplare handelt. Diese Art sowie die den ausgestorbenen Urnetzflüglern zugehörigen Arten *Homoioptera vorhallensis* und *Lithomantis varius* gehören mit zu dem Schönsten, was Hagen-Vorhalle aus der damaligen, 320 Millionen Jahre zurückliegenden Tierwelt überliefert hat.

Das Hauptaugenmerk der noch einige Jahre laufenden Grabungen gilt naturgemäß den fossilen Insekten. Doch nahezu nebenbei gelingen Funde, deren wissenschaftlicher Wert teilweise noch gar nicht abzuschätzen ist. Innerhalb der Tierwelt reicht das Spektrum von den Muscheln, Brachiopoden und den tintenfischartigen Goniatiten und Nautiliden über Reste von Seelilien und Krebsen bis hin zu Ganoidfischen, Quastenflossern und ‚Haien'. Auch nicht unerwähnt bleiben darf die reiche Pflanzenführung der karbonzeitlichen Schichten von Hagen-Vorhalle. Der alte, westlich des Sporbecker Weges gelegene Abbau – seit vielen Jahren aufgelassen und verfüllt – galt jahrzehntelang als einer der bedeutendsten Fundpunkte karbonischer Pflanzen. Eine Vielzahl neuer Gattungen oder Arten wurde hier gefunden und wissenschaftlich bearbeitet. Da im heutigen Steinbruch gleichartige Ablagerungen aufgeschlossen sind, darf man gespannt sein, ob es hier zu weiteren Neufunden (im Sinne von Erstfunden) kommen wird.

Lit.: C. Brauckmann/L. Koch/M. Kemper, Spinnentiere (Arachnida) und Insekten aus den Vorhalle-Schichten (Namurium B; Ober-Karbon) von Hagen-Vorhalle (Westdeutschland). Geol. u. Paläontol. Westfalen 3 (Münster 1985). – L. Koch, Die Ziegeleigruben im flözleeren Namurium des Ruhrkarbon. In: W. K. Weidert, Klassische Fundstellen der Paläontologie 1 (1988). – C. Brauckmann/L. Koch, Spinnentiere und Insekten aus dem Oberkarbon von Hagen-Vorhalle. Fossilien 1 (1994).

Neue Funde aus der Jurazeit in Westfalen

Klaus-Peter Lanser

Als Jura wird seit Beginn des Jahrhunderts eine typische Abfolge von schwarzen, braunen und weißen Sedimentgesteinen bezeichnet, die älter als die Ablagerungen aus der Kreidezeit (144–65 Millionen Jahre) und jünger als die der Triaszeit (248–213 Millionen Jahre) sind. Die Gesteinsserien der Jurazeit haben eine weite Verbreitung in Mitteleuropa, also auch in Deutschland, in West- und Osteuropa und darüber hinaus in vielen Teilen der Erde. Diese weitverbreiteten und mächtigen Sedimentgesteine verdanken der Tatsache ihre Entstehung, daß Europa zur Zeit der Juraperiode in großen Teilen von einem Meer überdeckt war. Dieses Meer verband eine Urnordsee im Norden mit einem Meeresgürtel im Süden, der sich entlang des Äquators erstreckte. Der Abtragungsschutt der umliegenden Festländer und der zahlreichen Inseln wurde durch Flüsse in dieses Meer transportiert und bildete im Laufe der Zeiten die Sedimentserien des schwarzen unteren, des braunen mittleren und des weißen oberen Jura. Nach Bezeichnungen der englischen Steinbruchindustrie werden der untere, mittlere und obere Jura als Lias, Dogger und Malm bezeichnet.
Kaum eine andere erdgeschichtliche Formation hat weltweit so viele und auch so spektakuläre Reste des damaligen Lebens auf der Erde in Form von Fossilien überliefert wie die Jurazeit. Die Ursachen dafür sind in einer raschen Entwicklung bestimmter Lebensformen im mittleren Erdmittelalter zu sehen. Neben den Resten von landlebenden Dinosauriern, die in der Jurazeit die Festländer erobert hatten und heute fossil in vielen Fundplätzen auf der Erde zutage treten, finden sich an zahlreichen Stellen auch Reste von jurazeitlichen Meeresbewohnern und auch von Flugsauriern. Insbesondere die Ablagerungen des unteren und des oberen Jura in Süddeutschland sind seit dem Beginn des vorigen Jahrhunderts berühmt für ihre fossilen Wirbeltiere. Erwähnt seien hier beispielsweise die Schwimmsaurier aus dem unteren Jura, dem Lias, oder die aufsehenerregenden Funde des Urvogels *Archaeopteryx*, die neben vielen anderen bedeutsamen Fossilien aus dem Malm, dem oberen Jura, stammen.
Im Gegensatz zu den teilweise herausragenden Funden in Süddeutschland sind die fossilen Überlieferungen der nordwestdeutschen und damit auch der westfälischen Juraschichten bescheidener. Lassen sich in den klassischen süddeutschen Fundstätten, wenn auch selten, vollständige Skelette von Schwimmsauriern oder anderen Wirbeltieren finden, so treten Nachweise solcher Tiere zwar auch in Westfalen auf, aber niemals als ganze Skelette, sondern nur als sehr seltene Funde von vereinzelten Knochen oder von Zähnen. Daneben finden sich aber auch in der nordwestdeutschen Juraformation zahlreiche Reste von wirbellosen Tieren in teilweise guter Erhaltung.
Die Erforschung der jurazeitlichen Schichten in Westfalen mit ihrer reichen Führung von Relikten vergangener Lebensformen war in den letzten Jahren eine der Schwerpunktaufgaben der Paläontologischen Bodendenkmalpflege in Westfalen-Lippe, die hier vom Westfälischen Museum für Naturkunde in Münster wahrgenommen wird. Daher wurden in den vergangenen Jahren verschiedene Projekte zur Erforschung der westfälischen Juraablagerungen initiiert, gefördert, mit dem vorhandenen Fachpersonal unterstützt oder selbst durchgeführt. Ziel der Maßnahmen war zumeist der Nachweis der Schutzwürdigkeit bestimmter fossilführender Gesteinskörper, der dann zur eventuellen Unterschutzstellung nach dem Denkmalschutzgesetz des Landes Nordrhein-Westfalen führen sollte. In einigen Fällen erfolgten auch Bergungen von Fossilien, die im Zuge von Steinbrucharbeiten oder von Bautätigkeiten akut gefährdet waren.
Im Rahmen einer Diplomarbeit beim Geologischen Institut der Universität Bochum wurde im Jahre 1994 eine Dokumentation der Tongrube der Firma Lücking in Warburg-Bonenburg/Kreis Höxter im südlichen Eggegebirge erarbeitet. Die hier aufgeschlossenen Schichten des unteren Jura sind eines der südlichsten Juravorkommen in Nordwestdeutschland. Mit Hilfe der hier auftretenden Fossilien, insbesondere

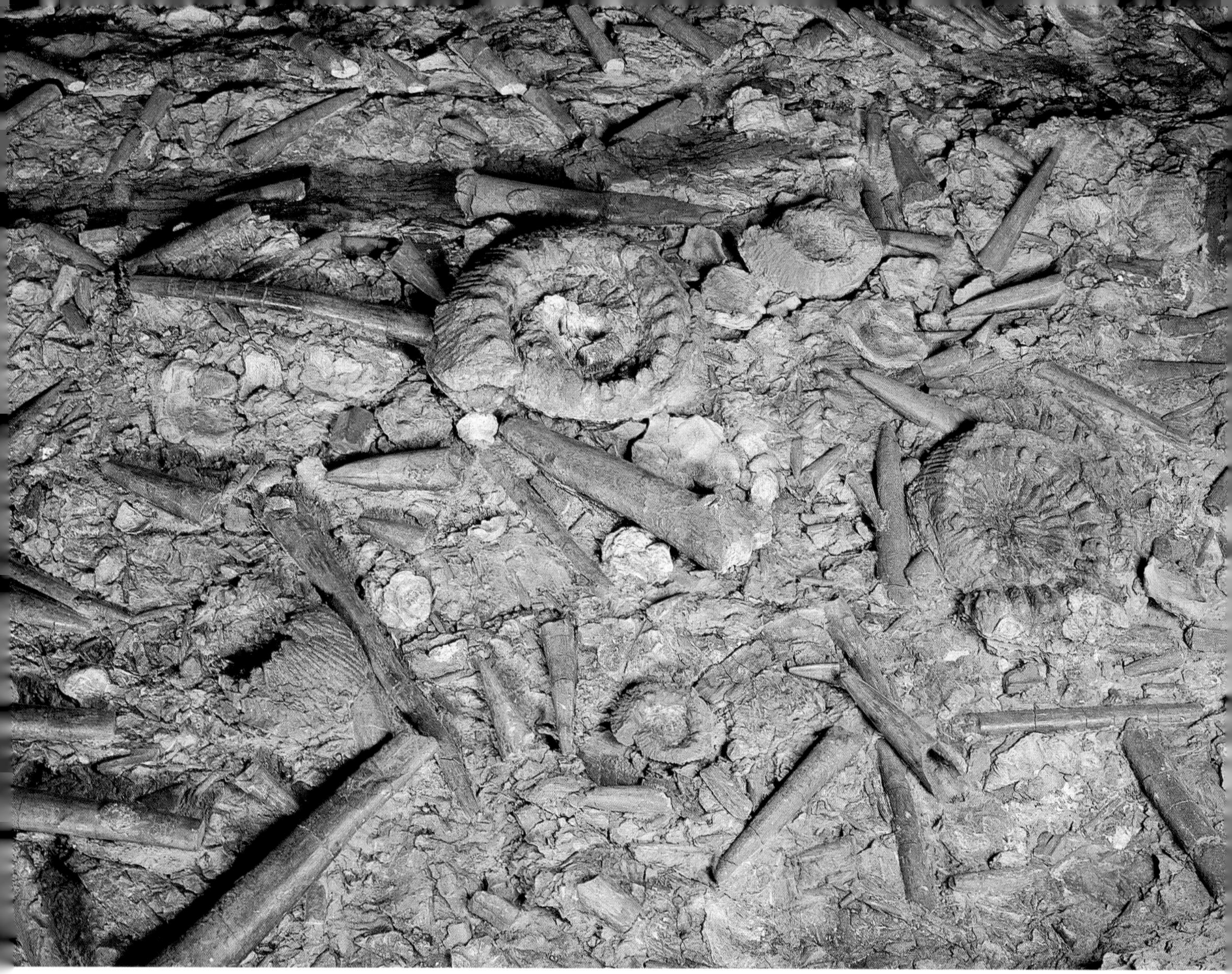

Westerkappeln-Velpe/Kreis Steinfurt. Ausschnitt aus der Fossilanreicherung in den Schichten des mittleren Jura. Vor ca. 175 Millionen Jahren.

der Ammoniten, wird es eventuell möglich sein, den Nachweis der Schutzwürdigkeit für diesen seltenen Aufschluß zu erlangen.
Im Sommer 1991 wurde von Mitarbeitern des Westfälischen Museums für Naturkunde eine ungewöhnliche Fossilkonzentration in einer Tongrube bei Westerkappeln-Velpe/Kreis Steinfurt entdeckt. Dort, in den Schichten des mittleren Jura, des Doggers, fanden sich zahlreiche Rostren von großen Belemniten der Gattung Megateuthis, eines Verwandten der heutigen Tintenfische, daneben Treibholz und Ammoniten. Da das Fossilvorkommen durch den weiteren Abbau der Grube akut gefährdet war, wurde die Bergung eines Teils des Vorkommens unternommen.
Bei Dehme im Kreis Minden-Lübbecke am Kamm des östlichen Wiehengebirges wurde im Jahre 1990 die Fossilführung des dort anstehenden Wittekind-Flözes untersucht. Dieses hier zwei Meter mächtige Flöz ent-

stand im mittleren Jura. Bis 1960 wurde es als Eisenerz von der Zeche Porta abgebaut. Mit Hilfe der zahlreichen in Schichthorizonten geborgenen Fossilien, insbesondere der Ammoniten, wurde eine zeitliche Einstufung der hier anstehenden Schichten erarbeitet.
Die vielen Reste von Wirbeltieren aus dem Dogger des Steinbruches Stormer bei Wallücke, ebenfalls im Kreis Minden-Lübbecke, wurden im Rahmen einer Diplomarbeit beim Institut für Geologie und Paläontologie der TH Aachen bearbeitet. Dazu wurde sowohl Material aus Sammlungen von Privatpersonen als auch des Westfälischen Museums für Naturkunde bearbeitet, das in den Jahren 1985 und 1988 dort Ausgrabungen gemacht hatte. Neben Fischresten, darun-

Hille-Wallücke/Kreis Minden-Lübbecke. Steinbruch Störmer. Grabung des Westfälischen Museums für Naturkunde an der Fundstelle des Riesenfischs. Vor ca. 175 Millionen Jahren.

Hille/Kreis Minden-Lübbecke. Steinbruch Sudbrack. Farnwedel (Pterophyllum sp.) aus dem oberen Jura (vor ca. 160 Millionen Jahren). Länge ca. 6,5 cm.

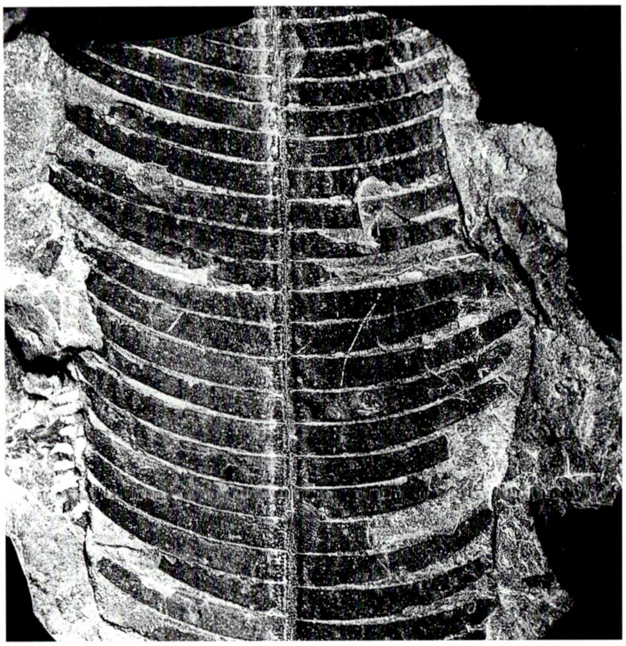

Hille/Kreis Minden-Lübbecke. Steinbruch Sudbrack. Schachtelhalm (Equisetites cf. lateralis) aus dem oberen Jura (vor ca. 160 Millionen Jahren). Länge ca. 4,5 cm.

ter auch solche eines Riesenfisches von vermutlich mehr als 10 m Länge, fanden sich auch Nachweise von Schwimmsauriern, so von Plesio- und Pliosauriern. Von landlebenden Sauriern stammt vielleicht je ein Rest von einem Stegosaurierverwandten und einem Kleinsaurier aus der Gattung Hypsolophodon. Bedauerlicherweise liegen alle Wirbeltierreste von Wallücke nicht als vollständige Skelette, sondern bislang lediglich als isolierte Einzelobjekte vor.

Aus dem benachbarten Steinbruch Sudbrack konnte aus den Schichten des oberen Jura, dem Malm, eine artenreiche Pflanzengesellschaft nachgewiesen und durch Mitarbeiter des Westfälischen Museums für Naturkunde geborgen werden. Die wissenschaftliche Bearbeitung der hier aufgefundenen Reste von Schachtelhalmen, Farnen und Nadelgehölzen erfolgte durch die Forschungsstelle für Paläobotanik der Universität Münster. Der durch den guten Erhaltungszustand aufgezeigte kurze Transportweg in die Meeresablagerungen deutet auf eine unmittelbare Strandnähe hin. Diese Funde aus dem oberen Jura des Wiehengebirges stellen in Nordwestdeutschland bislang die bedeutendste Fundstelle jurazeitlicher Pflanzen dar. Die durch diese Aktivitäten gewonnenen Ergebnisse werden für eine spätere Unterschutzstellung der fossilführenden Gesteine nach dem Denkmalschutzgesetz des Landes Nordrhein-Westfalen herangezogen werden. Von großer Bedeutung hierbei ist es, die Forschungskapazitäten der hier vorhandenen Hochschulen nach Möglichkeit in diese Tätigkeit einzubinden.

Lit.: E. Mönnig, Das Wittekind-Flöz (Mittlerer Jura) des Wiehengebirges (Nordwestdeutschland). Geol. u. Paläontol. Westfalen 19 (Münster 1991) 47–53. – S. Schultka, Beiträge zur oberjurassischen Flora des Wiehengebirges. Ebd. 55–93.

Nehden – Eine kreidezeitliche Saurierfundstelle und die Geschichte ihrer Erforschung

Klaus-Peter Lanser und Jörg Niemeyer

Die devonischen Massenkalk-Vorkommen der Briloner Hochfläche (Sauerland) lieferten über viele Jahrzehnte hinweg einen Rohstoff, der sich in der Baubranche vorzüglich als Oberflächenputz verarbeiten ließ. Dabei handelte es sich um einen besonders reinen Kalkspat, der stellenweise nestartig in den Massenkalken eingeschlossen war und in einer Reihe kleiner Steinbrüche abgebaut wurde. Einer dieser kleinen Abbaubetriebe liegt, heute aufgelassen und weitgehend verfüllt, am Rande des Briloner Ortsteils Nehden, nach seinem (damaligen) Eigentümer als Steinbruch ‚Henke' bezeichnet. Wie in einigen anderen Brüchen fanden sich auch hier stärkere ‚Verunreinigungen' in Form von zähen, dunkelgrauen Toneinlagerungen, die als Abraum beseitigt werden mußten. Mineraliensammler entdeckten darin schon frühzeitig kleine Stufen von Bleiglanz, Zinkblende und anderen Erzen. Die dunklen, oft kohligen Einschlüsse in den Tonen fanden bei ihnen dagegen nur wenig Beachtung. Ihre wissenschaftliche Deutung blieb den Paläontologen vorbehalten: Es waren die fossilen Reste einer lange vergangenen Tier- und Pflanzenwelt, erdgeschichtlich der Kreidezeit, genauer der Unterkreide (vor ca. 115 Millionen Jahren), zuzurechnen.
1978 kam es zu einem Ereignis, welches das doch recht beschauliche Nehden in die Schlagzeilen bringen sollte. Geowissenschaftlern der Universität Münster wurde ein großer, dunkler Gesteinsbrocken vorgelegt, gefunden in den Tonen des Steinbruchs ‚Henke', von dem angenommen wurde, es handele sich um ein Stück versteinertes Holz. Sehr schnell stellte sich dann aber heraus, daß es sich hierbei nicht um Holz handeln konnte. Weitere Untersuchungen brachten Klarheit: Abgeliefert worden war ein Knochenfragment, das aufgrund seiner Größe nur einem Saurier zugeordnet werden konnte. Die wissenschaftliche Neugierde war geweckt, und noch im selben Jahr begann eine erste Grabung in Nehden. Mit Können und viel Glück gelang sehr bald der die weitere Zukunft des Spatbruches entscheidende Fund – der Zahn eines Iguanodonten. Von dieser in der Kreidezeit weit verbreiteten Sauriergattung waren in Deutschland noch nie Reste gefunden worden. Nachweise gab es lediglich in Form seiner ‚Trittsiegel'. Sich anschließende Grabungskampagnen der Universität Münster (1979–1982) – ab 1980 in Abstimmung mit der Bodendenkmalpflege – lieferten eine Vielzahl an Tier- und Pflanzenresten, deren wissenschaftliche Bearbeitung bis heute noch nicht abgeschlossen ist.
Im Zusammenhang zukünftiger Grabungen war eine der entscheidenden Fragen die nach der Ausdehnung des Fossilvorkommens. Da oberflächlich nur ein ‚Fenster' zu den Tonen vorhanden war – geöffnet durch den ehemaligen Steinbruchbetrieb und die danach durchgeführten Grabungen – mußten Möglichkeiten gefunden werden, die Ausdehnung des Vorkommens zu erfassen. Zwei Methoden aus dem Bereich der angewandten Geowissenschaften boten sich an: Bohrungen und geophysikalische Messungen. Beide sollten nun zum Einsatz kommen.
1982 wurde damit begonnen, die flächige Ausdehnung des Tonvorkommens mit Hilfe eines elektromagnetischen Verfahrens einzugrenzen. Dazu wurde an der Oberfläche ein Meßnetz ausgelegt, das die von einem Sender ausgehenden Impulse registrierte. Aufgrund der unterschiedlichen elektrischen Widerstände in der Tiefe kam es an den einzelnen Meßpunkten zu unterschiedlichen Werten, aus denen dann die Umgrenzung des im Massenkalk eingeschlossenen Tonvorkommens rekonstruiert werden konnte.
Das Ergebnis dieser sog. EM-Methode war recht zufriedenstellend, sagte jedoch nichts über die Mächtigkeit bzw. die Tiefe der Tonfüllung aus. Um diese zu ermitteln, schloß sich auf der Grundlage der elektromagnetischen Messungen im darauffolgenden Jahr ein umfangreiches Bohrprogramm an. Es bestand aus

Brilon-Nehden/Hochsauerlandkreis. Dinosaurier (Iguanodon bernissartensis). Rekonstruktion eines Jungtiers. Vor ca. 120 Millionen Jahren. ▷

Brilon-Nehden/Hochsauerlandkreis. Erkundungsbohrung im Bereich der Fossillagerstätte.

Brilon-Nehden/Hochsauerlandkreis. Bohrgerät für die Erkundungsbohrungen.

sechs Flachbohrungen (bis zu 25 m Tiefe) im Trockenbohrverfahren mit Spindel. Zwar sind die daraus gewonnenen Proben nicht exakt stratigraphisch einzuordnen – hierfür hätte der teure Weg der Kernbohrung gewählt werden müssen –, doch für die anstehende Fragestellung reichten sie aus. Bohrungen und EM-Messungen zusammen ergeben nun andeutungsweise eine dreidimensionale Vorstellung des Tonvorkommens im Untergrund und damit eine entscheidende Aussage zur Ausdehnung der Fossillagerstätte. Darin war aber keine Aussage darüber enthalten, ob sich der Fossilinhalt der Tone gleichmäßig verteilte, oder ob es sich eventuell nur um lokale Anreicherungen handelte, von denen zufällig eine während des Steinbruchbetriebes angeschnitten worden war. Die Klärung dieser Frage sollte über eine weitere geophysikalische Meßmethode erfolgen, die sog. IP-Methode (Methode der induzierten Polarisation).

Die Durchführung erfolgte 1984. Basis für die Methode war der beim Nehdener Fossilmaterial häufig zu beobachtende hohe Anteil an Markasit (Schwefeleisen). In den Messungen zeichnen sich diese erzhaltigen Anreicherungen gegenüber den erzfreien Tonen als Anomalien ab. Es zeigte sich, daß in der Tat wohl mehr lokale Fossilanreicherungen vorlagen, womit ein wichtiger Hinweis für den Ansatz zukünftiger Grabungen gegeben wurde. Dieser stellenweise hohe Markasit-Anteil der Fossilien, der an der Luft zum Zerfall der Stücke führt, war mit ein entscheidender Grund, auf weitere Grabungen vorläufig zu verzichten. 1982 ging das Steinbruchgelände in den Besitz der Stadt Brilon über und wurde in die Denkmalliste eingetragen. Neben kleineren Probennahmen und Sicherungs- bzw. Herrichtungsmaßnahmen innerhalb des Bodendenkmals wurde 1987 noch einmal eine umfassendere Untersuchung der Lagerstätte vorgenommen. An vorher genau festgelegter Stelle wurde nun eine Kernbohrung niedergebracht. Sie durchteufte nach etwa 5 m Massenkalk (‚Höhlendach‘) eine nahezu 20 m mächtige Tonfolge, ehe sie bei Erreichen des liegenden Massenkalks eingestellt wurde. Die Vorgänge um die Verfüllung solch riesiger Karsthohlräume im devonischen Massenkalk mit kreidezeitlichen, fossilführenden Tonen harren noch immer der Klärung: Auch die sedimentologischen und paläobotanischen Untersuchungen an dem gewonnenen Bohrkern ziehen sich bis heute hin. Es sind dies die sicherlich nur vorläufig letzten Arbeiten über die Fossillagerstätte von Nehden, der schon vorher eine Vielzahl lokaler und überregionaler Veröffentlichungen gewidmet war.

Die Erforschung der Saurierfundstelle bei Brilon-Nehden im östlichen Sauerland setzte vor allem erst nach Abschluß der Grabungsaktivitäten im Jahre 1982 ein. Bereits ein Jahr später, 1983, erschien die Arbeit von H. Kampmann über die Pflanzenreste aus der Sauriergrube. Hier konnte ein Landschaftsbild aus der damaligen Zeit aufgezeigt werden, das aus mehreren voneinander abgetrennten Vegetationszonen bestanden hatte. Danach wuchsen dort zahlreiche Arten von Farnen und Baumfarnen, Vorläufer der heutigen Mammutbäume, Araucarienarten sowie verschiedene Gingko- und Kiefernarten. Die Bearbeitung der Wirbeltierreste von D. B. Normann erschien 1987. Er konnte anhand des Nehdener Fundmaterials nachweisen, daß die meisten hier geborgenen Wirbeltierreste der Dinosauriergattung Iguanodon, und zwar zwei Arten davon zugehörten. Es handelte sich um *Iguanodon bernissartensis* und um das kleinere *Iguanodon atherfieldensis*. Das Skelettmaterial stammte von mindestens 15 Individuen dieser Pflanzenfresser. Erstmals gelang es, Reste eines Jungtieres von *Iguanodon bernissartensis* nachzuweisen. Neben den Resten der Iguanodonten fanden sich fragmentarische Reste von Krokodilen und Schildkröten, von Fischen sowie je ein vereinzelter Nachweis eines großen Raubdinosauriers und eines etwa huhngroßen Dinosauriers der Gattung Hypsilophodon.

Im gleichen Jahr gelangte M. Schudack aufgrund seiner Untersuchungen der aufgefundenen Reste von Grünalgen zu dem Ergebnis, daß die Fundstelle nicht, wie bisher von anderen Autoren angenommen, in die jüngere Unterkreide (Apt/Alb), sondern etwas älter (Barrem) einzustufen sei. In seiner Arbeit bemerkte er, daß bislang lediglich die obersten 4 m der ca. 20 m mächtigen Abfolge von Tonen durch die Grabungen erschlossen seien und die Bearbeitung der Gesamtfolge noch ausstände.

Dies erfolgte ansatzweise durch V. Wilde im Jahre 1990, indem er ein unveröffentlichtes Schichtenverzeichnis eines in der Zwischenzeit erbohrten Bohrkerns vorlegte. Die paläobotanische Bearbeitung des Kerns steht noch aus.

Wie D. B. Normann in einem Gutachten zutreffend geschrieben hat, ist die Fundstelle von Brilon-Nehden weltweit ein sehr seltenes ‚Fenster' in die Entwicklung des Lebens, besonders der Landwirbeltiere, in der unteren Kreidezeit. Liegen aus bestimmten Zeitabschnitten des Erdmittelalters, etwa aus dem oberen Jura oder der späten Kreide, weltweit zahlreiche Funde z. B. von Dinosauriern vor, so ist der Zeitabschnitt der unteren Kreide, kaum mit Funden dokumentiert. Die Erforschung der Fundstelle in Nehden wird in der Zukunft sicherlich noch manche bislang ungelöste Fragen beantworten.

Brilon-Nehden/Hochsauerlandkreis. Sichtung der Bohrkerne.

Lit.: H. Kampmann, Mikrofossilien, Hölzer, Zapfen und Pflanzenreste aus der unterkretazischen Sauriergrube bei Brilon-Nehden. Geol. u. Paläontol. Westfalen 1 (Münster 1983). – D. Vogelsang, Saurierfundstelle Brilon-Nehden (Sauerland): Elektromagnetische Untersuchungen. Ders., Messung der induzierten Polarisation. Niedersächs. Landesamt Bodenforsch. Hannover. Unveröff. Manuskripte im Rahmen geowiss. Gemeinschaftsaufgaben (1983 u. 1984). – D. B. Normann/K. H. Hilpert, Die Wirbeltierfauna von Nehden (Sauerland) Westdeutschland. Geol. u. Paläontol. Westfalen 8 (Münster 1987) – M. Schudack, Charophytenflora und Alter der unterkretazischen Karsthöhlen-Füllung von Nehden (NE-Sauerland). Ebd. 10 (Münster 1987) 7–44.

Ein seltenes Tertiär-Vorkommen bei Bünde

Detlef Grzegorczyk

Im nördlichen Weserbergland liegt am Rande der Stadt Bünde/Kreis Herford der Doberg, eine über die Umgebung emporragende Erhebung mit einem ganz besonderen geologischen Untergrund. Beschränkt auf den Doberg und seine unmittelbaren Nachbarbereiche, treten hier auf einigen Hektar Ablagerungsgesteine der Tertiär-Zeit auf. Sie liegen mitten in einer Umgebung von älteren Gesteinen der Jura-Zeit und jüngeren Deckschichten des Quartärs, des Eiszeitalters. Das Tertiär ist eine Formation, ein Zeitabschnitt der Erdneuzeit, und reicht von 65 bis ca. 2 Millionen Jahre vor heute. Die Jura-Zeit, ebenfalls durch Sedimentgesteine vertreten, gehört zum Erdmittelalter (213–144 Millionen Jahre). Die Tertiär-Gesteine hatten in Norddeutschland ehemals eine weit größere Verbreitung, als es den Grenzen am Doberg entspricht. Überwiegend wurden sie wieder abgetragen oder liegen, im norddeutschen Flachland, in größerer Tiefe. Heute stellen die Tertiär-Gesteine am Doberg ein einzigartiges Relikt dar, das einen Einblick in das Meer zur Tertiär-Zeit vor Millionen von Jahren gibt. Damals war auch der Doberg Bestandteil eines Meeres, einer ‚Ur-Nordsee', deren Küstenlinie allerdings wesentlich weiter südlich verlief als heute. Der Raum Bünde lag unweit nördlich dieser Küstenlinie. In dieses Meer hinein wurden durch Flüsse die Abtragungsmaterialien der Festländer und Inseln transportiert und schließlich auf dem Meeresboden abgelagert. Auf langsam absinkendem Untergrund lagerten sich Schichten – bestehend aus Sand, Kalk und Ton – aufeinander ab, aber auch die Reste der das Meer bewohnenden Lebewesen. In der Tiefe zu Gestein verfestigt, anschließend durch die Gebirgsbildung über den Meeresspiegel emporgehoben, liegen heute diese Relikte als Versteinerungen bzw. als Fossilien vor.

Im Tertiär kam es weltweit an bestimmten Stellen auf der Erde zur sog. alpidischen Gebirgsbildung, so z. B. in den namengebenden Alpen oder im Himalaja. In der Gegend von Bünde kam es zu leichten Schichtverstellungen. Das Bünder Tertiär hat eine wannenförmige Struktur, was sicherlich auch auf Salzauslaugung im tieferen Untergrund zurückzuführen ist. Das plattentektonische Bild der Erde mit den Lagen der Kontinente war bereits nahezu identisch mit dem Erdbild heute. Faunistisch ist der Wechsel von der Kreide-Zeit zum Tertiär vor 65 Millionen Jahren ein markanter Einschnitt. Hier kam es zu einem Massensterben vieler Tierarten, so starben beispielsweise die Dinosaurier und neben anderen Meerestieren auch die Ammoniten aus. Dafür entwickelten sich im Tertiär die Säugetiere entscheidend weiter. Am Ende des Tertiärs lebten die ersten Vormenschen. Botanisch ist das Tertiär durch die Entstehung riesiger Braunkohle-Lagerstätten gekennzeichnet, die sich in Sümpfen und Mooren auf sinkendem Untergrund bildeten. Die Versteinerungen der damaligen Lebewesen bzw. deren erhaltungsfähiger Reste machen die paläontologische Bedeutung des Vorkommens am Doberg aus. In der mulden- oder wannenförmigen Struktur steht hier eine mittlere Abteilung des Tertiärs, nämlich das Oligozän (38–25 Millionen Jahre), vollständig an. Erhalten sind Schalen und Skelette von Tieren, unzerstört oder auch in Bruchstücken.

Die Mergelgruben des Doberges existierten schon vor mehr als 250 Jahren. Das Gestein wurde wegen seines Kalkgehaltes zum Düngen der Felder abgebaut. Die Art der Fossilführung und die reichen Vorkommen in den Gesteinen am Doberg regten bereits zu Beginn des vorigen Jahrhunderts besonders zu paläontologischen Untersuchungen an. Das Spektrum der Fauna ist breit und umfaßt in der Hauptsache wirbellose Tiere, aber auch vereinzelt Wirbeltiere. Besonders das Ober-Oligozän, das Chatt, das sich in weitere 53 Schichteinheiten untergliedern läßt, ist paläontologisch hinlänglich untersucht worden. Unter

Bünde/Kreis Herford. Ehemalige Mergelgrube am Doberg. ▷

Bünde/Kreis Herford. Muscheln aus dem Tertiär des Dobergs. Vor ca. 37–27 Millionen Jahren.

Bünde/Kreis Herford. Seeigel aus dem Tertiär des Dobergs. Vor ca. 37–27 Millionen Jahren.

den wirbellosen Tieren sind besonders stark vertreten die Muscheln (Kammuscheln: *Pecten hofmanni, Chlamys hausmanni*), die Seeigel (*Echinolampas kleini, Spatangus desmaresti*) und Schnecken. Als von besonderer Bedeutung gelten die Foraminiferen, die zum großen Teil als Mikrofossilien auftreten und am Doberg mit über einhundert Arten vertreten sind. Noch berühmter als diese wirbellose Fauna ist sicher das nahezu vollständige Skelett einer fossilen Seekuh *(Anomotherium langewieschei)* und der Schädel eines Zahnwals *(Eosqualodon langewieschei)*, 1912 bzw. 1911 in den Mergelgruben am Doberg gefunden. Von den pflanzenfressenden und vollständig im Wasser lebenden Seekühen nimmt man an, daß sie vom gleichen Vorfahren abstammen wie die Elefanten, nämlich von landbewohnenden Säugetieren. Anomotherium gehört zu den sog. Dugongiden, den Gabelschwanzsirenen. Sie ähneln mit ihrem walzenförmigen Körperbau den Walen. Wie diese besitzen sie – anders als die Fische – eine horizontal verlaufende Schwanzflosse. Verwandt ist die Seekuh von Bünde mit der riesenwüchsigen, bis 8 m langen Stellerschen Seekuh, die vor zweihundert Jahren noch massenhaft vorkam und dann ausgerottet wurde. Anomotherium ernährte sich in küstennahen Regionen von Seegras und Algen. *Anomotherium Eosqualodon* zählt zu den Zahnwalen, denen die meisten heutigen Wale zuzurechnen sind, wie beispielsweise die Pottwale, aber auch die Delphine. Erhalten sind nur der Schädel und wenige weitere Skeletteile. Jedoch darf eine Länge des lebenden Tieres von ca. 5 m angenommen werden.

Im Frühjahr 1991 mußte das Westfälische Museum für Naturkunde Münster am Doberg in Bünde eine Rettungsgrabung vornehmen. Zwar war der Doberg mit seinen Mergelkuhlen schon längst für eine Unterschutzstellung nach dem Denkmalschutzgesetz vorgesehen, jedoch lag einer Firma die Genehmigung für eine begrenzte Abgrabung vor. So wurden im Vorfeld die paläontologischen Untersuchungen notwendig, die in Zusammenarbeit mit dem Lehrstuhl für Paläontologie am Geologischen Institut der Universität

Münster (Prof. Strauch) durchgeführt wurden. Im Rahmen einer Diplomarbeit, daran anschließend einer Doktorarbeit wurden die Ergebnisse der Grabung wissenschaftlich ausgewertet. Neben sedimentgeologischen Untersuchungsmethoden, um die physikalisch-hydrodynamischen Sedimentationsbedingungen zu erkunden, lag der Schwerpunkt dabei auf der Arbeit mit Makro- und Mikrofossilien. Weil sie am Doberg zahl- und artenreich vorkommen, eigneten sich besonders die Foraminiferen für die Untersuchungen. Foraminiferen sind ein- oder mehrkammerige einzellige Organismen, häufig als Mikrofossilien bezeichnet. Durch die Verbreitung der Arten sowohl im Schichtprofil als auch horizontal sowie durch eine rechnergestützte faunistische Analyse konnten der Lebensraum zur Oligozän-Zeit am Doberg und die ökologischen Verhältnisse beschrieben werden. Danach war der Ablagerungsraum küstennah und flachmarin mit Wassertiefen von max. 20 m. Bestimmte Foraminiferen, die für ihre Lebensgrundlage im Wasser einen bestimmten Kalkgehalt benötigen, lassen auf subtropisches bis tropisches Klima schließen. Vereinfachend dargestellt, sind für den Raum Doberg während des Oligozäns im Prinzip vier Lebens- und Ablagerungsräume nachgewiesen: Strand, Watt, Ästuar und mariner Flachschelf mit den jeweiligen charakterisierenden Faunengemeinschaften. So enthält der Doberg ein seltenes Tertiär-Vorkommen, dessen vollständiges fossilreiches Ober-Oligozän bereits 1971 durch die Ernennung zur Typus-Lokalität wissenschaftlich gewürdigt wurde. Seit längerem rangiert der engere Bereich „Doberg" als Naturschutzgebiet. Auch die Unterschutzstellung nach dem Denkmalschutzgesetz von Nordrhein-Westfalen ist vollzogen und der Doberg als paläontologisches Bodendenkmal, das die Grenzen der Tertiär-Verbreitung umfaßt, in die Denkmalliste der Stadt Bünde eingetragen.

Lit.: O. Kohnen, Sedimentologie, Fazies der Schichten 10 bis 21 im Oberoligozän des Dobergs (Bünde/Westfalen). Geol. u. Paläontol. Westfalen 23 (Münster 1993) 5–34. – O. Kohnen, Stratigraphische Entwicklung oberoligozäner Flachmeersequenzen am Doberg bei Bünde. Ebd. (in Vorb.). – E. Pannkoke, Der Doberg bei Bünde (1979) 1–88.

Bünde/Kreis Herford. Landschaftsbild aus der Tertiärzeit am Doberg (vor ca. 37–27 Millionen Jahren). Mitte links: ein Zahnwal (Eosqualodon langewieschei), unten rechts: eine Seekuh (Anomotherium langewieschei).

Der Fund eines Steppenelefanten in den Ablagerungen der Lippe bei Dorsten/Kreis Recklinghausen

Klaus-Peter Lanser

Im Februar 1992 ging beim Westfälischen Museum für Naturkunde eine Fundmeldung von der Baustelle Dorsten-Hambach des Lippe-Verbandes ein. Der dortige Bauleiter meldete den Fund von Knochen. Ein am selben Morgen wahrgenommener Ortstermin ergab, daß sich der Fundort in einer fast schon vollständig ausgehobenen Baugrube im Bereich der Lippe-Talaue an der Mündung des Hambachs südöstlich des Schachtes Baldur 1 befand. Dort hatte ein Raupenfahrzeug auf der untersten Grubensohle, ca. 7 m unter Gelände, Teile eines Elefantenskeletts erfaßt. Zutagegetreten war ein in viele Einzelteile zerdrückter Schädel, der Unterkiefer, zahlreiche Bruchstücke der Stoßzähne, einige Rippen, ein Bruchstück des Beckens und ein Schienbeinknochen. Für den Fall, daß sich noch weitere Teile des Skeletts in der Grube befänden und nicht schon mit dem Aushub unbemerkt abtransportiert worden waren, wurde mit den Vertretern des Lippe-Verbandes und der ausführenden Firma vereinbart, am nächsten Werktag einen Nachschurf durchzuführen. Neben weiteren Schädel- und Stoßzahnbruchstücken fand sich dabei ein vollständig erhaltener Oberarmknochen. Die Beobachtung der restlichen Baggerarbeiten erbrachte noch einen Oberschenkelknochen. Außer den Teilen des Elefantenskeletts fanden sich in der Fundschicht Reste von Wisent und Pferd. Vom wollhaarigen Nashorn wurden außerdem ein Schädel, Teile eines Unterkiefers und ein Unterarmknochen geborgen. Der Nashornschädel und auch einige Knochen des Elefanten zeigen deutliche Fraßspuren, wie sie von Raubtieren, z. B. Hyänen, verursacht wurden. Demnach waren die Leichen der Tiere einige Zeit vor ihrer Einbettung für die Aasfresser zugänglich gewesen.

Die Auswertung von Pollenproben aus der Fundschicht ergab, daß die Fundstelle zur Zeit der Einbettung der Tierknochen Teil einer kaltzeitlichen Tundrenlandschaft war. Eine ^{14}C-Datierung erbrachte ein Mindestalter von 38 670 Jahren vor Heute. Demnach hatte der Elefant in der mittleren oder vielleicht in der frühen letzten Eiszeit, der Weichsel-Eiszeit, gelebt, die vor ca. 100 000 Jahren begann und vor etwa 11 000 Jahren zu Ende ging. Diese Eiszeit ist die letzte in einer Folge von Klimaschwankungen, die bereits in der Tertiärzeit einsetzten. Das eigentliche Eiszeitalter, in dessen letzter Warmzeit wir uns derzeit befinden, begann vor 2,0–1,8 Millionen Jahren mit dem ersten Auftreten einer nahezu subarktischen Vegetation in Nordwesteuropa. Im Verlaufe des Eiszeitalters erfolgten dann in immer kürzeren Zeitabständen zunehmend ausgeprägtere Klimaänderungen. Der Wechsel von Kalt- und Warmzeiten hatte Auswirkungen auf die Vegetation, die im Laufe der Zeit an Artenvielfalt verlor.

In den Kaltzeiten stand den Steppenelefanten in immer häufigerem Maße überwiegend harte Grasäsung zur Verfügung, so daß sich bei ihren Backenzähnen eine erhöhte Abnutzung bemerkbar machte. Infolgedessen entwickelte sich bei den Steppenelefanten eine Verstärkung des Backenzahngebisses. Bestanden die Mahlzähne des ältesten europäischen Elefanten, des Südelefanten *Archidiskodon meridionalis*, noch aus verhältnismäßig wenigen niedrigen Schmelzlamellen, so nahmen deren Anzahl und Höhe im Laufe der Zeit – von den Steppenelefanten des älteren Eiszeitalters bis hin zum Mammut der letzten Eiszeit – mehr und mehr zu. Mit Hilfe solcher und anderer Merkmale, die sich im Laufe der Zeit verändern, lassen sich Elefantenbackenzähne im bestimmten Rahmen auch zu Zeiteinstufungen verwenden. Reste von Elefanten sind in den eiszeitlichen Ablagerungen von Emscher, Lippe, Weser und auch in denen des Niederrheingebietes recht häufig: im Gegensatz zu dem Fund aus Dorsten zumeist in Form von Fossilien, die aufgrund der Fundumstände keiner genauen Fundschicht mehr zuzuweisen sind. Sehr häufig handelt es sich dabei um Reste des Mammuts, oder genauer von *Mammuthus primigenius*, dem typischen Elefanten der letzten Eiszeit. Funde von Mammutleichen im Dauerfrostboden Sibiriens zeigen, wie diese Tiere aussahen, wie sie vor der Kälte geschützt waren und auch von welchen Pflanzen sie sich er-

Dorsten/Kreis Recklinghausen. Die montierten Skeletteile des Steppenelefanten aus der Lippeaue. Vor ca. 70 000 Jahren.

nährten. Daneben finden sich aber in den Ablagerungen der Flüsse Reste von anderen eiszeitlichen Elefanten, die besonders am abweichenden Bau der Backenzähne erkennbar sind: meist Zähne des Steppenelefanten *Parelephas trogontherii*, der typisch für das ältere und mittlere Eiszeitalter ist. In der Mehrzahl zeigen diese Zähne deutliche Übergangsmerkmale zu *M. primigenius* und sind damit in die vorletzte (Saale-Eiszeit) und frühe letzte Eiszeit zu stellen. Recht urtümliche Zähne von Steppenelefanten kamen dagegen in einigen Bereichen der Niederrheinischen Bucht, z. B. bei Kempen oder bei Geldern, zutage. Diese Zähne unterscheiden sich von denen mit normaler Ausbildung z. B. durch eine geringere Anzahl an Schmelzlamellen, geringere Zahnhöhe und größere Breite. Solche Zähne zeigen bereits teilweise Übergangsmerkmale zum Südelefanten des frühen Eiszeitalters.

Neben den Zähnen der Steppenelefanten in ihren unterschiedlichen Entwicklungsstadien wurden am Niederrhein auch Backenzähne von Waldelefanten gefunden. Der Waldelefant, *Palaeoloxodon antiquus*, lebte in den Warmzeiten des Eiszeitalters. Seine Reste stammen aus den warmzeitlichen Schichten im Un-

Dorsten/Kreis Recklinghausen. Schädel des wollhaarigen Nashorns aus der Lippeaue. Vor ca. 70 000 Jahren.

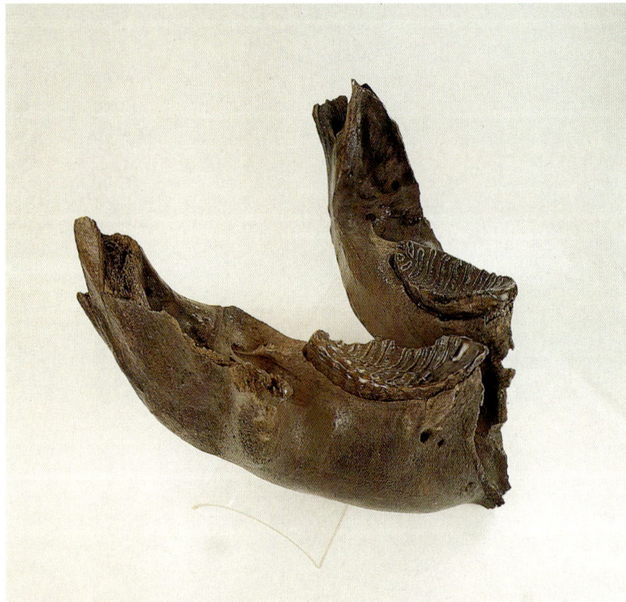

Dorsten/Kreis Recklinghausen. Unterkiefer des Steppenelefanten aus der Lippe. Vor ca. 70 000 Jahren.

tergrund der Niederrheinischen Bucht. In Westfalen wurde er bislang nur einmal, und zwar aus den Sanden der Lippe bei Delbrück, nachgewiesen. Damit deutet sich die Bedeutung dieser Reste der eiszeitlichen Tierwelt für die Rekonstruktion der Flußgeschichte weiter Teile unseres Landes an. Funde von gering entwickelten Steppenelefanten, z. B. im Bereich östlich von Kempen, weisen auf ein sehr hohes Alter der ältesten Rheinablagerungen in diesem Bereich hin. Backenzähne von Steppenelefanten, die sich mit ihren Merkmalen denen des Mammuts annähern, stammen dort aus Schichten, die in der vorletzten oder in der frühen letzten Eiszeit zur Ablagerung kamen. Funde von Waldelefanten dokumentieren Flußablagerungen der letzten (Eem-)Warmzeit. Oberhalb der warmzeitlichen Ton- und Torfschichten östlich von Kempen fanden sich typische Backenzähne des Mammuts der letzten Eiszeit.
Auch für die Flußgeschichte der Lippe im Bereich von Dorsten eröffnet der Elefantenfund bestimmte Aspekte. Das ermittelte Mindestalter von 38 670 Jahren deutet ein recht hohes tatsächliches Alter dieses Fundes an. Damit in Einklang stehen Zahnmerkmale, wie der hohe Abstand der Schmelzlamellen, die auch bei den tiefabgekauten Unterkieferzähnen noch recht große Zahnbreite und die hohe Schmelzstärke. Dies sind eher Merkmale von Steppenelefanten, wie sie noch in der frühen letzten Eiszeit nachgewiesen wurden. Danach sind im Untergrund der Lippetalaue bei Dorsten Ablagerungen aus dieser Zeit noch erhalten. Das sehr junge Alter der die Fundhorizonte überragenden Schichten wird eindrucksvoll durch Keramikreste aus der Zeit vom 14. bis zum 19. Jahrhundert dokumentiert.

Lit.: G. Bosinski (Hrsg.), Das Eiszeitalter im Ruhrland. Führer Ruhrland-Mus. Essen 2 (Köln 1982). – K.-P. Lanser, Die Krefelder Terrasse und ihr Liegendes im Bereich Krefeld (Diss. Köln 1983). – E. W. Guenther, Die Mammutfunde von Stuckenbusch bei Herten. Geol. u. Paläontol. Westfalen 28 (Münster 1994) 7–40.

Eiszeitliche Löwenfährten aus Bottrop-Welheim

Wighart von Koenigswald, Martin Sander und Martin Walders

Im Februar 1992 machte die schier unglaubliche Nachricht in Fachkreisen die Runde, daß Trittsiegel des eiszeitlichen Löwen bei Bottrop-Welheim gefunden worden seien. Wie können sich, wenn es denn schon Löwen in Nordrhein-Westfalen gegeben hat, ihre Fährten erhalten haben? Es ist zwar ein immer wiederkehrendes Phänomen, daß Hochwässer am Rande von Flüssen und Bächen Lehm ablagern, in dem sich dann Spuren von verschiedenen Tieren abzeichnen können – allerdings nur solange der Lehm feucht ist. Trocknet er aus, nimmt er keine Spuren mehr auf. Über kurz oder lang verwaschen Regen und Wind die Spuren aber wieder und in der Regel bleibt auf Dauer von den Spuren nichts erhalten. Es kann aber Ausnahmen geben, zum Beispiel wenn über den bereits verfestigten Lehm mit vorhandenen Trittsiegeln das steigende Wasser nochmals Sand schüttet, der die Trittsiegel ausfüllt und konserviert. Verfestigte Sandbänke mit den Ausgüssen von Trittsiegeln auf der Unterseite sind aus verschiedenen Perioden der Erdgeschichte bekannt.
Beim Bau der Emscher-Fluß-Kläranlage wurde eine Lehmfläche (alter Auelehm) als Basis für das neue Klärbecken glatt abgezogen. Auf dieser Lehmfläche fielen Martin Walders mit Sand verfüllte Löcher auf, die als Spuren in fast regelmäßigen Abständen ausgerichtet waren. Beim Reinigen dieser Löcher zeichneten sich ein ovaler Ballen mit vier davorliegenden Zehen ab: der Fußabdruck eines Löwen. Bald wurden weitere Trittsiegel erkannt, die sich zu einer Fährte zusammenfügten. Insgesamt wurden auf einer Fläche von etwa 150 Quadratmetern sechshundert Trittsiegel verschiedener Tiere gefunden.
Im Gegensatz zu den Fährtenplatten aus älteren Abschnitten der Erdgeschichte war der überlagernde Sand noch nicht verfestigt, und als Zeugnis war nur eine unverfestigte Lehmschicht überliefert. Die Konservierung dieser ungewöhnlichen Fundsituation vor Ort gestaltete sich als ebenso undurchführbar wie eine Bergung des unverfestigten Lehms. Deswegen wurde der Fährtenhorizont vom Museum für Orts- und Urgeschichte Quadrat in Bottrop in Zusammenarbeit mit der Höheren Berufsfachschule für präparatorische Assistenten in Bochum zunächst gereinigt und in Bahnen von einem Meter Breite abgegossen. Diese wurden schließlich wieder ausgelegt und durch Studenten des Instituts für Paläontologie der Universität Bonn kartiert, denn erst mit der flächenhaften Erfassung der Trittsiegel konnten die zusammenhängenden Fährten erkannt und die Interpretation der Vorgänge auf dieser kleinen ‚Bühne' ermöglicht werden.

Das Alter und Erhaltung der Fährtenplatte

Die Position der Lehmschicht auf der Niederterrasse der Emscher ließ von vornherein ein jungpleistozänes oder holozänes Alter erwarten. Der Nachweis eines Löwen verwies eindeutig auf ein pleistozänes Alter, denn mit Beginn des Holozäns vor etwa 10 000 Jahren verschwand diese Raubkatze aus Mitteleuropa. Eine Serie von Luminiszensdatierungen, die M. Frechen von der Universität Köln durchgeführt hat, ergab ein Maximalalter von 45 000–32 000 Jahren, was sehr gut mit der biostratigraphischen Aussage der fossilführenden Schichten im Untergrund, den ‚Schneckensanden' und ‚Knochenkiesen', in Einklang steht.
Wie gut Trittsiegel in Lehm überliefert werden, hängt sehr von seinem Feuchtigkeitsgehalt ab. Bei einem anfänglich noch hohen Wassergehalt fließt der Lehm wieder zusammen, und es bleibt nur eine kleine Mulde erhalten (Erhaltungstyp 1). Wird der Lehm etwas zäher, dann bleiben zwar Löcher, aber alle morphologischen Feinheiten, die auf den Verursacher schließen lassen könnten, gehen verloren (Erhaltungstyp 2). Trittsiegel dieser ‚ungenügenden' Erhaltung sind auf der ganzen Fläche vorhanden und zeigen, daß große Huftiere den noch recht feuchten Lehm gekreuzt haben. Bei stärkerer Abtrocknung des Lehms formt der Lehm immer besser die Hufe der Tiere ab (Erhaltungstyp 3). Wenn er aber noch trocke-

Bottrop-Welheim. Kläranlage. Fundhorizont mit eingetieften Trittsiegeln im Vordergrund. Vor ca. 40 000 Jahren.

ner wird, zeichnen sich nur die scharfen Außenkanten der Hufe ab (Erhaltungstyp 4). Einerseits belegt das Vorkommen aller Erhaltungstypen das langsame Abtrocknen der überlieferten Lehmfläche. Andererseits zeigen längere Fährten durch den Wechsel des Erhaltungstyps, daß das Abtrocknen der Fläche nicht einheitlich erfolgte. Eine für uns noch rätselhafte Erhaltung bilden einige Trittsiegel, die erhaben erhalten sind (Erhaltungstyp 5).

Nachweise der Tierarten

Das Rentier *(Rangifer tarandus)* ist mit den meisten Trittsiegeln überliefert. Erkennbar ist dieser mittelgroße Paarhufer an den nach vorne zugespitzten und nach innen gebogenen Schalen. In der Schrittgröße stimmen auch andere Fährten mit dem Rentier überein, bei denen nur die Außenränder der Schalen abgedrückt sind. Insgesamt wurden mehr als 16 Fährten mit mehr als drei Trittsiegeln vom Rentier festgestellt. Große Boviden, Auerochsen oder Bison (*Bos primigenius* und/oder *Bison priscus*), lassen sich von den Rentieren durch die größeren Abmessungen der Trittsiegel und die nicht nach innen gebogenen Schalen unterscheiden. Auch in der Schrittlänge und Schrittbreite lassen sich die Rinder von den Rentieren gut abgrenzen, so daß auch mehrere der in Erhaltungstyp 2 erhaltenen Fährten den großen Rindern zugewiesen werden können. Bei einigen der tief eingetretenen Löcher sind zudem Afterklauen abgedrückt. Zwölf Fährten stammen von großen Rindern. Zwei Fährten werden – mit Vorbehalt – dem Pferd *(Equus caballus)* zugeschrieben, weil in einem der Trittsiegel ein vorne geschlossener Huf zu erahnen ist. Den besonderen Reiz dieser Fährtenplatte macht es aus, daß neben diesen Pflanzenfressern auch Trittsiegel ihrer potentiellen Freßfeinde, nämlich Löwe *(Panthera leo spelaea)* und Wolf *(Canis lupus)*, überliefert sind. Mit 29 Trittsiegeln durchzieht die Löwenfährte eindrucksvoll das Areal von Westen nach Osten, wobei das Tier seine Laufrichtung änderte, nachdem es mit einem Fuß in einem der tiefen Löcher, die zuvor Rinder getreten haben, etwas ausgerutscht war. Der Wolf hat die Fährtenplatte in der nördlichen Ecke gekreuzt. Sein leichter Körper hat die Trittsiegel nur wenig eingedrückt. An einer Stelle sind die Trittsiegel eines Wasservogels, nach Größe und Form am ehesten eine Gans (*Anser* sp.), überliefert.

Bottrop-Welheim. Kläranlage. Zwei bei der Auffindung noch mit Sand gefüllte Trittsiegel eines Löwen. Vor ca. 40 000 Jahren.

Das Geschehen auf der Fährtenplatte

Rentiere sind zwar Herdentiere, aber über die Fährtenplatte sind die Tiere nicht als Herde gezogen, denn dann müßten die Fährten parallel ausgerichtet sein. Da sie ebenso wie die der großen Rinder in alle Richtungen weisen, sind die Tiere wohl einzeln auf unserer kleinen ‚Bühne' erschienen. Nur zwei Fährten, die Pferden zugewiesen werden, verlaufen exakt parallel,

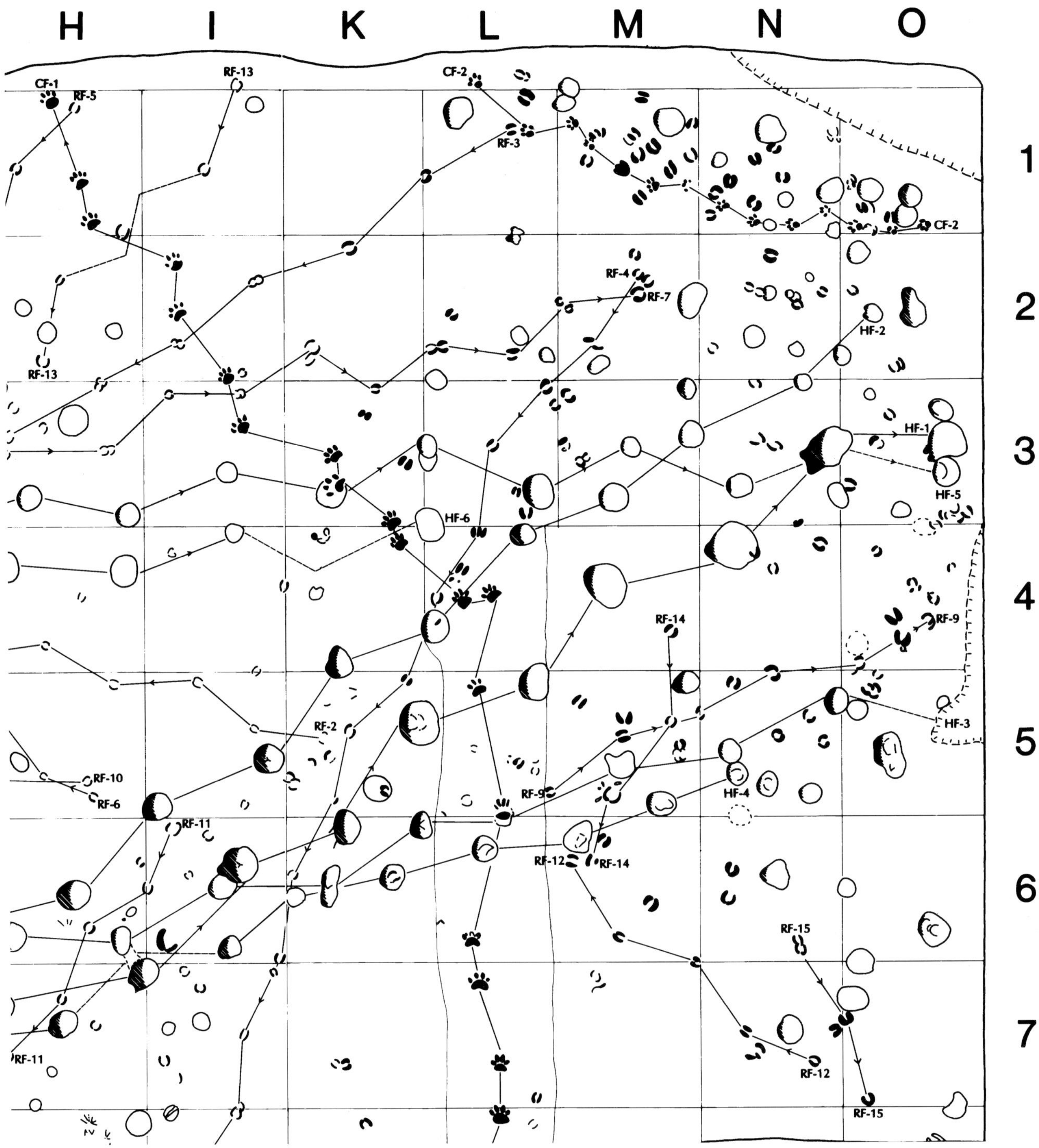

Bottrop-Welheim. Kläranlage. Jungpleistozäne Fährtenplatte (Ausschnitt) mit Trittsiegeln von Rentieren, Rindern, einem Löwen (L7–H1) und einem Wolf (O1–L1). Vor ca. 40 000 Jahren.

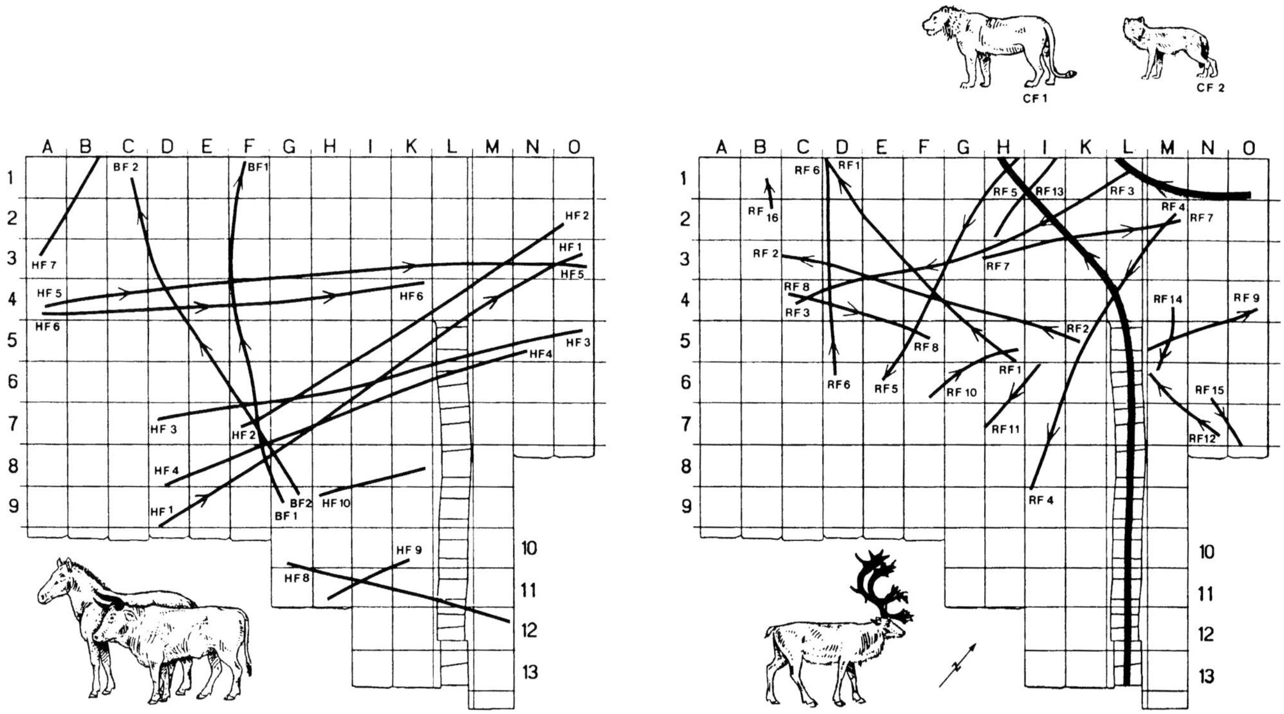

Bottrop-Welheim. Kläranlage. Jungpleistozäne Fährtenplatte (vor ca. 40 000 Jahren). Richtung der Fährten (HF 1–10 = große Huftiere; BF 1–2 = Bos primigenius und/oder Bison priscus; RF 1–16 = Rangifer tarandus; CF 1 = Panthera leo spelaea; CF 2 = Canis lupus).

und weil die Trittsiegel dem gleichen Rhythmus folgen, dürften diese beiden Tiere wohl dicht beieinander im gleichen Schritt gelaufen sein.

Wenn Pflanzenfresser und große Raubtiere auf einer Fährtenplatte zusammen vorkommen, erhebt sich die Frage, ob hier etwa Löwe und Wolf Jagd auf Rinder und Rentiere gemacht haben. Fährten belegen weit mehr als nur die Anwesenheit gewisser Tiere. Für Dinosaurierfährten ist eine Methode entwickelt worden, nach der man aus der Schrittlänge die Laufgeschwindigkeit ermitteln kann, wenn man die Hüfthöhe als zusätzliche Information kennt. Diese Methode läßt sich auf die Säugetiere übertragen, denn die Hüfthöhe der hier nachgewiesenen Tierarten ist mit genügender Genauigkeit abzuschätzen. Die Auswertung der Fährten zeigt, daß alle Tiere recht gemächlich gelaufen sind; kein Tier hat im Trab die Fläche gekreuzt. Folglich hielten sich Beutetiere und Räuber sicherlich nicht gleichzeitig auf der Fährtenplatte auf.

Aus den unterschiedlichen Erhaltungstypen der Trittsiegel, die eine zunehmende Abtrocknung des Lehms und damit eine Zeitfolge nachzeichnen, läßt sich das Geschehen auf der kleinen ‚Bühne' nachzeichnen. Bei dem Hochwasser wurden die Ufer überflutet und stellenweise mit einer Schicht aus Auelehm überdeckt. Nach dem Ablaufen des Wassers kamen einige große Huftiere durch den weichen Lehm, ihre tief eingetretenen Spuren sind aber bald wieder zusammengeflossen. Als der Lehm begann, etwas fester zu werden und nicht mehr zusammenfloß, kreuzten wieder verschiedene große Huftiere die Fläche. Einmal waren es zwei Pferde, die im gleichen Schritt nebeneinander liefen, bzw. mehrere einzelne Rinder. Wiederum etwas später, im Zeitraum von Stunden oder wenigen Tagen, war der Lehm noch weiter abge-

trocknet, so daß die Tiere nicht mehr tief einsanken. In diesem Stadium betraten Rentiere die Fläche. In der etwas feuchteren Nordecke scheinen mehrere Tiere hin und her getreten zu sein, die Trittsiegel sind hier so dicht, daß sie sich nicht zu Fährten ordnen lassen. Mindestens 16 Tiere kreuzten geruhsam die Fläche und hinterließen verfolgbare Fährten. Darunter war auch ein Jungtier.
Der Gesamtzeitraum, in dem der Auelehm Trittsiegel aufnehmen konnte, dürfte kaum mehr als einige Tage betragen haben. Trotz der Vielzahl der Trittsiegel war die ‚Bühne' aber wohl die meiste Zeit leer. Die Fährte des Löwen zeigt einen ruhigen Gang ohne Eile. Das ist nur denkbar, wenn keine potentiellen Beutetiere in unmittelbarer Nähe waren. Auch der Wolf ist zügig, aber nicht hetzend vorbeigezogen. Damit hat sich auf dieser Fährtenplatte wohl ein ganz alltägliches Geschehen ohne dramatische Höhepunkte, ohne Hetzjagd und ohne Kampf abgespielt.

Die Fährtenplatte im Spiegel der eiszeitlichen Umwelt

Es ist sehr zufällig, welche Tiere eine kleine lehmige Stelle am Rande eines Flusses kreuzen. Dennoch gibt unser Ausschnitt einen guten Einblick in die damaligen Lebensverhältnisse. Das Rentier belegt eindeutig kaltzeitliche Klimaverhältnisse. Nach den biostratigraphischen wie physikalischen Altersbestimmungen gehört die Fährtenplatte in den Zeitraum vor der maximalen Gletscherausdehnung der Weichsel-Eiszeit. Nordrhein-Westfalen dürfte während dieser Zeit im Dauerfrostgebiet gelegen haben. Deswegen war der Baumbestand auf wenige Bauminseln aus Birken und Kiefern begrenzt. Gras- und Krautsteppe lieferte aber den großen Pflanzenfressern, wie Mammut, Wollnashorn, Pferd, Bison, Auerochse, Elch, Rentier, Riesen- und Rothirsch, reichlich Nahrung. Knochen von diesen Tieren sind in den Ablagerungen der Emscher, die die Fährtenplatte unterlagern, nämlich den ‚Schneckensanden' und den ‚Knochenkiesen', gefunden worden. Wegen des unverändert hohen Sonnenstandes ist dieser Lebensraum eher mit der Almregion unserer Alpen als mit der arktischen Tundra zu vergleichen. Natürlich gehören auch Raubtiere in diese Lebensgemeinschaft. Der eiszeitliche Löwe und der Wolf haben auf der Fährtenplatte ihre Spuren hinterlassen. Als weiteres wichtiges Großraubtier gehört auch die Hyäne, deren Bißspuren häufig in den Knochenfunden überliefert sind, in diesen Lebensraum. Die zahlreichen kaltzeitlichen Kleinsäuger, unter ihnen die Lemminge, werden hier nicht aufgezählt, da sie weder auf der Fährtenplatte noch in den Sanden der Emscher repräsentativ zu erfassen sind. Die Fährtenplatte von Bottrop-Welheim überliefert erstaunlich viele Arten aus dieser kaltzeitlichen Faunengemeinschaft.
Der Reichtum an Wild und die guten Jagdmöglichkeiten in der offenen Landschaft haben den frühen Menschen auch während der Kaltzeiten in unsere Landschaft gelockt. Bis etwa 35 000 vor heute war der Neandertaler verbreitet, danach wurde er vom anatomisch modernen Menschen abgelöst. Beide haben mit ihrer Jagd aber kaum einen merkbaren Einfluß auf das Ökosystem genommen. Vom frühen *Homo sapiens sapiens* sind erste Darstellungen des Höhlenlöwen und anderer eiszeitlicher Tiere z. B. in der Vogelherdhöhle im Lonetal in Süddeutschland überliefert.

Lit.: M. Frechen, Luminiszens-Datierungen der pleistozänen Tierfährten von Bottrop-Welheim. Geol. u. Paläontol. Westfalen (Münster, im Druck). – W. von Koenigswald/W. Meyer (Hrsg.), Erdgeschichte im Rheinland – Fossilien und Gesteine aus 400 Millionen Jahren (München 1994). – W. von Koenigswald/M. Sander/M. Walders, The Upper Pleistocene track site Bottrop-Welheim (Germany). Acta zool. cracov. (Krakau, im Druck). – W. von Koenigswald/M. Walders, Zur Biostratigraphie der Säugetierreste aus der Niederterrasse der Emscher und der Fährtenplatte von Bottrop-Welheim. Geol. u. Paläontol. Westfalen (Münster, im Druck). – W. von Koenigswald/M. Walders/M. Sander, Jungpleistozäne Tierfährten aus der Emscher Niederterrasse von Bottrop-Welheim. Ebd. (Münster, im Druck).

Vorgeschichtliche Zeit

Mechernich-Weyer/Kreis Euskirchen. Kartstein und ‚Kakushöhle'. Südliche Felswand mit Höhleneingang. Altsteinzeitlicher Wohnplatz. Vor ca. 100 000 bis 35 000 Jahren.

Altpaläolithische Fundstellen in Nordrhein-Westfalen

Klaus Schmude und Horst Klingelhöfer

Die ältesten Spuren der Menschen finden sich in Wassernähe: in Ablagerungen alter Flußläufe, an alten Seeufern sowie an Meeres- und Flußterrassen. Häufig entstehen Terrassen-Stufen durch die Hebung von Kontinentschollen; in kälteren Perioden füllen sich so entstandene Täler mit Geröllen, in wärmeren erfolgt eine Erosion – beides zusammen bewirkt eine Stufenbildung. Flußterrassen sind potentielle Fundräume: Sowohl auf als auch in ihnen können von Menschen bearbeitete Geräte (Artefakte), meist aus Stein, vorkommen – unter günstigen Umständen Skelettreste, wie in Mauer, Steinheim und Swanscombe. Beim Sand- und Kiesabbau im Bereich der jüngeren Rhein-Hauptterrassen wurden in Bottrop-Kirchhellen, Schermbeck und Weeze Artefakte geborgen. In diesen jüngeren Hauptterrassen verlaufen Grenzen verschiedener Polarisierung, deren geologisches Alter bestimmt werden kann. In Weeze haben wir eine Grenze vor 780 000 Jahren, in Kirchhellen und Schermbeck könnte sie noch älter, ca. 950 000 Jahre, sein. Die Zuweisung der Schichten zu einer bestimmten Stufe wird durch detaillierte Untersuchungen der Gesteinzusammensetzung sowie nach quartärgeologischen Gesichtspunkten vorgenommen. Die Gerölle selbst enthalten ein buntes Spektrum an Gesteinen. Hier überwiegen Quarz, Quarzite und quarzitische Sandsteine, daneben treten auch weitere Sandsteine, Flint, Vulkanite und andere auf.

Artefakte aus Terrassenschichten können vom Fluß umgelagert sein. Der Erhaltungszustand hängt von der Fundlage ab: Artefakte aus Sand-Ton-Sedimenten haben häufig fast frische Bruchflächen und Kanten (isolierte Funde in schützender Matrix), während Funde aus Kieslagen häufiger Abrollungserscheinungen tragen. Die Bearbeitungsmerkmale der Geräte sind nicht mehr deutlich zu erkennen, sondern oft nur für das geübte Auge sichtbar. Im Gegensatz zu den Mittelmeerländern (besonders Frankreich und Spanien) hat die Beschäftigung mit dieser Materie in Deutschland keine lange Tradition, und es gibt hier nur wenige Fachwissenschaftler, die sich intensiv mit

Bottrop-Kirchhellen. Altsteinzeitliche Hack- und Bohrgeräte aus Sandstein und Quarzit. Vor ca. 780 000 Jahren.

verrollten Terrassen-Funden auseinandersetzen. Die Erfahrungen in- und ausländischer Forscher im Identifizieren der Artefakte aus großen Geröllsammlungen sowie deren Unterstützung bei der Bestimmung des Materials aus den Rheinterrassen sind den Autoren eine große Hilfe. Wenn man sich mit den Fundstellen befaßt, muß man sich gründlich vorbereiten. Die Besichtigung von Sammlungen wichtiger stratifizierter Fundorte, die Untersuchung der Terrassen in verschiedenen Regionen, das Vorkommen und Aussehen von Geofakten (Naturprodukten) und deren Entstehungsmöglichkeiten sind ebenso Voraussetzung zur Unterscheidung von Arte- und Geofakten wie das experimentelle Schlagen an den Gesteinen sowie das systematische Studium der Fachliteratur.

Zur Herstellung der Steingeräte wurde das örtlich vorkommende Rohmaterial verwendet. In Kirchhellen und Weeze sind dies vorwiegend Quarzite und Quarze der Altrhein-Schotter, in Schermbeck Quarzite. Neben einer Reihe grob gearbeiteter Faustkeile kommen spitzhackenförmige Pics vor und sog. Cleaver, handbeilartige Geräte aus Abschlägen oder Kernen bzw. Geröllen. Alle diese Formen sind Belege aufwendiger Gerätschaften aus der Zeit des Alt-Acheuléen. Außerdem gibt es noch aus Flußgeröllen hergestellte einfache einseitig bzw. zweiseitig bear-

Weeze/Kreis Kleve. Altsteinzeitliche Hack-, Bohr- und Kratzgeräte sowie Rohmaterialstücke aus Sandstein und Quarzit. Vor ca. 950 000 Jahren.

Schermbeck/Kreis Wesel. Altsteinzeitliche Faustkeile, Hack- und Kratzgeräte aus Sandstein und Quarzit. Vor ca. 950 000 Jahren.

beitete Hackwerkzeuge, sog. Chopper bzw. Chopping-tools, Kleinwerkzeuge sowie grobe Abschläge und Kerne. Mag auch das hohe Alter und die Beschaffenheit der Geräte manchen verwundern, so reihen sich diese Funde in das bisher bekannte Bild dieser Zeit in Europa gut ein. Fundstellen wie in Mauer, Miesenheim, Abbéville und Tautavel sind 500 000 bis 600 000 Jahre alt. Noch älter, nämlich 600 000 bis 900 000 Jahre, sind die Funde in Soleihac, Atauerca sowie von Flußterrassen in Frankreich und Spanien. Ähnlich altes Material stammt in Deutschland aus Hessen und vom Mittelrhein.

Von großer Wichtigkeit ist ein Fundgebiet in Velen-Ramsdorf/Kreis Borken. Ein 1968 von dem archäologisch interessierten Landwirt J. Hüging in Ramsdorf-Knüverkamp zufällig entdeckter herzförmiger Quarzitfaustkeil führte zu Begehungen des Ackergeländes zwischen Ramsdorf und Velen südlich der Bocholter Aa. Im Zeitraum zwischen 1981 und 1991 wurden 21 Fundstellen mit insgesamt 330 Artefakten vorwiegend aus dem im Tertiär enstandenen Quarzit der Halterner Sande entdeckt. Die Funde haben eine große Ähnlichkeit mit bekannten Inventaren des älteren Acheuléen. Der Erhaltungszustand zusammen mit der Fundsituation spricht für die Entstehung vor der Saale-Vereisung vor 250 000 Jahren, Ausformung und Bearbeitungstechnik unterstützen dies. Auffällig ist das völlige Fehlen der mittelpaläolithischen Levallois-Technik (Kernpräparation mit nachfolgendem Zielabschlag). Kennzeichnend sind wenige besser durchgearbeitete und weitere grobe massive Faustkeile, mehrere kleine plumpe Protofaustkeile, Pics und Trieder (dreikantige Pics), zahlreiche Cleaver, Chopper und wenige Chopping-tools, viele einfache Schaber, Kratzer, steilretuschierte kleingerätige Formen, einfache Kerne und Abschläge mit dicken Schlagflächen und größeren Abschlagwinkeln.

Wichtig für eine Alterseinstufung ist die teilweise mehrere Millimeter dicke Eisenoxid-Einfärbung vieler Artefakte, gefolgt von einer Oberflächenglättung (Windschliff). Derartige Funde wurden auch auf Drenthe-Grundmoränenbedeckung gemacht. Die Entstehung der Eisenimprägnierung setzt nach Auffassung von Fachgeologen eine gut wasserdurchlässige Matrix (z. B. Sandboden) und ein feuchtwarmes Klima (Interglazial) voraus. Es liegt daher die Annahme einer Einfärbung vor der Drenthe-Vereisung auf bzw. in dem ursprünglichen Sandboden nahe. Eine völlige Verlagerung oder Zerstörung des Artefaktbestandes hat offenbar nicht stattgefunden, wofür die vorhandene Quarzitstreuung im Bereich des ursprünglichen Vorkommens (Halterner Sande) ein Beleg ist.

Die Bedeutung der Funde von Ramsdorf liegt zum einen in der für Westfalen erstmaligen Entdeckung typologisch eindeutiger altpaläolithischer Werkzeugformen und zum anderen darin, daß sie aus dem in diesem Raum bisher selten verwandten Quarzit bestehen.

Jungsteinzeitliche Megalithgräber im östlichen Westfalen

Klaus Günther

Im Rahmen der ersten Landesausstellung in Köln 1990 wurde ein aus Sandsteinplatten erbautes Megalithgrab (Großsteingrab) mit religiösen Bildzeichen bei Warburg/Kreis Höxter vorgestellt. Hier soll nun über einige Ergebnisse der archäologischen Erforschung von insgesamt sieben Gräbern berichtet werden, die zwischen 1983 und 1994 im südöstlichen Westfalen entdeckt und ausgegraben worden sind. Alle Fundstellen lagen im Ackerland, von den Megalithgräbern waren nur noch tiefer im Boden liegende Steine und Überreste vorhanden, die beim Abbruch der Grabkammern an Ort und Stelle zurückgeblieben sind und in den folgenden Jahrhunderten nicht der Bodenbearbeitung zum Opfer fielen. Das heute in der Landwirtschaft übliche tiefere Pflügen der Felder hatte in den letzten Jahren zu ihrer Wiederentdeckung geführt. Dies gab auch Anlaß zu den jüngsten Ausgrabungen, bei denen noch vorhandene Reste vor der Bodenerosion und vollständigen Zerstörung durch den tiefergehenden Pflug untersucht werden konnten.

Vier Großsteingräber und ein Holzkammergrab mit Kalksteinmantel bei Warburg bildeten eine Nekropole. Die Bauten sind in zeitlichen Abständen nacheinander errichtet worden. Sie unterscheiden sich durch Eigentümlichkeiten des Grundrisses, der Bauweise und auch in der Größe beträchtlich voneinander und lassen in großen Zügen eine historische Entwicklung im nordwestlichen Teil der deutschen Mittelgebirgszone erkennen. Es handelt sich um Gemeinschaftsgräber, die von Angehörigen eines größeren Sozialverbandes (mehrere Familien oder Sippen) erbaut und bis zur vollständigen Belegung etwa zwei bis drei Generationen, d. h. 50–75 Jahre lang als Erbbegräbnisse benutzt wurden. Das 1990–1991 untersuchte Grab Warburg III zählt mit einer 33,2 m langen Grabkammer zu den größten im Mittelgebirgsraum und in der Norddeutschen Tiefebene bekannten ‚Hünengräbern'. Auf der Paderborner Hochfläche, wo schwere und steinige Böden vorherrschen und die Menschen der Jungsteinzeit wahrscheinlich mehr von

Büren-Wewelsburg/Kreis Paderborn. Überreste des Großsteingrabes Wewelsburg I. Um 3000 v. Chr.

der Viehzucht und Jagd lebten, wurden zum Bau von Megalithgräbern große Kalksteinplatten verwendet, die im Untergrund anstehen. Ein 1985 wiederentdecktes und 1986–1987 erforschtes Grab bei Wewelsberg/Kreis Paderborn ergab aufschlußreiche Funde und Befunde, die 1992 veröffentlicht worden sind. Das Grabmal hatte aus einer 16 m langen und 2,8 m breiten, rechteckigen Kammer und einem nordöstlich anschließenden 2,6 m langen Vorraum bestanden. In der Grabkammer waren mehr als einhundert Tote – Männer, Frauen und Kinder – mit Grabbeigaben beigesetzt. In einem Vorraum, den eine Wand mit halbrunder, fensterartiger Öffnung (sog. Seelenloch)

Büren-Wewelsburg/Kreis Paderborn. Großsteingrab Wewelsburg I (um 3000 v. Chr.). Gelochte Tierzähne aus der Grabkammer. Die Anordnung der Zähne ist willkürlich; sie entspricht nicht dem Grabungsbefund.

vom Grabraum trennte, pflegten Angehörige bei Totenfeiern ihre Opfergaben zu spenden.
Von der Kleidung der Toten, den Schmuckstücken und Amuletten, Waffen und Geräten, Speisen und Getränken, die ihnen vor rund 5000 Jahren ins Grab mitgegeben worden waren, sind nur die durch Verwitterung unzerstörbaren, im Erdboden konservierten Reste erhalten: verzierte Tongefäße, Pfeilspitzen und Messerklingen aus Feuerstein, ein Knochenpfriem, Bernsteinperlen, der Rest eines Anhängers aus Kupferblech (dem am frühesten von Menschen gewonnenen Metall in Mitteleuropa) und eine auffallend große Menge von mehr als vierhundert durchbohrten Tierzähnen, die an Ketten oder an der Kleidung getragen wurden. Nach zoologischer Bestimmung handelt es sich meist um Eckzähne vom Haushund, außerdem sind Zähne vom Hausschwein und Wildtierzähne vom Wolf, Rotfuchs, Braunbär, Dachs, Fischotter, Marder, Luchs und von der Wildkatze vertreten. Warum Tierzähne, die nachweislich von Männern, Frauen und auch von Kindern getragen wurden, so beliebt waren, wissen wir nicht genau. Wahrscheinlich dienten sie nicht nur als Schmuck, sondern hatten eine magische oder religiöse Bedeutung, die aber mangels aussagefähiger Überlieferung unbekannt bleibt. Eindeutigen Amulettcharakter haben Unterkieferhälften vom Fuchs, die einzeln oder paarweise in dem Kollektivgrab Wewelsburg I und anderen Großsteingräbern Nordwestdeutschlands gefunden worden sind.

Lit.: K. Günther/M. Viets, Das Megalithgrab Wewelsburg I, Stadt Büren, Kreis Paderborn. Mit einem Beitrag von K. Steppan. Bodenalt. Westfalen 28 (Münster 1992) 101–146.

Eine zimmermannstechnische Glanzleistung: der 7000 Jahre alte Eichenholzbrunnen aus Erkelenz-Kückhoven

Jürgen Weiner

Im Verlauf der archäologischen Landesaufnahme durch das Rheinische Landesmuseum Bonn im Jahre 1964 wurde von Manfred Groß östlich des kleinen Ortes Kückhoven, wenige Kilometer südlich von Erkelenz, ein bandkeramischer Siedlungsplatz entdeckt. Erst 25 Jahre später, im Sommer 1989, wurden die Archäologen erneut auf den Fundplatz aufmerksam. Die Fundstelle ist durch großflächigen Kiesabbau akut gefährdet, ihre Ausgrabung unumgänglich.

Bandkeramische Siedlungsspuren weitab vom Wasser?

Ausgesprochen bemerkenswert ist die topographische Lage der Siedlung. Sie erstreckt sich auf einer nahezu ebenen Lößhochfläche, die an dieser Stelle durch eine in der Eiszeit entstandenen Erosionsrinne, einem heutigen Trockental, nur unwesentlich geprägt ist. Für bandkeramische Verhältnisse völlig ungewöhnlich ist die Beobachtung, daß weit und breit kein oberirdisch zugängliches Gewässer vorhanden ist. Die nächsten Bäche liegen jeweils ca. 3 km in nördlicher (Quellbereich der Niers) bzw. südlicher (Nüsterbach) Richtung vom Siedlungsplatz entfernt. Eine derartig isolierte Siedlungssituation weit ab vom Gewässernetz hebt sich markant vom bislang bekannten bandkeramischen Siedlungsbild ab. Vor diesem Hintergrund ist es erstaunlich, daß im Verlauf der Ausgrabungen auf einer Fläche von ca. 7 Hektar die Spuren einer ausgedehnten Siedlung mit mehr als 70 Hausgrundrissen freigelegt wurden. Typische bandkeramische Oberflächenfunde von den angrenzenden Feldern lassen jedoch den Schluß zu, daß die Siedlung eine wesentlich größere Ausdehnung besitzen muß. Da mit einer Gesamtfläche von mindestens 10 Hektar zu rechnen ist, liegt hier eine der größten bandkeramischen Siedlungen des Rheinlandes vor. Hunderte von Abfallgruben lieferten eine umfangreiche Menge von charakteristischen Steingeräten und Keramikfragmenten. Die Verzierungselemente der Keramik erlauben eine Datierung der Siedlung in einen späten Abschnitt der bandkeramischen Kultur. Darüber hinaus fand man die Reste mehrerer sog. Erdwerke, d. h. verfüllter Gräben mit V-förmigen bzw. wannenförmigen Querschnitten. Derartige Erdwerke kennt man auch von anderen bandkeramischen Fundplätzen des Rheinlandes; noch ist aber unklar, ob es sich um Befestigungsanlagen, Viehkrale (Pferche) oder Kultstätten handelt. Das größte Erdwerk besteht aus zwei ineinandergreifenden, ringförmigen Strukturen mit einer Länge von ca. 160 m und einer Breite von ca. 110 m.

Zur Fundgeschichte des Brunnens

Innerhalb des nördlichen Grabenringes des großen Erdwerkes wurden im Dezember 1990 beim Kiesabbau aus einer Tiefe von ca. 7 m unterhalb der heutigen Oberfläche Holzreste geborgen. Eine erste naturwissenschaftliche Datierung mit Hilfe der sog. Radiocarbonmethode ergab ein bandkeramisches Alter. Die Tiefe der Fundstelle und das Alter der Hölzer führten zur einzig naheliegenden Überlegung: Hier war ein bandkeramischer Brunnen angeschnitten worden. Damit war auch die lange gesuchte Antwort nach der damaligen Wasserversorgung gefunden. Bislang war lediglich ein annähernd vergleichbarer bandkeramischer Befund aus Mähren erkannt und als Brunnen beschrieben worden. Er wurde jedoch als Ausnahmebefund gewertet; alle Spezialisten waren sich darin einig, daß der Grundwasserspiegel auf den Lößhochflächen für die Bandkeramiker in unerreichbarer Tiefe lag. Deshalb hatte niemand ernsthaft mit der Existenz bandkeramischer Brunnen gerechnet. Die Ausgrabung der Brunnenanlage wurde im Februar 1991 begonnen und Ende 1994 abgeschlossen.

Die Fundstelle der Hölzer wurde großflächig bis auf eine Tiefe von 7 m freigeräumt. Hier zeigte sich im anstehenden Kies und Sand der Rhein-Hauptterrasse ein ovaler, dunkler Fleck von ca. 6 m × 7 m Durchmesser, in dessen Zentrum vom Bagger gestörte Höl-

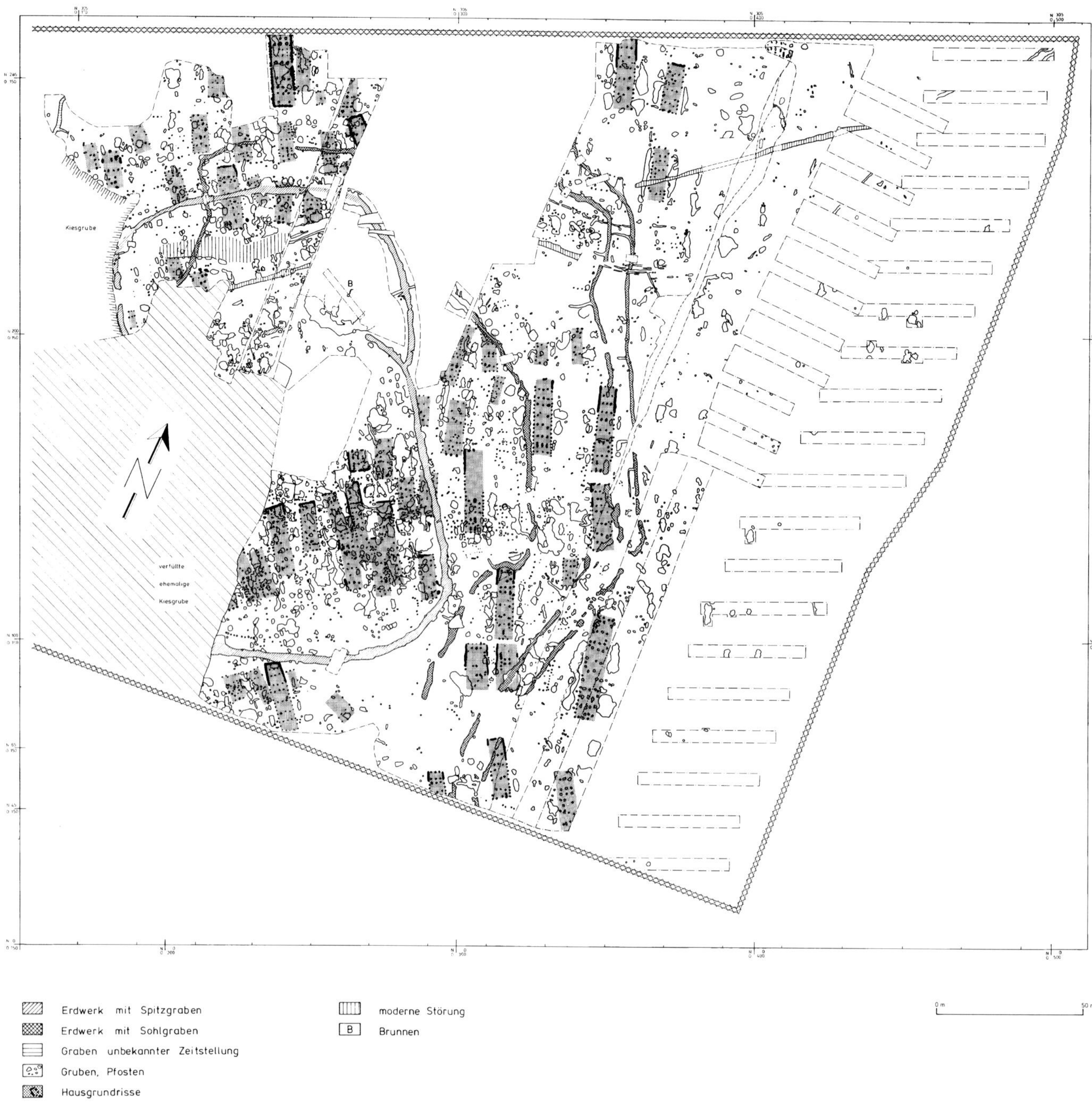

Erkelenz-Kückhoven/Kreis Heinsberg. Bandkeramische Siedlung. Vorläufiger Plan. Ende 6. Jahrtausend v. Chr.

Erkelenz-Kückhoven/Kreis Heinsberg. Bandkeramische Siedlung. Grabungsfläche mit freigelegtem Hausgrundriß. Ende 6. Jahrtausend v. Chr.

zer erkennbar waren. Tatsächlich stellte der Fleck nichts anderes dar als die wiederverfüllte ehemalige Baugrube, die Hölzer die Reste der Brunnenverschalung. Mittels einer Bohrsondage wurde die Resttiefe des Befundes mit ca. 8 m ermittelt. Hieraus ergibt sich eine ehemalige Gesamttiefe des Brunnens von ca. 15 m unterhalb der erodierten bandkeramischen Oberfläche, die nur wenige Dezimeter höher als die heutige lag.

Das Brunnenbauwerk

Nach dem Abräumen der vom Bagger verlagerten und zerstörten Hölzer zeigte sich die erste komplett erhaltene Lage der Rahmenkonstruktion eines Brunnenkastens (Kasten 1). Sein Querschnitt ist quadratisch, und mit einer Seitenlänge von ca. 3 m übertrifft er alle Erwartungen. Völlig überraschend gab die Füllung dieses Kastens einen zweiten, mit einer Seitenlänge von 1,6 m erheblich kleineren Brunnenkasten (Kasten 2) gleicher Bauweise frei. Dies bedeutet, daß der kleinere Kasten nachträglich in den größeren eingebaut worden war und somit jünger ist. Im Verlauf der Grabung wurde schließlich in einer Tiefe von annähernd 12 m in der Füllung des zweiten Brunnenkastens ein dritter Kasten angetroffen (Kasten 3). Seine Außenmaße betragen nur noch ca. 1,1 m im Quadrat und entsprechen damit der lichten Weite des zweiten Brunnenkastens. Wiederum ist davon auszugehen, daß auch dieser dritte Kasten jünger ist als der zweite. Allem Anschein nach wurde also die Brunnenanlage während ihrer Nutzungszeit zweimal durch den Einbau eines jeweils kleineren Brunnenkastens erneuert.

Erkelenz-Kückhoven/Kreis Heinsberg. Jungsteinzeitlicher Holzbrunnen. Untere Lagen der Brunnenkästen 1 und 2. Kurz nach 5090 bzw. 5065 v. Chr.

Erkelenz-Kückhoven/Kreis Heinsberg. Lebensbild. Szene am Schöpfbrunnen einer jungsteinzeitlichen Siedlung. Ende 6. Jahrtausend v. Chr.

Wie eine Fieberkurve – Jahrringe datieren das älteste erhaltene Holzbauwerk der Welt

Die Jahrringdatierung (Dendrochronologie) ermöglicht z. Z. die präziseste Altersbestimmung zahlreicher archäologischer Holzfunde. Die Grundlage dieser Datierungsmethode besteht in der Beobachtung, daß bestimmte Baumarten, in Europa insbesondere die Eiche, im Verlauf ihres Wachstums jährlich einen Jahrring neu bilden. Fällt man also eine Eiche, so kann man ihr Alter durch Abzählen der Jahrringe ermitteln. Wenn man die Anzahl und die genaue Breite der Jahrringe graphisch darstellt, erhält man eine sogenannnte Jahrringkurve, die einer Fieberkurve ähnelt und charakteristisch für den gefällten Baum ist. Durch die Aneinanderreihung einer großen Zahl derartiger Jahrringkurven verschiedener Bäume wurde in den vergangenen Jahrzehnten eine lückenlose Jahrringchronologie für Westeuropa erstellt, die mittlerweile bis ins 8. Jahrtausend v. Chr. zurückreicht. Alle Bauelemente der drei Brunnenkästen bestehen aus Eichenholz, und so lag die Altersbestimmung durch die Jahrringdatierung auf der Hand. Im Labor für Dendrochronologie der Universität zu Köln wurde das Fälldatum der Bäume für die drei Brunnenkästen ermittelt. Danach wurden die Eichen des größten

Brunnenkastens im Jahre 5090 v. Chr., diejenigen des mittleren Kastens gegen 5065 v. Chr. und die Bäume für den kleinsten und jüngsten Brunnenkasten gegen 5050 v. Chr. gefällt.
Die Datierung der Brunnenanlage sowie die einzigartige Erhaltung der Hölzer, die Dimensionen der Brunnenkästen und die Resttiefe des Befundes von 8 m machen es wahrscheinlich, daß es sich hierbei um das älteste erhaltene Holzbauwerk der Welt handelt.

Qualitätsbewußte Zimmerleute

Die Bauelemente beider Brunnenkästen lassen erkennen, daß nahezu ausschließlich astfreies, geradschäftiges Eichenholz bester Qualität verwendet worden ist. Es handelt sich um sog. Spältlinge, die radial aus den Baumstämmen herausgespalten worden sind; hierauf weisen ihre tortenstückartigen Querschnitte hin. Außerdem wurde ein Bauelement gefunden, in dem noch das Ende eines abgebrochenen Spaltkeiles steckt. Der breiteste Spältling mißt 52 cm, was auf einen ehemaligen Stammdurchmesser von über einem Meter Dicke schließen läßt. Wenn es erforderlich war, wurden die Längskanten der Spältlinge, aber auch ihre Oberflächen begradigt bzw. geglättet. Dies lassen zahlreiche exzellent erhaltene Spuren der Bearbeitung mit Steinbeilen erkennen. Jeweils vier Spältlinge waren zur Errichtung einer Rahmenlage erforderlich. Dabei wurden zwei Elemente mit ihrer spitzen Längskante nach unten im erforderlichen Abstand parallel aufgestellt. Die beiden anderen Elemente wurden nun in Querrichtung hierzu auf die zuvor aufgestellten Spältlinge aufgesetzt und an den Ecken miteinander verbunden. Wichtigste Voraussetzung für eine dauerhafte Verbindung der vier Bauelemente ist selbstverständlich eine sinnvolle und haltbare Eckkonstruktion.

Blockbauweise vor mehr als 7000 Jahren

Wenige Archäologen hätten damit gerechnet, daß die bandkeramischen Zimmerleute dieses Problem durch eine für die Holzbauweise so naheliegende Zimmermannstechnik gelöst haben: die Blockbauweise. So bestand über viele Jahrzehnte die Ansicht, daß die Blockbauweise erst mit dem Ende der Bronzezeit um ca. 1000 v. Chr. aufgekommen sei. Erst vor wenigen Jahren wurde in Süddeutschland ein Hausgrundriß aus dem späten Abschnitt der jüngeren Steinzeit mit eindeutigen Merkmalen dieser Holzbautechnik freigelegt. Seine Datierung erbrachte das erstaunliche Alter von ca. 2900 v. Chr. Das Alter des Brunnens von Erkelenz-Kückhoven datiert die Kenntnis der Blockbauweise erneut um annähernd 2200 Jahre zurück. Damit liefert die Brunnenanlage gegenwärtig den ältesten Nachweis der Blockbauweise. So konnten die Archäologen innerhalb weniger Jahre einen chronologischen Erkenntnisgewinn verbuchen, der annähernd 4100 Kalenderjahre umfaßt. Alle Bauelemente der drei Brunnenkästen weisen die gleichen Merkmale der Blockbauweise auf. Wenige Dezimeter vor ihren Enden befinden sich auf beiden Längsseiten gegenüberliegende rechteckige Aussparungen (sog. Ausklinkungen). Sie ermöglichen es, die Spältlinge – ähnlich wie bei einem einfachen Baukastensystem – fest und dauerhaft miteinander zu verbinden. Nun besitzen zwar die Bauelemente der einzelnen Brunnenkästen eine jeweils einheitliche Länge, ihre Breite ist jedoch durchaus unterschiedlich. Trotzdem ist es den Zimmerleuten gelungen, die einzelnen Rahmenlagen der jeweiligen Kastenkonstruktionen horizontal übereinander zu errichten. Dies wurde durch unterschiedlich tief ausgearbeitete Ausklinkungen erreicht. Ein weiterer Vorteil dieser flexiblen und in jeder Beziehung materialgerechten Arbeitsweise bestand darin, daß die Längskanten der einzelnen Spältlinge absolut paßgenau, d. h. bündig aufeinanderstießen. Allem Anschein nach wollte man hierdurch das Eindringen von oberflächennahem Sickerwasser verhindern. Wie groß der Anspruch an die Wasserqualität gewesen ist, zeigt sich auch daran, daß zwischen manchen Rahmenlagen des größten Brunnenkastens zusätzlich zur Abdichtung noch eine festgepreßte Mooslage als Kalfaterung eingebracht worden ist.

Zur Baugeschichte der Brunnenanlage

Die kontinuierliche Freilegung der drei Brunnenkästen hat Informationen geliefert, die Aussagen über die Bau- und Nutzungsgeschichte der Anlage erlauben. So wurde festgestellt, daß Kasten 2 nicht – wie ursprünglich vermutet – bis auf die Sohle von Kasten 1 hinabreicht. Beim Abbau der fundsterilen Verfüllung im Freiraum zwischen Kasten 1 und Kasten 2 stieß man in einer Tiefe von ca. 13 m auf eine deutlich anders ausgeprägte, außerordentlich fundreiche Füllschicht. Gleichzeitig wurde auf diesem Niveau die unterste Rahmenlage von Kasten 2 freigelegt. Dies bedeutet, daß Kasten 2 auf dieser Schicht errichtet worden war. Zu einem früheren Zeitpunkt war bereits der bündig in Kasten 2 eingebaute Kasten 3 entdeckt worden. Es stellte sich nun beim Abbau der untersten Rahmenlage von Kasten 2 heraus, daß Kasten 3 die Sohle von Kasten 2 durchteuft und in die fundreiche Schicht hinabreicht. Somit stellt Kasten 3 nichts anderes als eine teleskopartige Verlängerung von Kasten 2 dar. Tatsächlich erstreckt sich dieser dritte, als letzter erbaute Brunnenkasten fast bis auf die eigentliche Sohle von Kasten 1.

Im weiteren Verlauf der Grabung zeigte sich, daß die fundreiche Schicht bis auf die Sohle von Kasten 1 über eine Tiefe von nahezu zwei Metern hinabreicht. Sie ist gekennzeichnet durch kiesig-sandige Erdmassen, in die eine riesige Menge von Hölzern – Stamm- und Astabschnitten sowie Konstruktionsteilen eines Gebäudes –, aber auch von Steingeräten, Keramikfragmenten, Holzwerkzeugen, Fragmenten und Geräten aus Knochen und Geweih, Rindentaschen und Kordelresten eingeschlossen ist. Zahlreiche Holzstücke weisen intensive Spuren von Feuereinwirkung auf. Eine Sortierung der Fundstücke nach schwereren und leichteren Materialien ist nicht festzustellen. Dies bedeutet jedoch, daß der Kasten 1 zum Zeitpunkt der Einfüllung dieser ‚Abfallschicht' kein Wasser mehr enthielt; der Brunnen war zu einem unbekannten Zeitpunkt seiner Nutzung trockengefallen.

Faßt man all diese Beobachtungen zusammen, so ergibt sich gegenwärtig folgende Baugeschichte: Aus noch unbekannten Gründen wurde auf einem gewässerfreien, trockenen Lößplateau in der Nähe der heutigen Ortschaft Kückhoven eine bandkeramische Siedlung gegründet, so daß zur Wasserversorgung ein Brunnen gebohrt werden mußte. Im Winter des Jahres 5090 v. Chr. schlug man das zum Brunnenbau benötigte Eichenholz und bereitete es zur Weiterverarbeitung vor (Entrinden, Ablängen, Aufspalten, Transport zum Bauplatz). Im Frühjahr 5089 v. Chr. wurde eine ca. 15 m tiefe Baugrube bis zum Grundwasser ausgehoben und anschließend der Kasten 1 von der Sohle der Baugrube zur Tagesoberfläche errichtet. Zugleich wurde die Baugrube mit einer

Erkelenz-Kückhoven/Kreis Heinsberg. Bruchstück eines Hackenblattes aus Eichenholz. Um 5090 v. Chr.

Mischung aus Kies, Sand und Löß verfüllt. Nach einer unbekannten Nutzungsdauer sank der Grundwasserspiegel, und der Brunnen fiel trocken. Offen bleibt die Frage, wie die Wasserversorgung von diesem Zeitpunkt an sichergestellt war. Zu einem späteren Zeitpunkt verbrannte ein möglicherweise über dem Brunnen errichtetes Brunnenhaus oder vielleicht ein Schutzdach und stürzte in die ausgetrocknete Brunnensohle. Die Siedler versuchten womöglich, den Brand zu löschen und kippten Erde, aber auch Abfälle in den Brunnenschacht. Falls diese Theorie nicht zutrifft, wäre andernfalls ebenso gut denkbar, daß sich in der Nähe des Brunnens die Reste eines abgebrannten Hauses befanden, die aus unbekannten Gründen mit Teilen des Hausrates in den Brunnen geworfen wurden.

Um das Jahr 5065 v. Chr. stieg der Grundwasserspiegel wieder um ca. 2 m an. Man errichtete – auf der Abfallschicht stehend – einen zweiten, kleineren Brunnenkasten und verfüllte gleichzeitig den Raum zwischen Kasten 1 und Kasten 2 mit einer Mischung aus Kies, Sand und Löß. Da der oberirdische Teil von Kasten 1 entfernt wurde, war jetzt nur noch das Rahmenwerk von Kasten 2 sichtbar. Um oder nach dem Jahr 5050 v. Chr. fiel der Grundwasserspiegel erneut um ca. 2 m, so daß man den Brunnen von der Sohle des Kastens 2 in die Abfallschicht bis auf das Grundwasserniveau hinab eintiefte. Von hier aus errichtete man den kleinsten, dritten Brunnenkasten, der aus Stabilitätsgründen noch ca. 1,5 m in den untersten Abschnitt von Kasten 2 hineinragte. Die Nutzungsdauer dieses 3. Kastens ist noch unbekannt.

Einzigartige Fundstücke

Die Abfallschicht auf der Basis von Kasten 1 hat einzigartige und für die Bandkeramik bislang noch nie nachgewiesene Fundstücke aus vergänglichen Materialien geliefert. An erster Stelle sind hier Geräte und Objekte unbekannter Funktion aus Holz sowie merkwürdige Behälter aus Rindenbast zu nennen. Die Holzartenbestimmungen wurden im Labor für Paläobotanik der Universität zu Köln durchgeführt. Eine wichtige Funktion bei der Anlage der Baugrube besaßen gewiß die Hacken. Es handelt sich um sog. Kompositgeräte, die aus zwei Komponenten bestehen. Das geradlinig gearbeitete oder mit Zinken versehenen Blatt aus Ahorn oder Eiche ist an einem Stiel aus Weide befestigt. Praktische Versuche mit materialgetreuen Nachbildungen haben ergeben, daß sich mit solchen Hacken hervorragend Kies und Sand lockern und verlagern läßt. Die Verwendung als landwirtschaftliches Gerät ist dagegen mit Sicherheit auszuschließen.

Im Zusammenhang mit der Errichtung der Brunnenanlage stehen ebenfalls die beiden Spaten. In diesem Falle wurden Stiel und Blatt aus einem einzigen Spaltstück aus Ahorn herausgearbeitet. Das flache Blatt weist bei beiden Stücken am Übergang zum Stiel nur einseitig eine Schulter auf; es handelt sich also um sog. Halbspaten. Als kleine Sensation erwiesen sich drei unscheinbare Bruchstücke aus Ulme. Ihre Querschnitte und der typische Verlauf der Jahrringe belegen unzweifelhaft, daß es sich um Bruchstücke eines Bogenstabes handelt. Entgegen aller Erwartung kann der ursprüngliche Bogen aber kein typischer neolithischer Geradbogen gewesen sein. Die Profile der Bruchstücke, aber auch die verwendete Holzart Ulme weist vielmehr auf einen sog. Holmegaard-Bogen hin – einen Bogentyp, der bereits in der mittleren Steinzeit geläufig war. Zahlreiche Pfeilspitzen von bandkeramischen Fundplätzen belegen zwar die Existenz dieser Jagd- und Kriegswaffe zu jener Zeit. Reste von bandkeramischen Bogen wurden jedoch noch nie gefunden. Nunmehr liegen also erstmals Bogenreste von einem bandkeramischen Fundplatz vor. Es lag natürlich nahe, auch Überreste von Pfeilschäften in der Abfallschicht zu vermuten. Tatsächlich verlief die Suche erfolgreich, und es wurden mehrere kurze Bruchstücke vollrunder Stäbe mit einem Durchmesser von 8–10 mm gefunden. Sie bestehen aus Esche, und der Jahrringverlauf läßt erkennen, daß sie aufwendig aus dickem, gespaltenem Stammholz herausgearbeitet worden sind.

Übereinstimmend wird angenommen, daß in der Bandkeramik neben keramischen Gefäßen auch solche aus Holz existiert haben müssen. Allerdings sind bisher nur zwei kleinere Fragmente solcher Holzgefäße von einem Fundplatz aus Sachsen-Anhalt bekannt. In der Abfallschicht wurde ein fast komplett erhaltenes Gefäß mit geradem Boden und drei kleinen Ösen freigelegt. Es wurde aus einer Maserknolle aus Ahorn mit dem Querbeil modelliert und auf der gesamten Oberfläche überschliffen. Zahlreiche weitere, teilweise rätselhafte Objekte aus Holz wurden geborgen. Sie lassen jedoch ihre ehemalige Funktion nicht erkennen, und es wird vielleicht niemals gelingen, hierüber weitere Erkenntnisse zu gewinnen.

Zu den faszinierendsten Fundstücken gehören ohne Zweifel die sog. Rindentaschen, von denen mehr als ein Dutzend in der Abfallschicht gefunden worden sind. Die große Anzahl dieser in unterschiedlichem Erhaltungszustand geborgenen Taschen erlaubt ihre genaue Rekonstruktion. Als Material wurde ein rechteckiger Streifen Bast, vermutlich von Eichenrinde, verwendet. Er wurde in der Mitte geknickt, und beide Teile deckungsgleich übereinandergelegt. Beide Längskanten sind vernäht und auf diese Weise allem Anschein nach abgedichtet. Diesem zunächst noch flachen Gebilde wurde an der Öffnungsinnenseite eine dünne Rute aus einer elastischen Holzart (Weide oder

Erkelenz-Kückhoven/Kreis Heinsberg. ,Tasche' aus Rindenbast während der Freilegung. Ende 6. Jahrtausend v. Chr.

Schneeball?) reifenartig eingesetzt und mit Kordelschlingen befestigt. Dieser Reifen spreizte den elastischen Bastkörper jetzt zu einer kreisrunden Öffnung auf. Im Anschluß daran wurde an beiden Ecken am gegenüberliegenden, kielartigen Ende zur Verstärkung ein kompliziertes Kordelgeflecht angebracht. Zusätzlich verlaufen von dort Schnüre netzartig über die gesamte Oberfläche bis zum Rand der Öffnung und wurden dort befestigt. Mittlerweile verdichten sich die Hinweise, nach denen diese taschenartigen Behältnisse tatsächlich zum Wasserschöpfen benutzt worden sind.
Schließlich sei noch auf ein Schmuckstück aus Bernstein, einen perlenartigen Anhänger, hingewiesen. Eine naturwissenschaftliche Analyse hat ergeben, daß es sich um baltischen Bernstein handelt. Damit ist erneut ein Beleg für besonders weitreichende, überregionale Kontakte zu bandkeramischer Zeit erbracht.

Alle Merkmale des Brunnenbauwerkes von Erkelenz-Kückhoven legen nahe, daß die Kenntnis des Brunnenbaus einen festen Bestandteil bandkeramischer Holzbautechnik darstellt. Die Erschließung unterirdischer Wasservorkommen machte die bandkeramischen Siedler somit unabhängig vom natürlichen Gewässernetz und erlaubte die Besiedlung der bislang als siedlungsfrei angenommenen Lößhochflächen. Folgerichtig muß die gültige Vorstellung vom bandkeramischen Siedlungsverhalten modifiziert werden: Neben die traditionell gewässergebundenen Siedlungen mit einer ,passiven Wasserversorgung' treten Siedlungsplätze im Hinterland mit einer ,aktiven Wasserversorgung'. Hier eröffnen sich für die Forschung, aber auch für die tägliche Arbeit der Bodendenkmalpflege völlig neue Perspektiven. Für die Bodendenkmalpflege nicht nur im rheinischen Lößgebiet bedeutet dies eine zusätzliche Verpflichtung zur verstärkten Beobachtung von Erdeingriffen in Gebieten, die außerhalb der klassischen bandkeramischen Siedlungskorridore liegen. Der Brunnen von Erkelenz-Kückhoven ist der erste Fund dieser Art im Rheinland; vieles spricht dafür, daß er nicht der letzte sein wird. Die abschließende Untersuchung der einmaligen Brunnenkonstruktion und der darin erhaltenen Fundstücke wird Erkenntnisse über technologische Fertigkeiten der Bandkeramik liefern, die in diesem Umfang noch niemals zuvor möglich waren und in ihrer Tragweite noch nicht abzuschätzen sind.

Lit.: J. WEINER, Nur in der Tiefe gab es Wasser. Die Entdeckung und Interpretation eines außergewöhnlichen bandkeramischen Befundes. Arch. Rheinland 1990 (Köln 1991) 21–22. – DERS., Der früheste Nachweis der Blockbauweise. Zum Stand der Ausgrabungen des bandkeramischen Holzbrunnens. Ebd. 1991 (Köln 1992) 30–33. – DERS., Abfall, Holzgeräte und drei Brunnenkästen. Neue Ergebnisse der Ausgrabung des bandkeramischen Holzbrunnens. Ebd. 1992 (Köln 1993) 27–30.

Erkelenz-Kückhoven/Kreis Heinsberg. Perlenartiger Anhänger aus baltischem Bernstein. Ende 6. Jahrtausend v. Chr.

Ein Flachgrab der Trichterbecherkultur in Coesfeld-Lette

Jürgen Gaffrey

Im 4. und 3. Jahrtausend v. Chr. wurden weite Teile Nord- und Mitteleuropas von Ackerbauern und Viehzüchtern der jungsteinzeitlichen Trichterbecherkultur besiedelt. Zu den eindrucksvollsten Hinterlassenschaften dieser Bevölkerungsgruppen zählen ohne Zweifel die aus mächtigen Findlingen errichteten Großsteingräber. Einige dieser monumentalen Grabbauten, die in jüngeren Abschnitten der Trichterbecherkultur als Kollektivgräber – d. h. zur Bestattung mehrerer Toter in zeitlicher Abfolge – angelegt waren, sind auch im nördlichen Westfalen erhalten geblieben: so u. a. die Düwelsteene, ein Großsteingrab bei Heiden/Kreis Borken das etwa 17 km von Coesfeld-Lette entfernt liegt. Während die Erforschung der Großsteingräber schon eine lange Tradition hat, sind Flachgräber mit Einzelbeisetzungen als zweite durchaus typische Bestattungsform der Trichterbecherkultur verstärkt erst im Laufe des 20. Jahrhunderts bekannt geworden. Die Gründe hierfür sind leicht nachvollziehbar: Die Gräber sind obertägig nicht (mehr?) durch Hügelschüttungen oder ähnliches gekennzeichnet, die Verfüllung der Grabschächte ist im Regelfall nur schwer vom anstehenden Boden zu unterscheiden, und die Knochen sind, insbesondere in Sandböden, meist vollständig vergangen. Hinweise auf eine Bestattung geben oft nur noch die Grabbeigaben, vornehmlich Keramikgefäße und Steingeräte. Bezeichnenderweise lassen sich erst mit dem heutigen Wissensstand viele ältere Fundbeschreibungen, in welchen u. a. von vollständigen Gefäßen im „schiren Sand" oder in „kaum erkennbaren Siedlungsgruben" berichtet wird, nachträglich als Flachgräber interpretieren.

Die Entdeckung von Trichterbecher-Flachgräbern ist auch heute noch stark vom Zufall abhängig, wobei jedoch den zunehmenden Flächengrabungen eine nicht unerhebliche Bedeutung zukommt. Am Beispiel des Regierungsbezirkes Münster läßt sich dies eindrucksvoll aufzeigen: In nur 15 Jahren – von 1980 bis 1994 – hat sich hier die Zahl der bekannten Flachgräber von ehemals zehn auf über 50 erhöht. Dabei ist bemerkenswert, daß viele dieser Flachgräber rein zufällig bei Ausgrabungen entdeckt wurden, die zur Erforschung anderer ur- oder frühgeschichtlicher Zeitabschnitte angesetzt waren. Sie stammen somit von Plätzen, von denen bisher keinerlei Funde der Trichterbecherkultur bekannt waren. Auch bei dem Flachgrab von Coesfeld-Lette handelt es sich um einen derartigen Zufallsfund. Im Frühjahr 1991 wurden dem Westfälischen Museum für Archäologie/Amt für Bodendenkmalpflege mehrere Urnenscherben gemeldet, die ein Schüler auf einem Baugrundstück im Ortskern von Coesfeld-Lette gefunden hatte. Nachdem die umgehend eingeleitete Rettungsgrabung erste Hinweise auf einen größeren, leider bereits weitgehend überbauten Brandgräberfriedhof der vorrömischen Eisenzeit erbrachte, sollten weitere Grabungskampagnen Aufschluß über die ehemalige Ausdehnung des Gräberfeldes geben.

Auf einem der noch zugänglichen Grundstücke wurde 1992 beim maschinellen Abtragen des Oberbodens eine dicht unter der etwa 30 cm mächtigen Humusschicht liegende Konzentration aus unterschiedlich großen Felssteingeröllen angeschnitten. Die daraufhin sorgfältig freigelegte Fläche ergab eine relativ lockere Steinpackung von etwa 3,0 × 1,5 m. Unterhalb dieser nur 20–30 cm mächtigen Steinlage zeichnete sich eine vom anstehenden hellen Sand kaum unterscheidbare, unregelmäßig rechteckige, annähernd von West nach Ost orientierte bräunliche Verfärbung ab. Die weitere Untersuchung zeigte, daß es sich hierbei um den nur noch 40 cm tief erhaltenen Rest eines Trichterbecher-Flachgrabes handelte. In der östlichen Hälfte des Grabes wurde eine auffällige Konzentration unterschiedlich großer Steine (Gewicht von ca. 50 g bis max. 52 kg) angetroffen, die

Coesfeld-Lette. Keramische Beigaben (Auswahl) aus einem Flachgrab der Trichterbecherkultur. Um 3000 v. Chr. ▷

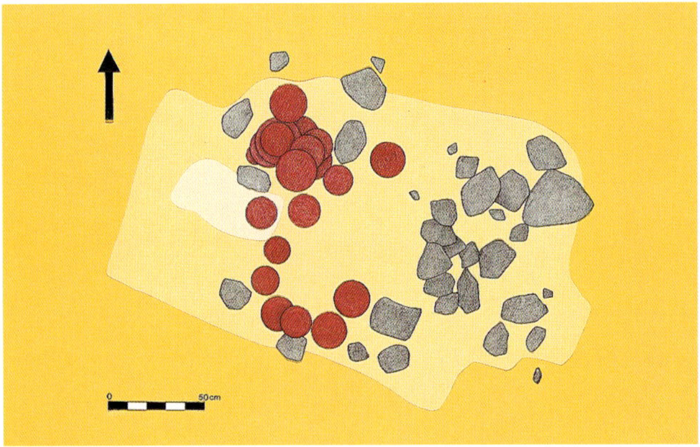

Coesfeld-Lette. Flachgrab der Trichterbecherkultur (um 3000 v. Chr.). Schematische Darstellung der Grabgrube. Rot: Keramik; grau: Steine.

zum Teil in den anstehenden Sand unterhalb der Grabsohle eingedrückt waren; die westliche Grabfüllung hingegen enthielt nur wenig Geröll. Hier konnten jedoch im Verlaufe der Grabung 20 mehr oder weniger stark verdrückte Gefäße freipräpariert werden. Auffällig war die Anordnung dieser Grabbeigaben: Während neun Gefäße einen unregelmäßigen Halbkreis bildeten und eine Gruppe von zehn weiteren an einer Seite des Grabes auf- und ineinandergestellt waren, fand sich ein einzelnes Gefäß innerhalb einer annähernd rechteckigen, graubraunen, ca. 30 cm mächtigen Verfärbung von etwa 55 cm Länge und 30 cm Breite. Möglicherweise ist diese Verfärbung auf die Niederlegung eines organischen Behältnisses mit vergänglichem Inhalt zurückzuführen. Von weiteren sechs Gefäßen wurden nur wenige Bruchstücke gefunden; einige davon sind wohl nicht als (Reste von) Beigaben im eigentlichen Sinne zu werten, sondern dürften mit der Verfüllung in das Grab gelangt sein, wie die Verteilung der einzeln eingemessenen Scherben nahelegt. Da während der übrigen Ausgrabungsarbeiten keinerlei weitere Funde und Befunde der Trichterbecherkultur angetroffen wurden, werden auch diese Scherben in zeitlichem Zusammenhang mit der Bestattung zu sehen sein; möglicherweise gehörten sie zu Gefäßen, die bei den Totenfeierlichkeiten Verwendung fanden. Das Gesamtinventar setzt sich aus neun Schalen, zehn ‚Schultergefäßen', einer Kragenflasche, drei steilwandigen Bechern, einem ‚Riesentrichterbecher' und zwei Gefäßböden zusammen. Mit Ausnahme einer Schale, der Kragenflasche und dem Trichterbecher waren alle Gefäße verziert. Die überwiegend in Furchenstichtechnik ausgeführten Muster beschränken sich auf die oberen Gefäßhälften. Zumeist bestehen sie aus horizontal umlaufenden, zum Teil in Zickzackmanier ausgeführten Bändern, die häufig mit horizontalen und vertikalen Strichgruppen kombiniert sind.

Die Keramik reiht sich in das Formen- und Verzierungsspektrum der sog. Trichterbecher-Westgruppe ein, die nach kalibrierten ^{14}C-Daten von ca. 3400 bis 2850 v. Chr. dauerte. Auf eine jüngere Zeitstufe innerhalb dieser Gruppe weisen verschiedene Kriterien, wie die Anordnung und Kombination der Verzierungselemente oder die bei einigen Gefäßen nur noch stark verkürzt ausgebildete Schulter. Das Flachgrab ist demzufolge in der Fachterminologie der Stufe Frühes Havelte (E 2 nach Bakker bzw. Horizont 5 nach Brindley) zuzuweisen. Die nächstgelegenen Gräber mit vergleichbaren keramischen Inventaren fanden sich bei Ausgrabungen in Heek-Averbeck/Kreis Borken und Münster-Gittrup, etwa 25 bzw. 35 km von Coesfeld-Lette entfernt.

Sowohl zur ursprünglichen Konstruktion des Grabes als auch zur Person des Bestatteten lassen sich kaum Angaben machen. So ergaben sich keine konkreten Hinweise auf ehemals vorhandene hölzerne Einbauten oder auf die Verwendung eines (Baum-)Sarges. Auch die Anordnung der Steine im Ostteil des Grabes weist nach derzeitiger Einschätzung eher auf eine wahllose Verfüllung als auf eine bewußte Setzung. Von dem Bestatteten selbst waren keine Spuren mehr erhalten geblieben. Während die Verwendung von Steinen bei anderen Flachgräbern der Trichterbecherkultur in vielen Variationen belegt ist und sich auch zur Größe des Grabes durchaus Parallelen finden lassen, ist die Anzahl der Gefäßbeigaben außergewöhnlich hoch. Ob dieser Beigabenreichtum als Ausdruck eines hohen sozialen Prestiges des Bestatteten zu werten ist oder aber ein Zeichen großer persönlicher Wertschätzung darstellte, kann aus heutiger Sicht nicht mehr entschieden werden.

Lit.: J. A. Bakker, The TRB West Group. Studies in the chronology and geography of the makers of hunebeds and Tiefstich pottery (Amsterdam 1979). – A. L. Brindley, The typochronology of TRB West Group Pottery. Palaeohistoria 28, 1986, 93–132. – H. Knöll, Die nordwestdeutsche Tiefstichkeramik und ihre Stellung im nord- und mitteleuropäischen Neolithikum (Münster 1959).

Von verkohlten Nahrungsvorräten, geheimnisvollen Wällen und bitteren Mahlzeiten – Archäobotanische Untersuchungen in Westfalen

Wolf Dieter Becker

Wenn es darum geht, Umwelt und Wirtschaftsweise ur- und frühgeschichtlicher Siedlungen zu erschließen, stellen sich viele Fragen zur Ernährung und zur pflanzlichen Umwelt. Die Archäobotanik versucht, durch die Analyse von auf Ausgrabungen geborgenen Pflanzenresten Antworten auf diese Fragen zu finden.

Die ersten Ackerbauern in Deutschland: verkohltes Getreide in Warburg-Borgentreich

Die ersten Ackerbauern in Nordrhein-Westfalen waren die Träger der bandkeramischen Kultur. Im 6. Jahrtausend v. Chr. rodeten sie Lichtungen in die damaligen dichten Lindenwälder und legten dort ihre Siedlungen und Felder an. Eine dieser jungsteinzeitlichen Siedlungen wurde 1993 von der Trasse der MIDAL-Hauptgasleitung durchschnitten, deren Bau von Archäologen der Außenstelle Bielefeld des Westfälischen Museums für Archäologie/Amt für Bodendenkmalpflege (siehe S. 195) begleitet wurde. Am Grunde einer bandkeramischen Eintiefung, die zuerst zur Entnahme von Lehm und später als Abfallgrube diente, wurde eine schwarze Schicht entdeckt. Sie bestand hauptsächlich aus verkohltem Getreide. Der außergewöhnlich umfangreiche Fund wiegt – gewaschen und getrocknet – über 12 kg. Die ca. 950 000 Getreidekörner entsprechen einem Erntegewicht von über 30 kg frischem Getreide – eine nicht unbeträchtliche Menge. Hier war vor über 7000 Jahren ein Kornvorrat beim Brand eines Hauses unbrauchbar und in die Abfallgrube geworfen worden. Bei dem verkohlten Getreide handelt es sich um Einkorn und Emmer, die beiden Arten gehören zu den am frühesten im Vorderen Orient kultivierten Pflanzen. Die Bandkeramiker bauten beide Arten gemeinsam auf den Feldern an. Im Getreide gibt es jedoch eine Verunreinigung durch Früchte und Samen von Ackerwildkräutern. Die Ansprüche und Eigenschaften dieser auf dem Getreidefeld gewachsenen ‚Unkräuter' informieren uns über die Wuchs- und Erntebedingungen des Getreides: Die Felder waren kleine, im Wald gerodete Flächen und durch Waldränder oder Hecken begrenzt. Die Äcker wurden nicht wie heute jedes Jahr vollständig umgepflügt, daher gab es Stellen, auf denen auch mehrjährige Pflanzen wachsen konnten. Die Nährstoffversorgung der Äcker war gut, da die Halme nicht geschnitten, sondern nur die Ähren abgeerntet wurden; so verblieben viele Nährstoffe auf den Äckern.

Kein Ergebnis ist auch ein Ergebnis: das Michelsberger Erdwerk von Salzkotten-Oberntudorf

Durch die relativ reiche materielle Hinterlassenschaft der bandkeramischen und der nachfolgenden Rössener Kultur sind wir heute über die ersten rund 1800 Jahre ackerbäuerlicher Kultur in Nordrhein-Westfalen recht gut informiert. Die Zeit ab der Mitte des 4. Jahrtausends v. Chr. bis zum Beginn der Bronzezeit im 2. Jahrtausend v. Chr. liegt dagegen weitgehend im Dunkeln. Nur wenige Anhaltspunkte weisen darauf hin, daß sich Siedlungs- und Wirtschaftsweise der Menschen grundlegend geändert haben. Eine der wenigen Hinterlassenschaften sind die sog. Erdwerke der Michelsberger Kultur: große, kreisförmige Befestigungsanlagen, die aus Erdwällen, Gräben und Holzpalisaden bestanden. Welchem Zweck sie dienten – ob als Zufluchtstätte, Siedlungsumwallung, Viehpferch oder Kultstätte – ist bis heute nicht eindeutig geklärt. Bei Salzkotten-Oberntudorf wurden während der Jahre 1991 und 1992 in einer Grabung der Außenstelle Bielefeld des Westfälischen Museums für Archäologie/Amt für Bodendenkmalpflege Teile eines solchen Erdwerkes ergraben. Pollenanalysen und Untersuchungen an Holzkohlen belegen, daß zur Nutzungszeit der Anlage die Wälder der Umgebung nicht mehr in ihrer natürlichen Artenzusammensetzung vorkamen, sondern deutlich durch Wirtschaftsmaßnahmen des Menschen beeinflußt waren. Durch Pol-

Warburg-Borgentreich-Großeneder/Kreis Höxter. Eine Schicht verkohlten Getreides in der Verfüllung einer bandkeramischen Grube. Um 4300 v. Chr.

lenfunde ist auch der Anbau von Getreide in der Umgebung belegt. In der Regel werden auch verkohlte Reste von Kulturpflanzen in jeder ur- und frühgeschichtlichen Siedlung gefunden – in Oberntudorf jedoch nicht: Dies könnte bedeuten, daß die Anlage nicht zu Wohnzwecken diente, sondern daß sie eine andere Funktion hatte. Hier steckt im Fehlen bestimmter botanischer Reste ebenfalls Information. Welche Funktion die Michelsberger Erdwerksanlagen wirklich hatten, müssen weitere Forschungen erkunden.

Ein bitteres Mahl? Bronzezeitliche Eicheln aus Dortmund-Oespel/Marten

Eine pflanzliche ‚Spezialität' kam bei der Grabung des bronzezeitlichen Siedlungsareals in Dortmund-

Salzkotten-Oberntudorf/Kreis Paderborn. Befestigungsgräben des Michelsberger Erdwerkes (um 3500 v. Chr.). Luftbild. ▷

Warburg-Borgentreich-Großeneder/Kreis Höxter. Jungsteinzeitliche Getreidereste: Einkorn.

Warburg-Borgentreich-Großeneder/Kreis Höxter. Jungsteinzeitliche Getreidereste: Emmer.

Oespel/Marten durch die Archäologen des Museums für Kunst- und Kulturgeschichte und der Unteren Denkmalbehörde in Dortmund zutage. Dabei wurden in vielen Siedlungsgruben große Mengen an verkohlten Eicheln gefunden. Die Eicheln waren geschält und sind – vermutlich bei einem mißlungenen Röstvorgang – verkohlt. Beide Arbeitsgänge sind nicht nötig, wenn Eicheln als Schweinefutter dienen. Vielmehr ist anzunehmen, daß durch das Rösten Eicheln für den menschlichen Verzehr genießbar gemacht werden sollten; solche Verfahren kennen wir auch aus historisch überlieferten Notzeiten. In den ur- und frühgeschichtlichen Siedlungen Europas gibt es viele Funde geschälter und verkohlter Eicheln – allerdings selten in den enormen Mengen wie hier. Das häufige Auftreten aber macht es fraglich, ob damals Eicheln wirklich nur in schlechten Zeiten gegessen wurden. Wohl eher sind sie eine Zukost, eine vielleicht willkommene Ergänzung zum in dieser Zeit ohnehin nicht sehr abwechslungsreichen Speiseplan. Wir finden Eicheln heute ungenießbar, aber ob etwas gut oder schlecht schmeckt, ist auch immer eine Frage der Gewöhnung und der Tradition.

Lit.: H. Brink-Kloke/C. Althoff, Gruben, Gräber und Gefäße. Funde und Befunde in Dortmund-Oespel/Marten aus der Jungsteinzeit und der jüngeren Bronzezeit. Ausstellungskat. (Dortmund 1994).

Dortmund-Marten. Verkohlte Eicheln aus der jüngeren Bronzezeit. Um 1000 v. Chr.

Archäologie auf der MIDAL-Trasse in Ostwestfalen

Hans-Otto Pollmann

Die Wintershall AG in Kassel verlegte 1992–1993 die 640 km lange MIDAL-Hauptgasleitung von Emden nach Ludwigshafen. Die Leitung durchquerte auf 150 km Länge Ostwestfalen von Herford über Detmold nach Warburg. Für die in der Regel auf 22 m Breite abgeschobene Trasse wurden dort 3,3 Quadratkilometer Fläche beansprucht. In Absprache mit der Außenstelle Bielefeld des Westfälischen Museums für Archäologie / Amt für Bodendenkmalpflege stellte die Wintershall AG einen Archäologen und den Erforder-

Warburg-Borgentreich / Kreis Höxter. Ausgrabungen auf der Trasse der MIDAL-Gasleitung. Luftbild.

Warburg-Borgentreich-Großeneder/Kreis Höxter. Bandkeramischer Hausgrundriß (um 4300 v. Chr.). Die Innenpfosten sind weiß gekennzeichnet.

nissen entsprechend weitere Mitareiter ein und finanzierte auch die Sachkosten. Drei bekannte, bei der Projektierung nicht zu umgehende Bodendenkmäler wurden im Vorfeld ausgegraben. 58 neue Fundplätze waren am Ende hinzugekommen.

Zu den größten Bodendenkmälern zählen zwei auf 300 m bzw. knapp 400 m Länge durchschnittene Siedlungen der jüngeren Bandkeramik in der Warburger Börde. Sie liegen einander gegenüber, nur durch den Eder-Bach getrennt. Die Siedlung I ist von einem noch 5 m breiten und 1,30 m tiefen Sohlgraben halbkreisförmig umgeben. Innerhalb der Siedlung konnte ein zweiter Graben auf 11 m Länge freigelegt werden. Auf einer Fläche von 26 × 300 m wurden über 700 Grubenbefunde dokumentiert. Zahlreiche Hausgrundrisse, die alle NO–SW ausgerichtet sind, kamen zutage.

Eine der Gruben enthielt große Mengen an verkohltem Getreide (siehe S. 191), in einer weiteren fand sich ein auf den Kopf gestelltes, aber unzerdrücktes, vollständiges Gefäß, das eigens auf einer großen Scherbe niedergelegt worden sein dürfte. Außer einer Vielzahl an Keramik, Flint- und Steinartefakten liegen zahlreiche Fragmente von Mahlsteinen vor, darunter auch ein intakter.

In der Siedlung II wurde unter anderem ein 6,00 × 24,50 m großer Hausgrundriß vollständig freigelegt. Der Nordost-Teil war als Wandgraben ausgebildet, in dem an der Giebelseite vier Pfosten standen. Neben den großen hausbegleitenden Gruben waren noch zwei bis zu 70 cm tiefe und 40 cm breite Gräben vorhanden, die wahrscheinlich als Traufgräben anzusprechen sind. Sie waren auf der östlichen Seite in Höhe der Y-Konfiguration für den Hauszugang unterbrochen.

Ca. 50 m nördlich der Siedlung II wurde ein beigabenloses Einzelgrab mit Bestattung in Hockerlage freigelegt und als Block geborgen. Unsicher bleibt, ob sie im Zusammenhang mit dem bandkeramischen Dorf zu sehen ist. Am Südende der Siedlung lagen die Reste eines 5 m breiten und mindestens 15 m langen jungneolithischen Steinkammergrabes. Dieser Grabtyp ist aus der Region gut bekannt. Etwa 500 m nordwestlich

Lübbecke-Hedem/Kreis Minden-Lübbecke. Germanische Siedlung der späten Kaiserzeit (3./4. Jahrhundert n. Chr.). Links: Kastenbrunnen; rechts: Rohrbrunnen.

Warburg-Borgentreich-Großeneder/Kreis Höxter. Funde aus der bandkeramischen Siedlung. Um 4300 v. Chr.

der Siedlung wurde ein Brandgräberfeld der jüngeren Bronzezeit angeschnitten. In einem dieser Brandgräber lagen neben einem vierhenkligen Gefäß auf der einen Seite der Leichenbrand mit einer Bronzepinzette und auf der anderen unverbrannte Tierknochen mit einem Bronzemesser. Nur wenige Kilometer entfernt wurde ein Terra-sigillata-Gefäß mit Leichenbrand und Teilen eines verzierten Knochenkammes sowie der Kopfteil einer profilierten Knochennadel geborgen. Das Grab ist nach vorläufiger Datierung in das 3. oder 4. Jahrhundert n. Chr. zu setzen. Diese Beispiele mögen verdeutlichen, wie dicht Bodendenkmäler verschiedener Zeiten oft beieinanderliegen.

Siedlungsspuren der vorrömischen Eisenzeit und der römischen Kaiserzeit fanden sich in großer Zahl auf der Trasse zwischen Detmold und dem Wiehengebirge. Eine besondere Bedeutung kommt der Siedlung von Hedem westlich von Lübbecke an der Nordseite des Wiehengebirges zu. Die Trasse durchschnitt die Siedlung auf 60 m Länge. Die südliche Fläche enthielt fast ausschließlich Pfostengruben, bei denen sich ein Hausbereich abzeichnet. Auf der Nordhälfte kamen große Gruben und als Siedlungsgrenze ein 100 cm breiter und 70 cm tiefer Graben zutage. In diesem Bereich fanden sich drei Holzbrunnen, von denen einer ungefährdet im Boden verblieb. Die beiden anderen standen mit ihre Oberkante auf dem Grund einer ca. 3,50 m breiten und 1,40 m tiefen Grube. Es waren ein Kastenbrunnen von 1,70 m Höhe, der aus dicken Eichenbohlen bestand, daneben ein Rohrbrunnen von fast gleicher Höhe, bestehend aus den wieder zusammengefügten Hälften eines ausgehöhlten Baumstammes. In der Grubenverfüllung war deutlich zu erkennen, daß zuerst der Kasten- und später dann der Rohrbrunnen eingebaut worden war. Die Brunnenfüllungen enthielten nur wenig Keramik und einige Tierknochen. Die dendrochronologischen Untersuchungen haben mangels markanter Jahrringe kein Ergebnis gebracht, so daß die Brunnen selbst nicht exakt datiert werden können. Beide Brunnen lagen genau im Bereich des Rohrgrabens und wären ohne Blockbergung zerstört worden.

Aus der Grube über den Brunnen stammen zwei vollständige Gefäße; weitere liegen aus anderen Siedlungsbereichen vor. Unter dem reichhaltigen keramischen Material mit Kümpfen und Schalen treten Gefäße mit ausgeprägtem Standfuß und bauchigem Gefäßkörper hervor. Diese Keramik datiert in den Zeitraum vom 3. bis zum 5. Jahrhundert n. Chr. Die stempelverzierte Keramik aus diesem Fundkomplex ist jünger anzusetzen. Dazu zählt vor allem eine Scherbe mit fünf verschiedenen Stempelmustern in parallelen Reihen. Eines der Muster stellt Wolfs- oder Hundeköpfe dar. Zwei Bronzefibeln der jüngeren römischen Kaiserzeit, ein römischer Sesterz des Maximinus Thrax (235–238), Glas, Schlackenreste und Tierknochen vervollständigen das Fundspektrum. Auf diesem Platz dürfte sich in späterer Zeit eine reiche Hofstelle des 4./5. Jahrhunderts n. Chr. befunden haben.

Diese Auswahl an Funden und Fundplätzen zeigt, wie immens wichtig die baubegleitende archäologische Betreuung von Großprojekten ist.

Jungbronzezeit am Hellweg in Dortmund-Oespel/Marten

Henriette Brink-Kloke

Am „Alten Hellweg“, westlich der Dortmunder Innenstadt, an der Ortsteilgrenze zwischen den Dörfern Oespel und Marten, sollen auf einer bislang landwirtschaftlich genutzten Fläche von 12 Hektar Gewerbebetriebe angesiedelt werden. Urnenfunde aus den fünfziger Jahren führten 1991 zu einem archäologischen Suchschnitt, der weitere Grabstätten aus der jüngeren Bronzezeit sowie aus der beginnenden Eisenzeit ergab, die seitdem mit den Teilnehmern von Arbeitsbeschaffungsmaßnahmen ausgegraben werden.
Mindestens 300 Gräber gehörten zum jungbronzezeitlichen Friedhof. Sie bedecken eine Fläche von fast 4 Hektar, die beiderseits des heutigen Hellwegverlaufes liegt. Vielfach waren die Grabanlagen durch Überpflügen erheblich gestört, so daß mit einer ursprünglich dichteren Besetzung gerechnet werden muß. Viele Gräber waren ehemals überhügelt und von Gräben verschiedener Formen umgeben: einfache Kreisgräben, bis zu dreifach gestaffelte, konzentrische Kreisgrabenanlagen und Gräben in Form eines Schlüssellochs. Es gibt auch Langhügel mit und ohne Vorhof sowie Bestattungen ohne erkennbare Umhegung. Letztere finden sich besonders an den Friedhofsrändern. Die Grabanlagen im Zentrum des Friedhofes erreichen Kreisdurchmesser bis zu 14 m und waren damit durchschnittlich doppelt so groß wie die der randlich gelegenen Gräber. Eine Ausnahme selbst inmitten der großen Anlagen war ein Schlüssellochgraben mit einem Kreisdurchmesser von 25 m und einer Gesamtlänge von 37,50 m. Überschneidungen sind selten und betreffen immer nur die Randbereiche der Hügel bzw. den wahrscheinlich nicht überhügelten Vorhof der Schlüsselloch- und Langgräben. Die Gräben um die Gräber begrenzen den eigentlichen Grabbereich. Je nach Anlagenumfang und Erhaltungszustand sind die Gräben 10 cm schmal oder bis zu 50 cm breit. Als Faustregel gilt: je kleiner die Grabanlage desto schmaler der Graben und vermutlich auch desto seichter. Eine Ausnahme bildet ein Kreisgraben mit 3,50 m Außendurchmesser und einer durchschnittlichen Grabenbreite von 0,65 m. Einbauten in den Gräben wurden nicht festgestellt, Einschwemmungen weisen jedoch auf Hohlräume hin.
Zwei verschiedene Bestattungsformen kommen vor: Bei über 90% der Gräber handelt es sich um Leichenbranddeponierungen in Tonurnen oder einem Behältnis aus vergangenem Material (hier sind Korb, Stoff, Leder denkbar), die in einer kleinen, rundlichen Grabgrube beigesetzt waren. Fünf Grabbefunde wichen davon ab, bei denen nur geringe Leichenbrandreste in rechteckigen, körpergrabähnlichen Gruben von durchschnittlich 2 m Länge und 0,60 m Breite bestattet waren. Überschneidungen lassen erkennen, daß diese Gräber zum ältesten Zeitabschnitt des Friedhofes gehören.
Vermutlich waren alle Urnen abgedeckt, aber nur in zwei Fällen ist eine Tonschale als Deckel erhalten. Auf dem Leichenbrand, sowohl in der Tonurne als auch in den vergangenen Urnen stehen meistens ein, selten zwei Beigefäße. Metallbeigaben sind ausgesprochen rar. Bei fünf Gräbern gibt es Abweichungen: In ovalen Grabgruben liegen hier die Leichenbrände jeweils im Zentrum auf dem Grubenboden, zwei Beigefäße wurden links und rechts davon an den Schmalseiten aufgestellt. In einem Grab lag eine stark verdrückte, 3 cm große Kugel aus dünnem Eisenblech mit einem Henkel (?). Sie ist bislang singulär; es könnte sich um eine Rassel handeln. Der Grabhügel dieses Grabes besaß einen für die Verhältnisse vor Ort kleinen Kreisgraben von 6,50 m Durchmesser. Im östlichen Grabenabschnitt fanden sich auf seiner Sohle hintereinander deponiert: ein aufrecht stehender, mit Fingertupfen verzierter Krug; eine dicht gepackte Scherbenlage, die aus einer großen, verzierten Schale mit Standfuß und einem großen, verzierten Becher bestand; sowie ein aufrecht stehender, kleiner, ebenfalls verzierter Becher. Das Beigefäß und die vier Keramikdeponierungen im Kreisgraben sind mit Kerbschnitt verziert, in dem sich Reste von weißer Inkrustation erhalten haben. Die gesamte Grabanlage ist in das Jahr 839 v. Chr. datiert (kalibriertes ^{14}C-Datum der Universität Köln).

Dortmund-Oespel/Marten. Beigaben aus einem Grab der jüngeren Bronzezeit: Kerbschnittverzierte Gefäße und Eisenkugel. Um 1000 v. Chr.

Fast in jeder Grabumhegung lagen Scherben und/ oder komplette Gefäße. Als größter Fund gilt der Graben von Grab 15, der auf einer Strecke von 2 m drei komplette und verstreute Scherben von fünf weiteren Gefäßen enthielt. Die Scherbenreihe endete im Süden bei einer Silexklinge. Häufig liegen die Deponierungen in den Ostteilen der Kreisgräben oder am Übergang zu den Vorhöfen. Bei den Gefäßen handelt es sich meistens um Schalen, Becher und Krüge. Man kann davon ausgehen, daß Trankopfer beim Bestattungsritual eine wichtige Rolle spielten und die dafür verwendeten Gefäße nicht wieder in den alltäglichen Gebrauch zurückgeführt wurden, sondern am Ort der abgehaltenen Zeremonie verblieben. Der Boden der Schale aus dem Graben um Grab 50 ist sogar absichtlich durchbohrt, um sicherzustellen, daß die Opferflüssigkeit in den Boden gelangte.

Die Belegung des Friedhofes umfaßt eine Zeitspanne von mindestens vierhundert Jahren, d. h. von 1200 v. Chr. (Hallstatt A 1) bis 800/750 v. Chr. (Hallstatt C). Pro Generation hätten hier folglich 13 Personen gelebt; schätzt man die Familiengröße anhand der Hausflächen auf fünf bis sechs Personen, dann entspricht das in etwa zwei bis drei Familien. Die Abfolge beginnt mit den fünf schon erwähnten körpergrabähnlichen Grabformen, es schließen sich die Schlüssellochgräben und Langgräben mit Vorhof sowie die großen Kreisgräben an. Darauf folgen

Dortmund-Oespel/Marten. Grabbeigaben. Absichtlich durchlöcherte Schale und kerbschnittverzierter Becher. Um 1000 v. Chr.

kleine Kreisgräben, die z. T. noch Gefäße mit Kerbschnittverzierung enthalten, aber durch eine Nadel mit Eikopf und der oben erwähnten eisernen Kugel an das Ende der Bronzezeit gehören. Den Abschluß bilden dann die randlich gelegenen Bestattungen ohne erkennbare Umfassungsgräben mit Urnen aus dem eisenzeitlichen Formenspektrum.
Ein besonderer Glücksfall war es, die zum Friedhof gehörige Siedlung zu finden. Jeweils nördlich, südwestlich und südöstlich der Gräber befanden sich mehrere kleine Grundrisse aus zwei bzw. drei Pfostenreihen mit jeweils drei bis fünf Pfosten sowie einfache, kleine 4-Pfostenbauten. Abseits der Gebäude lagen zahlreiche Erdkeller mit durchschnittlich 1 m Durchmesser, die nach Funktionsverlust durch Wassereinbruch zur Abfallentsorgung genutzt worden waren und große Mengen an verkohltem Getreide und geschälten, verkohlten Eicheln, in einigen Fällen auch verbrannte Gebäudeteile enthielten (siehe S. 191). Siedlungsreste dieser Zeit waren bislang aus unserem Raum nicht bekannt. Eine früheisenzeitliche Siedlung in Dortmund-Grevel, ausgegraben 1992 vor Erweiterung der städtischen Mülldeponie, hatte ähnliche Gebäudebefunde erbracht, so daß man jetzt in der Zusammenschau mit den Ergebnissen von Oespel/Marten von einer eigenständigen Siedlungstradition dieses Gebietes sprechen kann.
Die Verbreitung jungbronzezeitlicher Friedhöfe mit Schlüssellochgräben endet am Nordrand der Mittelgebirge. Der südlichste Fundpunkt ist das Gräberfeld von Oespel/Marten. Es liegt an einer wichtigen Verkehrsachse und ist gekennzeichnet durch ungewöhnlich große Grabanlagen, eine deutlich urnenfelderbeeinflußte Keramik und das älteste – sicherlich importierte – Eisen Westfalens.
Die Lage am Hellweg war vermutlich der Anlaß für die Entstehung von Siedlung und Friedhof. Die Grabhügel müssen lange erkennbar geblieben sein, denn einige Anwohner berichten von einem ‚Spuk' in diesem Bereich am Hellweg, und auf einer zufälligen Luftaufnahme von 1978 sind dunkel gefärbte Ringe im Feld zu erkennen, bei denen es sich um die Einfüllungen der Grabumrandungen handeln könnte. Die Grabanlagen waren wohl auch der Grund dafür, daß die beiden im 8. und 10./11. Jahrhundert erstmals erwähnten Dörfer Oespel und Marten nicht direkt am Hellweg gegründet wurden, sondern jeweils in einem Kilometer Abstand südlich und nördlich zum Hellweg liegen. So entstanden neue Verkehrsverbindungen, neue ‚Hellwege', die den „Alten Hellweg" im Streckenabschnitt zwischen Lütgendortmund und Dorstfeld in Vergessenheit geraten ließen und dadurch glücklicherweise dem bronzezeitlichen Friedhof ‚die Chance gaben', im Ruhrgebiet als Bodendenkmal zu überdauern.

Lit.: H. Brink-Kloke/Chr. Althoff, Gruben, Gräber und Gefäße. Funde und Befunde in Dortmund-Oespel/Marten von der Jungsteinzeit und der späten Bronzezeit. Ausstellungskat. (Dortmund 1994). – H. Brink-Kloke, Vorbericht über die Ausgrabungskampagnen 1991 und 1992 in Dortmund-Oespel/Marten. Ausgr. u. Funde Westfalen-Lippe (in Druckvorbereitung).

Römische Zeit

Königswinter/Rhein-Sieg-Kreis. Römischer Trachytsteinbruch am Rüdenet. Sog. Marienstein. 1. Jahrhundert n. Chr.

Die Grabungen in den westfälischen Römerlagern Oberaden und Anreppen

Johann-Sebastian Kühlborn

Jenseits der Grenze zwischen dem *Imperium Romanum* und der *Germania libera* konnte im Westfälischen die Erforschung der augusteischen Römerlager fortgesetzt und, dank der Unterstützung durch die Bundesanstalt für Arbeit, entscheidend ausgeweitet werden. Im ältesten dieser während der augusteischen Kriege um Germanien errichteten Militärlager, dem im Jahre 11 v. Chr. bezogenen Römerlager von Oberaden bei Bergkamen, sind nun die wesentlichen Charakteristika der architektonischen Gestaltung des Lagerzentrums faßbar. Südlich des Praetoriums (Kommandeursgebäude), getrennt durch eine 42 m breite Hauptstraße *(via principalis)*, lag das 94 × 103 m große Stabsgebäude *(principia)*. Die enorme Größe wie auch die Anzahl der Räume im Nordflügel der *principia* machen deutlich, daß hier ein Stabsgebäude für zwei Legionen gestanden hat. Die *principia* waren von Straßen umgeben; im Westen und Osten schloß sich eine dichte Bebauung an. Bemerkenswert ist, daß der Bau des Stabsgebäudes nicht am normalen Standort in der Lagermitte erfolgte; diesen Platz hatte das Dienstgebäude des Kommandeurs *(praetorium)* eingenommen. Im Süden der *principia* lag ein 22 × 24 m großes Atriumhaus. Man betrat es von Norden und kam zunächst in das Atrium, dessen sechs Holzsäulen einen an den Seiten überdachten Peristylhof bildeten. Um das Atrium herum waren nahezu alle Räume angeordnet. Bei einer Erweiterung wurde die westliche Hausfront nach Westen verlegt, wobei die neue Hauswand deutlich aus der Richtung der sonstigen Baufluchten lief. Unmittelbar im Süden war ebenfalls nachträglich ein 25 × 25 m großer Peristylhof angefügt worden. Unverkennbar ist, daß wesentliche Teile dieses Gebäudegrundrisses ohne eine Kenntnis des städtischen Villen- und Wohnbaus in Italien undenkbar sind. Am ehesten dürfte es sich bei diesem recht repräsentativen Bau um die Unterkunft eines hochrangigen Offiziers gehandelt haben.

In den letzten Jahren wurden in Oberaden wieder mehrere Brunnen untersucht. Im Hinblick auf organische Funde erwies sich ein 7 m tiefer, in der nordwestlichen Hofecke des Atriumhauses angelegter Brunnen mit einer viereckig gezimmerten Holzverschalung als besonders ergiebig. In Nähe der Sohle war bearbeitetes Holz reichlich erhalten geblieben, darunter auch manches, was etwas aus dem Rahmen alltäglicher Funde fällt. Neben angekohlten Balken konnte ein 1,26 m langes Teilstück einer Leiter mit drei erhaltenen Trittsprossen geborgen werden. Mehrere Dachschindeln aus Nadelholz (Stärke 8–14 mm; Breite 10, 12 und 14 cm; Länge unvollständig) stammen höchstwahrscheinlich von der Dacheindeckung des Atriumhauses. Einige der Schindeln trugen Anzeichen des Feuers, dem das Gebäude zum Opfer fiel. Zu den Funden aus diesem Brunnen gehörte ferner ein 57,5 cm langes Rührholz.

War in Anreppen, dem östlichsten der bekannten augusteischen Lippelager in den Jahren 1988–1989 das *praetorium* aufgedeckt worden, so wurden in den nachfolgenden Jahren nördlich wie südlich dieses großen Gebäudes die Grabungen bis zur Holz-Erde-Mauer fortgeführt. Inzwischen ist das 141 × 71 m große Straßengeviert *(insula)* mit dem *praetorium* im Zentrum größtenteils ausgegraben. Unmittelbar südlich an das *praetorium* angrenzend erstreckte sich ein etwa 71 m langes und etwa 30,5 m breites Gebäude, das seinerseits im Süden an eine etwa 21 m breite Straße angrenzte. Es besaß einen großen Innenhof mit allseitig umlaufenden Laubengängen in seiner Mitte. Auch im Norden des Praetoriums befand sich – abgetrennt durch ein großes Hofareal – ein weiterer, vermutlich 71 m langer und 15 m breiter Baukörper. Bei der räumlichen Konzeption der beiden Häuser, die durchaus gehobene Wohnansprüche erkennen läßt, wird man am ehesten an die Unterkünfte von hohen Offizieren zu denken haben. Zwischen der Praetoriums-Insula und der südlichen Befestigungslinie lagen die Quartiere mehrerer Hundertschaften *(centuriae)*, begrenzt durch zwei Straßen: im Norden durch die längs des Praetoriums verlaufende Straße, im Süden durch die sich an der Innenseite der Holz-Erde-Mauer entlangziehende Wallstraße *(via*

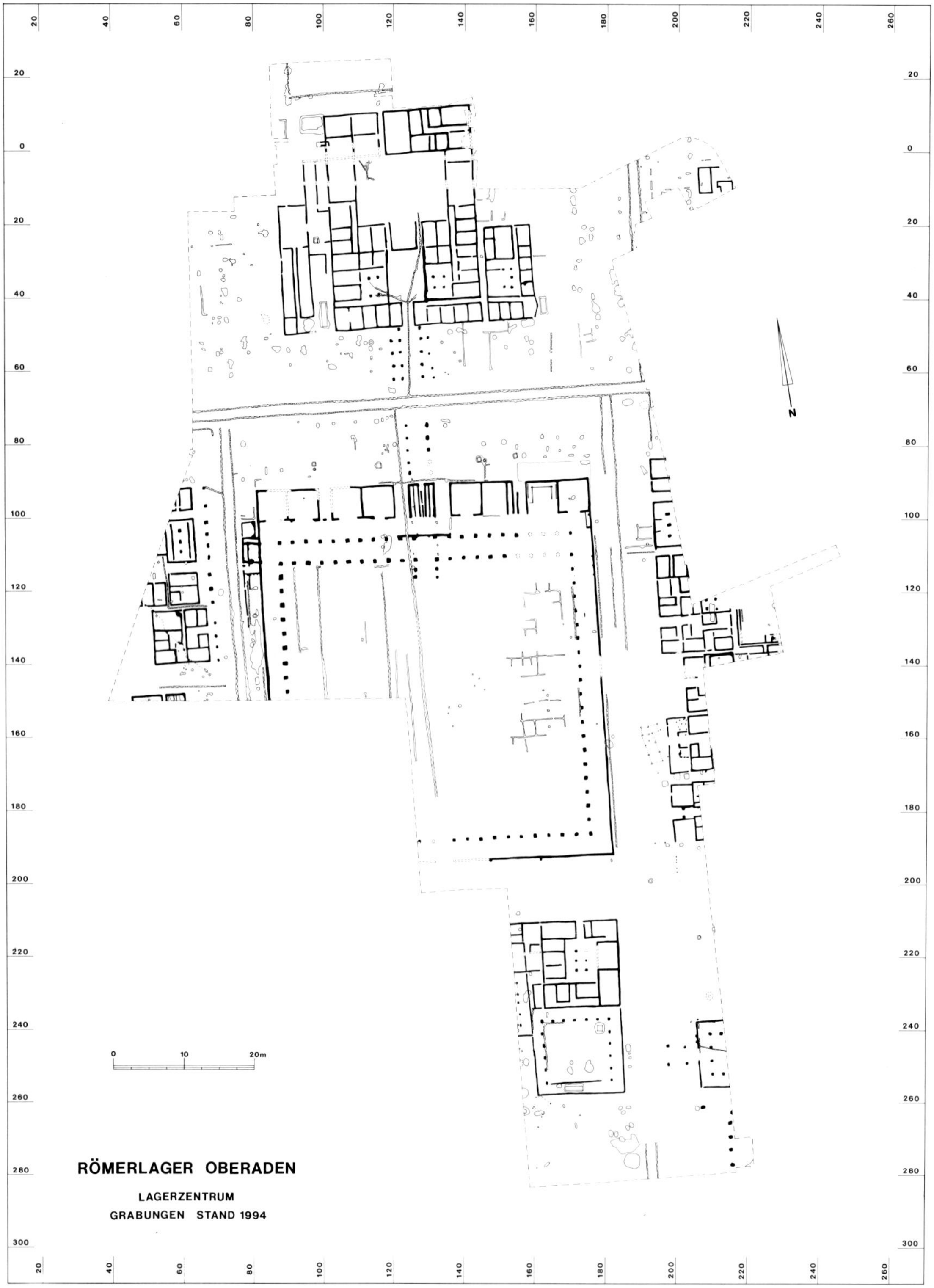

Bergkamen-Oberaden/ Kreis Unna. Römerlager. Plan des Stabsgebäudes (principia) mit angrenzender Bebauung. 11–8 v. Chr.

Delbrück-Anreppen/ Kreis Paderborn. Römerlager (vor 9 n. Chr.). Gesamtplan (Ausschnitt). ▷

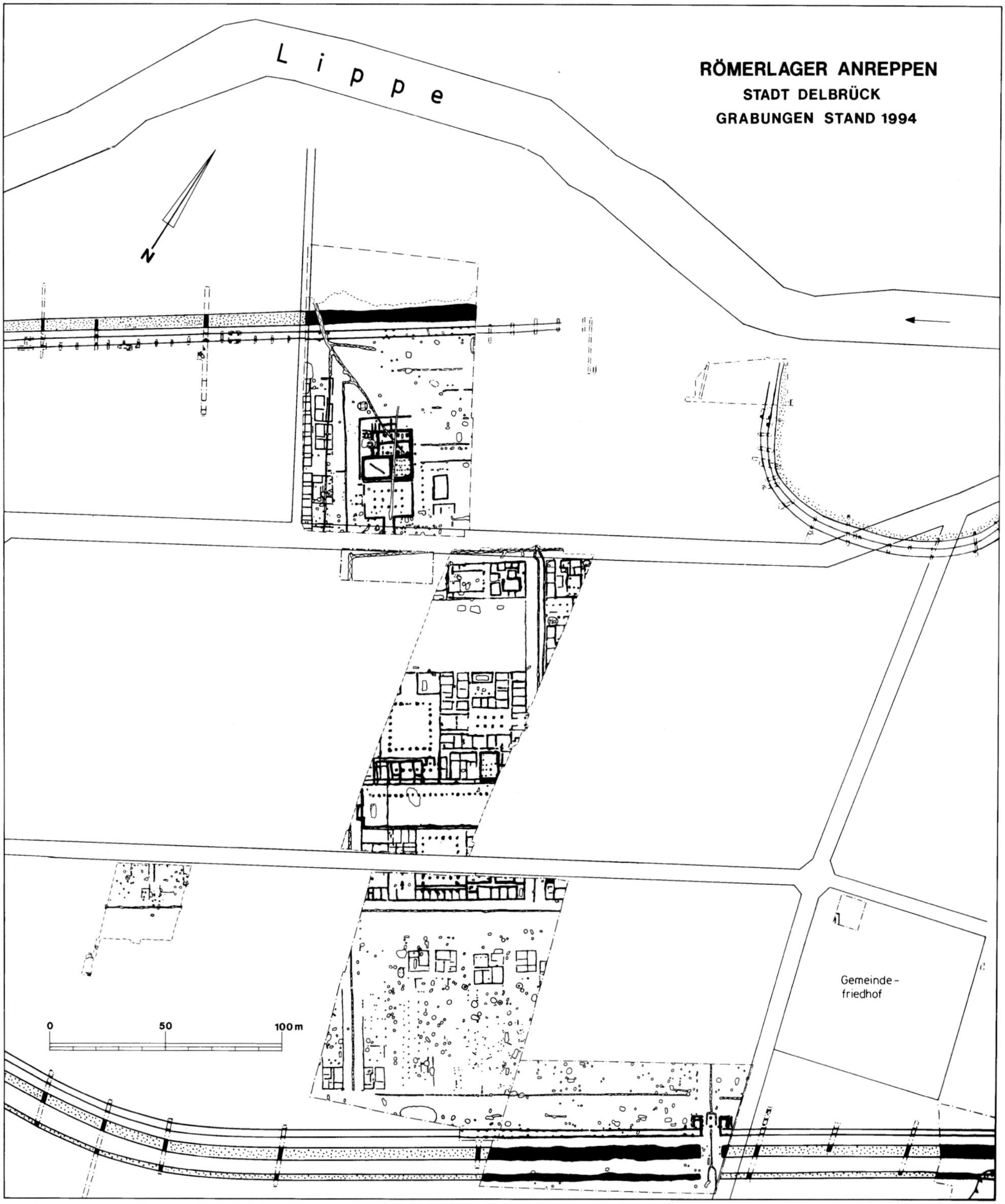
Lippe
RÖMERLAGER ANREPPEN
STADT DELBRÜCK
GRABUNGEN STAND 1994
N
Gemeinde-
friedhof
0
50
100 m

Bergkamen-Oberaden/Kreis Unna und Delbrück-Anreppen/Kreis Paderborn. Holzfunde aus den Römerlagern. U.a. Rührholz und Dachschindeln. Vor 9 n. Chr.

Delbrück-Anreppen/Kreis Paderborn. Römerlager. Klumpen aus Eisennägeln. Vor 9 n. Chr.

sagularis). Bislang sind Unterkünfte von sieben Centurien faßbar. Die Anführer der Hundertschaften *(centuriones)* verfügten über separate Unterkünfte, die baulich durch eine schmale, unbebaute Zone von den Mannschaftsquartieren abgegrenzt waren. Während sich die Häuser der Centurionen im Boden als durchgehende Wandgräbchen abzeichneten, in denen ursprünglich die tragenden Wandpfosten und Flechtwerkwände eingelassen waren, ließen sich von den ungefähr 30 m langen Mannschaftunterkünften lediglich vereinzelte Pfostensetzungen nachweisen. Aus einem der in diesem Lagerabschnitt gelegenen Brunnen stammt ein hölzerner Drechselrohling, der als fehlerhaftes Halbfertigfabrikat nicht bis zur Vollendung verarbeitet wurde.

Im Jahre 1994 gelang die Lokalisierung und Freilegung des südlichen Lagertores, der *porta principalis dextra*. Vor der Toranlage endeten die beiden Spitzgräben und bildeten durch diese Unterbrechung eine etwa 9,5 m breite Erdbrücke. Wie alle Bauten im Anreppener Lager war auch das Südtor in Holzbauweise errichtet worden. Die Tortürme hatten einen L-förmigen Grundriß mit Seitenlängen von jeweils 7,5 m. Sie standen etwa 7,5 m auseinander und boten damit genügend Raum für eine entsprechend breite, doppelte Durchfahrt. Der Torverschluß war lagereinwärts derart zurückgelegt, daß davor ein 4 × 7,5 m großer hofartiger Torzwinger entstand. Oberhalb des eingezogenen Tordurchlasses verband eine brückenartige Konstruktion in Höhe des Wehrganges die seitlichen Tortürme miteinander. Ungewöhnlich ist die Bauweise des Anreppener Tores. Im Gegensatz zu allen bekannten Toranlagen der augusteischen Zeit haben die römischen Soldaten für das Gerüst nicht einzelne Pfostengruben, sondern durchgängige Pfostengräben ausgehoben. Mit diesem Tor gelang zugleich die Festlegung der nach Norden verlaufenden *via principalis*. Die zweite Hauptstraße, die von West nach Ost verlaufende *via praetoria* bzw. *via decumana* war bereits mit der Entdeckung des Praetoriums indirekt faßbar geworden. Aus dem Verlauf der beiden Straßenachsen ergibt sich die theoretische Lokalisierung der anderen Lagertore. An der nördlichen Lagerfront zur Lippe hin wurde ein großer Gebäudekomplex aufgedeckt, der als Wirtschaftsbau zu interpretieren ist. Zu diesem offenkundig einmal umgebauten Gebäude

Delbrück-Anreppen/Kreis Paderborn. Römerlager. Blick auf zwei Centurionenhäuser an der südlichen Wallstraße. Vor 9 n. Chr. ▷

gehörten insgesamt drei zeitlich aufeinanderfolgende Öfen an der nordwestlichen Gebäudeecke.
Von den Funden aus Anreppen verdient eine höchst ungewöhnliche Terrakottafigur herausgehoben zu werden. Es handelt sich um eine fragmentarisch erhaltene nackte männliche Gestalt in eigentümlicher Darstellung und Pose. Das gleich einer Theatermaske verzerrte Gesicht bestimmen ein breiter Mund und hervortretende Wangenknochen, der Bauch ist dick und aufgebläht, die anatomischen Formen sind grob durchgebildet. Arme und Beine agieren derart weit in den Raum ausgreifend, als wollte der burleske, urwüchsige Gesell einen Tanz ausführen. Ein nur noch im Ansatz erkennbares, ursprünglich aber übergroßes männliches Glied war Teil des beabsichtigten Gesamteindrucks. In dieser Pose sollte die Figur als groteske Darstellung auf den Betrachter wirken. Derartige Karikaturen und Grotesken sind im späteren Hellenismus durchaus geläufig, man denke nur an die Terrakotten aus Smyrna oder beispielsweise auch an Werke der alexandrinischen Kleinkunst.

Über den genauen Gründungszeitpunkt des Römerlagers von Anreppen haben wir nur ungefähre Hinweise, da bei den Untersuchungen der Holz-Erde-Mauer dendrochronologisch verwertbare Hölzer ausgeblieben sind. Das keramische und numismatische Fundmaterial weist als Zeithorizont das erste Jahrzehnt des 1. Jahrhunderts n. Chr. aus. Den zahlreichen Brandspuren zufolge müssen die Gebäude im Lager Anreppen am Ende der Belegungszeit in einer Feuersbrunst untergegangen sein. Wahrscheinlich sind dem Ende des Lagers mehrere Klumpen tausender zusammengebackener Eisennägel zuzuordnen. Sie fanden sich auf dem Grund eines Brunnens oder einer Latrine und sind dort mit Absicht, also planmäßig versenkt worden. Denkbar wäre eine solche Vorgehensweise bei einer regulären Räumung des Lagers durch die Soldaten, die sich einerseits beim Wegzug nicht damit belasten, andererseits aber der einheimischen Bevölkerung nichts zum Umschmieden in Waffen zurücklassen wollten.

◁ *Delbrück-Anreppen/Kreis Paderborn. Römerlager. Fragmentierte Statuette eines phallischen Zwerges aus Terrakotta. Vor 9 n. Chr.*

Die Funde von Veltheim/Kreis Minden-Lübbecke

Stephan Berke

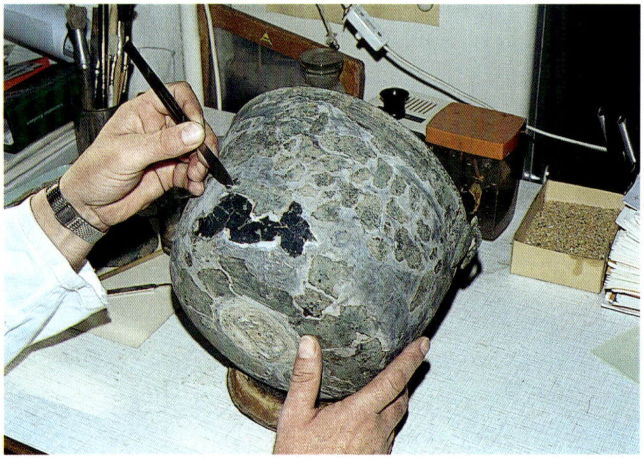

Porta Westfalica-Veltheim/Kreis Minden-Lübbecke. Restaurierungsarbeiten an dem Hemmoorer Eimer in den Werkstätten des Thüringischen Landesmuseums in Weimar.

Porta Westfalica-Veltheim/Kreis Minden-Lübbecke. Restaurierungsarbeiten an der Rippenschale in den Werkstätten des Thüringischen Landesmuseums in Weimar.

Das Gräberfeld von Veltheim wurde im Jahre 1904 auf dem Grundstück eines Landwirtes bei Bodenabtragungen entdeckt. Dem örtlichen Lehrer gelang es, die Lage von 17 Gräbern festzustellen und die Funde zu bergen, ohne jedoch eine systematische Ausgrabung unternehmen zu können. Albert Baum, der damalige Direktor des Museums für Kunst und Gewerbe in Dortmund, kaufte die Funde für das Dortmunder Museum an. A. Baum – ein unermüdlicher Sammler für sein Museum – führte dann auf dem angrenzenden Grundstück eine eigene Ausgrabung durch, bei der 13 Gräber zum Vorschein kamen. Eine weitere Ausgrabung – von Prof. Langewiesche aus Bünde – erbrachte nochmals acht Gräber, deren Beigaben in das historische Museum der Stadt Bielefeld gelangten. Die Grabungen lieferten reiche Funde, vor allem an römischen Importstücken. So konnten neun sog. Hemmoorer Eimer, einer davon mit einer umfangreichen Reliefverzierung, und sieben bronzene Becken geborgen werden. Daneben fanden sich ein römisches Glasgefäß, Terra sigillata, Waffen sowie die Teile einer Pferdetrense.

Leider waren die Grabungsmethoden und die Dokumentation seinerzeit nicht so weit entwickelt wie heute, so daß schon in den dreißiger Jahren Chr. Albrecht in der Veröffentlichung des Gräberfeldes zu einzelnen Gräbern nur noch recht summarische Angaben machen konnte und darüber hinaus ein größerer Teil der Funde sich nicht mehr den entsprechenden Gräbern zuordnen ließ. Im Zuge einer Überprüfung der Funde von Veltheim für ein Projekt der Deutschen Forschungsgemeinschaft stellte sich im Jahre 1992 heraus, daß die noch vorhandenen römischen Bronzegefäße in einem sehr schlechten konservatorischen Zustand waren. Um den Bestand dieser, als Ensemble und als Einzelstücke bedeutenden Funde zu sichern, ermöglichte das Ministerium für Stadtentwicklung und Verkehr mit Hilfe von Sondermitteln ihre konservatorische und restauratorische Bearbeitung im Thüringischen Landesmuseum für

Vor- und Frühgeschichte in Weimar. Dieser Maßnahme sind wichtige neue Erkenntnisse zu den Funden aus Veltheim zu verdanken.
Als erstes stellte sich heraus, daß die Bronzegefäße schon bei der Bergung wesentlich fragmentarischer gewesen sein müssen als die veröffentlichten Zeichnungen bei Albrecht erkennen lassen. Um diesem Zustand abzuhelfen und wohl auch um ‚schöne' Präsentationsobjekte zu erhalten, hatte man zu Beginn des Jahrhunderts eine Rekonstruktionsweise gewählt, die sich heute teilweise nicht mehr rückgängig machen läßt. So wurde für jedes Gefäß ein kupferner Trägerkörper angefertigt, entsprechend der Form vollständiger Bronzegefäße aus anderen Fundzusammenhängen. Auf diesen Träger wurden die Gefäße, die noch aus größeren zusammenhängenden Partien bestanden, aufgesetzt und festgelötet. Für die Stücke, die eigentlich nur noch aus unzusammenhängenden Teilen bestanden, wurde auf dem entsprechenden Träger ein Gipsbett aufgebracht, in das im feuchten Zustand die einzelnen Fragmente eingedrückt wurden. Nach dieser ‚Rekonstruktion' wurde das so gewon-

Porta Westfalica-Veltheim/Kreis Minden-Lübbecke. Römische Bronze- bzw. Messinggefäße aus einem germanischen Gräberfeld des 4. Jahrhunderts n. Chr.

nene Bronzegefäß vollständig koloriert, um einen geschlossenen Eindruck zu erwecken. Um zunächst einmal die vorhandene, stark angegriffene Substanz zu retten, wurden die einzelnen Originalpartien der Bronzegefäße freigelegt, gereinigt und gefestigt. Dabei zeigte sich, daß vor allem bei den sehr stark fragmentierten Gefäßen die einzelnen Fragmente, ohne die ursprüngliche Orientierung und den Zusammenhang zu beachten, in das Gipsbett eingebracht worden waren. Ja, es finden sich an einem Hemmoorer Eimer Stücke verschiedener Bronzegefäße. Dies können wir heute nur noch konstatieren, aber nicht mehr rückgängig machen, da jeder Versuch, die Bronzestücke aus dem Gips zu entfernen, zu großen Verlusten an der Originalsubstanz führen würde. So konnten nur ein Teil der Veltheimer Bronzegefäßfunde nach der neuen Konservierung modern rekonstruiert und Irrtümer der Altrestaurierung korrigiert werden. Im Gegensatz zu der Veröffentlichung von 1936 ist festzustellen, daß ein Großteil der römischen Bronzegefäße schon bei der Auffindung stark zerstört war. Die restauratorische Untersuchung hat gezeigt, daß mit Ausnahme eines Beckens alle anderen Bronzegefäße nicht bewußt vor der Grablegung zerstört worden sind, sondern vielleicht durch den Erddruck fragmentiert wurden. Damit gehört das Gräberfeld von Veltheim zu den germanischen Friedhöfen, die von der Beigabensitte her in den nordsee-wesergermanischen Bereich gehören, in dem die Beigaben unverbrannt mit in das Grab beigegeben wurden – im Gegensatz zu der Mehrzahl der germanischen Begräbnisstätten in Westfalen, die der sog. rhein-wesergermanischen Kultur zuzuordnen sind. Unter den einheimischen Gräberfeldern der römischen Kaiserzeit Westfalens nimmt der Friedhof von Veltheim folglich eine Sonderstellung ein, denn er ist der einzige dieser Tradition, der sich südlich der Porta Westfalica befindet.

Entgegen der ursprünglichen Annahme ist der Bestattungsplatz sicher nicht vollständig ausgegraben worden. Dafür spricht auch, daß nach Aussage des Grundstücksbesitzers schon im Jahre 1876 Funde gemacht worden waren, die nach Berlin gelangt seien. Bei der Mehrzahl der Gräber handelt es sich um Urnengräber. Als Urne diente in vielen Fällen ein Hemmoorer Eimer, in dem der teilweise in Textilien eingehüllte Leichenbrand beigesetzt worden war. Einmal war ein Hemmoorer Eimer mit einer bronzenen Schale abgedeckt. Anhand des unterschiedlichen Abnutzungsgrades der Attaschen läßt sich in Veltheim deutlich eine individuelle Benutzungsdauer der Eimer feststellen: Bei einem Gefäß weisen die Attaschen keinerlei Ausscheuerungen auf, so daß davon auszugehen ist, daß das Stück sehr schnell nach seiner Herstellung in das Grab gelangt ist, während andere Stücke völlig abgenutzte Attaschen besitzen und daher lange in Gebrauch gewesen sein müssen. In einem Hemmoorer Eimer fanden sich die Fragmente eines Knochenkammes, der frühestens in das 4. Jahrhundert n. Chr. zu datieren ist. Da die römischen Hemmoorer Eimer nur etwa bis zur Mitte des 3. Jahrhunderts n. Chr. produziert worden sind (siehe S. 228), wird das Stück etwa fünfzig Jahre in Gebrauch gewesen sein, bevor es in das Grab gelangte. In einigen Fällen konnte von den Ausgräbern kein Leichenbrand entdeckt werden. Da sich unter den Funden Waffen befanden, z. B. ein Schildbuckel, die in Westfalen nur aus frühvölkerwanderungszeitlichen Körpergräbern bekannt sind, hat man davon auszugehen, daß es auch Körpergräber gab, deren Knochen sich jedoch in dem kiesigen Boden nicht erhalten haben. Damit ist Veltheim sicherlich einer der am längsten genutzten Begräbnisplätze der römischen Kaiserzeit in Westfalen.

Lit.: Chr. Albrecht, Frühgeschichtliche Funde aus Westfalen im städtischen Kunst- und Gewerbemuseum Dortmund. Veröff. Städt. Kunst- u. Gewerbemus. Dortmund 1 (Dortmund 1936) 40–48. – K. Tackenberg, Drei wesentliche Fundstücke aus dem Museum Nienburg, zugleich ein Beitrag zur späten Kaiserzeit und zur frühmerowingischen Zeit im Mittelweser-Gebiet. Nachr. Niedersachsen Urgesch. 47, 1978, 41–62. – K. Weidemann, Zur Interpretation einiger kaiserzeitlicher Urnenfriedhöfe in Nordwestdeutschland. Jahrb. RGZM 12, 1965, 84–92. – D. Bérenger, Die römische Kaiserzeit. Westfälische Geschichte 1. Von den Anfängen bis zum Ende des Alten Reiches (Düsseldorf 1983) 167–185.

Der Handels- und Opferplatz der späten römischen Kaiserzeit in Castrop-Rauxel, Erin

Elisabeth Dickmann

In den Jahren 1955 und 1956 wurde das Zechengelände Erin in Castrop-Rauxel nach Süden hin erweitert. Bei den erforderlichen Erdarbeiten entdeckte man ein verlandetes Bachbett, das von einem ehemals nach Norden fließenden Gewässer stammt. In seiner Verfüllung lagen zahlreiche Haustierknochen, Scherben römischer und einheimischer Tongefäße, Fragmente von römischen Gläsern sowie Eisen- und Bronzegegenstände, römische Münzen und ein kleiner Goldbrakteat. Außerdem fanden sich Siedlungsspuren des 3. und 4. Jahrhunderts n. Chr. in Form verfüllter Abfall- und Pfostengruben. 36 Jahre nach Entdeckung der Fundstelle wurde eine neue Grabungskampagne notwendig. Im Anschluß an den Abriß der

Castrop-Rauxel/Kreis Recklinghausen. Ausgrabungsareal. Blick über das Grabungsareal. Verlandetes Bachbett der späten römischen Kaiserzeit. 3./4. Jahrhundert n. Chr.

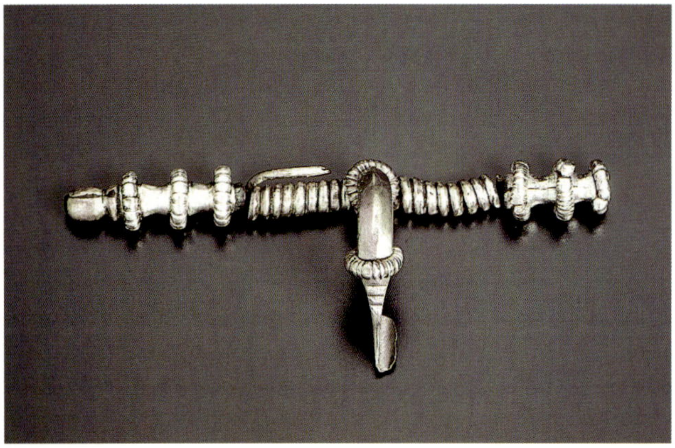

Castrop-Rauxel/Kreis Recklinghausen. Germanischer Handels- und Opferplatz. Zerbrochene Silberfibel. 3. Jahrhundert n. Chr.

gesamten Zechenanlage waren umfangreiche Erdarbeiten erforderlich, um das Gelände für eine Neunutzung vorzubereiten und umzugestalten. Die Planung galt nicht nur dem ehemals überbauten Gelände, sondern auch angrenzenden Flächen. Durch die hier vorgesehene Angleichung des Geländeniveaus mußte die Zerstörung weiterer archäologischer Fundschichten befürchtet werden, die aufgrund der Kenntnisse aus der Altgrabung zu erwarten waren.
Während der von 1991 bis 1994 im Auftrag des Westfälischen Museums für Archäologie/Amt für Bodendenkmalpflege, Münster, durchgeführten Ausgrabung zeigte sich, daß die archäologischen Schichten überwiegend intakt waren.
So wurden zu beiden Seiten des weiter freigelegten verlandeten Bachbettes Pfosten- und Abfallgruben, Entwässerungsgräben, Brunnen und Wasserstellen entdeckt. Aus ihren Verfüllungen konnten große Mengen von Haustierknochen, aber auch Münzen, Metallgegenstände und Keramik geborgen werden. Östlich davon ließ sich auf dem Grabungsgelände ein Areal nachweisen, das als Markt- oder Handelsplatz gedeutet werden darf. In einer bis zu 60 cm mächtigen Schicht, die sicherlich den kaiserzeitlichen Lauf- und Nutzungshorizont enthielt, lagen neben zerschnittenen und zerbrochenen Tierknochen von weggeworfenen Speiseabfällen vor allem zahlreiche Kleinfunde, die vor über 1600 Jahren auf diesem Platz verloren gingen. In einer Siedlung hätte man sie zum größten Teil gesucht und aufgelesen, wenn ihr Verlust bemerkt worden wäre. Auf einem Gelände jedoch, das von Händlern, Käufern und Tieren bevölkert war, bestand kaum die Möglichkeit, die in den lehmig-mergeligen Boden hineingetretenen Gegenstände wiederzufinden. Bei den Verlustfunden handelt es sich unter anderem um Spielsteine und Perlen, einen Kamm aus Knochen, Wetz- und Schleifsteine, Hunderte von Eisengegenständen, kleine Gewichte und Barren, römische Münzen, Bleche, Nadeln, Pinzetten, Ringe, Nägel, Beschläge, Schnallen und Fibeln aus Bronze. Wichtig ist, daß viele der genannten Metallobjekte nicht unbeschädigt in den Boden gelangten. Sie waren verbogen oder zerbrochen und daher für den ursprünglichen Gebrauch nutzlos. Trotzdem stellten sie als Bruchmetall oder Altbronze ein erhebliches Kapital dar, weil den Germanen in unserem Gebiet mit Ausnahme des Eisens keine eigenen Metallagerstätten zur Verfügung standen.
Man geht allgemein davon aus, daß der Austausch mit römischen Waren in den Händen professioneller Kaufleute lag. Schon der römische Geschichtsschreiber Tacitus berichtet in Kapitel V seiner *Germania* über den Handelsverkehr und den Gebrauch von Geld in der Nähe des römischen Grenzverlaufs und auch über den Tauschhandel bei den Germanen. In diesem Zusammenhang muß die günstige geographische Lage unseres Fundortes zwischen Ruhr und Lippe – nur 50 km vom Rhein entfernt – hervorgehoben werden.
Unter den Metallfunden ist eine zerbrochene Silberfibel besonders erwähnenswert, deren Einzelteile über mehrere Quadratmeter verstreut lagen. Es handelt sich um ein prächtiges und kunstvoll gearbeitetes Stück, bei dem ursprünglich eine eiserne Achse den Fibelbügel mit der Spirale und den beiden Achsendknöpfen verband. Der Bügel und auch die Endknöpfe sind durch kleine gekerbte Silberringe verziert. Weitere Bruchstücke einer ähnlichen, sehr viel kleineren Fibel konnten ebenfalls entdeckt und geborgen wer-

Castrop-Rauxel/Kreis Recklinghausen. Germanischer Handels- und Opferplatz. Bruchmetall, Barren, Münzen und Gewichte des 4. Jahrhunderts n. Chr. ▷

Castrop-Rauxel/Kreis Recklinghausen. Germanischer Handels- und Opferplatz. Bestattung eines Hundes. 3./4. Jahrhundert n. Chr.

den. Interesse verdienen auch einige der Bronzen, die in die Kategorie der medizinischen Instrumente gehören. Es sind verschiedene Pinzetten, eine Spatelsonde und ein kleiner Salbenlöffel. Bei der Sonde fällt auf, daß der Griff zur besseren Handhabung mit Kerben versehen ist. Die Verwendung von Pinzetten und Löffelchen ist selbstverständlich nicht nur auf einen medizinischen Gebrauch beschränkt, da sie einerseits zum Fassen und Halten kleiner Gegenstände dienten, andererseits für die Entnahme und Portionierung geringer Mengen verschiedener Substanzen geeignet waren.

Bei der Bestimmung der mehr als 200 römischen Münzen zeigen sich zwei Schwerpunkte. Zunächst sind mehrere Denare des 2. Jahrhunderts n. Chr. zu verzeichnen. Diese Silbermünzen hatten erfahrungsgemäß eine recht lange Umlaufzeit, da sie einerseits nicht zum Kleingeld der römischen Soldaten gehörten, andererseits bei den Germanen als wertvolle Tauschobjekte wie Rohsilber gehandelt wurden. Die überwiegende Mehrheit der in Castrop gefundenen römischen Münzen besteht jedoch aus einer Kupferlegierung mit minimalem Silberanteil: Zu Beginn des 4. Jahrhunderts war der *Follis* die wichtigste Münzeinheit in unedlem Metall. Unter Constantinus I. setzte eine intensive Prägung ein, die sich auch in unserem Fundspektrum niederschlägt.

Den hervorragenden Erhaltungsbedingungen des kalkhaltigen Castroper Mergels verdanken wir die Konservierung bemerkenswerter Befunde, bei denen es sich um die Bestattung dreier Hunde, eines vollständigen Rindes sowie um die Niederlegung von Rinder- und Pferdeköpfen handelt. Diese und weitere Deponierungen von Tierknochen erlauben den Gedanken an Opferhandlungen, die in der Nähe des germanischen Handelsplatzes stattgefunden haben könnten. So lagen zwei Rinderköpfe mit mehreren Beinknochen in einer kleinen Grube, und einer der genannten Hunde war ohne Kopf und Pfoten vergraben worden. Da auch seine Schulterblätter und einige

Castrop-Rauxel/Kreis Recklinghausen. Germanischer Handels- und Opferplatz. Niedergelegte Rinderschädel, Bein- und Fußknochen (3./4. Jahrhundert n. Chr.). Umzeichnung.

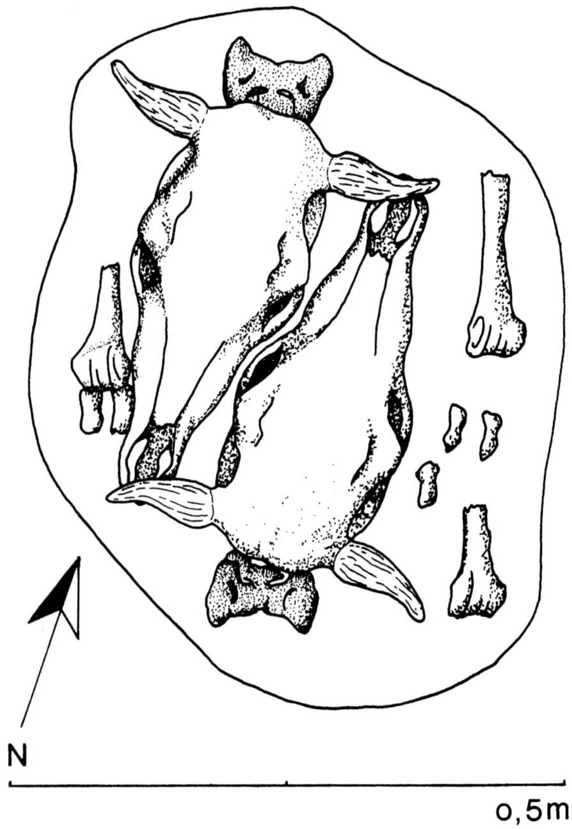

Wirbel des Skelettes fehlen, liegt die Vermutung nahe, daß das Fell mit Kopf und Füßen einer besonderen Verwendung diente.
Die beiden anderen Hunde gelangten ebenso vollständig in den Boden wie das Rind, das sorgfältig in einer Grube niedergelegt worden war. Auch in der Verfüllung des verlandeten Flußbettes konnten zahlreiche Tierknochen freigelegt und geborgen werden, die in den meisten Fällen nicht als Speiseabfall gedeutet werden dürfen. Einige lagen einzeln, andere jedoch noch im anatomisch richtigen Verbund in der Fundschicht. Stellvertretend sollen hier Teile von Pferden genannt werden, wie beispielsweise zahlreiche Unterkiefer, ein Kopf und nicht zuletzt ein vollständiges Bein, das quer auf dem Unterkiefer eines anderen Pferdes lag.
Eine endgültige Bearbeitung und Auswertung des umfangreichen Fundmaterials wird weitere Erkenntnisse über eine Zeit liefern, aus der uns für Westfalen keine schriftlichen Quellen vorliegen.

Castrop-Rauxel/Kreis Recklinghausen. Germanischer Handels- und Opferplatz. Unterkiefer und Beine eines Pferdes. 3./4. Jahrhundert n. Chr.

Lit.: H. Beck (Hrsg.), Spätkaiserzeitliche Funde in Westfalen. Bodenalt. Westfalen 12 (Münster 1970).

Manche Rätsel bleiben: eine ungewöhnliche Graburne aus Costedt

Frank Siegmund

Eine tönerne Urne samt Deckel, 835 g verbrannten Knochen und einigen unscheinbaren Metallstücken – das sind die letzten Reste der Bestattung eines Mannes ‚in den besten Jahren', der vor etwa 1800 Jahren in Ostwestfalen starb und in seiner Gemeinschaft sicherlich eine wichtige, hervorgehobene Persönlichkeit war. Die Urne, die den Leichenbrand barg, gehört ihrer Form nach zu einem Typus, der in der römischen Kaiserzeit im freien Germanien zwischen Rhein und Weser weithin üblich war. Ungewöhnlich und in der Motivkombination einzigartig ist die Verzierung des Gefäßes. Auf der Unterwand angebracht, besteht

Porta Westfalica-Costedt/Kreis Minden-Lübbecke. Inventar eines Männergrabes (Ende 2. Jahrhundert n. Chr.): Verzierte Urne und Deckelgefäß sowie mehrere Bronze- und Eisenteile, u. a. Fragmente eines Schildbuckels und einer Schildfessel.

sie aus feinen, schwach eingedrückten Linien und Punkten, die erst von nahem und bei gutem Licht sichtbar werden. Drei der vier Bildfelder sind mit geometrischen Ornamenten oder Zeichen gefüllt: eine Swastika (Hakenkreuz), ein Netz und Wellenlinien. Das vierte Bildfeld ist durch ein Tannenzweigmuster wiederum in vier Zonen gegliedert, von denen drei Felder Halb- und Vollkreise, wohl Sonnen- und Mondsymbole, aufweisen. Ein Feld zeigt in starker Abstraktion einen geweihtragenden Vierfüßler, vermutlich einen Hirsch. Zwar lassen sich vereinzelt andere Tierdarstellungen aus der römischen Kaiserzeit benennen, etwa von (jüngeren) sächsischen Buckelurnen, aber in Technik und Gesamtkomposition ist Vergleichbares bislang unbekannt. Eine konkrete Deutung der Darstellung scheint kaum möglich. Dem Bestattungsritual jener Zeit entsprechend, erhielt der Tote Beigaben: Da sie mit ihm auf dem Scheiterhaufen verbrannt wurden, haben nur geringe Reste davon das Feuer überdauert und gelangten mit ins Grab. Aus den wenigen, leicht angeschmolzenen Bronzeresten läßt sich ein Schildbuckel rekonstruieren, der den Toten als Krieger charakterisiert. Der Schildbuckel – er saß in der Mitte des Schildes und schützte die Griffhand – entspricht nicht den üblicherweise eisernen germanischen Vergleichsstücken, sondern gehört zur Ausrüstung der römischen Armee – und zwar zum leichten Rundschild, wie ihn die Reiterei benutzte. Links des Rheins in der römischen Provinz wäre ein solches Stück nicht weiter bemerkenswert – dagegen hier, gut 150 Kilometer östlich der Reichsgrenze, war es eine seltene Kostbarkeit und sicherlich ein Zeichen des hohen Ranges des Toten.

Das zugehörige Gräberfeld liegt beim Ort Costedt wenig südlich der Weser nahe der Porta Westfalica. Es wurde 1932 beim Sandgraben entdeckt und 1989 im Vorfeld einer Baumaßnahme vollständig ergraben, wobei insgesamt 42 Bestattungen aufgedeckt wurden. Vor allem anhand der zahlreichen Fibeln (Gewandschließen) lassen sich die Gräber gut datieren: Sie gehören dem Jahrhundert zwischen 150 und 250 n. Chr. an. Die Bestimmung der Leichenbrände zeigt, daß hier gleichermaßen Männer und Frauen bestattet wurden, während Kinder – wie in vielen urgeschichtlichen Kulturen – nur in Ausnahmefällen einer regulären Bestattung würdig erschienen. Der Anzahl der Toten und den Beigaben zufolge läßt sich die Zahl der ehemals in ihrer Gemeinschaft lebenden Bevölkerung auf etwa 19 Personen, 11 Erwachsene und 8 Kinder, schätzen. Der Bestattungsplatz dürfte demnach zu zwei bis drei Bauernhöfen gehört haben. Zehn der 42 Gräber enthielten Fibeln, insgesamt wurden 15 solcher Gewandschließen geborgen. Organische Reste, etwa der Kleidung, waren nicht mehr erhalten. Immerhin haben einige verzierte Knochenkämme, die der Haar- und Bartpflege dienten, die Totenfeuer in kleinen und verzogenen Fragmenten überstanden. Verschmolzene Reste römischer Glas- und Bronzegefäße oder einer zerscherbten Terra-sigillata-Schale aus Trier zeigen, daß auch andere Tote mit Importen aus dem Römischen Reich ausgestattet wurden. An ihnen wird deutlich, daß die bäuerliche Gemeinschaft von Costedt wirtschaftlich durchaus in der Lage war, hier im freien Germanien kostbares römisches Importgut zu beziehen.

Im Umfeld des kaiserzeitlichen Gräberfeldes wurden gut dreißig Pfostenlöcher und Gruben angeschnitten, die von einer mittelalterlichen Siedlung des 8. bis 9. Jahrhunderts n. Chr. zeugen. Da Funde, die die Lücke zwischen der Kaiserzeit und dem Mittelalter füllen könnten, jedoch gänzlich fehlen, kann eine Siedlungskontinuität zum heutigen Costedt ausgeschlossen werden.

Porta Westfalica-Costedt/Kreis Minden-Lübbecke. Graburne (Ende 2. Jahrhundert n. Chr.). Detail der Verzierung: Hirschdarstellung.

Das römerzeitliche Plattbodenschiff von Xanten-Wardt

Julia Obladen-Kauder

Am Niederrhein, im Arbeitsgebiet der Außenstelle Xanten des Rheinischen Amtes für Bodendenkmalpflege, ist nachweislich eine Fläche von rund 50 Quadratkilometern von Sand- und Kiesabbau betroffen. Die Auskiesungen folgen im wesentlichen den vor- und frühgeschichtlichen Läufen des Rheins und seiner Nebenflüsse. Für die archäologische Forschung stellen sie nicht nur große Verlustflächen dar: Durch die Vielzahl archäologischer Funde lassen sich die alten Flußläufe auch genauer datieren. Parallel dazu vervollständigen die Ergebnisse geologischer und paläobotanischer Untersuchungen das Umweltbild vergangener Zeiten.

Im Juni 1991 folgte die Außenstelle Xanten einer Fundmeldung eines aufmerksamen Bürgers über bearbeitete Hölzer, die während der Anlage eines Ver-

Xanten-Wardt/Kreis Wesel. Römerzeitliches Plattbodenschiff (Prahm) während der Ausgrabung. Ende 1. Jahrhundert n. Chr.

bindungskanals zwischen zwei Baggerseen freigelegt worden waren. Aus einem rund 3 m hohen Steilufer, bestehend aus Sand und Kies, ragten zwei mit Eisennägeln aufeinander befestigte Holzplanken in das Wasser hinein, die auf die Bordwand eines Schiffes schließen lassen konnten. Eine sofortige Untersuchung von vier Holzproben an der Universität Köln ergab, daß es sich um Eichen handelte, die in den Jahren von 89 bis 95 ± 5 Jahre n. Chr. gefällt worden waren. Eine Überprüfung des geologischen Umfeldes machte deutlich, daß das Schiff in einem römerzeitlichen Rheinarm aufgefunden wurde, der bis zum Hafen der etwa 2,5 km südöstlich gelegenen *Colonia Ulpia Traiana* führte. Durch die Untersuchung der Kiesgröße in unmittelbarer Umgebung des Fundes ließ sich darüber hinaus feststellen, daß er nicht am Ufer, sondern eher mittig im ehemaligen Fließbereich lag. Durch die Ausgrabung kam ein Plattbodenschiff vom ‚Typ Zwammerdam' zutage, das offensichtlich gekentert war, da es umgekehrt, mit der Unterseite nach oben, im Sand lag. Dies hatte zur Folge, daß während der archäologischen Untersuchungen vor Ort Aufschlüsse über den Innenaufbau nicht gewonnen werden konnten. Das Schiff war noch in einer maximalen Länge von 7 m erhalten. Ein großer Teil des Mittelstückes und das andere Ende gingen wahrscheinlich bei der Anlage des Gewässers verloren. Es besaß eine maximale Breite von 2,60 m und verjüngte sich zum Ende hin nur leicht um 30 cm. Der Übergang zwischen Plattboden und vertikal aufgehender Bordwand war L-förmig aus einem Stück gearbeitet. Darauf war in Klinkertechnik ein Dollbord befestigt. Die Gesamthöhe der Bordwand betrug damit 65 cm. Die Außenhaut des Bodens bestand aus parallel aneinandergesetzten Eichenplanken. Sie waren mit großen Eisennägeln, deren Köpfe auf der Schiffsunterseite gut sichtbar erhalten waren, auf den im Schiffsinnern liegenden Spanten und Querbalken befestigt. Zum Schiffsende hin waren die Nahtstellen zwischen den Bodenplanken mit Eisenbändern verstärkt. Dies läßt den Schluß zu, daß man ähnlich wie mit den heutigen Rheinfähren auf flachem Boden anlanden konnte. Die Kalfaterung bestand aus Samen von Rohrkolben, die gepreßt und sodann dreistrangig geflochten wurden. Während der Ausgrabungen stieg der Grundwasserspiegel trotz ständig laufender Pumpen erheblich. Daher blieb für eine sorgfältige Zerlegung in einzelne Bestandteile draußen vor Ort keine Zeit. So fiel die

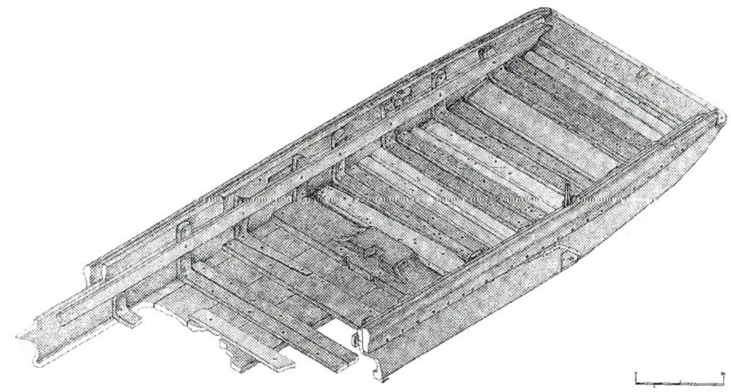

Xanten-Wardt/Kreis Wesel. Römerzeitlicher Prahm. Rekonstruktionszeichnung des Schiffsinneren.

Entscheidung zugunsten einer Bergung des gesamten Schiffskörpers durch eine Fachfirma, die 1981 bei der Hebung der römischen Schiffe in Mainz bereits Erfahrungen gesammelt hatte: An einer Seite des Schiffes wurde eine Arbeitsgrube ausgehoben und mit Beton ausgekleidet. Mittels einer Teleskophydraulikpresse wurden nacheinander Spunddielen aus Stahl in das Erdreich unterhalb des Schiffes gepreßt und miteinander verzahnt, so daß eine tragfähige Plattform entstand. Darauf wurde ein zuvor angefertigtes Fachwerkgerüst geschweißt. Zwei minutiös aufeinander abgestimmte Autokräne hoben das so gesicherte und

Xanten-Wardt/Kreis Wesel. Bergung des römerzeitlichen Prahms.

Xanten-Wardt/Kreis Wesel. Römerzeitliches Plattbodenschiff (Prahm). Modell. Rekonstruktion nach dem Originalbefund.

verpackte Schiff auf einen Tieflader, der es nach Xanten transportierte. Während der Bergungsaktion war dort zur Einlagerung ein großes Wasserbecken errichtet worden.

Zerlegung des Prahms

Im Jahre 1992 wurde der Prahm durch die Mitarbeiter der Außenstelle Xanten mit Unterstützung der Restaurierungsabteilung des Rheinischen Landesmuseums Bonn in seine Bestandteile zerlegt. Nachdem die Bodenplanken abgelöst waren, konnten erste Erkenntnisse über die Innenkonstruktion gewonnen werden. Es zeigte sich, daß die Spanten und dazwischen angebrachte Querbalken Kante an Kante fast ohne Zwischenraum verlegt waren und somit einen ‚doppelten Boden' bildeten. Darunter befand sich auch eine sehr gut erhaltene gehobelte Nadelholzplanke. Das solide gearbeitete Abschlußstück des Prahms war mit einem Eisenband verstärkt und besaß einen gut erhaltenen Eisenring von 11 cm Durchmesser, mit dessen Hilfe eine Befestigung an Land möglich war. Ein sehr massiv gearbeiteter Querbalken konnte nach seiner Entnahme als Mastschuh identifiziert werden. Die eigentliche Mastbank und der Mast selber wurden bei der Zerlegung nicht mehr aufgefunden. Der Balken besaß in der Mitte eine rechteckige Aussparung, die nach einer Seite hin offen war. Rechts und links der Mastspur waren jeweils eine weitere rechteckige Vertiefung und im Profil zwei senkrechte Nuten zu beobachten. Die aus Kniehölzern angefertigten Spanten waren alternierend an den Bordwänden angebracht. Nachdem im Herbst 1992 in Xanten ein von den ortsansässigen Auskiesungsfirmen gefördertes Kolloquium zur Konservierung großer hölzerner Objekte stattgefunden hatte, wurden die Schiffsteile im Februar 1993 in eine Polyethylenglykol-Lösung eingelagert.

Rekonstruktion und Funktion

Die Lage des Mastschuhs im Bereich zwischen 3,29 m und 3,75 m vom Bugende entfernt läßt in Verbindung mit der bekannten Breite und Höhe des Schiffes und anhand von Vergleichsfunden auf eine Länge von 14 bis 15 m schließen. Bei der Rekonstruktion der ursprünglichen Länge wurden 50 römische Fuß (= 14,79 m) zugrundegelegt. Die Nuten am Mastschuh weisen darauf hin, daß der Mast an seiner Basis zur offenen Seite der Aussparung hin durch ein massives Vorsatzholz befestigt wurde. Dieses wurde vermutlich durch zwei Metallbügel geschoben. Dadurch wäre es möglich gewesen, den Mast im Bedarfsfall durch Entfernung der Vorsatzhölzer umzulegen und außer Gebrauch zu setzen. In die seitlichen Aussparungen neben der eigentlichen Mastspur konnten zur zusätzlichen Stabilisierung Querverstrebungen eingebracht werden. Ob es sich bei dem Schiff von Xanten-Wardt um ein Segel- oder Treidelschiff oder um eine Kombination von beiden gehandelt hat, ließ sich nicht klären. Die funktionale Bedeutung prahmartiger Schiffe liegt darin, daß sie zum Transport von außerordentlich schweren Lasten und in sehr flachen Gewässern eingesetzt werden konnten. Auch der Prahm von Xanten-Wardt eignete sich gut zum Gütertransport. Bei einer Zuladung von zehn Tonnen Gewicht errechnet sich ein Tiefgang von etwa 50 cm. Möglicherweise sollte der Prahm Baumaterialien in die im Aufbau befindliche *Colonia Ulpia Traiana* transportieren, kenterte dabei durch unglückliche Umstände und verlor seine Ladung, von der bis heute jede Spur fehlt.

Lit.: H. Berkel/J. Obladen-Kauder, Das römerzeitliche Schiff von Xanten-Wardt. Arch. Rheinland 1991 (1992) 74 ff. – Dies., Das Schiff von Xanten-Wardt zwischen Bergung und Konservierung. Ebd. 1992 (1993) 56 ff.

Römische Funde aus dem Kies von Xanten-Wardt

Hans-Joachim Schalles

Seit gut zehn Jahren werden unmittelbar nördlich von Xanten zwischen den Ortsteilen Wardt und Lüttingen große Flächen ausgekiest. Im Zuge dieser Auskiesungen konnten römische Fundstücke in einer Fülle, Vielfalt und Qualität geborgen werden, die im Land Nordrhein-Westfalen bislang einzigartig sind. Das Aussehen der Flußlandschaft in römischer Zeit läßt sich inzwischen recht gut rekonstruieren. In den ersten beiden Jahrhunderten n. Chr. mäandrierte der Rhein nur geringfügig. Der Hauptstrom war von mehreren Nebenarmen begleitet, so daß etliche größere und kleinere Inseln entstanden waren. Aus dem Nebenarm unmittelbar westlich des Hauptstroms, der im Verlauf des 3. Jahrhunderts n. Chr. allmählich verlandet sein muß, stammt die Masse der hier vorgestellten Objekte. Seit dem Beginn der Arbeiten 1982 förderte der Schwimmbagger mehrere hundert Fundstücke ans Tageslicht, darunter allein über dreihundert Metallgegenstände, vom einfachen Nagel bis zum silbernen Trinkbecher. Die Bergung der Objekte von den Rüttelsieben der Sortieranlage, auf denen Kies und Sand nach Korngrößen geschieden werden, ist der Aufmerksamkeit der Mitarbeiter der Auskiesungsfirma zu verdanken: Das Tempo der industriellen Kiesgewinnung ist hoch, und die täglichen Fördermengen können bei mehreren tausend Tonnen liegen.

Das Fundmaterial läßt sich im wesentlichen in drei große Gruppen scheiden: Militaria im engeren Sinne, also Angriffs- und Verteidigungswaffen, sowie sonstige Ausrüstungsgegenstände, Werkzeuge und Geräte, Metall- und Keramikgefäße, die als Koch-, Eß- und Trinkgeschirr, zur Vorratshaltung oder zum Transport dienten. Unter den Militaria sind mehrere Infanteriehelme und Wangenklappen vertreten, zahlreiche Reste von Wurflanzen, Kurzschwerter, zwei Ortbänder, der Beschlag einer Schildfessel mit der Inschrift „ALBANI" (zur Hundertschaft des Albanus gehörig) sowie ein Randbeschlag, der wohl zu einem Dolch gehörte. Andere Stücke stammen von Kavallerieeinheiten, etwa drei Reiterhelme, mehrere Stoßlanzenspitzen sowie Fragmente von Langschwertern. In den gleichen Zusammenhang gehören sieben vorzüglich erhaltene Sattelgurtbeschläge und weitere Teile vom Pferdegeschirr. Einige Werkzeuge und Geräte lassen sich ebenfalls mit dem Militär in Verbindung bringen; sicher ist dies etwa bei Schanz- und Pioniergerät – Kreuzäxten und Ziehhacken –, bei dem unter dem Fundgut vertretenen Sensentyp und wohl auch bei den in größerer Zahl auftretenden Zeltheringen. Eine ganze Reihe von eisernen Tüllenspitzen verschiedener Größe ist in unterschiedlichen Funktionen denkbar: als Bewehrung von Stakstangen oder als Pfahl- bzw. Lanzenschuhe. Das Auftreten eiserner Dornhaken, zweizinkiger Stakstangenbeschläge, vierstrahliger Haken bzw. Anker und Netzbeschwerer ist bei einer Fundstelle, die im Bereich ehemals schiffbarer Gewässer liegt, nicht verwunderlich. Weitere Geräte wurden zur Holz- und Metallbearbeitung, in der Landwirtschaft oder im Haus benutzt: Äxte, Dechsel, ein Hobeleisen und ein Stechbeitel, Hämmer sowie eine Schmiedezange, Sicheln, mehrere Messer u. a. m.

In die Hunderte gehen die Bruchstücke von tönernen Gefäßen aus diesem Fundkomplex. Feinkeramik – die sog. Terra sigillata – ist ebenso vertreten wie andere keramische Erzeugnisse. Von besonderer Bedeutung sind die rund sechzig Metallgefäße und -gefäßfragmente, handelt es sich doch um die zahlenmäßig größte Gruppe solcher Objekte, die bislang von einer einzelnen Fundstelle in Nordrhein-Westfalen bekannt geworden ist. Sieben Silbergefäße, darunter zwei zum gleichen Service gehörende Trinkbecher, und drei langstielige Kellen sind dem luxuriösen Tafelgeschirr zuzurechnen. Bei den übrigen Stücken handelt es sich überwiegend um einfachere Formen für den täglichen Gebrauch – bronzene Eimer bzw. Töpfe, Kessel und Kasserollen. Das Silbergeschirr ist aus Italien importiert worden, ebenso die meisten Kasserollen, die vermutlich in Kampanien hergestellt wurden.

Die meisten Gegenstände müssen vor ihrem Verlust

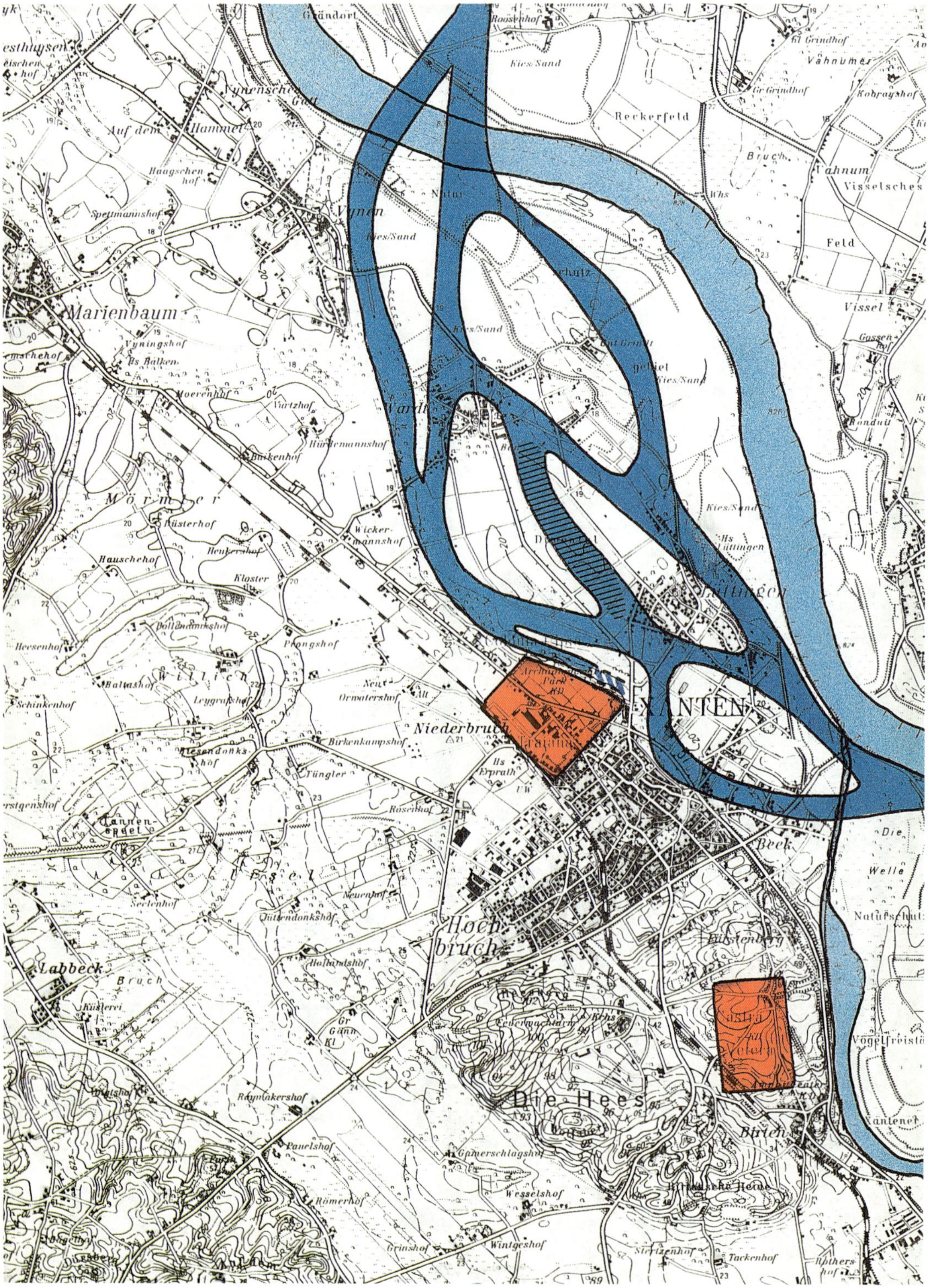

Xanten/Kreis Wesel. Der Rheinverlauf in römischer Zeit (dunkelblau) und heute (hellblau). Rot: das Römerlager Vetera I und die römische Stadt Colonia Ulpia Traiana. Der Bereich der Kiesfunde ist schraffiert.

Xanten-Wardt/ ▷ Kreis Wesel. Vorgeschichtliche und römerzeitliche Funde aus dem Kies: Mammutzähne, Steinbeile, Keramikfragmente, Helme, Bronze- und Silbergefäße.

entweder über längere Zeiträume oder sehr intensiv benutzt worden sein. Besonders deutlich wird dies an den Metallgefäßen: Etliche Eimer sind im Boden und im Wandungsbereich mit aufgenieteten Blechstreifen geflickt. Reparaturen weist auch ein Drittel der Kasserollen auf. Die Waffen, Ausrüstungsgegenstände und Werkzeuge zeigen ebenfalls vielfach Gebrauchsspuren. Einige Werkzeuge waren sogar so beschädigt, daß sie als Altmetall angesehen werden müssen. Auch die Feinkeramik kam nicht frisch vom Produzenten: Eingeritzte Marken oder Personennamen (Graffiti) auf den Unterseiten mehrerer Terra-sigillata-Gefäße belegen, daß die Besitzer diese Stücke als ihr Eigentum gekennzeichnet haben. Hinsichtlich der Datierung ergibt sich zumindest bei den relativ sicher bestimmbaren Objekten ein bemerkenswert einheitliches Bild: Die Terra-sigillata-Gefäße gehören ganz überwiegend in das dritte Viertel des 1. Jahrhunderts n. Chr.; 80% der übrigen datierbaren Keramik stammen ebenfalls aus dem 1. Jahrhundert. Auch die Militaria bestätigen diesen Eindruck. Die sieben Infanteriehelme wurden ihrem Typ bzw. ihrer Form nach im 1. Jahrhundert n. Chr. benutzt, ebenso einige Schwerter und die drei Reiterhelme, darunter das schönste erhaltene Exemplar dieses Helmtyps überhaupt. Den sieben Sattelgurtbeschlägen können Parallelen aus Militärplätzen vor der Mitte des 1. Jahrhunderts zur Seite gestellt werden. Sechs der sieben Silbergefäße sind aufgrund ihrer Form oder ihres Dekors gut mit frühkaiserzeitlichem Silbergeschirr zu verbinden; sie dürften zwischen dem letzten Viertel des 1. Jahrhunderts v. Chr. und der Mitte des 1. Jahrhunderts n. Chr. entstanden sein. Auch die knapp zwanzig Kasserollen lassen sich zeitlich vielfach genau einordnen. Über die Hälfte von ihnen gehören einem Typ an, der in flavischer Zeit, nach neueren Forschungsergebnissen möglicherweise sogar bereits nach dem 3. Jahrzehnt des 1. Jahrhunderts n. Chr., nicht mehr produziert worden ist. Die beste Parallele für eine der Kellen unter den Funden stammt aus Pompeji, das 69 n. Chr. vom Vesuv verschüttet wurde.

Wie ist dieser ungewöhnliche Fund zu erklären? Sicher dürfte sein, daß es auf diese Frage nicht nur eine einzige Antwort gibt. Zumindest für Teile des Fundkomplexes ist natürlicher Verlust zweifellos die nächstliegende Annahme: Seit Errichtung des ersten Legionslagers auf dem Fürstenberg hielten sich in diesem Raum ständig mehrere tausend Menschen auf. Güter mußten über den Rhein herangeschafft werden, Personen waren am Fluß mit den verschiedensten Arbeiten beschäftigt oder wechselten von einem Ufer zum anderen. So gingen Dinge immer wieder ganz einfach verloren. Doch stehen andere Beobachtungen dieser Erklärung entgegen: Wir wissen, daß der betreffende Rheinarm auch im 2. Jahrhundert n. Chr. noch schiffbar gewesen sein muß, doch haben der zivile Handel und Verkehr dieser Zeit im Fundmaterial keine nennenswerten Spuren hinterlassen. Bei der großen Menge an Funden wird man dies kaum als Zufall betrachten können. Kommt also eher ein militärisches Ereignis im 1. Jahrhundert als Erklärung in Frage? Die großen rechtsrheinischen Operationen fallen sämtlich noch in die ersten beiden Jahrzehnte n. Chr., nicht wenige Funde gehören aber eher in die Jahrhundertmitte. So scheint es eher denkbar, den Fundkomplex in einen Zusammenhang mit den Geschehnissen des Bataverkrieges von 69/70 n. Chr. zu stellen. Im vierten Buch seiner Historien beschreibt der römische Historiker Tacitus die Kapitulationsbedingungen, die Civilis, der Anführer der Bataver, der römischen Besatzung von *Vetera I* stellte: Er „bedang sich die Plünderung des Lagers aus und gab ihnen (d. h. den Römern) Wachen bei, die Geld, Pferdeknechte und Troß zurückhalten sollten; andere sollten die ohne Gepäck Abziehenden fortgeleiten". Offensichtlich mußten also große Teile der Ausrüstung zurückgelassen werden. Das Fehlen von Kampfspuren an den Fundstücken von Xanten-Wardt wäre vor diesem Hintergrund nicht überraschend: Vielleicht handelt es sich um Plünderungsgut, welches beim Transport über den Fluß verloren gegangen ist. Die Ursachen für das Zustandekommen des Fundkomplexes aus Xanten-Wardt werden sich wohl nie mit letzter Sicherheit klären lassen. Es steht aber zu hoffen, daß künftige Funde weitere Anhaltspunkte für eine Deutung liefern werden und die verschiedenen Möglichkeiten eingrenzen helfen.

Lit.: H.-J. SCHALLES/CH. SCHREITER (Hrsg.), Geschichte aus dem Kies. Neue Funde aus dem Alten Rhein bei Xanten. Xantener Ber. 3 = Führer Regionalmus. Xanten 34 (Köln 1993).

Xanten-Wardt/Kreis Wesel. Sattelgurtbeschläge aus Bronze. ▷ 1. Jahrhundert n. Chr.

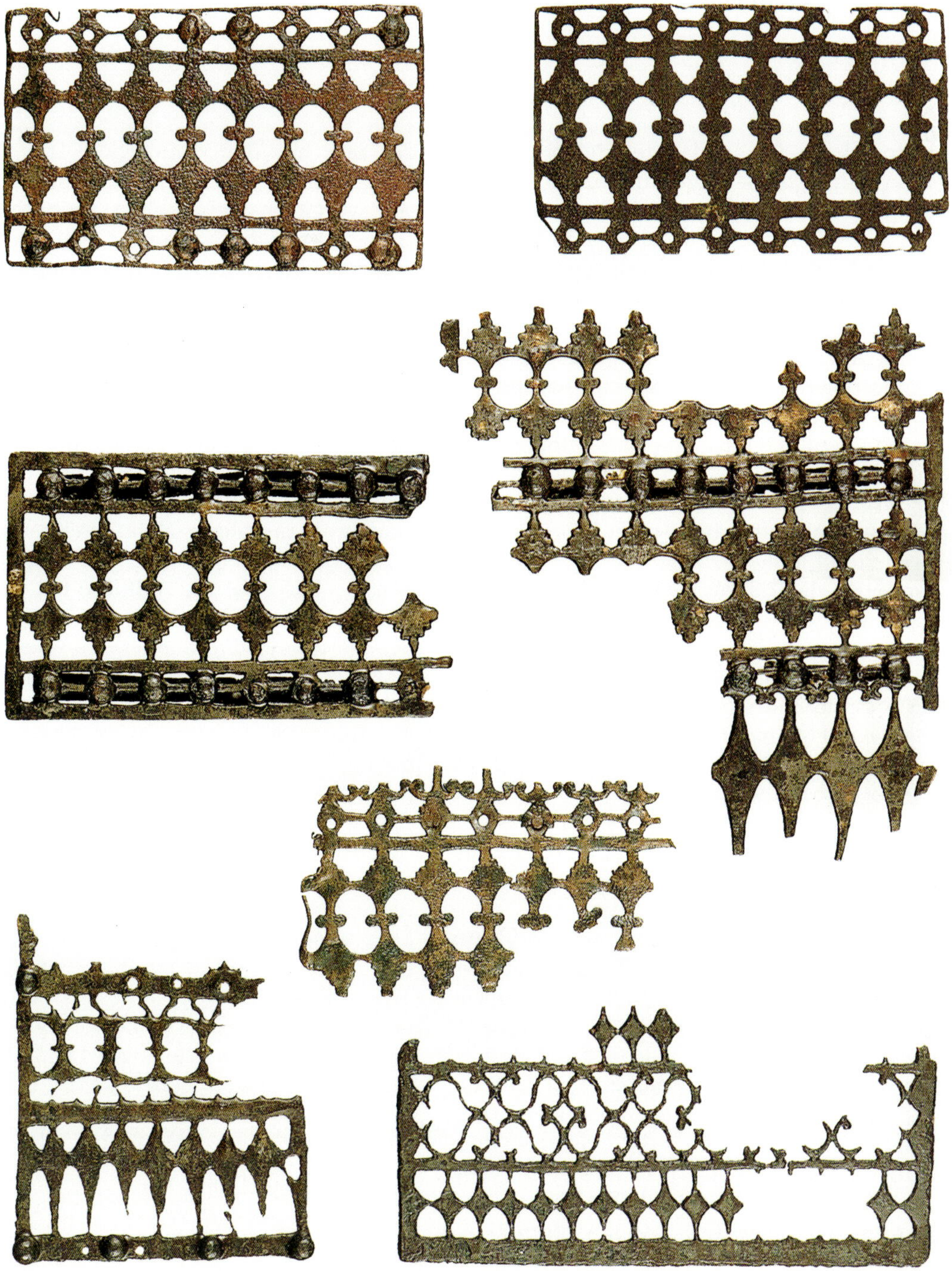

Wiederhergestellt – Ein Hemmoorer Eimer mit bacchischem Fries aus Xanten/Kreis Wesel

Heinz Günter Horn

Oft vergehen Jahre oder gar Jahrzehnte, bis ein archäologischer Fund konserviert und restauriert ist. Dies gilt auch für einen römischen Messingeimer vom sog. Hemmoorer Typus, der im Jahre 1974 bei Ausgrabungen nördlich des Amphitheaters der *Colonia Ulpia Traiana*-Xanten/Kreis Wesel in einem verkippten Brunnenschacht gefunden wurde. Er konnte erst jüngst mit finanzieller Unterstützung des Landes Nordrhein-Westfalen in der Werkstatt Jo Kempkens, Roermond/Niederlande, wiederhergestellt werden.

Das Gefäß, von dem sich nur noch der kräftige Standfuß, wenige Fragmente der dünnen Wandung, die komplette Schmuckzone mit der verdickten Gefäßlippe und den Henkelattaschen sowie einer der beiden astragalierten Henkel erhalten hatten, war ehemals kaum höher als 22,5 cm; sein oberer Durchmesser betrug 23,6 cm.

Die Rekonstruktion, in die die Originalteile eingepaßt wurden, zeigt jetzt wohl wieder die ursprüngliche Gefäßform; sie findet ihre nächsten Parallelen in den besser erhaltenen Hemmoorer Eimern aus Börry/Niedersachsen, Udby/Dänemark oder auch Hamma/Belgien. Besonders eindrucksvoll ist der ca. 3,5 cm hohe Relieffries, der nach oben von einem Blattkymation mit eingelegten apfelkernförmigen Silberplattierungen und Perlstab, nach unten von einem beiderseits perlstabgerahmten Flechtband begrenzt wird.

Vieles spricht dafür, daß das Gefäß samt Fuß aus einem Rohling unter mehrmaligem Zwischenglühen gehämmert, gedrückt und abgedreht wurde. Die separat gearbeiteten Henkelattaschen sind angelötet. Die Henkel scheinen gegossen, nachgedreht und an den Enden so zurechtgefeilt worden zu sein, daß die Zapfen in die Attaschenlöcher paßten. Der Ornamentfries wurde offenbar freihändig eingeschnitten, punziert und ziseliert. Es ist nicht auszuschließen, daß zur Verdeutlichung der Darstellungen gewisse Partien u. a. mit Weißmetall überzogen waren.

Zahlreiche der bislang bekannten Hemmoorer Eimer sind friesverziert. Sie zeigen zumeist Jagdszenen, Tierhatzen und Meereswesen. Motive und Themen, die sich mit dem römischen Theater-, Wein- und Mysteriengott Bacchus in Verbindung bringen lassen, sind vergleichsweise selten. Insofern ist der bacchische Zierfries des Xantener Gefäßes mit seiner außerordentlichen, motivischen und thematischen Vielfalt besonders bemerkenswert und in dieser Form bislang einzigartig.

Das Friesband ist in der Abrollung annähernd 76 cm lang. Die Szenen und Einzelmotive sind bildartig nebeneinander gestellt; sie ergeben keine logische Abfolge. Die Figuren bewegen sich einmal nach rechts, einmal nach links; einige bilden in sich geschlossene Gruppen. Vereinzelte Überschneidungen vermitteln räumliche Tiefe. Drei bacchische Themenkreise sind angesprochen: der siegreiche Indienfeldzug des Bacchus, die Weinlese mit dem anschließenden Kelterfest *(vindemia)* und der ekstatische Reigen der Satyrn und Mänaden im Gefolge des Gottes *(thiasus)*. Knorrige Pinien und Zypressen, bändergeschmückte Kultpfeiler und -säulen sowie ein kleiner Tempel kennzeichnen das heiter-bukolische Ambiente, eine idyllische Sakrallandschaft.

In dem äußerst qualitätvollen Bilderfries nimmt Bacchus – wie nicht anders zu erwarten – eine zentrale Stellung ein. Er liegt nackt auf einem von zwei Löwen gezogenen Wagen, der die Form einer Getreideworfel *(vannus)* hat. Mit der rechten Hand umfaßt er zepterartig einen Thyrsusstab. So fuhr der Gott, wie der Mythos berichtet, nach seinem Sieg über die Inder im Triumphzug dahin; er hatte nicht nur seinen Anhängern mit Indien ein paradiesisches Land erschlossen, in dem sozusagen Milch und Honig flossen, sondern auch die wildesten Tiere gezähmt und unter das Joch gebracht. Ein traubenbehangener Weinstock, vor dem ein Panther – der ‚Schoßhund' des Bacchus – ruht,

Xanten/Kreis Wesel. Friesverzierter Messingeimer vom Hemmoorer Typus. Um 200 n. Chr. ▷

Xanten/Kreis Wesel. Fries des Hemmoorer Eimers (Detail). Tempelchen, korbtragende Eroten.

Xanten/Kreis Wesel. Fries des Hemmoorer Eimers (Detail). Bacchus auf dem Löwengespann, Eros.

geflügelte Eroten, die einen Fruchtkorb schultern oder einen widerspenstigen Ziegenbock mit Körben voller Trauben durch Schieben und Ziehen zum Weitergehen bewegen wollen, der bocksfüßige und gehörnte Pan, der ebenfalls einen Korb trägt, und ein Hase, der nach einer von einem Satyr hochgehaltenen Traube springt, spielen auf die Weinlese an. Der kahlköpfige Papposilen, der Ziehvater des Bacchus, will das Kelterfest, das ausreichend Gelegenheit zum Trinken bietet, nicht versäumen: Auf das Pedum wie auf einen Krückstock gestützt, strebt er zu Fuß dem Festplatz zu; seinen u. a. mit Weinamphoren beladenen Esel zieht er hinter sich her. Ein Satyr bekränzt sich festlich. Der stämmige Herkules hat dem Wein bereits über die Maßen zugesprochen. Nur mit Hilfe seiner Gefährten und Zechkumpane kann er sich noch auf den Beinen halten; seine Keule wird ihm nachgetragen. Deianeira (oder ist es Omphale?), seine Frau, scheint von dem Zustand ihres Gatten nicht sonderlich begeistert. Aber auch das Gefolge des Bacchus hat zu viel getrunken. In wildem Rausch und gottbesessen – nach antiker Vorstellung ist der Wein nämlich Bacchus selbst – stürmen die Satyrn und Mänaden den Thyrsusstab schwingend unter Flötenspiel, Trommelschlag und Kastagnettenklang durch Feld und Flur.

Hemmoorer Eimer – auch hier wurde ein Fundort zur Typenbezeichnung – zählten etwa seit der Mitte des 2. bis weit ins 3. Jahrhundert n. Chr. hinein vielerorts zum gehobenen römischen Tafel- und Trinkgeschirr. Sie dienten u. a. zum Mischen des Weines; sie mit bacchischen Darstellungen zu verzieren, hatte also einen tieferen Sinn. Der Gefäßtyp, der offensichtlich in der latènezeitlichen Eimer-(Situla-)Tradition steht, war nicht nur in Gallien und in den Nordwestprovinzen des Römischen Reiches, sondern auch in Italien selbst geläufig, wie etwa der Sarkophag von S. Lorenzo in Rom verdeutlicht. Zudem scheinen die bisherigen Funde und deren Verbreitung zu belegen,

Xanten/Kreis Wesel. Fries des Hemmoorer Eimers (Detail). Betrunkener Hercules und Gefährten, Deianeira (?), Pan.

Xanten/Kreis Wesel. Fries des Hemmoorer Eimers (Detail). Tanzender Satyr und rasende Mänade, Hase.

Xanten/Kreis Wesel. Fries des Hemmoorer Eimers (Detail). Silen und Esel, säulenschmückender Eros.

daß Gefäße vom Hemmoorer Typus im freien Germanien offenbar besonders beliebt und auch bei der germanischen Oberschicht im südlichen Skandinavien als Ausdruck römischer Lebensart hoch geschätzt waren. Sie wurden häufig ins Grab gegeben und dokumentierten so den sozialen Status des Verstorbenen. Der Hemmoorer Eimer aus Xanten war vermutlich schon beschädigt und unbrauchbar geworden, als er zusammen mit anderem Abfall, der sich in die Zeit zwischen 190 und 260 n. Chr. datieren läßt, in die Brunnenverfüllung gelangte. Aus stilistischen Gründen dürfte er um 200 n. Chr. angefertigt worden sein. Nach dem derzeitigen Forschungsstand wurden die Messingeimer vom Hemmoorer Typus im Aachener Raum, d. h. in Niedergermanien hergestellt. Das Gefäß aus Xanten läßt daran jedoch Zweifel aufkommen: Unweit von Aachen, in der Gegend von Mausbach/Gressenich/Breinig, steht zwar Galmei an, ein Zinkerz, das man für die Messingproduktion benötigt und offenbar schon in römischer Zeit abgebaut hat.

Xanten/Kreis Wesel. Fries des Hemmoorer Eimers (Detail). Pan, flötenspielender Eros, rasende Mänade, Kultpfeiler.

Xanten/Kreis Wesel. Fries des Hemmoorer Eimers (Detail). Eroten und Ziegenbock.

Es gab also niedergermanische Messingwerkstätten, gleichwohl ist nicht belegt, daß Hemmoorer Eimer zu ihrer Produktpalette gehörten. Vornehmlich aufgrund der Motive, des Stils und der Komposition des Xantener Zierfrieses, bei dem die Formensprache und die Gestaltungsprinzipien der ,hellenistisch-alexandrinischen' Toreutik deutlich anklingen, empfiehlt es sich sicherlich, stärker als bisher nach Gallien zu blicken, wo sich auf friesverzierten Silbergefäßen aus den annähernd gleichzeitigen Schatzfunden von Thil/Caubiac, Berthouville, Saulzoire oder Vienne Vergleichbares und auch Verwandtes findet. Zum Schatzfund vom Chaourse gehört ein Hemmoorer Eimer aus Silber. Das gallo-römische Metallhandwerk stand damals in hoher Blüte; es produzierte gleichermaßen Silber- und Bronzegeschirr. Die Zinklagerstätten des Massif Central nördlich von Millau boten die besten Voraussetzungen für eine qualifizierte Messingindustrie. Verschiedene Darstellungen auf dem Hemmoorer Eimer aus Xanten, wie z. B. der trunkene Herkules oder die tanzenden bzw. dahinstürmenden Satyrn und Mänaden, sind auch von bacchischen Sarkophagen her bekannt; sie gleichen sich oft bis ins Detail. Andere zitieren berühmte ,klassische' Bildwerke: So erinnert beispielsweise der sich bekränzende Amor an den Diadumenos des Polyklet, eines griechischen Bildhauers des 5. Jahrhunderts v. Chr. Die handwerkliche Qualität, das reiche Figuren- und Schmuckrepertoire sowie der souveräne Umgang mit Bildprogrammen bzw. -vorlagen setzen eine lange Kunst- und Handwerkertradition und ein kreatives künstlerisches Schaffen am Herstellungsort zumindest des Xantener Eimers und anderer Gefäße dieser Art voraus; beides war wohl eher in Südgallien als in der römischen Rheinzone des 2./3. Jahrhunderts n. Chr. gegeben.

Lit.: H. Willers, Neue Untersuchungen über die römische Bronzeindustrie von Capua und Niedergermanien (Hannover 1907). – J. Werner, Bonner Jahrb. 140/141, 1936, 395 ff. – F. Baratte in: Trésors d'orfèvrerie gallo-romains (Paris 1989) 76 ff. – Ders., La vaisselle d'argent en Gaule dans l'antiquité tardive (1993) bes. 148 ff. – R. Gerlach/S. Olbrechts, Arch. Rheinland 1992 (Köln, Bonn 1993) 58 ff.

Der römische Hafen der *Colonia Ulpia Traiana* in Xanten

Sabine Leih

Der Hafen der römischen Stadt *Colonia Ulpia Traiana* lag an einem natürlich entstandenen Rheinarm. Am Fuße der Niederterrasse angelegt, bot er günstige Transportmöglichkeiten für die Stadt und erschloß den Wasserweg für weiträumige Handelsverbindungen (siehe S. 223). Vor sechzig Jahren bereits waren bei Ausgrabungen in diesem Bereich Teile der hölzernen Kaianlage freigelegt worden. Die Hölzer waren gut erhalten, der feuchte Untergrund hatte sie konserviert. Auch andere Gegenstände aus organischem Material – Korbwaren, Leder, Seile, Speise- und Pflanzenreste – hatte der feuchte Untergrund bewahrt. So liegt hier wie in einem riesigen ,Archiv' der Abfall aus der Stadt: Relikte des römischen Alltags,

Xanten/Kreis Wesel. Hafen der Colonia Ulpia Traiana. Grabungsschnitt mit den Resten des hölzernen Hafenkais (1./2. Jahrhundert n. Chr.). Bergung der Holzpfosten.

Xanten/Kreis Wesel. Hafen der Colonia Ulpia Traiana. Hölzerner Faßbrunnen im Uferbereich. 2./3. Jahrhundert n. Chr.

wie sie sonst an keiner Stelle des Stadtgebiets erhalten sind. Die früheren Grabungen waren wieder verfüllt worden, denn das Bodendenkmal schien im schützenden feuchten Untergrund zunächst dauerhaft konserviert. 1993 wurde eine neue archäologische Untersuchung unternommen (siehe S. 75). Von der Stadtmauer ausgehend, wurde die Hafenrinne mit einer 50 m langen und 14 m breiten Ausgrabungsfläche geschnitten und in fünf je 1 m tiefen Stufen bearbeitet.

Wie erwartet, wurden nahe vor der Stadtmauer mächtige Schutt- und Abfallschichten angetroffen. Überraschend war allerdings, daß Abfall bereits sehr früh hier abgeladen wurde. Eine 80 cm starke Schicht von Keramikscherben ist dem 1. Jahrhundert n. Chr. zuzuordnen. Der hohe Anteil an Fehlbränden und gleichartigen Gefäßen kennzeichnen sie als Töpfereiabfall. Diese deutlichen Hinweise auf gewerbliche Betriebe im Hafenbereich bestätigen sich durch einen recht gut erhaltenen, allerdings jüngeren Töpferofen. So lassen sich auch mächtige Holzabfallschichten mit holzverarbeitenden Betrieben in Verbindung bringen. Die römerzeitliche Abfallbeseitigung des 1. Jahrhunderts n. Chr. – Leder, Knochen, Speise- und Pflanzenreste – sowie Rheinüberschwemmungen und Uferaufhöhungen führten zu einer merklichen Veränderung des natürlichen Uferverlaufs. Mächtige Bauschutthorizonte aus der Zeit der Gründung überlagern die älteren Schichten. Nach Aufgabe des Siedlungsgeländes im 3. Jahrhundert n. Chr. wurde die Zone an der Terrassenkante abgespült und in der Talsenke abgelagert. Dies führte dazu, daß Laufhorizonte des 1. und 2. Jahrhunderts n. Chr. nicht eindeutig bestimmt werden können. In die Abfallschichten des 1. Jahrhunderts waren Brunnen eingetieft. Drei Brunnen, konstruiert aus hölzernen Transportfässern, wurden freigelegt. Einzelne Fässer tragen auf den Dauben die Stempel der Böttcher. Den Hölzern der Uferbefestigung galt besonderes Interesse bei der Untersuchung. Die älteste erkannte Ufersicherung war ein Fangdamm, der aus kleinen Pfosten mit Astgeflecht bestand. Er stammt aus dem frühen 1. Jahrhundert und war nur in seinem unteren Bereich noch erhalten. Massiver waren die Befestigungen der späteren Zeit. Drei Reihen sorgfältig bearbeiteter angespitzter Pfähle, die einen maximalen Durchmesser von 40 cm besitzen, gehörten zu stabilen Kaiwänden. Hier ist damit zu rechnen, daß sie zumindest zwei verschiedenen Bauphasen angehören. Aufschluß darüber wird die dendrochronologische Untersuchung der Hölzer ergeben.
Im Laufe der Jahrhunderte haben nicht nur Müllablagerungen und Holzbauwerke die Gestalt des Ufers und der Hafenrinne bestimmt. Auch Überschwemmungen hinterließen dauerhafte Spuren. Drei größere Überschwemmungshorizonte des 1. Jahrhunderts sind in ihren Ablagerungen zu erkennen. An ihnen ist ablesbar, daß der Hafen bereits seit früher

Xanten/Kreis Wesel. Hafen der Colonia Ulpia Traiana. Älterer Fangdamm und die zweiphasige Unterkonstruktion der hölzernen Kaiwand. 1./2. Jahrhundert n. Chr.

Zeit zu verlanden drohte. Frühere Untersuchungen hatten bereits ergeben, daß die Fahrrinne des Hafens ausgebaggert worden war, um sie freizuhalten. In der 2. Hälfte des 2. Jahrhunderts war der Hafen verlandet und konnte nicht mehr genutzt werden. Er diente weiterhin als Müllkippe. Die naturwissenschaftlichen Untersuchungen, die archäologische Auswertung, die geologische Analyse werden weitere Aufschlüsse über Gestalt und Geschichte des Hafenbereichs erbringen. Und sie werden eine Prognose zulassen über den zukünftigen ‚Gesundheitszustand' des Bodendenkmals und seine Erhaltung.

Lit.: H. von Petrikovits, Die Ausgrabungen in der Colonia Ulpia Traiana. Die Ausgrabungen der Kernsiedlung und der Uferanlagen (1934–1936). Bonner Jahrb. 152, 1952, 50 f.; 138 ff. – G. Precht, Der Archäologische Park Xanten, Kreis Wesel. Rhein. Landesmus. Bonn, Sonderh. Rhein. Ausgr. 1975 (Köln 1976) 61 f. – K.-H. Knörzer/T. Leichtle/J. Meurers-Balke/R. Neidhöfer, Der römische Hafen von Xanten. Geologische und botanische Untersuchungen. Xantener Ber. 5 (Köln 1994).

Ein römisches Wasserrohr mit Absperrventil

Gundolf Precht

Mehrere Monate nach Abschluß der Ausgrabung in den Großen Thermen der *Colonia Ulpia Traiana* (Xanten) wurde bei einem Kontrollgang auf dem Gelände ein eher unansehnliches Fundstück entdeckt: Ein metallenes Wasserrohr lag auf einer Erdböschung östlich des Heißbadesaals. Bei näherem Hinsehen erwies es sich als römisches Bleiwasserrohr mit eingelötetem bronzenen Absperrventil und eisernem Ketteteil. Mehrere frische Hiebspuren auf dem Rohr deuten darauf hin, daß es von Raubgräbern nach Stillegung der Grabung aufgespürt, aber wegen seiner modern anmutenden Gestalt beiseite gelegt worden war. Installationen zur Wasserversorgung gehörten zur selbstverständlichen funktionalen Ausstattung der römischen Thermen. Dennoch sind diese Objekte selten erhalten: Sie wurden gewöhnlich aus dem Bau entfernt, eingeschmolzen und das Metall wiederverwendet. So war es gewiß auch in Xanten, als die großen Thermen aufgegeben und anders genutzt wurden. Das in Rede stehende Rohrstück entging dem Metallraub. Selbst im Mittelalter, als die Thermen als Steinbruch ausgebeutet wurden, blieb es unbeachtet. Zweifelsohne gehörte es zu den Versorgungsleitungen in den Thermen, mit denen sich der Wasserzufluß regulieren ließ: An dem ca. 70 cm langen Rohrstück ist ein Absperrventil vorhanden. Mörtelspuren am Rohr belegen, daß es ursprünglich im Mauerwerk verlegt war, das Ventil hingegen muß zur Bedienung natürlich zugänglich gewesen sein.

Das Bronzeventil hat die Form eines profilierten Zylinders mit beiderseits angesetzten Rohrstutzen. Diese sind konisch geformt, weil auf diese Weise das Bleirohr dicht darüber gearbeitet werden kann. Die Profile des Bronzezylinders selbst zeigen Spuren sorgfältiger Nachbearbeitung auf der Drehbank. Seine untere Öffnung ist mit einer Bleikappe verschlossen. Im Innern ist der Zylinder exakt ausgefräst. Er weist in der Achse der beiden Rohrstutzen zwei Bohrungen auf. Ein Fundstück aus Köln gibt Aufschluß über die Funktionsweise solcher Ventile. Am Xantener Stück fehlt das bewegliche Teil, das in

Xanten/Kreis Wesel. Colonia Ulpia Traiana. Römisches Wasserrohr mit Absperrventil. 2. Jahrhundert n. Chr.

den Zylinder eingesetzt wurde, entsprechend dem sog. Küken beim Wasserhahn. Dieses runde Formstück wurde von oben in den Zylinder paßgenau eingeführt. Eine Durchbohrung in Höhe der Rohrstutzen konnte so gedreht werden, daß der Anschluß zu den Durchbohrungen in den Rohrstutzen hergestellt war und das Wasser durchlaufen konnte. Drehte man das ‚Küken', waren die Öffnungen verschlossen. Das ‚Küken' besaß im oberen Teil eine Öse, durch die ein Holzstück zur leichteren Handhabung geschoben werden konnte. Holzstück und Rohr waren wahrscheinlich mit der eisernen Kette verbunden, um das bewegliche Teil immer ‚griffbereit' zu haben.

Das Bleirohr weist noch die Spuren seiner Herstellung auf. Bleiplatten von ca. 8 mm Stärke wurden um eine Holzform in der Stärke des gewünschten Rohres gebogen. Die Naht ist mit flüssigem Blei verschweißt und – deutlich sichtbar – sorgfältig nachgearbeitet. Zum Anschluß an die Ventilstutzen wurde das Bleirohr durch einen dreieckigen Einschnitt im Umfang verringert und um die Abschlüsse gehämmert. Anschließend verlötete man die Paßnähte und den Rohransatz mit Blei. Das Verlöten scheint durch mehrmaliges Übergießen mit Flüssigblei und anschließendes Anhämmern erfolgt zu sein, doch muß dieser Montagevorgang noch metallurgisch untersucht werden.

Mit dem Xantener Bleirohr ist eines der wenigen Beispiele römischer Wasserarmaturen erhalten, die die Wassertechnik und Metallverarbeitung römischer Zeit dokumentieren.

Vom Gröbsten und vom Feinsten: zum Metallhandwerk in der Insula 39 der *Colonia Ulpia Traiana*

Kerstin Kraus und Thilo Rehren

Seit 1987 wird ein Wohn- und Gewerbeviertel auf der Insula 39 in der römischen Stadt *Colonia Ulpia Traiana* archäologisch untersucht (siehe S. 72). Auf zwei Parzellen lassen sich zwei besonders interessante Komplexe unterscheiden: Der ältere umfaßt große Mengen an Schmiedeschlacken, während der jüngere die Existenz einer silberverarbeitenden Werkstatt bezeugt.

Die Grobschmiede

Als die *Colonia Ulpia Traiana* um 100 n. Chr. gegründet wurde, existierte in diesem Gebiet seit mehr als 50 Jahren eine römische Siedlung. Zu dieser Vorgängersiedlung gehörte ein Schmiedeofen, der unter einer Brandschicht lag. Die horizontal in ockerfarbenen Lehm gesetzten Ziegel bilden einen nahezu runden Befund. Die oberste Lage der Ziegel weist starke Brandspuren auf und wird von einer sehr feinen Schicht aus zerriebener Holzkohle überlagert – man kann folglich annehmen, daß auf diesem Niveau das Feuer geschürt wurde. Eine Aussparung in der Ziegelsetzung bildete das Schür- und Reinigungsloch des Ofens, vor dem eine Grube mit kohlehaltigem Material lag. Der Boden des Ofens besteht aus einer bis zu 30 cm mächtigen Lage von zerbrochenen, grobstückigen Schmiedeschlacken, unter der extrem aschereiche Ablagerungen angetroffen wurden. Die Schichten über dem Ofen enthielten Keramik, die in den Beginn des 2. Jahrhunderts n. Chr. datiert. Anlage und Nutzung des Ofens fallen daher in das 1. Jahrhundert n. Chr. Die in großen Mengen im näheren Streubereich gefundenen Schmiedeschlacken deuten auf eine Verwendung als Schmiedeofen hin. Erstaunlich sind seine runde Form und die Größe (äußerer Durchmesser 2,58 m, innerer Durchmesser noch 1,60 m). Die Schlackenschicht am Boden sollte sicherstellen, daß keine Feuchtigkeit aus dem Boden eindrang.

Die einzige uns bekannte Parallele stammt aus der römischen Siedlung *Corstopitum*, dem heutigen Corbridge in England. Dort wurde 1909 ein ganz ähnlich gebauter und dimensionierter Ofen gefunden, in dessen Mitte senkrecht ein mächtiger Eisenbalken von rund 1 m Länge stand. Wie die Untersuchung dieses Balkens zeigte, war er aus zahlreichen Einzelstücken – Luppen genannt – zusammengeschmiedet. Der Balken verblieb während des Herstellungsprozesses im Ofen und wuchs durch Anschmieden der Stücke in die Höhe. Solche Balken sind aus vielen römischen Siedlungen bekannt, allein ihre Verwendung ist bis

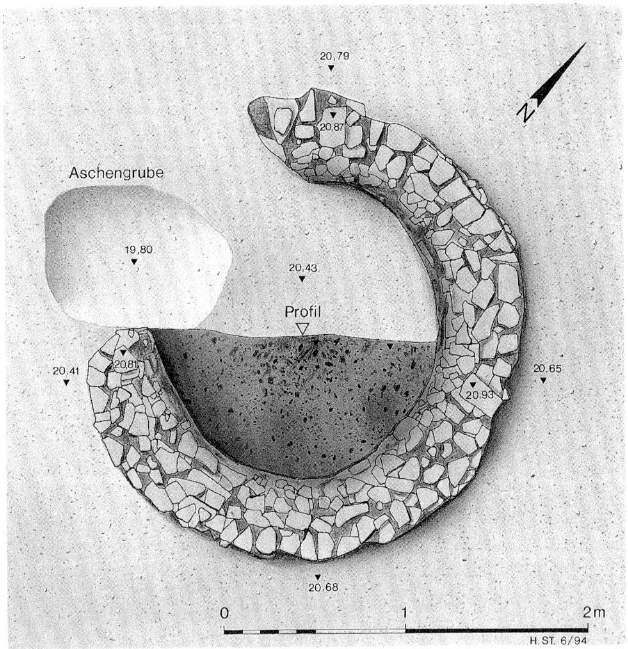

Xanten/Kreis Wesel. Colonia Ulpia Traiana. Grobschmiede aus der Vorgängersiedlung (1. Jahrhundert n. Chr.). Umzeichnung des großen Ofenbefundes.

Xanten/Kreis Wesel. Colonia Ulpia Traiana. Grobschmiede aus der Vorgängersiedlung (1. Jahrhundert n. Chr.). Schmiedeofen (Rekonstruktion).

Xanten/Kreis Wesel. Colonia Ulpia Traiana. Grobschmiede aus der Vorgängersiedlung (1. Jahrhundert n. Chr.). Schnitt durch die Aschenschichten des Ofens.

jetzt eine offene Frage. Sie werden als Trägerbalken gedeutet, die in den Ofenanlagen von Thermen die Wasserkessel getragen haben. In der *Colonia Ulpia Traiana* sind solche schweren Eisenteile ebenfalls bekannt: 1935 wurden in einem Keller der Arena des Amphitheaters der römischen Stadt neun Fragmente mit Gewichten zwischen 50 und 350 kg und einer Länge bis über 1 m gefunden. Hier wurden sie als Kontergewichte verwendet. Sie könnten jedoch auch in Zweitverwendung dorthin gelangt sein.

Die Silberschmiede

Im gleichen Gewerbeviertel arbeitete mehr als hundert Jahre später ein Silberschmied. Von seinen Öfen und Feuergruben hat sich nichts erhalten, doch zeugen Materialabfälle und die Fragmente zahlreicher

Tiegel, gefüllt mit glasiger tiefroter Schlacke, von seiner Tätigkeit. Nun sind zwar beinahe aus jeder römischen Siedlung auch Schmelztiegel überliefert – doch dabei handelt es sich stets um Gußtiegel, in denen Metall lediglich aufgeschmolzen wurde. Hier haben wir es aber mit einer wesentlich komplizierteren metallurgischen Operation zu tun, nämlich der Rückgewinnung von Silber aus Werkstattabfällen. Im einzelnen läßt sich dieser Vorgang folgendermaßen rekonstruieren: Als erstes wurde eine flache Grube im Boden von vielleicht 15–20 cm Durchmesser und 5 cm Tiefe oberflächlich mit einer Mischung von Mergel, Ton und Knochenasche ausgekleidet. Darin wurde silberhaltiges Material unter Zugabe von reichlich Blei aufgeschmolzen. Möglicherweise handelte es sich bei dem eingeschmolzenen Material um verschlechterte oder lokale Münzen, deren Silbergehalt geprüft oder zurückgewonnen werden sollte. Der Schmelzvorgang fand unter Lufteinwirkung statt, so daß das Blei wie auch die anderen unedlen Metalle oxidierten bzw. verbrannten und von der porösen Auskleidung der Grube aufgesogen wurden: Zurück blieb reines Silber. Da sich in kleinen Rissen und Poren der Grubenauskleidung etwas metallisches Silber absetzte, lohnte es sich, auch die Grubenauskleidung in Tiegeln aufzuschmelzen. Diese enthielt jedoch Bleioxid, welches einerseits die gleiche Dichte wie Silber besitzt, andererseits sehr aggressiv auf Materialien wie Ton reagiert. Gelöst wurde dieses Problem durch den Zusatz von Sand und Kalk: Dadurch wurde zum einen das freie Bleioxid chemisch gebunden, ehe es den Tiegel zerstören konnte, und zum anderen hatte die so gebildete Bleisilikatschmelze eine deutlich niedrigere Dichte als das Silber, das sich dadurch am Boden sammeln und absetzen konnte. Die aufgeschmolzene Füllung ließ man stets in den Tiegeln erstarren, um eine möglichst vollständige Trennung von Schlacke und Metall zu erzielen.

Um an den *regulus*, das erkaltete Silber, zu gelangen, mußten die Tiegel zerschlagen werden. Von diesem mehrstufigen, relativ aufwendigen Trennungsprozeß haben sich nur die Zwischenprodukte zum Trennen des Silbers von den Begleitelementen erhalten: das Abfallprodukt aus unedlem Material, das in der Schmelzgrube, dem sog. Kupellationsherd, übrigblieb, und die Tiegelschlacken – nicht aber das Ausgangsmaterial und auch nicht das eigentliche Endprodukt. Drei der Kupellationsherde konnten bis jetzt belegt werden, allerdings nur in Fragmenten: Es handelt sich um weißliche, im Anschnitt dunkle konkavkonvex geformte Kreissegmente von ca. 2 cm Dicke. Ihre konkave Seite, vermutlich die Oberseite, ist rauh und uneben und mit schwarzen Pusteln aus angelaufenem Silber besetzt, während die Unterseite glatt und ohne Auffälligkeiten ist. Auch haben sich die Tiegel erhalten. Die zehn bislang als solche identifizierbaren Gefäße bestehen aus dem gleichen Ton wie die einheimische Gebrauchskeramik, nur zwei sind aus feinerem Material. Sie sind birnenförmig mit Wulstrand und spitzem Boden geformt – nur ein Exemplar besitzt einen flachen Boden. Die Wandungsstärke der Tiegel variiert zwischen wenigen Millimetern im oberen Bereich und mehr als einem Zentimeter am Boden. Über die eigentliche Tiegelwandung ist in der unteren Hälfte eine zweite, weniger hitzebeständige und jetzt stark verschlackte Tonschicht gelegt, die gut von der helleren unverglasten Keramik der Tiegel zu unterscheiden ist. Trotz der gemeinsamen Grundform unterscheiden sich die Maße der Gefäße stark. Da das Silber am Tiegelboden noch etwas Kupfer enthielt, mußte es zur Reinigung raffiniert werden. Für den gesamten Rückgewinnungsprozeß war ein gro-

Xanten/Kreis Wesel. Colonia Ulpia Traiana. Silberschmelze (Raffination). Tiegel mit erstarrter Schlackenfüllung. 2. Jahrhundert n. Chr.

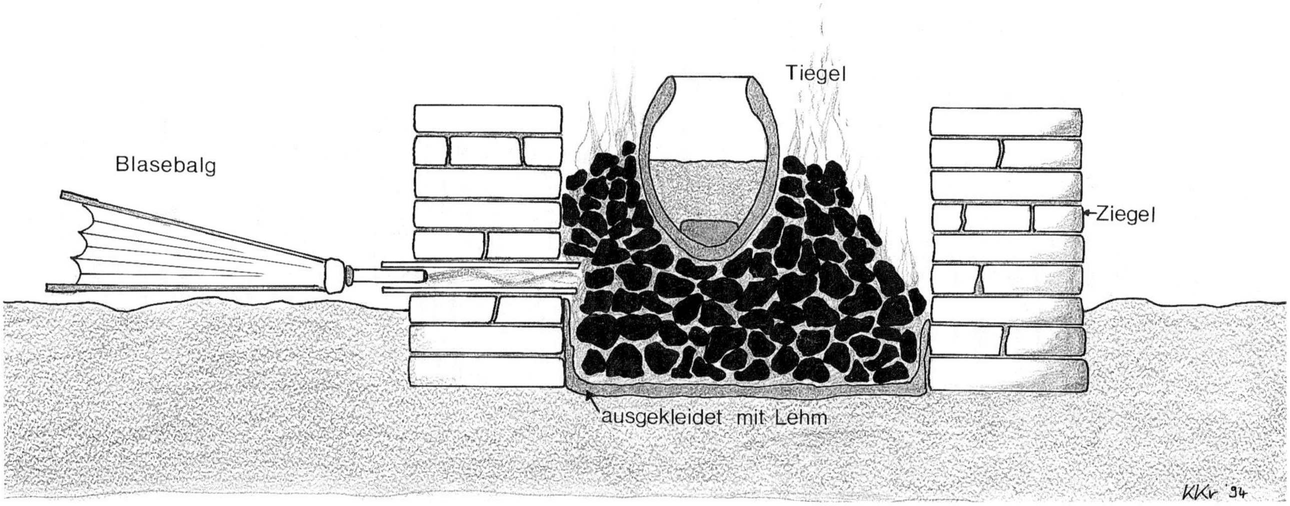

Xanten/Kreis Wesel. Colonia Ulpia Traiana. Silberschmelze (Raffination). Schmelzofen des 2. Jahrhunderts n. Chr. (Rekonstruktion).

ßes technisches Know-how nötig: Das hier vorgestellte Verfahren, das den hohen Standard der römischen Handwerkskunst belegt, ließ sich erstmals durch die interdisziplinäre Zusammenarbeit von Archäologie und Metallurgie für die römische Zeit belegen.

Lit.: R. H. Forster/W. H. Knowles, Corstopitum: Report on the Excavations in 1909. Arch. Aeliana, Ser. 3,6, 1910, 205–272. – D. Baatz, Die schweren Eisenträger von der Saalburg. Saalburg-Jahrb. 46, 1991, 24–38. – Th. Rehren/A. Hauptmann, Silberraffinationsschlacken aus der CUT (Xanten), Insula 39: Mineralogische Untersuchung und archäometallurgische Interpretation. Xantener Ber. 6 (im Druck).

Römische Maler in Xanten

Maria-Theresia Ehses

Im Herbst 1991 wurden bei Ausgrabungen im Bereich des heiligen Bezirks *(temenos)* des Hafentempels der *Colonia Ulpia Traiana* mächtige Brandschuttschichten aus der Zeit der Gründung der römischen Stadt freigelegt. Innerhalb dieser Schichten unter den umgestürzten verziegelten Lehmwänden eines Gebäudes aus dem letzten Viertel des 1. Jahrhunderts n. Chr. konnten erstmals auf dem Gebiet der *Colonia Ulpia Traiana* Reste der handwerklichen Ausstattung eines Malers geborgen werden. Es handelte sich dabei um die unmittelbar beieinander liegenden Bruchstücke von 14 annähernd zylindrischen Keramiknäpfchen und fünf einfachen Schüsseln, in denen sich noch Rückstände von Farben befanden. Dieses Ensemble wurde ergänzt durch einen in zahlreiche einzelne Scherben zersprungenen schüsselartigen Mörser mit fingerförmigem Reiber aus verbranntem Kalkstein. Diese Funde stellen bis auf die Geräte aus organi-

Xanten/Kreis Wesel. Colonia Ulpia Traiana. Malerausrüstung. Gefäßfragmente mit Farbresten. Ende 1. Jahrhundert n. Chr.

Xanten/Kreis Wesel. Colonia Ulpia Traiana. Farbmörser. Ende 1. Jahrhundert n. Chr.

schem Material, wie etwa Pinsel, die vollständigen Arbeitsutensilien eines Malers dar, die er an seinem Arbeitsplatz benötigte.

Die Malerfarben wurden jeweils für den unmittelbaren Gebrauch im Ringgefäß mit dem fingerförmigen Reiber zu Pulver zerrieben, indem man den oberen Teil mit der Hand umfaßte und mit dem Handballen Druck auf das dicke untere Ende ausübte. Anschließend wurden geringe Mengen des Farbpulvers in den Näpfchen mit einem Bindemittel gebrauchsfertig gemischt. In den Näpfchen und Schüsseln fanden sich Reste von weißen, gelben, roten, rosa, grünen, blauen und orangefarbenen Farbpigmenten. Die chemische Analyse der Farben, die von zwei Berliner Speziallabors durchgeführt wurde, ergab, daß sie überwiegend aus mineralischen Rohstoffen hergestellt wurden: Weiß aus Kalkstein, Rot- und Gelbtöne aus Eisenoxiden, die auch in unserer Region – z. B. in Form von Raseneisenerz – gewonnen werden konnten. Für die Herstellung der blauen Pigmente (Ägyptisch Blau) wurden Bronzeabfälle wiederverwertet. Bei der Orangefarbe handelt es sich um Bleimennige, in der Antike als *cerussa usta* bekannt und bis in die heutige Zeit als Rostschutzfarbe verwendet. Lediglich die grüne Farbe enthält einen importierten Rohstoff. Seladonit ist ein in der Nähe von Rom und auf Zypern vorkommendes Mineral. Es bildete den Grundstoff für das Veroneser oder Appianische Grün, das in der Antike als Farbstoff von geringer Qualität galt, über den der römische Historiker und Naturwissenschaftler Plinius schreibt: „Es gibt auch noch zwei neue Farben, die zu den schlechtesten gehören: ein Grün, das man das Appianische nennt und das für Berggrün ausgegeben wird, als ob nicht schon genug Verfälschungen dieses Materials bekannt wären; man stellt es aus grüner Kreide her, und es wird mit einem Sesterz für das Pfund bewertet." Nachdem das Seladonit auf dem Importweg bis in das Rheinland gelangt war, wurde es hier mit einheimischem Glaukonit, einem in der chemischen Zusammensetzung ähnlichen Mineral, verlängert. Erstmals konnte an den Xantener Farben auch ein organischer Farbstoff nachgewiesen werden: das Rosa

Xanten/Kreis Wesel. Hühnerstraße. Römisches Gräberfeld. Farbtöpfe aus dem Grab eines Malers. 3. Jahrhundert n. Chr.

Xanten/Kreis Wesel. Grabstein des Malers Tiberius Iulius Tertius. 2. Hälfte 1. Jahrhundert n. Chr.

basiert auf Purpurin, einem Farbstoff, der aus der Wurzel der Krappflanze gewonnen wurde. Alle Rohstoffe bis auf das importierte Seladonit waren einfach und billig in der Region zu beschaffen. Das Bindemittel war chemisch nicht mehr nachweisbar. Es kommen Fett, Öl, Leim, Eiweiß oder Wachs in Frage. Die meisten Farbpigmente waren sowohl für den Auftrag auf trockenen wie auf feuchten Wandputz *(fresco)* geeignet. Lediglich Ägyptisch Blau und Appianisch Grün fanden nur auf trockenem Putz Verwendung.
Da die Näpfchen nur ein geringes Fassungsvermögen haben, ist anzunehmen, daß mit diesen Farben keine großen Flächen angestrichen, sondern Feinarbeiten ausgeführt wurden.
Die zylindrischen Näpfchen, die hier nur in sehr fragmentarischer Form erhalten sind, zeigen eine speziell für die Belange von Malern hergestellte Gefäßform, die vor allem in Malergräbern belegt ist. So wurden dem Maler des 3. Jahrhunderts n. Chr., dessen Grab im nördlichen Gräberfeld vor der *Colonia Ulpia Traiana*, in der heutigen Hühnerstraße, ausgegraben wurde, neben den üblichen Grabbeigaben sechs Näpfchen mit Farbresten ins Grab gelegt. Man könnte dies als Zeichen für eine besondere soziale Stellung und ein hohes Ansehen des Malerberufs werten: Ihm wurden, wie auch dem Arzt, seine Arbeitsutensilien mit ins Grab gegeben. Funde von Mörsern – sowohl flachbodige Schüsseln als auch tiefere Gefäße mit rundem Boden – und von fingerförmigen Reibern sind ebenfalls aus Malergräbern bekannt, aber auch aus zahlreichen anderen Zusammenhängen, da es sich dabei um vielseitige Gebrauchsgegenstände handelt, die überall dort eingesetzt wurden, wo Material fein zerkleinert werden mußte.
Die Vielfalt der Farben, der Fundort inmitten einer Siedlung und die Tatsache, daß die Funde auf engstem Raum beieinander lagen, sprechen dafür, daß an dieser Stelle ein Maler arbeitete. Wir wissen nicht, wer der Künstler war, dessen Gerätschaften uns aus dem Brandschutt überliefert sind. Zumindest einer seiner Kollegen und Zeitgenossen aber ist uns namentlich bekannt: In der zweiten Hälfte des 1. Jahrhunderts n. Chr. wurde der Maler Tiberius Julius Tertius bestattet, von dessen Grab allerdings nur noch der Grabstein erhalten ist.

Lit.: H. G. BACHMANN, Das Grab eines römischen Malers aus Nida-Heddernheim. Germania 55, 1977, 96 ff. – E. BERGER, Die Maltechnik des Altertums (München 1904). – W. NOLL/L. BORN/R. HOLM, Chemie, Phasenbestand und Fertigungstechnik von Wandmalereien des römischen Köln. Kölner Jahrb. Vor- u. Frühgesch. 13, 1972/1973, 77–88.

Die römischen Brunnen von Geilenkirchen-Hommerschen

PAUL WAGNER und GERHARD BAUCHHENSS

Der 51. Geländeeinsatz des Jahres 1990 der Außenstelle Zülpich (heute Nideggen) des Rheinischen Amtes für Bodendenkmalpflege galt der Bergung bearbeiteter Sandsteine, die beim Sandabbau der Grube Davids in Geilenkirchen-Hommerschen/Kreis Heinsberg zutage getreten waren. Der Fundplatz war bekannt: Bereits in den fünfziger Jahren hatte man hier römische Ziegel und Keramikfragmente beobachtet; 1974 fand der Heimatforscher R. Riediger bis zu 2,5 m lange Sandsteinquader sowie ein großes korinthisches Kapitell aus der ersten Hälfte des 3. Jahrhunderts n. Chr. Darüber hinaus wurden damals Fundamente und Mauern eines Gebäudekomplexes dokumentiert, der neben dem Haupthaus vier kleine Nebengebäude, zwei Gräber, eine Grube im Hofbereich und einen in Stein ausgeführten Brunnen an der Nordwestecke des Hauptgebäudes umfaßte. Die Anlage hatte demnach eine Gesamtfläche von 2,16 Hektar, ein für römische Gutshöfe durchschnittliches Areal. Im Sommer 1990 war der gesamte Baukomplex durch den fortgeschrittenen Sandabbau beseitigt und die Grube mit einer mittlerweile erreichten Tiefe von etwa 30 m nahezu ausgebeutet. Beim Abgraben der letzten Ladungen Sand fanden sich plötzlich wiederum Säulentrommeln, ein weiteres Kapitell und bearbeitete Sandsteinblöcke. Die Mitarbeiter des Rheinischen Amtes für Bodendenkmalpflege, die der Kiesgrubenbetreiber sofort unterrichtete, fanden vor Ort jedoch nicht nur die außerordentlich qualitätvoll bearbeiteten Sandsteinwerkstücke vor, sondern darüber hinaus auch eine extrem gefährliche Arbeitssituation. Durch den tiefen Sandaushub zum einen und die bereits weit fortgeschrittene Verkippung der Grube mit Bauschutt zum anderen war ein Erdtrichter entstanden, an dessen tiefstem Punkt ein mit Sandsteinen ausgekleideter Brunnenschacht freigelegt war. Nachmessungen ergaben, daß es sich dabei tatsächlich um den unteren Teil des bereits 1975/1977 beobachteten Steinbrunnens handelte. Mit seiner enormen Tiefe – mehr als 30 m – hatte bis zu diesem Zeitpunkt niemand gerechnet. Auf Grund der hohen Qualität und Seltenheit der hier zutage getretenen Architekturteile und der durch die weitere Verkippung bestehenden Gefahr für die Fundstelle wurde beschlossen, den Brunnen dennoch zu untersuchen. Bei der Anlage einer Arbeitsplattform fand sich unerwartet 8 m vom Steinbrunnen entfernt ein zweiter,

Geilenkirchen-Hommerschen/Kreis Heinsberg. Römische Architekturteile aus einem Steinbrunnen des ausgehenden 2. Jahrhunderts n. Chr.

ehemals mit Holzbrettern verschalter Brunnen, der in dieser Tiefe mit dunklem, humosem Material verfüllt war. In die Verfüllung eingelagert waren organische Materialien und Funde. Angesichts der sich mit der fortschreitenden Jahreszeit verschlechternden Wetterbedingungen war es offensichtlich, daß zumindest der Holzbrunnen nicht vor Ort untersucht werden konnte. Es blieb nur, den Brunnen samt Steinausbau zwar vor Ort zu ergraben, den holzverschalten Brunnen mit seiner Verfüllung aber in seinen oberen Schichten in großen Blocks in Container zu verladen, abzutransportieren und an anderer Stelle zu bearbeiten. Der untere Teil der Brunnenverfüllung wurde als massiver Block in Ruhe untersucht.
Parallel zu den Bergungsarbeiten am Holzbrunnen wurde der Steinbrunnen vor Ort bis auf die Sohle ausgegraben und freigelegt. Er offenbarte unter dem letzten Steinkranz seiner Brunnenröhre noch eine unerwartete Überraschung. Anstelle des erwarteten Holzkastens fanden sich zwei ineinandergesetzte kreisrunde, nach unten konisch zulaufende Spundwände aus fast 2 m hohen Eichenpfählen, die in Nut- und Federtechnik verbunden waren. Das Holz ist von höchster Qualität und bester Verarbeitung. Nur drei oder vier Baumstämme wurden für die Doppelwand benötigt. Dendrochronologische Untersuchungen zeigen, daß die Bäume im letzten Drittel des 2. Jahrhunderts n. Chr., um das Jahr 175, gefällt worden sind. Umfangreiche Eisenteile, die sich auf der Brunnensohle fanden, gehören offensichtlich zum Brunnengeschirr, das ebenso wie der Schöpfeimer in den Brunnen gefallen war. Der Brunnenschacht selbst war aus sorgfältig gerundeten Quadern aus Nievelsteiner Sandstein in sehr gleichmäßiger Bearbeitung (Höhe 45 cm, Breite 33 cm, Wandstärke 13 cm) ausgekleidet. Der unterste Steinkranz war aus etwas stärkeren Stücken von 60 cm Höhe, 50 cm Breite und 30 cm Stärke gearbeitet. Die Sohle des Brunnens fand sich bei 39,4 m unter der heutigen Geländeoberkante, d. h., daß der Brunnen in römischer Zeit tiefer als 40 m war. Damit erreicht der Brunnen mit dem Sickerkasten einen Kieshorizont bei 69,45 m ü. NN, der dem ehemaligen Grundwasserstand entspricht. Die Brunnenkammer war etwa 55 cm in die ehemals grundwasserführende Kiesschicht eingetieft. Der Bauaufwand, der insbesondere für den Steinbrunnen betrieben wurde, ist bemerkenswert: Ausgehend von den Maßen der Steine und den Abmessungen der Brunnenröhre zeigt es sich, daß für die komplette Auskleidung 83 Steinringe mit je 20 Steinen verbaut werden mußten. Das ergibt eine Gesamtzahl von ca. 1660 Mergelsteinblöcken, die bei einem durchschnittlichen Steingewicht von 27 kg insgesamt 45 t gewogen haben.
Die Sohle des Holzbrunnens lag, wie sich in den späteren Untersuchungen zeigte, bei 38,55 m unter der heutigen Geländeoberfläche. Er war damit fast genauso tief wie der Steinbrunnen. Die Schachtkonstruktion des Holzbrunnens bestand aus dem für die Wasserhaltung eingesenkten Brunnenfundament von quadratischer Form, das sich aus zwei ineinandergeschachtelten Holzkästen zusammensetzte. Die Verbretterung des eigentlichen Brunnenschachtes war nur noch als eine 3–5 cm mächtige, dunkel rostbraune Mulm- und Verfärbungsschicht erhalten, die vorwiegend durch die angesammelten Eisen- und Mangan-Oxide die vergangenen Holzbretter nachzeichnete. Die Füllung dieses Kastens, der nur in den untersten acht Metern untersucht werden konnte, enthielt

Geilenkirchen-Hommerschen/Kreis Heinsberg. Römischer Kastenbrunnen (1. Hälfte 2. Jahrhundert n. Chr.) mit späteren Einfüllschichten.

Geilenkirchen-Hommerschen/Kreis Heinsberg. Römisches Kapitell aus dem Steinbrunnen. 1. Hälfte 3. Jahrhundert n. Chr.

Geilenkirchen-Hommerschen/Kreis Heinsberg. Römisches Kapitell aus dem Steinbrunnen. 2./3. Jahrhundert n. Chr.

neben organischen Materialien ein breites Spektrum verschiedener Hauskeramikfragmente, Überreste von Knochen, Holzreste und anderes mehr, also eine Abfallansammlung. Die Datierung des Holzbrunnens durch dendrochronologische Untersuchungen an den Bohlen des Sickerkastens zeigte, daß für diese Konstruktion nur minderwertiges Eichenholz mit weitständiger Maserung verwendet worden war. Eine jahrgenaue Datierung war nicht möglich, unter Berücksichtigung von 25 ± 5 Splintholzringen wurde eine ungefähre Fällzeit um bzw. nach 114 ± 5 Jahre n. Chr., sehr wahrscheinlich jedoch nicht nach 125 ± 5 Jahre n. Chr. ermittelt. Mit diesem Ergebnis war klar, daß der Holzbrunnen der Vorläufer des Steinbrunnens war. Die Untersuchung des aus der Brunnenfüllung gewonnenen Keramikmaterials zeigte jedoch, daß der Brunnen nach seiner Aufgabe noch lange Zeit offengestanden haben muß und wohl als Abfallgrube bis weit in das 2. Jahrhundert n. Chr. hinein benutzt wurde. Die sedimentologischen Untersuchungen des Einfüllmaterials über der Sohle des Holzbrunnens legten klar, daß dieser Brunnen nicht aufgrund von Austrocknung infolge eines wärmeren Klimas mit längerfristig geringeren Niederschlägen aufgegeben wurde. Möglicherweise ist mit einer Vergiftung des Brunnenwassers zu rechnen oder es war generell die relativ schlechte Bauweise des Brunnens, die die damaligen Nutzer zur Aufgabe der Anlage bewogen hat. In den Hausmüllschichten, die den Brunnen als bereits aufgegeben kennzeichnen, findet sich u. a. ein Terra-sigillata-Teller mit dem Stempel CASIVS F, der zeigt, daß mit der Verfüllung des Brunnens vermutlich bereits um die Mitte des 2. Jahrhunderts n. Chr. begonnen worden ist. Die Nutzungszeit läge damit zwischen 20 und 30 Jahren. Man hat also hier mit einem enormen Aufwand frisches Wasser in einer Tiefe von mehr als 40 m erschlossen. Allein für die Versorgung einer *villa rustica* scheint dieser Aufwand recht hoch.

Weiterhin sind die Architekturfragmente zu bedenken, die aus dem Steinbrunnen geborgen werden konnten. Die aufwendige und großdimensionierte Säulenarchitektur, die durch die Werkstücke bezeugt wird, ist kaum mit den hierzulande typischen Bauten, die zu einem römischen Landwirtschaftsgut gehören, in Einklang zu bringen. Vielmehr gehören sie sicherlich zu einem Tempel oder einem vergleichbaren Bauwerk. Eher muß eine Interpretation der ‚*villa*' als Nebengebäude der Anlage mit Säulenarchitektur in Betracht gezogen werden. Auch in dem römischen Tempelbezirk *Varnenum* bei Aachen fanden sich neben den Tempelgebäuden weitere Häuser, die als Wohn- und Priesterhäuser zu interpretieren sind.

Von den fast 40 bearbeiteten Steinen aus der Füllung des Brunnens sollen hier nur wenige Stücke vorgestellt werden: zwei korinthische Kapitelle und einige wohl zugehörige Säulentrommeln. Alle Teile haben zu einer monumentalen Architektur gehört, deren Aussehen sich aber aus den Resten wohl nicht mehr rekonstruieren läßt. Zumindest läßt sich sagen, daß wahrscheinlich auch Bogenarkaden zu ihr gehört haben dürften. Die beiden Kapitelle sind im Typus des ‚stark akanthisierten Kapitells' gestaltet, bei dem die Voluten – bei beiden Kapitellen leider abgebrochen – und Helices im oberen Kapitelldrittel durch das reiche Blattwerk der Akanthushüllkelche verhüllt bzw. ersetzt werden. Das schon vor über 20 Jahren gefundene große Kapitell ist gegenüber dem neuen reicher ausgestaltet: Die unteren zwei Drittel des Kapitellkelches umfassen zwei übereinandergestaffelte Reihen von je acht Akanthusblättern. Zwischen den oberen Blättern sind gerade noch die überfallenden Spitzen des Caulisknopfes zu erkennen, aus denen die erwähnten Hüllkelche wachsen. Zwischen den inneren Hüllblättern ersetzt ein Akanthusmotiv den Stengel der Abakusblüte und an die Stelle der Helices treten zwei Blüten; die Abakusblüten sind abgeschlagen. Bei dem kleinen Kapitell ist abweichend nur ein unterer Blattkranz vorhanden. Dafür weist die Zone der Hüllkelche unter der Abakusplatte ein ungewöhnliches Motiv auf. Zwischen das Akanthuslaub und den Kapitellkörper hat der Steinmetz eine weitere Reliefschicht eingearbeitet, die bogenförmig das Akanthuslaub zu hinterfangen scheint. Vielleicht sind diese Bögen zusammen mit den volutenförmig eingerollten Mittelmotiven Reste der Helices bzw. der Voluten. Auch hier sind die Abakusblüten abgeschlagen und ihre Stengel durch Akanthusmotive ersetzt.

Drei der ganz erhaltenen Säulentrommeln dürften von ihren Maßen her zu derselben Ordnung gehören wie das große Kapitell und die vierte zu dem kleinen

Geilenkirchen-Hommerschen/Kreis Heinsberg. Römische Säulentrommel mit Konsole aus dem Steinbrunnen. 2./3. Jahrhundert n. Chr.

Kapitell. Alle Säulen werden wohl mit 16 flachen, gefüllten Kanneluren versehen gewesen sein. Allerdings zeigen zwei der großen Trommeln wieder auffällige Abweichungen. Bei einer ist eine etwa 40 cm breite Zone unkanneliert belassen, bei einer zweiten ist eine ebenfalls etwa 40 cm breite, sich über die ganze Höhe der Trommel erstreckende Konsole angearbeitet, die zum Teil leider abgebrochen ist. Es ist denkbar, daß die beiden Säulentrommeln unmittelbar übereinanderfolgten, die Konsole also etwas trug, das die unkannelierte Zone der oberen Säulentrommel verdeckte. Das Fragment einer weiteren Konsole paßt nicht an die Bruchstelle der erhaltene Konsolentrommel an. Es muß also mindestens zwei Konsolensäulen in der Architektur gegeben haben. Konsolen an Säulen sind in den germanischen Provinzen bisher nur selten beobachtet worden, im Osten des Reiches sind sie dagegen sehr häufig. Bei den östlichen Beispielen stehen auf Konsolen an Säulen Ehrenstatuen oder Götterbilder. Bei einem Beispiel aus dem Westen des Reiches, aus Vaison-la-Romaine, lagen auf einer Konsole Teile eines niedrigeren Bauteils eines mehrgliedrigen Gebäudes auf. Bei zwei Beispielen aus Deutschland, aus Aachen und Grenzach in Baden, ist der Zusammenhang, in dem die Säulen standen, nicht klar: Die Konsolen können als Auflager für Architekturglieder gedient haben oder als Statuenpostamente. Auch die Tatsache, daß zwei Konsolensäulen nachweisbar sind, läßt hier keine sichere Entscheidung zu, weist aber vielleicht doch eher darauf hin, daß auf den Konsolen weitere Architekturglieder eines Gebäudes auflagen.

Auffallend ist bei beiden Kapitellen, daß jeweils zwei Akanthusblattspitzen zweier nebeneinander stehender Blätter ein bogenförmiges Motiv bilden, unter dem weitere Blattspitzen, die eigentlich zu den beiden Blättern gehören sollten, wie ein eigenständiges Füllmotiv wirken. Vergleichbares gibt es bei einem Kapitell aus Aachen, das zusammen mit den Resten einer großen Arkadenarchitektur gefunden wurde, aber nicht zu den Säulen der Arkaden gehört haben kann. Vielleicht lassen sich hier Verbindungen der beiden Steinmetzwerkstätten finden. H. Kähler datierte die provinziale Gruppe der stark akanthisierten Kapitelle in die zweite Hälfte des 2. und in die erste Hälfte des 3. Jahrhunderts n. Chr. In diesen Zeitraum dürften auch die beiden Kapitelle aus Hommerschen gehören, ohne daß hier schon eine Präzisierung innerhalb dieser recht langen Zeitspanne versucht werden soll.

Lit.: B. Quadflieg/P. Wagner, Wasser aus 40 Meter Tiefe. Arch. Rheinland 1990 (Köln 1991) 59 ff. – B. Quadflieg, Römische Brunnen aus Geilenkirchen-Hommerschen. In: Spurensicherung. Archäologische Denkmalpflege in der Euregio Maas-Rhein (Mainz 1992) 447 ff. – H. Kähler, Die römischen Kapitelle des Rheingebietes. Röm.-Germ. Forsch. 13 (Berlin 1939) 24 ff. – G. Precht, Bonner Jahrb. 176, 1976, 403 ff. – M. Untermann, Architekturfragmente von Portiken mit Säulenarkaden südwestlich der Büchelthermen in Aachen. In: Aquae Granni. Beiträge zur Archäologie von Aachen. Rhein. Ausgr. 22 (Köln 1982) 181 ff.

Kall-Urft/Kreis Euskirchen. Kanalrinne der römischen Eifelwasserleitung nach Köln bei der Burg Dalbenden. Anfang 2. Jahrhundert n. Chr.

Der trunkene Hercules von Lich

WOLFGANG GAITZSCH und BERND PÄFFGEN

Zu den außergewöhnlichsten rheinischen Fundstükken der letzten Jahre zählt eine bronzene Herculesstatuette, die im Frühjahr 1993 während einer Siedlungsgrabung (Hambach 224) unweit der alten Ortslage Lich-Steinstraß, im Vorfeld der rheinischen Braunkohlentagebaue, gefunden wurde. Die 10 cm hohe, heroisch nackte, bärtige Figur hielt in der rechten Hand eine bereits in antiker Zeit abgebrochene Keule, in der linken ein großes zweihenkliges Trinkgefäß (Skyphos). Diese Attribute und das um die Schulter gelegte Fell des nemäischen Löwen identifizieren den Dargestellten als Hercules. Die Aussparung im Haupthaar deutet auf einen heute fehlenden Pappelblattkranz aus anderem Material hin, der für Hercules belegt ist und in der Rekonstruktionszeichnung ergänzt wurde. Bei dem Fundstück handelt es sich um eine überaus qualitätvolle, detaillierte Arbeit. Der Halbgott ist jedoch nicht als Sieger dargestellt, vielmehr charakterisieren der offene Mund, der vorgeschoben aufgedunsene Bauch und der Skyphos ihn als einen Trunkenen. Die kleine Bronzeplastik ist blaugrün patiniert. Drei Gußstabreste zeugen von der Herstellung des Hohlgußes in einer Wachsform. An den Füßen haben sich Lötspuren des verlorenen Sockels erhalten.

Solche Darstellungen des *Hercules bibax* (trunkener Hercules) waren sicher nicht nur auf den Bereich der Kleinbronzen beschränkt. Für das verwandte Thema des *Hercules mingens* (urinierender Hercules) hat sich eine lebensgroße Marmorstatue in der Gartenanlage der *casa dei cervi* in Herculaneum erhalten. Hercules verrichtet hier – sichtlich angetrunken und um Stand ringend – ohne Scham seine Notdurft. Man könnte sich gut vorstellen, daß stehende Figuren des Hercules als *bibax* und *mingens* gemeinsam im Sinne einer korrespondierenden Gruppe in reichen Villenhaushalten Aufstellung fanden und sinnenfroh das Gelage und seine Folgen illustrierten. Der spätantike Autor

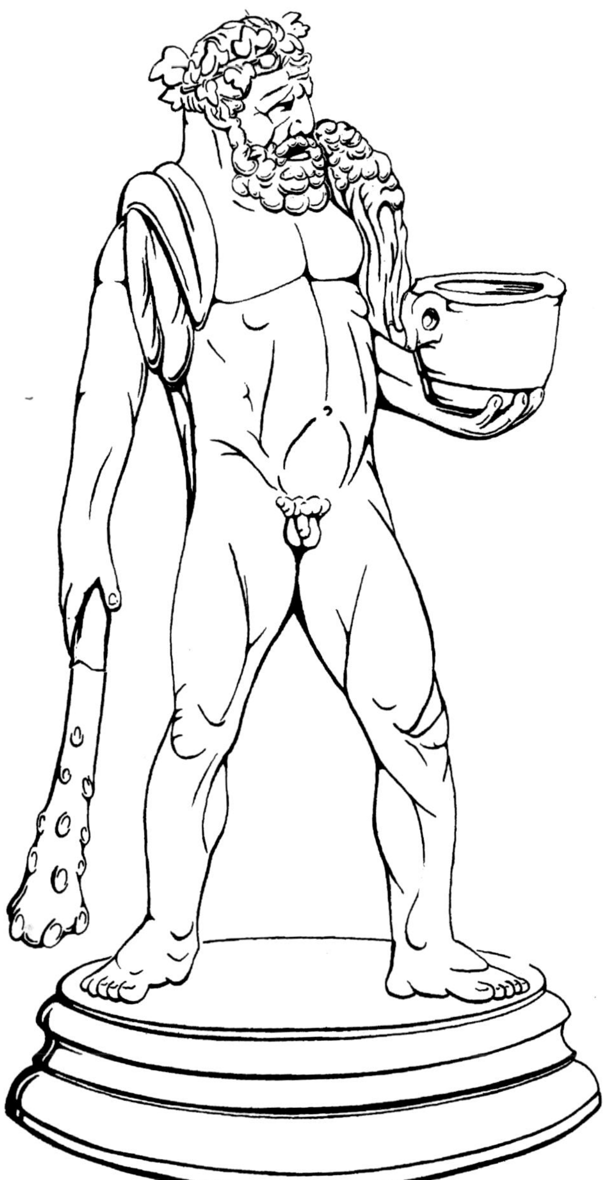

◁ *Steinstraß-Lich/Kreis Düren. Bronzestatuette des trunkenen Hercules (Höhe 10 cm). Ende 2. Jahrhundert n. Chr.*

Steinstraß-Lich/Kreis Düren. Bronzestatuette des trunkenen Hercules. Rekonstruktionszeichnung.

Macrobius kannte offenbar um 400 n. Chr. noch Skulpturen des *Hercules bibax* und schrieb in seinen Saturnalien (5, 21, 16–19): „Die alten Bildhauer aber haben nicht ohne Grund Hercules zusammen mit einem Becher dargestellt – und oft auch torkelnd und betrunken." Von dem berühmten griechischen Künstler Lysipp (ca. 370–310/300 v. Chr.) stammt eine kleine, nicht erhaltene Statue des trunkenen Halbgotts, die als Tafelaufsatz *(epitrapezios)* gearbeitet war. Sie wird in der literarischen Überlieferung als auf einem löwenfellbedeckten Felsblock sitzend, den Becher in der Rechten, die Keule in der Linken haltend und heiter entrückt nach oben blickend beschrieben und soll sich im Besitz der Feldherren Alexander, Hannibal und Sulla befunden haben. Die detaillierte Wiedergabe des Muskelspiels und das bewegte Spiel der Locken beim Hercules aus Lich sind in der Zeit des Lysipp gut vorstellbar. Wahrscheinlich haben wir die römische Kopie einer griechischen Arbeit vor uns, die man vielleicht sogar Lysipp selbst zuschreiben könnte. Denn sowohl dem *Hercules mingens* aus Herculaneum als auch dem *Hercules bibax* aus Lich sind die Elemente seines Stilkanons zu eigen. Dies gilt besonders für die betonte Muskelanspannung und den im Verhältnis zum Körper eher kleinen Kopf. Auffallend ist das überdimensionierte Trinkgefäß des Helden, wie es auch als literarischer Topos in der Antike bekannt ist: Homer zufolge führte König Nestor ein riesiges Gefäß, das nur er handhaben konnte; auch der Becher des Riesen Polyphem könnte dem Betrachter in den Sinn kommen.

Nicht einfach zu klären ist die Frage nach der Datierung des Licher Fundes. Das Motiv ist eine Schöpfung des Hellenismus und steht in engem Zusammenhang mit Werken des Lysipp. Von Marcus Antonius (ca. 82–30 v. Chr.) ist eine besondere Vorliebe für die Herculesikonographie bezeugt. In Herculaneum konnte jedenfalls um die Mitte des 1. Jahrhunderts n. Chr. eine solche Figur zur Skulpturenausstattung einer luxuriösen Villa gehören. In der Palaestra der Stabianer Thermen in Pompeji ist der trunkene Hercules mit Keule, Löwenfell und Rhyton (Trinkhorn) als Wandmalerei im flavischen, sog. vierten Stil zu belegen. Die Fundstelle des Licher Hercules deutet zunächst auf eine Datierung in das 3. Jahrhundert n. Chr. hin, da der *burgus* von Lich nach der Jahrhundertmitte in Verbindung mit den Frankeneinfällen in das linksrheinische Gebiet erbaut und die Ostseite der Befestigung Ende des Jahrhunderts oder später zusätzlich mit einem Befestigungsriegel gesichert wurden. Der Hercules kam horizontal, mit dem Gesicht nach unten mehr als einen halben Meter über der Grabenspitze in der Einfüllung des östlichen Burgusgrabens ans Tageslicht. Eine starke Brandschicht, unter der die Figur lag, zeugt von einer spätantiken Zerstörung im Zuge militärischer Auseinandersetzungen. Die offenbar sekundäre Verwendung der Figur legt eine ältere Datierung nahe. Der fehlende Blätterkranz, die antik abgebrochene Keule und die verlorene Basis weisen auf einen ursprünglich anderen Standort der Heldenstatuette hin, beispielsweise auf den zum *burgus* gehörenden Siedlungsplatz, dessen ältesten Zeugnisse wenige frühkaiserzeitliche Brand- und Urnengräber an der Nord- und Ostseite sind. Ein Graben des 1. Jahrhunderts n. Chr. verläuft unter dem *burgus*, etwa 5 m von der Fundstelle des Hercules entfernt. Die *villa rustica* selbst wurde in der Mitte des 1. Jahrhunderts n. Chr. ausgebaut; vielleicht stand die Bronzefigur dort im Speisezimmer oder in einer Aedicula. Da aber im Burgusgraben kein allgemeiner Siedlungsschutt angetroffen wurde und eine zufällige singuläre Einlagerung wenig wahrscheinlich ist, stammt die Statuette jedoch eher von einem anderen Ort. Wenn die Abschnittsbefestigung an der Ostseite des *burgus* auf militärische Abwehraktionen auf die Frankeneinfälle zurückgeht, ist die Niederlegung der Statuette als militärische Weihung Soldaten zuzuschreiben, bei denen Hercules in besonderer Verehrung stand. Auch als Beutegut, z. B. aus einem Tempelbezirk, oder als Bestandteil einer Altmetallsammlung kann die Statuette über die kaum 500 m entfernte Fernstraße Köln–Jülich in den Bereich der Siedlung und des *burgus* gelangt sein.

Lit.: Lexicon Iconographicum Mythologiae Classicae IV 1 (1988) 766 ff. s. v. Herakles (O. Palagia). – W. Gaitzsch/B. Päffgen, Der trunkene Hercules aus dem Burgus von Lich. Arch. Rheinland 1993 (1994) 92 f.

Aachen-Kornelimünster. Römischer Tempelbezirk Varnenum (2./3. Jahrhundert n. Chr.). Reste der Tempelfundamente. ▷

Notgeld des späten 3. Jahrhunderts aus dem Hambacher Forst – Münzprägung in der *villa rustica* Hambach 206?

Wolfgang Gaitzsch, Bernd Päffgen und Winfried Thoma

Niederzier-Hambach/Kreis Düren. Restaurierter Münzschatz aus dem Bereich eines römischen Gutshofes (villa rustica). Spätes 3. Jahrhundert n. Chr.

Bedingt durch den Braunkohlentagebau Hambach wird seit gut fünfzehn Jahren die römerzeitliche Siedlungslandschaft systematisch erforscht. Besondere chronologische und kulturgeschichtliche Bedeutung hat ein Münzschatzfund des Jahres 1991 aus der *villa rustica* Hambach 206. Der Münzschatz enthielt 340 Münzen, sog. Barbarisierungen. Aufgrund der starken Reduzierung der Größe der kopierten Antoniniane nennt man solche Münzen Minimi. Die Vorderseite ist vielfach zum stilisierten Kopf mit Strahlenkrone vereinfacht, die Rückseite oft kaum einem Vorbild zuweisbar. Die Nachprägungen aus der Zeit des Gallischen Sonderreiches stellen eine Art Notgeld dar, das dem offiziellen Geld einigermaßen entsprach und in den gallisch-germanischen Provinzen und in Britannien umlief. Neben den regulären Münzstätten, die den Bedarf an Kleingeld nicht mehr befriedigen konnten, sind aufgrund des archäologischen Fundmaterials bislang sechs irreguläre Münzstätten nachweisbar. Über Stempelgleichheiten lassen sich weitere Prägeorte erschließen. Bereits unter Postumus (259–268) wurde das Gewicht des Antoninians und der Feingehalt an Silber erheblich verringert. Die gefundenen Nachprägungen aus einer Kupferlegierung imitieren mehrheitlich Vorbilder des gallischen Kaisers Tetricus I. (270–274), die als offizielle Gepräge nur noch 2–3 g wogen. Unter der Herrschaft Diokletians (284–305) kam es zu einer Konsolidierung durch die Münzreform des Jahres 294: Der Antoninian wurde durch eine größere Bronzemünze mit Silberoberfläche, den sog. Follis mit 8,5–11 g Gewicht, abgelöst.

Die 340 neuen Hambacher Fundmünzen – zusammen insgesamt 128,3 g schwer – weisen einen Durchmesser von 7–11 mm und ein Gewicht von 0,15–0,7 g auf. Bei den Münzen fand sich eine 2,4 g schwere Bronzenadel. Von den 340 Nachprägungen lassen sich nur 74 Münzen keinem Vorbild zuordnen; dazu kommt ein ungeprägter Schrötling. Zwanzig Exemplare imitieren Münzen der Zeit vor 270 n. Chr. der Kaiser Gallienus (253–268), Postumus (259–268) und Victorinus (268–270). Die Masse des Fundes ist Tetricus I. (270–274) und seinem Sohn Tetricus II. (272–274) mit insgesamt 231 Antoniniannachprägungen zuzuweisen. Eine Münze imitiert Antoniniane des Aurelian (270–275), zwei diejenigen des Carus (282–283) und die jüngste Münze ist eine Nachprägung auf Carinus (283–285). Vergleichbare Minimi kursierten im achten und neunten Jahrzehnt des 3. Jahrhunderts. Der Neufund dürfte also in die Zeit um 283–285 n. Chr. gehören. Die benutzten Vorbilder stammen ausschließlich aus den kaiserlichen Münzstätten in Köln und Trier. Insgesamt konnten etwa 50 verschiedene Rückseitentypen bestimmt werden. Die Stempelgleichheiten und der mitgefundene Schrötling lassen eine Produktion vor Ort annehmen.

Vergleichbare Nachprägungen nach Vorbildern der Tetricuszeit wurden nachweislich in einer Werkstatt

Niederzier-Hambach/Kreis Düren. Römischer Gutshof Hambach 206. Hypokaustum. Fundplatz des Münzschatzes.

Niederzier-Hambach/Kreis Düren. Römischer Gutshof Hambach 206. Hypokaustziegel. 3. Jahrhundert n. Chr.

der *villa rustica* Hambach 56 hergestellt. In einem Kellerraum fanden sich Schrötlinge in verschiedenen Bearbeitungsstadien. Sie sind mit durchschnittlich 2,18 g deutlich schwerer als die Fundmünzen aus der Villa Hambach 206. Die 340 Minimi aus der *villa rustica* Hambach 206 wurden in der Substruktion eines Badegebäudes gefunden. Sie lagen verstreut zwischen Kalkmörtel, Wandputz und Ziegelbruch vor einem hypokaustierten Raum am Ausgang eines unterirdischen Kanals. Die 30 cm hohe Fundschicht maß ca. 2 × 2 m. Eine Anhäufung mehrerer Münzen wurde nicht beobachtet. Die gleichmäßige Streulage in einem Bauschutthorizont läßt auf eine Deponierung an anderer Stelle schließen. Ein nachträglich errichteter, aus der Bauachse ausspringender Trakt verband das Wohnhaus mit dem Bad. Bei der Zerstörung des Baues oder einem jüngeren Umbau gelangten die Münzen in den tieferliegenden Fundbereich. Zum Zeitpunkt der Niederlegung bzw. möglichen Münzherstellung, zwischen den Jahren 283 und 285 n. Chr., scheint die Siedlung nicht mehr bewirtschaftet worden zu sein. Bald darauf wurde das Gebäude wohl zur Gewinnung von Baumaterial abgebrochen. Als Zeichen jüngerer Bauaktivität des 4. Jahrhunderts erwies sich ein Spolienfundament mit einem Estrichboden nördlich der Fundstelle. Daß zahlreiche Siedlungen im Hambacher Forst im letzten Viertel des 3. Jahrhunderts verlassen worden sind, zeigen auch andere Münzdeponierungen.

Lit.: V. Zedelius, Tetricus HA 56 – Lokale Münzprägung des 3. Jahrhunderts im Hambacher Forst. Ausgr. Rheinland 1978 (Köln 1979) 113 f. – A. Hartmann/V. Zedelius, Tetricus Typ Hambach 56 – Lokale Münzprägung des 3. Jahrhunderts im Hambacher Forst. Numismatisches Material und spektralanalytische Untersuchungen. Ebd. 1979 (Köln 1980) 200–205. – W. Gaitzsch/H. Haarich/B. Päffgen, Eine neue villa rustica mit einem Sammelfund römischer Münzen. Ebd. 1991 (Köln 1992) 59 f.

Ein römischer Metallhort bei Aldenhoven-Pattern/Kreis Düren

Wolfgang Gaitzsch und Bernd Päffgen

Aldenhoven-Pattern/Kreis Düren. Römischer Metallhortfund des 1.–3. Jahrhunderts n. Chr. kurz nach der Bergung.

Im Vorfeld des Braunkohletagebaus Inden I wird seit einigen Jahren der Bereich der Ortschaft Aldenhoven-Pattern systematisch archäologisch untersucht. Östlich des mittlerweile umgesiedelten Dorfes war auf den Fluren „Buchgracht" und „Goldmorgen" durch Prospektion eine römische Trümmerstelle bekannt, die bei Begehung durch Keramikfunde und Bauteile auffiel. Vor dem Beginn der geplanten Ausgrabung mußte das Gelände jedoch erst durch Minensucher freigegeben werden, da besonders im Bereich der ehemaligen Rurfront immer wieder Bomben und Granaten des Zweiten Weltkriegs auftreten. Der Kampfmittelräumdienst machte im Juni 1994 einen ungewöhnlichen Fund. Die Metalldetektoren schlugen bei einer größeren Eisenkonzentration an. Die Überprüfung ergab keinen Kampfstoff, sondern es zeigten sich korrodierte Eisenstücke und einige identifizierbare Werkzeuge. Grabungstechniker W. Schürmann erkannte die Bedeutung des Funds. Die nähere Überprüfung ergab folgende Situation: In zwei rundlichen, 25 m voneinander entfernten Gruben waren über 500 Metallteile deponiert. Die größere Grube wies einen Durchmesser von 2,5 m auf und reichte etwa bis 1 m unter die heutige Geländeoberkante. Darin lagen – nach Auskunft der Minensucher – dicht an dicht die Metallstücke; zur gut 50 cm starken Grubenverfüllung gehörten auch etwas Ziegelbruch und Keramik. Ein entsprechender, kleinerer Befund von etwa 1 m Durchmesser war vom Kampfmittelräumdienst bereits weitgehend ausgehoben, so daß hier eine genauere Grubenaufnahme nicht mehr möglich war. Die von fremder Hand geborgenen Eisenteile wurden in der Außenstelle in Niederzier grob gereinigt und sortiert. Studentische Hilfskräfte sorgten auch für die erste zeichnerische und photographische Dokumentation der Fundstücke, die, sofern es ihr Zustand erlaubte, nach Form und Funktionen katalogmäßig erfaßt wurden. Die gegenwärtige Zählung ergibt 246 Einzelstücke und mehrere Fundkisten mit über 200 Fragmenten und Eisenbrocken. Das Gesamtgewicht aller Objekte beträgt 350 kg. Die vorläufige Beurteilung der Fundstücke erfolgt im unrestaurierten Zustand und vor Abschluß der örtlichen Untersuchung, die weiteren Aufschluß zur Fundstelle erwarten läßt. Die nach der Bergung begonnene Ausgrabung ermöglicht eine vorläufige Einordnung. Südlich der beiden Gruben kamen zahlreiche römische und urgeschichtliche Befunde zutage. Durch die lagebedingte Erosion am Hang hat die Erhaltung der römischen Befunde gelitten, während bandkeramische Siedlungsreste besser überdauerten. Lokalisiert wurden römische Pfostenbauten, Gruben und der Rest eines Steinfundaments; hangabwärts wurden drei römische Brandgräber entdeckt. Nach dem gegenwärtigen Stand gehören die Siedlungsbefunde in das 1.–3. Jahrhundert n. Chr. Es handelt sich nicht um einen geschlossenen Depotfund. Das Fundmaterial stammt aus zwei Gruben und wurde wahrscheinlich mit Eisenteilen vermischt, die die Minensucher von benachbarten Fundstellen zusammengetragen haben. Zudem kann eine ältere Verlagerung und/oder eine Vermischung der antiken Gegenstände mit jüngerem Alteisen nicht ausgeschlossen werden. Im Vergleich mit anderen römischen Metallhorten fallen der sehr geringe Bronzeanteil und das Fehlen von Münzen auf. Die über 50 kg schweren Ambosse dürften ihren ursprünglichen Standort nur unweit der Fundstelle, d. h. der Grube 1, gehabt haben. Sie enthielt den Hauptanteil des Fundes.

Nach dem gegenwärtigen Kenntnisstand ist ein römischer, wahrscheinlich mittelkaiserzeitlicher Fundanteil vorherrschend. Vertreten sind aber auch einige Geräte- und Schäftungsformen, die auf eine jüngere Zeitstellung hindeuten. Besonders hervorzuheben sind eine sechskantige Schraubenmutter und eine Lanzenspitze, deren einseitige Rippe aufgenietet worden ist, wie B. von Zelewski im Röntgenbild entdeckt hat. Auch unter der Voraussetzung, daß das Fundmaterial nicht einheitlich ist, weil mehrere Zeitstufen vertreten sind, lassen sich dennoch vier Herkunfts- bzw. Funktionsbereiche abgrenzen. Die beiden Ambosse und vier Roheisenstücke aus Grube 1 belegen die Arbeit eines Schmiedes, für dessen benachbarte Werkstatt auch der überwiegende Anteil des Alteisens bestimmt gewesen sein dürfte. An zweiter Stelle sind landwirtschaftliche Tätigkeiten zu erschließen. Pflugscharen, Sensen und Heugabeln verweisen auf Feldbestellung und Ernte. Zwei weitere und eigenständige Komplexe schließen sich an. Zum einen sind es Teile vom Pferdegeschirr, wie Kummetbügel und die bronzenen Zügelriemen- und Jochbeschläge, deren römische Herkunft außer Frage steht. Ob neuzeitlich anmutende spiralförmige Eisenbeschläge Bestandteil eines römischen Last- oder Reisewagens gewesen sind, wie

Aldenhoven-Pattern/Kreis Düren. Römische Joch- und Zügelriemenbeschläge aus Bronze. Silberlöffel. 2./3. Jahrhundert n. Chr.

es der Vergleich mit dem Fundmaterial von Neupotz nahelegt, wird die weitere Untersuchung zu klären haben. Von weitreichender wirtschaftshistorischer Bedeutung ist der Nachweis einer römischen Wassermühle, der sich aus zwei eisernen Mühlsteinachsen (Gruben 1 und 2) und einem Dosierkegel ergibt. Den mittelkaiserzeitlichen Vergleichsfunden aus römischen Kastellen entsprechen auch die schwalbenschwanzförmigen Mühlhauen, die die Verbindung zwischen Achse und Läuferstein herstellten. Zum Hausrat der römischen Siedlung dürften ein Silberlöffel und eine eiserne Talglampe gehört haben. Der mengenmäßig höchste Fundanteil entfällt auf Bruchstücke von Bandeisen und eisernen Stangen.

Die Ende des Jahres 1994 im Rheinischen Landesmuseum Bonn begonnene Restaurierung von über 200 ausgewählten Objekten schließt Röntgenaufnahmen und eine photographische Dokumentation ein. Damit wird eine genauere Identifizierung der Einzelobjekte und des ganzen Fundkomplexes ermöglicht. Sicher ist, daß es sich um den umfangreichsten antiken Eisenfund im Rheinland handelt.

Die Ausgrabungen auf den Gräberfeldern von Krefeld-Gellep 1990–1994

Renate Pirling

Die Ausgrabungen auf den bekannten römisch-fränkischen Gräberfeldern von Gellep wurden auch in der Berichtszeit alljährlich weitergeführt, finanziert von der Deutschen Forschungsgemeinschaft. Im Juli 1994 konnte das 6000. Grab aufgedeckt werden, doch ist ein Ende noch immer nicht erreicht. Es ist allerdings abzusehen, daß nur mehr wenige Jahre gegraben werden kann, da nicht mehr viele freie und unbebaute Flächen zur Verfügung stehen. Schon die Grabungen der letzten Jahre umfaßten etliche kurz zuvor von der Stadt Krefeld angekaufte Gartengrundstücke, die teilweise mit Obstbäumen und Hecken bestanden waren, was die Grabungen sehr erschwerte. Einige Flächen waren auch von den einstigen Besitzern schon nach Funden abgesucht, manche ganz systematisch ausgegraben worden. 1994 wurde am südlichen Rande des Gräberfeldes gearbeitet, die Gräber lagen hier weit auseinander in hartem Lehmboden. Alle diese Umstände trugen dazu bei, daß die Zahl der zwischen 1990 und 1994 aufgedeckten Gräber mit insgesamt 363 relativ gering war. Sie stammen aus dem 1. bis zum Beginn des 5. Jahrhunderts. 1934 hatte Albert Steeger mit der systematischen Ausgrabung antiker Gräber auf den sandigen Äckern rings um das Dörfchen Gellep begonnen. Er grub – mit Ausnahme der Kriegsjahre – bis zu seinem Tod 1958. Seither werden die Arbeiten vom Museum Burg Linn weitergeführt. Neben der ungewöhnlichen Größe fallen die Gelleper Gräberfelder vor allem durch ihre kontinuierliche Belegung vom 1. bis zum frühen 8. Jahrhundert auf. Es ist ein für das Rheinland einmaliger Fall, daß von einem römischen Militärlager die zugehörigen Nekropolen nahezu vollständig aufgedeckt werden konnten und daß diese sich ohne jede Unterbrechung in die fränkische Zeit hinein fortsetzen. Die besondere Bedeutung Gelleps im frühen Mittelalter wird durch die 1962 geglückte Entdeckung eines fränkischen Fürstengrabes und in den folgenden Jahren durch die mehrerer, großenteils antik beraubter Bestattungen fürstlichen Ranges unterstrichen. Die Untersuchung des fränkischen Teils des Friedhofes wurde schon 1965 abgeschlossen, in den folgenden Jahren kamen lediglich Gräber aus römischer Zeit zum Vorschein.

Schon vor Jahren waren im Norden Gelleps, unweit des nach 70 n. Chr. errichteten Kastells, Spuren einer älteren Siedlung des frühen 1. Jahrhunderts entdeckt und untersucht worden. Erwartungsgemäß wurden in ihrer Nähe Gräber aus dieser Zeit angetroffen. Solche der zweiten Hälfte des 1. Jahrhunderts n. Chr., als das Kastell bereits in Funktion war, schlossen sich an. Überraschenderweise wurde bei den Grabungen der achtziger Jahre rund 350 m weiter südlich ein zweiter, großer Bestattungsplatz des 1. Jahrhunderts n. Chr. entdeckt, der mit dem ersteren keine Verbindung hat. Bei einem Teil der neugefundenen Bestattungen handelt es sich um sog. *busta*. Der Ausdruck *bustum* ist aus der Antike überliefert, es handelt sich dabei um Gräber, bei denen der Tote nicht wie sonst üblich auf einem separaten Verbrennungsplatz, der *ustrina*, eingeäschert wurde, sondern an Ort und Stelle über der Grabgrube. Während derartige *busta* allgemein selten anzutreffen sind, handelt es sich bei den Grabungen der beiden letzten Jahre (1993 und 1994) nahezu bei der Hälfte der Bestattungen um solche. Bei dem Gräberfeld derselben Zeit im Norden Gelleps war kein einziges *bustum* entdeckt worden. Die südlich gelegene, gleichzeitig belegte Nekropole wurde also zweifellos von einer Bevölkerung angelegt, die abweichende Bestattungssitten pflegte und wahrscheinlich anderer Herkunft war. In der Forschung ist noch ein ungelöstes Problem, wo die Sitte der Bustum-Bestattungen ihren Ausgang genommen hat. So kann auch über die Herkunft jener Leute noch nichts ausgesagt werden, die in Gellep ihre Toten weit entfernt von Kastell, *vicus* und dem zugehörigen Gräberfeld bestatteten. Wo sich ihre Siedlung befand, ist gleichfalls unbekannt. Siedlungsspuren wurden im weiten Umkreis nicht angetroffen.

Die Beigaben dieser Gräbergruppe sind durchweg bescheiden. Gewöhnlich bestehen sie aus einem oder mehreren Tongefäßen, gelegentlich einzelnen Öl-

lämpchen, nur in seltenen Fällen kamen Metallfunde, meist Fibeln einfacher Machart, zum Vorschein. Die Tongefäße waren teilweise mit auf dem Scheiterhaufen und wurden dann in unzählige Scherben zerbrochen und mit sekundären Brandspuren angetroffen. Der größere Teil wurde nachträglich, gefüllt mit Speise und Trank als ‚Wegzehrung' für die Toten, bei der Bestattung niedergestellt.
In zahlreichen Gräbern, auch in Bustum-Bestattungen, war der Leichenbrand in einer Urne beigesetzt. Gewöhnlich handelt es sich um einfache, rauhwandige Tontöpfe. Grab 6000, am 4. Juli 1994 ausgegraben, enthielt eine Urne aus hellem Ton mit geglätteter Wandung und plastisch, à la barbotine aufgesetzter Verzierung. Der Boden der Grabgrube war mit Scherben übersät, die von drei Gefäßen ungewöhnlicher Größe stammten. Zwei Brandgräber aus der zweiten Hälfte des 3. Jahrhunderts, 1992 entdeckt, fielen dadurch aus dem Rahmen des Üblichen, daß sie von einem Kreisgraben von 9,0 bzw. 6,5 m Durchmesser umgeben waren. Das zugehörige Grab lag jeweils genau in der Mitte. Bereits 1988 und 1989 waren zur großen Überraschung der Ausgräber Brandbestattungen des späten 3. Jahrhunderts zutage gekommen, die inmitten von Kreisgräben lagen. Solche waren bis dahin in Gellep nur aus der Eisenzeit bekannt und sind auch sonst in der spätrömischen Zeit unüblich. Gräber der ersten Hälfte des 4. Jahrhunderts, jetzt durchweg Körperbestattungen, wurden in den ersten drei Jahren der Berichtszeit in großer Zahl aufgedeckt. Es wird mit dem Fortschreiten der Grabungen immer deutlicher, daß dieser Zeitraum die eigentliche Blütezeit Gelleps gewesen ist, auch wenn wir aus Mangel an Schriftzeugnissen vorläufig noch nicht genau wissen, welche Rolle *Gelduba* innerhalb der rheinischen Grenzlande in der Spätantike zugefallen war.
Die neu aufgedeckten Gräber des frühen 4. Jahrhunderts waren der Sitte der Zeit entsprechend hauptsächlich mit Gefäßen, meist aus Ton, seltener aus Glas, ausgestattet. Aus der zweiten Hälfte des 4. Jahrhunderts stammen zwei Frauengräber, die ungewöhnliche Beigaben enthielten. In Grab 5889 lag in der Halsgegend der Toten eine Kette aus 176 Perlen, in der Mehrzahl aus blauem und grünem Glas, einigen goldenen Überfang- und 40 Bernsteinperlen. Zwischen diesen fanden sich sechs gleichfalls aus Bernstein geschnitzte Anhänger einer Form, die ‚Ber-

Krefeld-Gellep. Römisches Brandgrab (bustum) während der Ausgrabung (Grab Nr. 6000). 3. Jahrhundert n. Chr.

Krefeld-Gellep. Spätrömisches Körpergrab (Nr. 5888) während der Ausgrabung. 1. Hälfte 4. Jahrhundert n. Chr.

Krefeld-Gellep. Bronzene Gürtelgarnitur aus dem spätrömischen Männergrab Nr. 5781. 2. Hälfte 4. Jahrhundert n. Chr.

lock' genannt wird. Derartige Bernstein-Berlocks finden sich schon im 3. Jahrhundert in Skandinavien. Als Herkunftsgebiet ist mit Sicherheit das östliche Dänemark anzunehmen. Wir haben mit den in Gellep ungefundenen Anhängern also Zeugnisse eines Imports vor uns, der umgekehrt wie der sonst übliche, vom nördlichen ‚Barbaricum' in die römische Provinz, verlaufen ist.

Einen Beweis für intensive Fernbeziehungen lieferte Grab 5723. Es war durch Spargelgräben stark gestört, erhalten blieben aber fünf Bronzearmreife, die dicht beieinander zusammen mit dem kleinen Stück eines Unterarmknochens angetroffen wurden. Ein Armreif ist massiv gegossen und endet in stilisierten Tierköpfen. Zwei Reife sind geschlossen, flach gehämmert, die Ränder bei einem Stück fein gezackt, beim anderen zahnradähnlich gebildet. Das restliche Reifenpaar ist bandförmig und weist ein aus kreisrunden Ausschnitten gebildetes Durchbruchmuster sowie feine Punzverzierung auf. Zu diesem letzteren Paar gibt es eine Parallele aus einem Grab in Winchester in England und das Frappierende ist, daß die dort bestattete Frau daneben die drei übrigen Formen von Armreifen trug, wie sie sich in Grab 5723 von Gellep fanden. Hier müssen also direkte persönliche Verbindungen bestanden haben. In der Nähe des beschriebenen Gelleper Frauengrabes lag das eines Mannes, der ungefähr zu derselben Zeit bestattet wurde. Außer einem Tongefäß, einem eisernen Messer und einer Fibel vom Typus der Zwiebelknopffibel enthielt es eine aufwendige bronzene Gürtelgarnitur, bestehend aus Schnalle, Riemenzunge und neun propellerförmigen Beschlägen. Breite Ledergürtel mit Metallbesatz gehörten zur Ausrüstung des spätrömischen Heeres, und Zwiebelknopffibeln bildeten eine Art Rangabzeichen.

Die Grabungen sollen weitergeführt werden und können voraussichtlich in einigen Jahren zum Abschluß gebracht werden. Als die wohl größten zusammenhängend und modern ergrabenen antiken Gräberfelder werden die von Gellep mit ihrer kontinuierlichen Belegung vom 1. bis zum 8. Jahrhundert, wenn sie erst einmal vollständig publiziert und ausgewertet sind, der archäologischen und historischen Forschung wertvollste Erkenntnisse liefern können.

Die Statuette einer Göttin aus Linnich

Gerhard Bauchhenss und Rut Wirtz

Im Jahre 1993 wurde im Vorfeld einer Neubaumaßnahme eine 57 Hektar große landwirtschaftlich genutzte Fläche vor dem südlichen Ortsausgang von Linnich/Kreis Düren archäologisch untersucht. Zum einen konnten 48 Bestattungen eines eisenzeitlichen Urnengräberfeldes der Stufen Hallstatt C bis Frühlatène freigelegt werden, die durch die intensive landwirtschaftliche Nutzung des Geländes weitreichend gestört waren, zum anderen Reste einer *villa rustica*. Die unterschiedlichen Bauphasen der Anlage waren aufgrund ihrer geringen Erhaltung nicht sicher zu trennen und zuzuordnen. Eine annähernd rechteckige Teichanlage von 12 × 3 m Größe, die von einer Pfostenstellung umgeben war und ihrer Stratigraphie zufolge mehrfach gereinigt worden sein muß, war die früheste Spur einer römischen Ansiedlung. Neben mehreren Gruben konnten auch zwei Gebäude erfaßt werden. Es handelte sich um einen langrechteckigen, etwa von Ost nach West orientierten, nur im Grundriß erhaltenen Bau von 9,50 m Breite, der noch auf einer Länge von 15 m vorhanden war. Sein östlicher Abschluß war durch Erosion zerstört. Drei größere Keramik- und Ziegelschuttlagen, die bei diesen Streifenfundamenten aufgenommen wurden, stammten von der Zerstörung des Gebäudes, die – nach den Funden zu urteilen – im 3. Jahrhundert n. Chr. stattgefunden haben muß. Der ganze Wohnplatz wurde anschließend planiert und aufgelassen.

Der zweite Gebäuderest ist aufgrund stratigraphischer Überlegungen zeitlich zwischen der frühen Teichanlage und dem Hausgrundriß des 3. Jahrhunderts einzuordnen. Sieben rechteckige Pfeilervorlagen von jeweils etwa 2 × 2 m Größe hatten sich erhalten. Ihre Fundamente bestanden aus dichten Kiespackungen, die auffallend unterschiedlich tief angelegt waren. Sie ergaben einen Grundriß von 11 m Breite, der noch auf 5 m Länge zu verfolgen war. Aus einem dieser Pfeilerfundamente stammt die Statuette einer Göttin aus Sandstein. Sie lag auf der Grubensohle zwischen mehreren umgelagerten Buntsandsteinquadern. (R. W.)

Linnich/Kreis Düren. Sandsteinstatuette einer Göttin. Fundlage.

Der interessanteste römische Fund der Grabung ist eine 30,2 cm hohe Statuette aus braunem Sandstein, die auf den Betrachter durchaus irritierend wirkt. Die Gestalt erhebt sich auf einem flachen, querrechteckigen Sockel. Sie steht fest auf ihrem rechten Bein, ihr linker Fuß ist etwas nach vorne gesetzt, das linke Knie springt dadurch weit nach vorne. Beide Arme sind gesenkt, der linke im Ellenbogen angewinkelt und der Unterarm etwas nach vorne gestreckt, der rechte liegt eng am Körper an. Der Kopf – die Mundpartie ist leider beschädigt – war geradeaus gerichtet. Die ganze Figur erscheint seltsam unproportioniert. Die Hüft- und Schulterpartien sind sehr breit, der Kopf sitzt ohne Hals auf den Schultern, als ob er eingezogen sei. In der Seitenansicht von links sieht es aus, als ob die linke Hüfte dort ansetzt, wo in der Vorderansicht das linke Knie am weitesten nach vorne springt, während die rechte Hüfte nur wenig nach unten verlagert ist. Aber auch sie zeichnet sich für die steif stehende Gestalt viel zu weit ausladend unter den Gewändern ab. Die Gestalt ist fast völlig in ihr Gewand eingehüllt: Ein langes, bis auf den Boden fallendes Untergewand ist am Oberkörper mit einer glatten, faltenlosen Fläche neben den Füßen durch wenige Steilfalten vom Mantel unterschieden, der über den Kopf gezogen ist. Die weitere Drapierung ist nicht konsequent durchgeführt: Während über dem linken, angewinkelten Unterarm sich die von der Schulter herabfallenden Gewandpartien stauen und die Faltenzüge gerade in der Seitenansicht dieses Motiv klar nachvollziehbar machen, ist dies am rechten Arm nicht so: Zwar fällt auch hier das Gewand über die Schulter und ist schräg über Ober- und Unterkörper zum linken Bein gezogen. Der rechte Unterarm tritt aber so aus dem Mantel hervor, als ob er durch einen Schlitz gesteckt wäre – ein Motiv, das bei einem römischen Mantel üblicherweise nicht vorkommt, aber auch nicht zu Mantelformen paßt, die wir von Darstellungen der einheimischen Matronen kennen. Ganz sicher zeigt die Kombination von langem Untergewand und Mantel, daß hier eine Frau dargestellt ist. Nur zu einer Frau kann auch passen, was von der Frisur unter dem Mantelschleier zu erkennen ist: ein die Stirne rahmender Haarwulst mit grober Andeutung einzelner Haarsträhnen, die aus der Stirne nach hinten gestrichen scheinen, und ein betonter Mittelscheitel.

Wie bei römischen Skulpturen üblich ist die Rückseite nur summarisch ausgeführt: Die Falten sind als halbrunde Rillen eingetieft, während sie an der Vorderseite überarbeitet sind und im Querschnitt dadurch fast V-förmig wirken. Dennoch ist auch an der Vorderseite die Anlage der Faltenzüge eher flüchtig und ungenau – wodurch auch die oben beschriebenen Probleme mit der Anordnung des Gewandes entstehen. Das Gesicht ist ebenfalls nur grob angelegt. Die Augen sind sehr groß und nicht weiter differenziert, genauso wie die übrigen Teile, die Stirne und Wangen, obwohl bei diesen die Beschädigung noch den Eindruck der Flüchtigkeit verstärkt. Mit solch unbefriedigenden Elementen kontrastiert deutlich die in den Seitenansichten überraschende Tiefe der Skulptur. Die Figur besitzt ein Volumen, das man bei der flüchtigen, unproportionierten Arbeit nicht erwarten würde. Gerade diese erstaunliche Tiefenerstreckung gibt über die Fundumstände hinaus einen Hinweis auf die Datierung der Göttin. Im 3. Jahrhundert, in dem allgemein die Tiefenerstreckung provinzialrömischer Skulpturen deutlich reduziert wurde, ist sie nur schwer vorstellbar. Die Figur dürfte also im 2. Jahrhundert n. Chr., wahrscheinlich in dessen 2. Hälfte angefertigt worden sein.

Die Geste der rechten Hand der Frau ist klar: Die Finger sind zur Faust geballt, nur der Zeigefinger ist gerade ausgestreckt. Er weist in die Zone zwischen dem linken Knie und der linken Hand, die ein Attribut gehalten zu haben scheint. Was dieses Attribut war, läßt sich nicht mehr erkennen. Möglich wäre, daß in der Antike Bemalung den Sachverhalt etwas klarer gestaltet hat, heute ist nur zu erkennen, daß die Hand etwas gehalten hat, was von ihr aus nach unten – zum Knie hin – sich erstreckte und vielleicht eine nach unten spitze Dreieckform gehabt hat. Es ist nicht einmal sicher auszumachen, ob dieses Attribut der Hand als Stütze gedient hat – sein unteres Ende könnte dann auf Knie oder Oberschenkel gestützt gewesen sein.

Die Statuette lag in den untersten Schichten eines Pfeilerfundamentes. Sie war dorthin offensichtlich nicht zufällig geraten. Spuren antiker Beschädigung, die darauf hinweisen könnten, daß sie als ‚Altmaterial' dort ‚entsorgt' wurde, lassen sich außer im Gesicht nicht finden. Eine quer verlaufende, wie eine Beschädigung wirkende Zone in der Rückansicht, dicht unter der deplazierten rechten Hüfte, kann so sicher nicht gedeutet werden. Ob die Beschädigung im Gesicht wie bei in christlichem Kontext wiederverwendeten antiken Skulpturen verhindern sollte, daß die Göttin weiter ihre Macht ausübte, ist eher fraglich – für den antiken Menschen gab es, anders als für die Christen, keinen Grund, eine Götterfigur so zu entstellen und dann in einem Fundament endgültig zu beseitigen. So bleibt die Möglichkeit, daß die Göttin

Linnich/Kreis Düren. Sandsteinstatuette einer Göttin. Vorder- und Rückseite. 2. Hälfte 2. Jahrhundert n. Chr.

in weitestem Sinne als ‚Bauopfer' verwendet war, daß sie in dem Fundament niedergelegt wurde, um ihre segensreiche Wirkung dem auf dem Fundament errichteten Gebäude auf Dauer zukommen zu lassen. Allerdings, das sei angemerkt, sind bisher aus den germanischen Provinzen keine vergleichbaren eindeutigen Befunde veröffentlicht worden.
Hier ist vielleicht auch das ausgesprochen kleine Format der Figur von Bedeutung. Sie steht in einer Reihe mit anderen Steinskulpturen, wie Geniusstatuetten, der Figur einer Fortuna aus Bermel, einer Minerva aus Plaidt (beide im Rheinischen Landesmuseum Bonn) oder einer Fortuna aus Köln, die als Götterfiguren aus kleinen häuslichen Heiligtümern gedeutet werden. Daß eine Göttin aus einem solchen Hausheiligtum bei einem Neubau in den Fundamenten deponiert wurde, ist immerhin denkbar. Auch dieser hier vorgeschlagene Verwendungszweck hilft nicht weiter, die Göttin zu benennen. Hier könnten allein ihre Attribute Auskunft geben. Möglich ist, daß das Attribut in der linken Hand ein auf das Knie gestütztes kleines Füllhorn darstellen sollte, aber auch dann ist die Benennung nicht sicher, da dieses Attribut vielen segenspendenen Göttinnen, von der römischen Fortuna bis zu den einheimischen Muttergottheiten und Matronen, beigegeben werden konnte. (G. B.)

Literatur: W. Pannenbäcker/R. Wirtz, Siedlungskontinuität in Linnich – Der Bebauungsplan 26/Welzer Weg. Arch. Rheinland 1993 (Köln 1994) 46–48.

Römische Gräber in Köln

Stefan Neu

In den letzten Jahren mußten in den Randbezirken der Kölner Innenstadt einige größere Grundstücke archäologisch untersucht werden, weil dort Bauprojekte anstanden. Hier seien diejenigen Ausgrabungen kurz dargestellt, die in der Nähe der Aachener Straße und des Eigelsteins lagen, also an ehemals großen römischen Straßen, die nach Norden (Eigelstein) und nach Westen (Aachener Straße) führten. Wie bei solchen Straßen außerhalb der ummauerten römischen Stadt üblich lagen dort die Friedhöfe. Das war bekannt, spätestens seit im 19. Jahrhundert auf diesen Grundstücken – der Kölner Neustadt – Wohnbauten errichtet wurden, in deren Baugruben man römische Gräber fand. Damals wurden nur die Funde geborgen. Die Fundsituation, die Informationen über die Bestattungssitten geben konnte, wurde nicht berücksichtigt. Hier nun bestand die Möglichkeit, das damals Versäumte wenigstens ausschnittsweise nachzuholen und so Einblicke in die römischen Friedhöfe zu gewinnen.

Die Ausgrabungen begannen 1990 an der Richard-Wagner-Straße dicht neben der die Innenstadt umfahrenden Eisenbahnlinie, im äußersten Westen der Innenstadt also. Hier war durch zwei parallel verlaufende Gräbchen ein von Nord nach Süd gerichteter Weg aus römischer Zeit zu erkennen, der die Westgrenze eines dicht belegten Grabareals bildete. Östlich von ihm lag eine Reihe von Aschenkisten, dazu einige Sarkophage, ein Bleisarg, Bestattungen in Holzsärgen, Brandschüttungsgräber sowie ein ummauerter Grabbezirk, ein sog. Grabgarten, dessen Umfassungsmauern noch zu erkennen waren, die Gräber selbst jedoch nicht. An erster Stelle ist das Frauengrab Nr. 103 zu nennen, eine Aschenkiste, in der der Achilles-Pokal gefunden wurde (siehe S. 269). Außer dieser kostbaren Beigabe lagen in der steinernen Kiste ein Messer mit tauschierter Eisenklinge und geriefeltem Silbergriff, ein Klappmessergriff aus Bernstein in der Form eines liegenden Hundes, eine Kette aus winzigen natürlichen und kassettenförmig geschliffenen blauen Glasperlen, ein einfacher gläserner Spiegel, eine abgegriffene Münze des 1. Jahrhunderts sowie hauchdünne Goldfolienreste, die anscheinend über den Leichenbrand gestreut wurden. Außerhalb der Aschenkiste standen die den Befund datierenden vier hellgebrannten Einhenkelkrüge des Typs Niederbieber 62a sowie ein Miniaturöllämpchen und eine Flasche aus vollständig entfärbtem Glas. Dicht daneben lag eine weitere Aschenkiste mit zahlreichen, aber weniger wertvollen Beigaben: In der Kiste selbst lagen zwei Balsamarien aus hellgebranntem Ton, ein Salbfläschchen aus Glas, ein Glanztonbecher sowie ein Hühnerei (Speise für das Jenseits oder Lebenssymbol). Um den steinernen Behälter herum standen vier Einhenkelkrüge aus hellgebrannter Keramik, ein Glanztonbecher, zwei Glasflaschen, verschiedene Schalen, Näpfe und Töpfe. Gegenüber der einzigartigen, luxuriösen Bestattung in Grab 103 ist hier ein einfacheres Grab zu erkennen, das auch für weniger Begüterte erschwinglich war.

Köln. Richard-Wagner-Straße. Römischer Friedhof. Aschenkiste mit Gefäßbeigaben. 2./3. Jahrhundert n. Chr.

Köln. Richard-Wagner-Straße. Römischer Friedhof. Kosmetikkästchen aus Elfenbein. 3. Jahrhundert n. Chr.

Reichtum und Luxus hingegen zeigen wiederum die Beigaben des wenige Meter südlich gelegenen Grabes Nr. 100: In der Aschenkiste lagen fünf Münzen des 2.–3. Jahrhunderts (Traian bis Gordian III.), eine Miesmuschel (Muscheln als Grabbeigaben sind häufig; vielleicht weisen sie auf die aus dem Meer geborene Göttin Venus hin) und zwei kostbare Silberschatullen, in denen sich gefaltete Bleche befinden. Leider sind die Bleche nicht zu öffnen, so daß die darauf geschriebenen Texte bis auf weiteres ungelesen bleiben. Neben der Kiste lagen im Erdreich kostbare Beigaben: ein kunstvoll gearbeitetes Elfenbeinkästchen, in dessen fünf Fächern Schminkfarben aufbewahrt wurden, eine grüne Porphyrplatte zum Mischen derselben, zwei bronzene Köcher (in einem wurden wohl kosmetische Instrumente aufbewahrt), ein Näpfchen und ein Schöpflöffel aus Bronze, die üblichen drei Einhenkelkrüge aus hellgebrannter Keramik und ein Glasfläschchen. Die wertvollste Beigabe aber war ein mit gelben und blauen Schlangenfäden geschmückter Pokal, der dem Achilles-Pokal in Form und Maß so gleicht, daß beide Gefäße wohl in einer Werkstatt gefertigt worden sein dürften: Diese lag wahrscheinlich in Köln.

Die drei beschriebenen Aschenkisten lagen mit acht weiteren, die bereits in römischer Zeit beraubt worden waren, drei ebenfalls beraubten Steinsarkophagen, einem Bleisarg und etlichen Brandschüttungsgräbern in einer Reihe, die offensichtlich die Westgrenze des Gräberbezirks entlang des beobachteten Weges bildeten. Dieser topographische Anhaltspunkt ist zusammen mit den Befunden an der Händelstraße und einem weiteren am Rudolfplatz, der bereits 1984 beobachtet wurde, ein erster Hinweis auf den Plan des römischen Straßennetzes in der westlichen Vorstadt.

Die Ausgrabung an der Händelstraße – ca. 200 m südöstlich von dem Areal an der Richard-Wagner-Straße gelegen – brachte nur wenige reich ausgestattete Gräber, dafür aber einen für die Kenntnis der Topographie des römischen Köln außerordentlich wichtigen Befund: eine römische Straße. Sie war ungefähr von Nord nach Süd ausgerichtet und führte von der Aachener Straße durch ein dichtes Friedhofsgelände nach Süden, wo landwirtschaftlich genutzte Flächen zu vermuten sind. Die Straßendecke bestand aus einer Kiespackung, in die sich die Spuren der dort verkehrenden Wagen eingedrückt hatten. Man konnte ihre Spurweite mit ca. 1,6 m rekonstruieren, die damit der anderer römischer Wagen entspricht. Auch die Zugtiere hinterließen ihre Spuren: Mehrere Hufeisen fanden sich auf dem Kiespflaster, ein weiterer Beleg für die oft angezweifelte Existenz römischer Hufeisen neben den bekannten *hipposandaloi* (Hufsandalen, die nicht an den Hufen festgenagelt, sondern an den Beinen festgebunden wurden).

Die Richtung der Straße weicht um ca. 10° im Uhrzeigersinn von der Nord-Süd-Richtung ab, die Wegbegrenzungsgräbchen an der Richard-Wagner-Straße hingegen 3° gegen den Uhrzeigersinn. Am Rudolfplatz war die Kiespackung nur im Baugrubenprofil erfaßbar, die Richtung der Straße also nicht festzustellen. Die Befunde scheinen darauf hinzuweisen, daß die Nebenstraßen und -wege (um solche handelt es sich) nicht streng geometrisch eingemessen, sondern je nach Bedarf ungefähr rechtwinklig zur Hauptstraße (der Aachener Straße) angelegt wurden. Auch ist kein exakt eingehaltener Abstand zu erkennen.

Die auf den beiden Grundstücken beobachteten Be-

Köln. Richard-Wagner-Straße. Grabungsfläche. Römischer Weg mit dem angrenzenden Friedhof des 2./3. Jahrhunderts n. Chr. ▷

stattungen hatten keramische Beigaben aus der Zeit des Kastells Niederbieber, also dem späten 2. bis mittleren 3. Jahrhundert. Es gab nur selten Überlagerungen von Gräbern; im wesentlichen war die Belegung einphasig. Vor allem fehlten Bestattungen des 1. Jahrhunderts n. Chr., wie man sie aufgrund von Grabsteinen, die früher in der Nachbarschaft gefunden worden waren, erwartet hätte. Das scheint auf kleine Parzellen aus verschiedenen Zeiten, die nebeneinander bestanden, hinzuweisen. Die Gräber im Norden der Innenstadt (Domstraße und Machabäerstraße) lagen merklich weniger dicht. Die Beigaben waren meistens geringerwertig, oder sie fehlten ganz. Die Datierung entspricht im ganzen der Situation im Westen der Innenstadt: spätes 2.–3. Jahrhundert. Hier konnten merkwürdige Befunde beobachtet werden: In einigen beigabenlosen Gräbern lagen zwei Skelette parallel oder gegenläufig, auch eine erwachsene Person mit einem Kind (Mutter und Kind?) wurden ausgegraben. Aus der systemlosen Ausrichtung und der Beigabenlosigkeit könnte man schließen, daß die Leichen hastig unter die Erde gebracht wurden. Verletzungen, die auf kriegerische Einwirkungen oder auf die Bestattung von Verbrechern hindeuten könnten, fanden sich nicht. Der Verdacht auf Epidemieopfer liegt nahe, wenn er auch nicht zu beweisen ist, da infektiöse Krankheiten, die schnell zum Tode führen, im allgemeinen am Skelett keine Spuren hinterlassen.
Auf eine Besonderheit, die sowohl in der Richard-Wagner-Straße als auch an der Domstraße und der Machabäerstraße ausgegraben wurde, sei besonders hingewiesen: Insgesamt wurden vier Pferdeskelette gefunden, die zusammen mit früher ausgegrabenen zeigen, daß in Köln in römischen Grabzusammenhängen immer wieder ein einheimisch-germanisches Element zu beobachten ist.

Köln. Richard-Wagner-Straße. Römischer Friedhof. Gläserner Pokal mit Schlangenfadenverzierung. Um 200 n. Chr.

Die Entdeckung des Achilles – in Köln

Stefan Neu

Der Achilles-Pokal von der Richard-Wagner-Straße in Köln gehört zu den herausragenden Stücken römischer Glaskunst, obwohl nur siebzig Prozent von ihm erhalten sind. Der Rest des kostbaren Glases war bereits vor der Ausgrabung in sich zusammengefallen und lag in winzigen Splittern am Boden der Grabkiste. Nur der Teil des Gefäßes, der von einem Gemisch aus Leichenbrand und eingerieselter Erde schützend ummantelt war, konnte zusammenhängend gefestigt und aus dem Behälter geborgen werden. Die Restaurierungsarbeiten – von Z. Ovisi und M. Schleiermacher in einjähriger engagierter Arbeit unternommen – konnten die craqueléartigen Risse stabilisieren und die Gefahr, daß sich die Hydrolyse zwischen den Glaskörper und das aufgemalte Email fraß, vermindern. Damit ist das Glas zwar vorläufig, aber wohl noch nicht für immer gesichert; die Konservierung bleibt ein permanenter Prozeß.

Das edle Trinkgefäß ist 24,5 cm hoch und hat an seiner Lippe einen Durchmesser von 8,4 cm. Der Kelch ist in der Form eines spitzen Paraboloids geblasen und steht auf einem durch einen Knauf verdickten Stiel über einer flachen Stadtplatte (Dm. 6,9 cm). Der lateinische Name eines derartigen Gefäßes ist unbekannt. Das Glas ist entfärbt und zeigt einen äußerst geringen Grünschimmer. Die auffallend farbige Bemalung ist in Emailtechnik aufgebracht, d. h. farbiges Glaspulver wurde mit einem (unbekannten) Bindemittel auf das Glas aufgemalt und dieses dann erneut im Ofen erhitzt (580–680 °C), damit das Pulver schmolz und sich mit dem Glasgefäß fest verband. Wohl bei dieser erneuten Erhitzung des Glases dürften sich die Spannungen gebildet haben, die zu den craqueléartigen Rissen und damit zur Zerstörung eines Teils des Gefäßes führten.

Die Datierung des Glases in das frühere 3. Jahrhundert n. Chr. ist aufgrund der Beigaben, die außen an der Nordseite der Aschenkiste standen, möglich: Neben einem Miniatur-Öllämpchen mit Glanztonbemalung (Kölner Produkt), das allgemein in das 2. Jahrhundert zu datieren ist, und einer Flasche aus entfärbtem Glas, deren Typ vom späten 2. bis ins 4. Jahrhundert vorkommt, standen vier hellgebrannte Einhenkelkrüge vom Typ Niederbieber 62a mit leicht angedeutetem Standwulst, wie sie aus dem 1. Viertel des 3. Jahrhunderts bekannt sind. Auch der Stil der Darstellung weist etwa in die Zeit des Kaisers Caracalla (211–217 n. Chr.): Die angestrengt zu den Seiten blickenden Augen erinnern an die Athletenköpfe der Fußbodenmosaiken in den Caracalla-Thermen oder gar an den Blick des Kaiserporträts selbst, wenn ein Vergleich zwischen Glasmalerei und Porträtkunst überhaupt statthaft ist. Das Gladiatorenmosaik der römischen Villa in Nennig zeigt ähnliche Kompositionsprinzipien: Trotz stark bewegter Handlung überschneiden die Personen einander kaum; der weiße Hintergrund ist stets sichtbar. Auch die Schattenspuren unter den Füßen zeigen sich hier wie dort. Das Nenniger Fußbodenmosaik wird allgemein etwas später – in das 4. Jahrzehnt des 3. Jahrhunderts – datiert; bis in diesen Zeitraum könnte auch der Achilles-Pokal eingeordnet werden. Die Möglichkeit, in ihm ein älteres ‚Erbstück' zu sehen (wie etwa die Münze aus dem 1. Jahrhundert, die sich in der Aschenkiste fand), scheidet aus: Bei der empfindlichen Emailmalerei müßte ein derartiges Gefäß auf seiner Oberfläche Benutzungsspuren zeigen, was hier nicht der Fall ist; es wird also in wenig oder gar nicht benutztem Zustand ins Grab gegeben worden sein.

Die Darstellung zeigt einen entscheidenden Augenblick des Achilles-Mythos: die Entdeckung des Helden unter den Töchtern des Lykomedes, bei denen er verborgen wurde, damit er nicht am Krieg gegen Troja teilnehmen mußte. Im Mittelpunkt des Geschehens steht der Held selbst – breitbeinig, mit Speer

Köln. Richard-Wagner-Straße. Römischer Friedhof. Bemalter Glaspokal (Achilles-Pokal). Achilles unter den Töchtern des Lycomedes. Um 200 n. Chr. ▷

Köln. Richard-Wagner-Straße. Römischer Friedhof. Achilles-Pokal in der Aschenkiste. Fundzustand.

und Schild gewappnet, nur mit einem blauen Schultermäntelchen bekleidet. Er ist also nicht mehr (wie in vielen anderen Bildern der Handlung) mädchenhaft, sondern ganz als kriegerischer Held wiedergegeben. Angestrengten Blickes schaut er nach links zu dem Tubabläser hin. Zwischen seinen Füßen liegt ein umgestürzter Korb; drei Wollknäuel rollen aus ihm heraus. Dieses scheinbar nebensächliche Motiv findet sich auf vielen Bildern der Sage, es deutet das Durcheinander an, das durch das Trompetensignal erregt wird. Auch das blaugewandete Mädchen an der linken Seite Achills (vielleicht handelt es sich um Deidameia) ist erschrocken. Dieses hatte sich wohl über den gelben Kasten gebeugt, in dem Odysseus seine Waren anbot. Jetzt springt es erschreckt auf; die Spindel fällt aus der Rechten, während die Linke den Spinnrocken hält. Wie Achill blickt auch das Mädchen zu dem Mann, der mit aufgerichteter Tuba durch einen Torbogen hereinkommt. Er ist mit Helm, Panzer, Beinschienen als normaler Soldat gekennzeichnet – ganz im Gegensatz zu dem Jüngling in heroischer Nacktheit. Zur Rechten Achills läuft ein grüngekleidetes Mädchen fort. Es hatte ursprünglich wohl ebenfalls die Waren in der gelben Kiste betrachtet; man kann deutlich erkennen, daß ihre Gestalt in einer Drehbewegung begriffen ist, weg von der Kiste und dem Signalbläser. Abwehrend hebt sie die Hand und läuft auf Odysseus zu, von dem bisher nur das Fragment mit seinem Kopf an der ihm zustehenden Stelle angebracht werden konnte; für andere zugehörige Bruchstücke (etwa ein rotbraunes Mäntelchen) konnte bisher keine Anschlußbruchkante gefunden werden. Nicht nur durch Bewegung und Gesten, sondern besonders auch aufgrund der Farben wirkt das Bild äußerst lebendig. Die Körper sind rotbraun gemalt, teils mit dunkelbraunen Konturen. Dunkelbraun sind auch die Haare der Personen, die Beine des Tubabläsers, das Absperrgitter unter der Szene und viele Konturen. Die Gewänder sind intensiv blau und grün; am Hals des Odysseus und am Hemdsaum des Tubabläsers ist ein wenig Türkis zu erkennen. Die Innenseite von Achills Schild, der Kasten zwischen den Beinen des Mädchens sind blau, Tuba, Helm und Beinschienen des Bläsers dagegen gelb gemalt, dies soll wohl Gold andeuten. Der Torbogen und Glanzflächen des Korbes sowie die Spindel werden weiß wiedergegeben.

In seiner lebhaften Farbigkeit und in der Präzision der Zeichnung stellt das Glas unter den Emailgläsern einen Sonderfall dar. Die nächst vergleichbaren Gefäße wurden außerhalb des Römischen Reiches in pommerschen Fürstengräbern und im Königspalast von Begram in Afghanistan ausgegraben. Sie waren aus dem Römischen Reich dorthin exportiert worden. Als Herstellungsort wird allgemein Alexandrien angenommen. Gegenüber den Darstellungen auf jenen Gefäßen erscheint die Malerei auf unserem Pokal sparsamer, präziser, monumentaler. Monumental wirken auch die Tier- und Gladiatorendarstellungen auf Gläsern, die in dänischen Adelsgräbern gefunden und im Nationalmuseum zu Kopenhagen aufbewahrt werden. Sie stammen wohl aus dem Rheinland, vielleicht sogar aus Köln; verschiedene Fragmente derartiger Glasbecher wurden nämlich hier gefunden. Im Zusammenhang mit der in Zülpich ausgegrabenen und mit einer Quadriga bemalten Flasche aus rotem Glas (im Rheinischen Landesmuseum Bonn) und einem leider beim Einäscherungsvorgang zerschmolzenen Emailglas aus Bassenheim bei Koblenz, das dem Achilles-Pokal ganz ähnlich gesehen haben muß, erscheint es glaubhaft, daß nicht nur jene gröberen Glasbecher, sondern auch dieses qualitätvolle Produkt im Rheinland (und damit wahrscheinlich in Köln) hergestellt wurden. Diese Meinung wird auch durch die Form des Pokals bekräftigt, die in Köln häufig und sonst – außer in Ägypten – selten ist. Während bisher der Osten des Römischen Reiches, Syrien und Ägypten, als Herkunft der edleren Emailgläser galt, zeigt sich hier ein zweiter Produktionsort: Der Westen des Reiches wird damit gegenüber dem Osten in der kunsthandwerklichen Produktion aufgewertet.

Die römische Kleinkunst ist durch das neugefundene Gefäß um ein wichtiges Denkmal bereichert. Die Form der Mythos-Darstellung entspricht nicht der häufig anzutreffenden, bei der die Pikanterie der Szene betont wird, indem Achill noch die Mädchenkleider trägt oder diese herabgleiten und den Jünglingskörper entblößen. Ein fragmentierter Goldglasboden in der Bibliothek der Vatikanischen Musen und ein weiterer in Pesaro zeigen einen ähnlich breitbeinig stehenden Helden – sie könnten aus einer gemeinsamen Bildtradition stammen. Diese ist jedoch nicht genauer festzulegen, da die Vergleichsbeispiele sehr summarisch gebildet sind. Es ist also wahrscheinlich, daß eine ältere ‚Formulierung' der Szene zugrunde liegt. Über die ikonographische Herleitung der Wiedergabe hinaus sollte der Stil des Bildes betrachtet werden: Dieser ist durch Lebhaftigkeit, Kontrastreichtum und Farbigkeit gekennzeichnet, wie sie in dieser Intensität selten sind. Den ausdrucksvollen Skulpturdenkmälern der 1. Hälfte des 3. Jahrhunderts ist hier ein gleichwertiges Objekt der Kleinkunst zugesellt, das zumindest in seiner Farbigkeit Akzente setzt.

Köln. Richard-Wagner-Straße. Römischer Friedhof. Beigaben außerhalb der Aschenkiste mit dem Achilles-Pokal. 3. Jahrhundert n. Chr.

Lit.: S. Neu, Richard-Wagner-Straße 47 – Ausschnitt aus einem römischen Friedhof. Archäologie Köln I (Köln 1992) 63 ff. – Ders., Der farbige Achilles-Pokal – Ein Neufund aus dem römischen Köln. Antike Welt 25 (1), 1994, 54–61. – Zur Restaurierung: M. Schleiermacher/Z. Ovisi, Bergung und Konservierung des bemalten Glaspokals aus der Richard-Wagner-Straße in Köln. Kölner Jahrb. Vor- u. Frühgesch. 26, 1993, 585–593.

Das römische Bronzepferdchen aus der *villa suburbana* am Barbarossaplatz in Köln

Renate Thomas

Bei den Ausgrabungen auf dem Grundstück des ehemaligen Bahnhofs der Köln-Bonner Eisenbahn, am Barbarossaplatz in Köln, konnten 1990 unmittelbar unter den Kellerböden der Häuser des späten 19. Jahrhunderts römische Ziegelsplitt-Estriche und ein ausgedehnter römischer Abwasserkanal freigelegt werden. Es handelte sich um die Reste einer römischen Vorstadtvilla, einer *villa suburbana,* die, an der Luxemburgerstraße orientiert, unmittelbar vor der Südwestecke der römischen Stadtmauer an der antiken Fernstraße lag, die nach Trier und bis Lyon führte. Wie bei der rund 500 m südwestlich liegenden *villa suburbana* unter St. Pantaleon läßt sich das erste in Stein ausgeführte Gebäude in die Mitte des 1. Jahrhunderts n. Chr. datieren. Die *villa* war im frühen 4. Jahrhundert bereits verlassen, da zu dieser Zeit das Gelände als Begräbnisplatz genutzt wurde, wovon ein Rotsandsteinsarkophag mit Glasbeigaben zeugt. Eines der bemerkenswertesten Fundstücke war ein 12 cm großes Bronzepferdchen, das in einer Grube zutage trat, die in einen der römischen Fußböden der ersten Bauperiode eingetieft war. Es ist offensichtlich, daß das Loch in den Estrich geschlagen wurde, um darin das Pferdchen zu verstecken. Nach der Keramik zu schließen, die sich in der Füllung der Grube fand, wurde das Pferdchen im frühen 3. Jahrhundert n. Chr. vergraben. Vielleicht hat der Besitzer der Villa das kleine Kunstwerk an dieser Stelle verborgen, weil er den Überfall plündernder Barbaren befürchtete und kam später nicht mehr dazu, seinen Schatz wiederauszugraben.

Die als massiver Vollguß hergestellte Tierdarstellung war nur wenig korrodiert und ist bis auf den fehlenden Schwanz und die Unterschenkel der Hinterbeine unversehrt. Die ausgewogene Proportionierung, die anmutige Bewegung und die sorgfältige kleinteilige Ausarbeitung zeugen von außergewöhnlich hoher Qualität. Das Pferd ist auf den Hinterbeinen stehend wiedergegeben, mit temperamentvoll zur Seite gedrehtem Kopf, angelegten Ohren und geblähten Nüstern. Erstaunlicherweise ist es gesattelt, trug aber offensichtlich keinen Reiter, da sonst Befestigungsspuren zu erkennen wären. Detailgetreu ist der charakteristische ‚Hörnchensattel' der römischen Reiterei mit den vorstehenden Sattelknäufen dargestellt, der auf einer mit Fransen verzierten Decke aufliegt. Den gleichen Sattel zeigen auch die Reliefdarstellungen auf den Grabdenkmälern der römischen Reitersoldaten im Rheinland. Das Zaumzeug und die verknoteten Sattelgurte mit ihren herabhängenden Enden sind in Kupfer eingelegt. Auch die Pupillen sind durch ein andersfarbenes Material, in diesem Falle Silber, hervorgehoben.

Sucht man nach Parallelen für das kunstvoll gearbeitete Kölner Pferdchen, so stellt sich heraus, daß Darstellungen in der Levade (auf den Hinterbeinen aufgerichtet) selten sind. Denn meist sind die Pferde ruhig stehend wiedergegeben. Häufig sind sie in Beziehung mit der einheimischen Pferdegöttin Epona zu setzen. Bei anderen Pferdestatuetten schließt jedoch der Fundzusammenhang eine kultisch-sakrale Bedeutung der Bronzen aus: Der Siedlungskontext legt auch für das Kölner Pferdchen nahe, daß es als Dekorationsgegenstand in der römischen Villa aufgestellt war. Ein vom Bewegungsmotiv her vergleichbares Pferdchen, das auch in den Maßen ungefähr übereinstimmt, wurde im Bereich des Juppitertempels auf dem Großen St. Bernhard gefunden. Auch dieses Pferdchen ist auf den Hinterbeinen aufgerichtet dargestellt und ähnlich temperamentvoll bewegt. Es ist aufgezäumt, trägt jedoch anstelle des Ledersattels ein Löwenfell auf dem Rücken, auch hier fehlt jeglicher Hinweis auf einen Reiter. Anders als bei dem Kölner Pferdchen wird es sich bei dem Beispiel vom Großen St. Bernhard um ein Weihgeschenk an Juppiter handeln.

Fragt man nach der stilistischen Einordnung der Kölner Pferdestatuette, ihrer Entstehungszeit und der Lokalisierung ihrer Werkstatt, so lassen sich weder in den Provinzen noch in Italien unter den Statuetten unmittelbar vergleichbare Stücke finden. Darüber hinaus sind die wenigen motivisch ähnlichen Pferde-

Köln. Barbarossaplatz. Bronzestatuette eines springenden gezäumten Pferdes (Länge 12 cm). 2. Hälfte 2. Jahrhundert n. Chr.

statuetten von anderen Fundorten ebenfalls nicht datiert. Datierbar sind jedoch großplastische Reiterstatuen, und zwar dann, wenn sie einen Reiter mit Porträtzügen tragen. Allerdings ist der Stilvergleich zwischen Werken der Groß- und der Kleinplastik problematisch, da das kleinere Format nur begrenzte Möglichkeiten in der Ausarbeitung von Details erlaubt. Beschränkt man den Stilvergleich auf das Bewegungsmotiv, die Dynamik in der Wendung des Pferdekopfes mit den geblähten Nüstern und den gebleckten Zähnen sowie die flexible Ausrichtung der erhobenen Beine, so lassen sich Parallelen zu einer antoninischen Reitergruppe in Turin ziehen. Nur in dieser Zeit, nämlich der zweiten Hälfte des 2. Jahrhunderts n. Chr., zeigen die Pferde jenes lebhafte, temperamentvolle Bewegungsmotiv, dem letztendlich ein hellenistisches Vorbild, das des siegreichen Alexander zu Pferde, zugrundeliegt. Aus der qualitätvollen Ausführung des Kölner Bronzepferdchens ist nicht unbedingt auf eine Entstehung des Stückes in einer stadtrömischen Werkstatt zu schließen. Da es in Köln nachweislich in römischer Zeit und vor allem in der zweiten Hälfte des 2. Jahrhunderts n. Chr. Bronzegußwerkstätten gegeben hat, ist nicht auszuschließen, daß das Pferdchen in Köln selbst hergestellt worden ist.

Lit.: R. THOMAS, Ein Bronzepferdchen aus Köln. In: Acta 12th Bronze Congress Nijmegen 2 (im Druck) 81 ff. – Zu dem Pferdchen vom Großen St. Bernhard: A. LEIBUNDGUT, Die römischen Bronzen der Schweiz: Westschweiz, Bern und Wallis (Mainz 1980) Nr. 64 Taf. 103. – Zu Bronzestatuetten, die vor Plünderern versteckt wurden: H. KELLNER/G. ZAHLHAAS, Der römische Schatzfund von Weißenburg (München 1983). – J. PETIT, Recherches sur le „Mercure" de Fins d'Annecy. In: U. GEHRING (Hrsg.), Toreutik und figürliche Bronzen römischer Zeit. Akten 6. Tagung antike Bronzen Berlin 1980 (Berlin 1984) 200 ff. – Zu Reiterstandbildern: J. BERGEMANN, Römische Reiterstatuen. Ehrendenkmäler im öffentlichen Bereich (Mainz 1990).

Feuchtbodenprojekt Elsbachtal – Modell einer römischen Landschaft

Surendra-Kumar Arora, Wolfgang Boenigk, Wolf-Dieter Becker, Frans P. M. Bunnik, Burkhard Böhm und Burghart Schmidt

Das Rheinische Amt für Bodendenkmalpflege unternimmt westlich der Stadt Grevenbroich auf der Hochfläche und im Elsbachtal zwischen den Orten Alt-Elfgen und Alt-Belmen seit 1986 an der Tagebauabbaukante Garzweiler-Nord Ausgrabungen, um eine Kleinregion flächendeckend zu untersuchen. Schwierig ist die Entdeckung der Fundplätze, die sich in den Bachtalauen und Talböden der rheinischen Lößbörden befinden. Die Befunde sind durch Erosion der angrenzenden Hochflächen und Hänge von mächtigen nacheiszeitlichen Schwemmsedimenten überlagert. Hauptursachen für diese Bodenbewegung

Grevenbroich und Jüchen/Kreis Neuss. Ausgrabungen auf der Hochfläche und dem Elsbachtal zwischen den Orten Alt-Elfgen und Alt-Belmen. Plan mit Eintragung der Grabungsflächen.

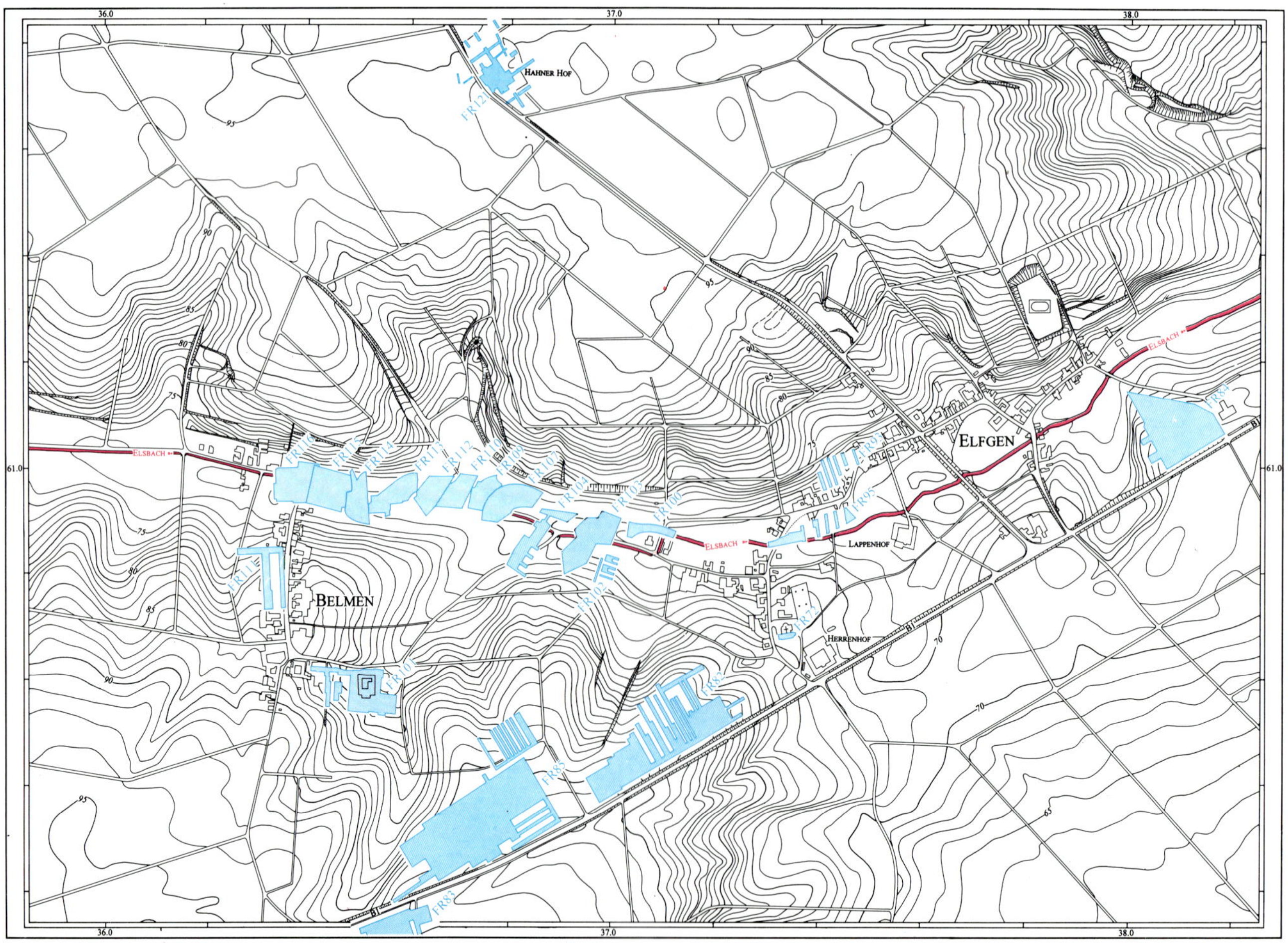

sind Ackerbau und Viehzucht, die seit der Jungsteinzeit (5300 v. Chr.) in der Jülicher Börde betrieben werden.
Das stark gegliederte frühholozäne Gelände ist heute fast eingeebnet. Anfang 1988 konnten mit Hilfe des Rheinbraun-Schaufelradbaggers die 9 m mächtigen Kolluvien des Elsbachtales in der Nähe des Altelfgener Marktplatzes freigelegt werden. Eine römische Wasserleitung aus Kalkbeton, 7 m unter der heutigen Oberfläche, führte zu großflächigen Schichtengrabungen in den mächtigen Feuchtböden des Tales. Eine 800 m lange Strecke des Elsbachtales ist inzwischen in Verbindung mit zahlreichen Ausgrabungen untersucht worden. Solche Talauengrabungen sind nur unmittelbar an einer Abbaukante denkbar und ohne den ständigen Einsatz von großen Maschinen wie Raupen, Hydraulikbaggern und Raddotzern nicht zu bewältigen.
In den Feuchtsedimenten des Elsbachtales kommen nicht nur kulturhistorische Überreste vor, sondern werden auch zahlreiche Hölzer, Pflanzen, Samen, Früchte und Pollenkörner geborgen, ebenso Tierknochen und Mollusken in einigen Schichten. Aufgrund der besonderen Befund- und Fundsituation im Els-

Grevenbroich und Jüchen/Kreis Neuss. Elsbachtal zwischen Alt-Elfgen und Alt-Belmen. Holozäne Talfüllung und eisenzeitliche bis mittelalterliche Feuchtböden.

bachtal besteht die Gelegenheit für eine intensive interdisziplinäre Zusammenarbeit von Archäologen mit Geologen, Botanikern und Zoologen, um die landschaftsgeschichtliche und kulturökologische Entwicklung der beiden vergangenen Jahrtausende zu rekonstruieren.
Die Ausgrabungen der letzten Jahre legten urgeschichtliche, römische und mittelalterliche Kulturhorizonte mit zahlreichen Befunden im Elsbachtal frei. Bedeutende römische Bauten waren Holzbrücken und Pfostengebäude, hinzu traten 50 Brandbestattungen. Interessant ist, daß diese überwiegend in die erste Hälfte des 1. Jahrhunderts n. Chr. gehören. Einige Holzstege und einfache Bachüberquerungen sind aufgrund dendrochronologischer Untersuchungen in die Merowingerzeit (um 600 n. Chr.) einzuordnen. In das Hoch- bzw. Spätmittelalter werden eine Wassermühle, eine Niederungsburg, eine breite Straße, die Vorgängerin der modernen Landstraße von Alt-Elfgen nach Alt-Belmen und mehrere Holzbrunnen datiert.

Modell einer römischen Landschaft

Das römische Landschaftsmodell wurde in enger Zusammenarbeit mit Geologen und Botanikern entwickelt. Ausgewählt wurde ein 360 m langer und 240 m breiter Ausschnitt des Elsbachtales. Bei dem archäologischen Befund handelt es sich hauptsächlich um eine von West nach Ost verlaufende römische Wasserleitung: Eine 230 m lange Strecke dieses Kanals ist im Modell dargestellt. Die Quellfassung, die in eine 5 × 5 m große viereckige Grube gebaut war, befand sich fast im Zentrum der Bachaue. Die Wasserleitung selbst bestand im Auenbereich aus Holz, auf dem Talboden hingegen aus Gußmauerwerk (Sand, feiner und grober Kies sowie Kalkmörtel) und war innen mit einem 5–10 cm dicken Ziegelmehlputz ausgekleidet. Zur Abdeckung dienten halbrunde Ziegel.
Da die Geländeoberfläche im Tal seit römischer Zeit bis zu einem Meter abgeschwemmt wurde, ist von der Wasserleitung vielfach nur das Gußmauerwerk übriggeblieben. An wenigen Stellen war der steilwandige Baugraben noch sichtbar. Die beiden Holzbauwerke – die Quellfassung, das Absetzbecken und ihre Gruben – sind teilweise erhalten. Auf einer Strecke von etwa 700 m betrug das Gefälle der Wasserleitung 0,6–0,7 m.
Die frühkaiserzeitlichen Befunde, Brandgräber, Pfostenbauten und Knüppeldämme, waren schon teilweise erodiert und überschwemmt, bevor die Wasserleitung gebaut wurde. Die im Modell ebenfalls dargestellte *villa rustica* ist nicht ausgegraben worden: Von dieser Stelle stammen zahlreiche römische Oberflächenfunde.

Morphologie des Elsbachtales zur Römerzeit

Das heutige Elsbachtal ist ca. 15 m in das Plateau der Hauptterrasse des Rheines eingetieft und hat einen Verlauf von West nach Ost. Der stark asymmetrische Talquerschnitt mit einem kurzen, steilen südexponierten Hang und einem langgestreckten, relativ flach abfallenden nordexponierten Hang entstand im Pleistozän. Die Sohle des Tales ist in diesem Bereich sehr eben und breit und zeigt in Fließrichtung kaum Gefälle. Durch die unterschiedliche Sonneneinstrahlung auf dem Süd- bzw. Nordhang kam es zu verschieden starken Auftauvorgängen an den Hängen und – damit verbunden – zur Verlagerung von Lößmaterial durch Solifluktion und teilweise Abtransport der Sedimente durch den Elsbach. Während des frühen Holozäns mäandrierte der Bach als schmales Gerinne. Das Tal wird im Querschnitt durch den Boden des Atlantikums markiert. Durch die Erosion bzw. Überdeckung des Bodens aus dem Atlantikum kann die Veränderung des Talquerschnittes abgeschätzt werden: In den Plateaulagen hat eine Erosion von 0,5–1 m stattgefunden. In den Steilhangpositionen ist die Parabraunerde teilweise vollständig erodiert, was auf eine Erosionsleistung von mindestens 1–2 m schließen läßt. In der Talung kann die Sedimentmächtigkeit auf dem Boden des Atlantikums als Maß für die Veränderung genommen werden. Daraus ergibt sich für die Morphologie des Elsbachtales zur Römerzeit, daß es dem heutigen Tal sehr ähnlich war, allerdings mit folgenden Unterschieden: Das Tal war etwa 6–7 m tiefer; der nördliche Talhang hatte eine ähn-

Jüchen/Kreis Neuss. Elsbachtal. Absetz- bzw. Überlaufbecken der römischen Wasserleitung. Im Hintergrund das Holzrohr einer zweiten Wasserleitung. Anfang 3. Jahrhundert n. Chr. ▷

Jüchen/Kreis Neuss. Elsbachtal. Mittelalterlicher Holzbrunnen. 13./14. Jahrhundert.

liche Form wie der derzeitige Hang, er setzt sich nur zur Tiefe weiter fort. Die Erosion ist weitgehend flächig, aber auch linear in Wasserrissen, die teilweise dem stärksten Gefälle folgten oder durch den Verlauf von Wegen beeinflußt wurden. Der Talboden zeigte eine nur relativ schmale, ebene Aue, in der flach eingetieft der Elsbach als schmales Gerinne mäandrierend floß. Die Plateaus außerhalb des Talbereiches sind nur unwesentlich – ca. 0,5 m – erniedrigt worden.

Die archäobotanische Rekonstruktion der Landschaft

Ein Teil des kalkreichen Quellwassers des damaligen Elsbaches wurde in einer Wasserleitung abgeführt. Der Rest floß durch einen kleinen Bach ab, der in niederschlagsreichen Perioden wohl bis zu 50 cm Wassertiefe erreichen konnte. Im unbeschatteten und klaren Bachlauf wuchsen Pflanzen wie Wasserhahnenfuß, Brunnenkresse oder Knotenblütiger Sellerie, und am Ufer stand Röhricht. Wo Vieh weidete, gab es schlammige und nährstoffreiche Uferbereiche mit Zweizahn, Wasserpfeffer, Gifthahnenfuß und Baldrian.
In der Talaue selbst wurde in römischer Zeit Grünlandwirtschaft betrieben. In den Feuchtwiesen breiteten sich Dotterblume, Hahnenfuß, Mädesüß, Wald-Simse, Kuckucks-Lichtnelke, Spitzwegerich und Sauerampfer aus: Solche Wiesen waren bei hohem Grundwasserstand im Frühling nicht beweidet und wurden im Sommer wohl gemäht, und wahrscheinlich ließen die Menschen ihre Rinder, Schweine oder Gänse erst nach der Mahd dort weiden.
Im höher gelegenen und damit trockeneren Teil des Tales verliefen – neben der Wasserleitung – Wege und Viehtriften mit der typischen Trittpflanzenvegetation: Vogelknöterich, Großer Wegerich und Sandkraut. Hier und auch etwas weiter den Hang hinauf werden – durch stachelige Sträucher (beispielsweise Schlehe und Weißdorn) gegen Viehverbiß geschützt – einige Eichen, Holunderbüsche und Haselsträucher gestanden haben. Am unteren Bereich des Talhanges wuchs ein trockener Kalkrasen mit Wiesen-Flockenblumen und der Wiesen-Knautien. Die Böden des oberen Talhangs und der Plateaukante waren in römischer Zeit bereits infolge der jahrhundertelangen Beweidung während der Eisenzeit versauert und nährstoffarm. Dort wuchs eine heideartiger Magerrasen mit Ginster, Adlerfarn, Sandglöckchen und etwas Heidekraut, der wohl von Schafen, Ziegen oder Rindern beweidet wurde.
Auf den fruchtbaren Böden der angrenzenden Hochfläche wurde Ackerbau betrieben. Die Feldfrüchte sind durch Ausgrabungen römischer Landgüter in der Umgebung bekannt: Dinkel, Gerste, Saatweizen und Emmer. Daneben wurden als ‚Öllieferanten' Lein, Leindotter und Schlafmohn kultiviert, an Hülsenfrüchten Erbsen, Linsen und Saatwicken. Die Ackerwildkrautflora war mit ‚Unkräutern', wie Acker-Trespe, Acker-Frauenmantel, Winden-Knöterich, Feldsalat, Sand-Mohn, und weiteren Pflanzen artenreicher und damit bunter als heute. Um sich darüber klar zu werden, wie sehr die Landschaft vom Menschen und seinem Wirtschaften geprägt wurde, muß gefragt werden, wie sie denn ohne den Menschen ausgesehen hätte. Wären die Wälder nicht zum Großteil schon in der vorangegangenen Eisenzeit durch starke Nutzung verschwunden, hätte am Bachlauf entlang ein Erlenbruchwald gestanden. Auf den trockeneren Böden im Tal wäre ein artenreicher Wald mit Eichen, Eschen, Linden und Ulmen gewachsen, auf der angrenzenden Hochfläche ein artenreicher Buchenwald, teilweise mit Eichen durchsetzt. Aus

römischer Zeit fehlen jedoch Hinweise auf solch naturnahe Wälder: Die Landschaft dürfte damals fast völlig offen gewesen sein; die geringen noch vorhandenen Waldbestände waren als Eichenniederwälder genutzte hofnahe Bauernwäldchen oder kleine Restbestände an schwer zugänglichen Stellen.

Wasserwirtschaftliche Aspekte

Konstruiert man aus den Grundwassergleichen das unterirdische Einzugsgebiet für die römische Quellfassung, so läßt sich eine Quellschüttung für diesen Bereich von zwölf Litern pro Sekunde (l/s) berechnen. Insgesamt werden die Quellen ganzjährig etwa 10–15 l/s in den Elsbach abgegeben haben. Außerdem kamen bis zur ehemaligen Ortslage Elfgen aus dem oberirdischen Einzugsgebiet noch rund 10 l/s hinzu. Betrachtet man andererseits die hydraulische Leistungsfähigkeit der Wasserleitung, so ergibt sich bei einem Leitungsquerschnitt von 17 × 17 cm und einem Gefälle der Leitung von im Mittel 1,6 ‰ ein Durchfluß von ca. sechs Litern pro Sekunde. Die von der Quellfassung abgehende Holzleitung hätte diese Menge nicht abführen können – falls der Durchmesser vor dem Schrumpfen nicht größer war als ange-

Grevenbroich und Jüchen/Kreis Neuss. Das Landschaftsbild des Elsbachtals und der angrenzenden Hochflächen in römischer Zeit (3. Jahrhundert n. Chr.). Modellausschnitt.

nommen –, so daß die Quelle der zweiten Leitung, die noch nicht bis zu ihrem Endpunkt ergraben wurde, zum gleichen Einzugsgebiet gehören könnte. Das bedeutet, daß wahrscheinlich etwa die Hälfte der Quellschüttung gefaßt und über die Leitung zu einem römischen Anwesen geführt wurde.

Dendrochronologie

Die beschriebene Quellfassung und der ca. 30 m entfernte zweite Absetzkasten sind aus Eichenholz guter Qualität gebaut. Durch Vergleiche der gemessenen Jahrringbreiten der einzelnen Holzteile wurde deutlich, daß Teile der Quellfassung und des Absetzbeckens aus demselben Eichenstamm gebaut worden sind, d. h. beide Konstruktionen also gleichzeitig gebaut wurden. Die aus diesen Hölzern zusammengestellte Jahrringbreitensequenz läßt sich mit unseren Jahrringkalendern, z. B. ‚Rheinland' synchronisieren, wobei der jüngste vor der Fällung gebildete Jahrring in das Jahr 214 n. Chr. datiert. Mit sehr großer Wahrscheinlichkeit sind diese Wasserkästen aus saftfrischem Holz gebaut worden, so daß das Jahr 215 n. Chr. als Bauzeit in Frage kommen dürfte.

Frühes Mittelalter, Mittelalter und Neuzeit

Lichtenau-Blankenrode/Kreis Paderborn. Stadtwüstung „Blankenrode“. Graben der Burganlage. 13. Jahrhundert.

Römische Siedlung, *burgus* und fränkisches Gräberfeld bei Steinstraß-Lich/Kreis Düren

Wolfgang Gaitzsch und Bernd Päffgen

Östlich der Ortslage Lich wurde aufgrund eines durch G. Amtmann im Luftbild erfaßten Befundes im Sommer 1992 mit einer großflächigen Geländeuntersuchung begonnen. Die im nördlichen Vorfeld des Braunkohlentagebaues Hambach bis Ende des Jahres 1993 durchgeführte Ausgrabung (Hambach 224) – eine der wichtigsten siedlungsarchäologischen Untersuchungen der letzten Jahre – legte auf der vier Hektar großen Grabungsfläche einen römischen Siedlungsplatz, eine Befestigung und ein merowingerzeitliches Gräberfeld mit mehr als 200 Bestattungen frei. Das unmittelbar nördlich der römischen Fernstraße Köln–Jülich gelegene Siedlungsareal besaß eine Ausdehnung von 160 × 100 m. Die Bebauung folgt in ihrer Ausrichtung der natürlichen Geländelage auf dem „Winterbacher Sprung" nördlich von Steinstraß. Zur frühesten Besiedlungsphase gehören ein Graben, dessen südlicher und östlicher Verlauf über längere Strecken freigelegt werden konnte, sowie im nördlichen Grabungsfeld Teile einer von Südwest nach Nordost verlaufenden Einfriedung, die sich im Südfeld fortsetzt. Von der ältesten Besiedlung des Platzes zeugen vier frühkaiserzeitliche Brand- und Urnengräber. Keramikfunde des 1. Jahrhunderts n. Chr. wurden in der älteren, vom *burgus* überlagerten Grabenführung gemacht. Von der mittelkaiserzeitlichen Bebauung haben nur wenige Reste überdauert. Vor der nördlichen Grubenführung konnte ein großer Pfostenbau erschlossen werden, an dessen Nordwestecke ein kleineres Gebäude auf Kiesfundamenten lag. Ein weiterer Pfostenbau wurde in der Ostecke der Siedlung freigelegt. Das Haupt- und Wohngebäude der *villa rustica* lag in einem durch Erosion und Baumaßnahmen stark gestörten Bereich. Vor der Ostseite des nach Süden orientierten Hauses befanden sich fünf Brunnen. Ihre Untersuchung erfolgte durch Kernbohrungen in den 18–20 m tiefen Brunnenschächten. Das entnommene Eichenholz, im Landesmuseum Trier dendrochronologisch bestimmt, wurde zu Beginn des 3. Jahrhunderts, wahrscheinlich im Jahre 219 n. Chr., geschlagen. Die aus den Brunnen geborgenen Gefäßscherben und Tierknochen erlauben, zusammen mit der paläobotanischen und geologischen Auswertung der Sedimentproben, eine Rekonstruktion der antiken Umwelt in Lich.

Etwa 80 m südlich des Wohngebäudes wurde in der zweiten Hälfte des 3. Jahrhunderts ein *burgus* in topographisch und strategisch vorteilhafter Lage errichtet. Weniger als 500 m von der antiken Fernstraße entfernt, erlaubte die erhöhte Lage auf dem Winterbacher Geländesprung einen ausgezeichneten Blick auf Straßenverkehr und Umland: im Westen bis zum *vicus Iuliacum* und im Osten bis zum *vicus Tiberiacum*. Der *burgus* von Lich reiht sich ein in eine ganze Anzahl weiterer Befestigungen entlang der Fernstraße, die von Köln über Jülich nach Nordgallien führte. Zu unterscheiden sind zivile Schutzanlagen, die im Bereich von Landsiedlungen in Verbindung mit den Frankeneinfällen in der zweiten Hälfte des 3. Jahrhunderts errichtet worden sind, und militärische Schutzbauten des 4. Jahrhunderts. Ein zweiter ziviler *burgus*, Hambach 303, liegt rund 2 km westlich von Lich und 1,8 km nördlich der Straße. Die mit einem über 4 m breiten und ursprünglich 2,50 m tiefen Spitzgraben umwehrte Befestigung in Lich hatte einen abgerundeten quadratischen Grundriß von 38 × 44 m. An ihrer Ostseite ließ sich Bebauung nachweisen. Mögliche weitere Überreste sind durch starke Bodenerosion und den fränkischen Friedhof zerstört. Eine doppelte Pfostenreihe, die als befestigter Erddamm zu rekonstruieren ist, durchschneidet *burgus* und Siedlung. Im Innern des *burgus* war die östliche Palisade in den Befestigungsriegel einbezogen worden, außerhalb der Grabenführung bestand sie aus einer parallelen Pfostensetzung. Der Verlauf der spätantiken Befestigung muß noch im 7. Jahrhundert erkennbar gewesen sein, da die Ausrichtung der nördlichen Bestattungen des fränkischen Friedhofs deutlich auf sie Bezug nimmt. Ob die Errichtung des Sperriegels mit den valentinianischen Befestigungen des 4. Jahrhunderts in Verbindung zu bringen ist oder noch in das späte 3. Jahrhundert datiert, ist offen.

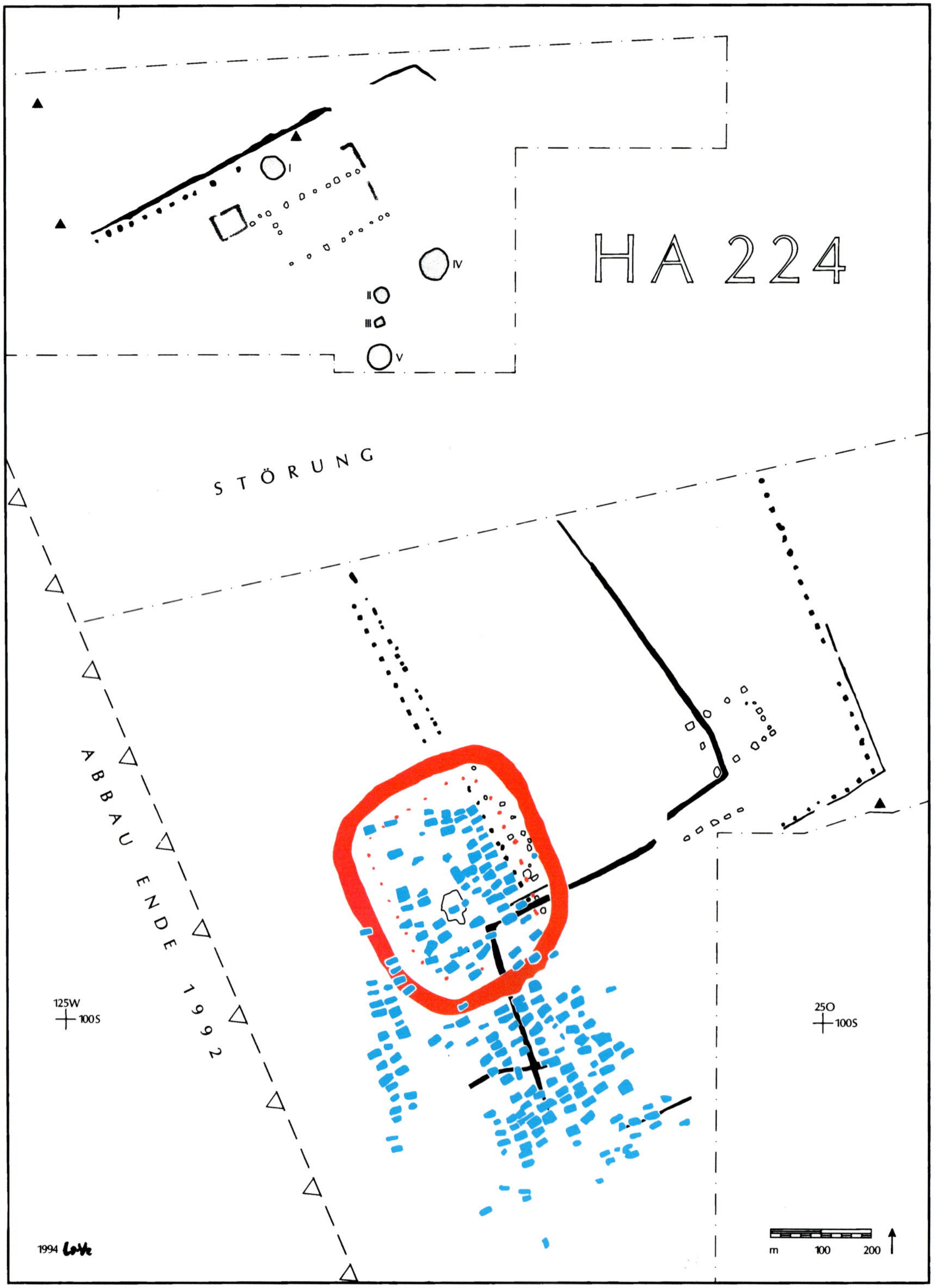

HA 224
STÖRUNG
ABBAU ENDE 1992
125W
100S
250
100S
m
100
200
1994

Steinstraß-Lich/Kreis Düren. Ausgrabung der Befestigungsanlage (burgus) an der Kante des Braunkohlentagebaus Hambach. Die Sohle des Befestigungsgrabens ist markiert; die roten Pflöcke kennzeichnen die innere Palisade.

Bei einer Befliegung östlich der ehemaligen Ortschaft Lich hatte G. Amtmann in der Flur „Kirchfeld" außer dem Grabensystem des *burgus* ca. 80 grubenartige Verfärbungen erkannt. Sie erwiesen sich bei der großflächigen archäologischen Untersuchung des Geländes um den *burgus* als stattliches merowingerzeitliches Gräberfeld mit über 200 Bestattungen bei einer Gesamtausdehnung von 50 × 90 m. Trotz widriger Lagerungsbedingungen im Kiesboden ließen sich einhundert Holzsärge, acht Totenbretter und zwei Baumsärge nachweisen. Breite Grabgruben sind als Kammergräber zu deuten, die mit Holz ausgekleidet in der Regel einen Sarg oder ein Totenbrett aufnahmen. Vielfach waren die Bestattungen alt gestört und beraubt. Raubgräber heutiger Zeit zerstörten Weihnachten 1992 rücksichtslos und aus Habgier wichtige Befunde.

◁ *Steinstraß-Lich/Kreis Düren. Gesamtplan. Schwarz: römische Villa (villa rustica); rot: römische Befestigungsanlage (burgus); grün: fränkisches Gräberfeld. I–IV: römische Brunnen; Dreiecke: römische Brandgräber.*

In Grab 52 lag eine 12 × 12 cm große Ledertasche. Der Taschenboden war von außen mit Bronzeverstärkungen, von innen mit einer Rahmenkonstruktion aus zwei Knochen versehen. Die kreisaugenverzierten

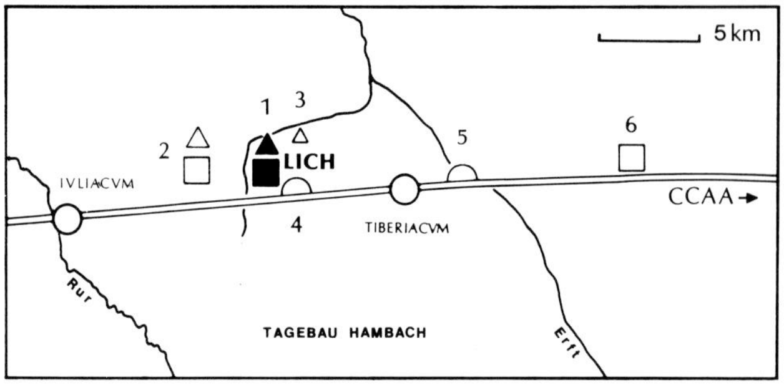

Spätantike Befestigungsanlagen entlang der römischen Fernstraße Köln–Jülich. Quadrat: Befestigungsanlage (burgus); Dreieck: Gutshof (villa rustica); Halbkreis: Straßenbebauung (Station); Kreis: dörfliche Siedlung (vicus). – 1: Hambach 224; 2: Hambach 303; 3: befestigte villa rustica von Oberembt; 4: Hambach 90/104; 5: Bergheim-Kenten; 6: Großkönigsdorf (‚Heidenburg').

Bronzebeschläge des Taschendeckels wurden durch Ösen auf der Rückseite auf das Leder genäht. Winkelbeschläge fassen die vier Ecken, dazwischen befindet sich an den Längsseiten je eine Vogelfigur. Oberhalb des ledernen Verschlußknopfes war eine runde Zierscheibe mit Kreuzdarstellung angebracht. Die Anordnung von Schnalle, Riemenzunge und Nietblechen läßt an eine Aufhängung an einem Riemen denken. Zwei beinerne Herkuleskeulen waren als Amulette separat befestigt. Die Tasche gehört zu einer Gruppe von metallbesetzten Damentaschen des 7. Jahrhunderts, vor allem im belgisch-nordfranzösischen Raum. Rheinische Funde sind aus Ingelheim, Andernach und Niedermerz bekannt. Die Frauengräber in Lich bargen Schmuck in Form von gleicharmigen Bügelfibeln aus Silber und Bronze, silbernen Drahtohrringen und Perlen. Zur Ausstattung der Männergräber gehören eiserne Gürtelbeschläge mit Silbertauschierungen und Waffen wie Spatha, Sax, Lanze und Schild. Die Schildbuckel zeigen hoch aufgewölbte Spätformen. Unter den beigegebenen Ton- und Glasgefäßen verdient ein fadenverzierter Glasbecher Beachtung. Von besonderer Bedeutung sind zwei Münzfunde des späteren 7. und des frühen 8. Jahrhunderts: In Grab 207 lag ein Triens (Drittelstück = gängiges Nominal im Merowingerreich des 6.–7. Jahrhunderts) des Münzmeisters Madelinus. Er dürfte in den Jahren zwischen 670 und 680 n. Chr. in Dorestad am Kromme Rijn (heute Wijk-bij-Duurstede/Prov. Utrecht) geprägt worden sein, einem fränkischen Grenzhandelsort. Grab 293 enthielt eine kleine Silbermünze, eine friesische Sceatta. Die Vorderseite zeigt einen stilisierten Kopf nach rechts, die Rückseite ein Kreuz auf einem Dreieck, zwischen dessen Armen sich Kugeln befinden; die Umschrift ist ganz verwildert.

Steinstraß-Lich/Kreis Düren. Restaurierte Gürtelbeschläge des 7. Jahrhunderts. Eisen mit Silbertauschierung.

Lit.: W. Gaitzsch, Kernbohrungen römischer Brunnen. Arch. Rheinland 1993 (1994) 80f. – G. Amtmann/P. Schemainda, Luftbildprospektion frühmittelalterlicher Gräberfelder in der Kölner Bucht. Bonner Jahrb. 190, 1990, 427. – H. Becker/B. Päffgen, Die Restaurierung einer fränkischen Damentasche aus Lich-Steinstraß. Arch. Rheinland 1992 (1993) 170–173. – Dies., Eine fränkische Damentasche. Ausgrabung – Restaurierung – Rekonstruktion – Bedeutung. In: Das Rheinische Landesmuseum Bonn. Berichte aus der Arbeit des Museums 2/94, 45–49.

Ausgrabungen in Beelen – Neue Erkenntnisse zur Frühgeschichte im östlichen Münsterland

Christoph Grünewald

Als im Begleitbuch zur Ausstellung „Archäologie in Nordrhein-Westfalen – Geschichte im Herzen Europas" (Köln 1990) über den völkerwanderungszeitlichen Fundplatz Herzebrock-Clarholz berichtet wurde, war noch nicht abzusehen, daß bereits kurze Zeit später neue Funde unsere Kenntnis dieser Zeit entscheidend ergänzen würden. Anlaß war der Bau einer Kreisstraße westlich von Beelen im Kreis Warendorf, nur wenige Kilometer von Herzebrock-Clarholz entfernt. In diesem Bereich sind schon früher einige Funde zutage gekommen. Dies gab den Anlaß, 1991 und 1992 vom Westfälischen Museum für Archäologie / Amt für Bodendenkmalpflege, Gebietsreferat Münster, Ausgrabungen durchzuführen, die zunächst beiderseits des Axtbaches Siedlungsbefunde der römischen Kaiserzeit erbrachten, auf die hier nicht näher eingegangen werden soll. Seine außergewöhnliche Bedeutung gewinnt der Fundplatz jedoch dadurch, daß auf einem flachen Dünenrücken ein frühgeschichtlicher Friedhof entdeckt wurde, dessen Belegungszeit vom 2. Jahrhundert n. Chr. bis in die Zeit um 650 reicht. Bislang war man davon ausgegangen, daß das Münsterland während der Völkerwanderungszeit weitestgehend siedlungsleer war und erst im Verlauf des 6. Jahrhunderts neue Siedler – Sachsen und Franken – in unseren Raum kamen. Wenige kleine Grabgruppen des 5. bis frühen 6. Jahrhunderts, wie die in Bad Lippspringe und Herzebrock-Clarholz, bilden Ausnahmen. Die Kenntnis eines Friedhofs, der während dieser Zeit des scheinbaren Siedlungsumbruchs kontinuierlich belegt wurde, läßt Raum für weitreichende historische Schlüsse zur Frage der frühen sächsischen Besiedlung im östlichen Münsterland. Wichtig in diesem Zusammenhang ist ein Wechsel im Bestattungsbrauch: Die Belegung beginnt mit Brandgräbern, im Verlauf des 5. Jahrhunderts ging die Bevölkerung zur Körperbestattung über.

Die Brandgräber

Insgesamt wurden 25 Brandgräber aufgedeckt, bei denen sich mehrere Gruppen mit unterschiedlicher Bestattungssitte ausmachen lassen. An erster Stelle zu nennen sind einfache Leichenbrandnester. Hier wurde der Leichenbrand wohl in einem organischen Gefäß – Urnen fehlen auf dem gesamten Friedhof völlig – mit sehr wenig Aschenresten niedergelegt. Alle diese Gräber sind beigabenlos. Fünfmal kamen Gruben mit einem Durchmesser von 0,5–1,5 m vor, in denen größere Mengen Leichenbrand gleichmäßig verteilt war. In sechs Fällen war der Leichenbrand als kompakte Masse – also auch hier wohl ursprünglich in einem organischen Behälter – randlich in einer größeren Grube beigesetzt, die neben Aschenresten die Beigaben enthielt. Aus mehreren größeren Brandgruben konnten zwar teils reiche Beigaben, aber nur minimale Reste von Leichenbrand geborgen werden. Hier sind Zweifel angebracht, ob es sich um Bestattungen im eigentlichen Sinne handelt oder nicht vielmehr um deponierte Scheiterhaufenreste, aus denen der Leichenbrand für eine andersgeartete Bestattung, etwa als Leichenbrandnest, herausgelesen wurde. Die Beigaben sind in der Regel verbrannt und gelangten nur in Teilen mit in das Grab. Dies erschwert die Bestimmung der Funde beträchtlich und macht oft eine Identifizierung unmöglich. Die erhaltenen Reste belegen aber den Wohlstand der Bestatteten. Häufig sind verschmolzene Relikte von Glasgefäßen. Fast in keinem Brandgrab fehlen Bronzebeigaben; auch sie sind durch die Hitze der Scheiterhaufenfeuer bis zur Unkenntlichkeit zerschmolzen. Lediglich eine Bronzefibel des 4. Jahrhunderts blieb unverbrannt. Herausragend aus dem Inventar der Brandgräber ist ein Satz von insgesamt zwölf zu einem Brettspiel gehöriger Spielsteine. Sätze solcher Spielsteine sind aus Westfalen bislang unbekannt, sie kommen vor allem in elbgermanischen Gräberfeldern vor und belegen die Nachricht des römischen Geschichts-

Beelen/Kreis Warendorf. Inventar eines Frauengrabes aus der 2. Hälfte des 5. Jahrhunderts n. Chr.

schreibers Tacitus, der von der Spielleidenschaft der Germanen berichtet.

Die Körpergräber

Wann die letzten Brandgräber angelegt wurden, läßt sich nicht genau sagen. Sicher ist aber, daß seit dem zweiten Drittel des 5. Jahrhunderts insgesamt zehn Körpergräber nachgewiesen sind. Allen gemeinsam ist die Ausrichtung der Grabgruben in Süd-Nord-Richtung mit dem Kopf im Süden. Im Sandboden haben sich nur wenige Skelettreste erhalten. Wahrscheinlich waren alle Toten jeweils in einem hölzer-

Beelen/Kreis Warendorf. Schatzfund aus dem 5. Jahrhundert n. Chr.: Merkurstatuette aus Bronze (Höhe 11 cm), Gold- und Silberringe, Bronzegewichte. ▷

Beelen/Kreis Warendorf. Bügelfibel und Bronzeschnalle aus einem Körpergrab. Um 500 n. Chr.

nen Sarg bestattet, Verfärbungen hiervon konnten aber selten nachgewiesen werden. Das älteste Frauengrab ist gleichzeitig auch das spektakulärste und wissenschaftlich bedeutsamste. Am Fußende lag ein gläserner Sturzbecher, daneben eine tönerne Flasche, eine qualitativ hervorragende germanische Nachahmung römischer Keramik. Beide Stücke stammen sicherlich aus dem Rheinland. Die Frau trug einen Gürtel mit einer eisernen Gürtelschnalle, daran ein Messer und eine eiserne Schere. Einzigartig in Westfalen ist die Fibeltracht der Frau: Im Bauchbereich lagen zwei eiserne Armbrustfibeln, die jener aus dem Knabengrab aus Herzebrock-Clarholz ähneln und ihre Hauptverbreitung im alamannischen Südwestdeutschland und in Thüringen haben. Auf den Schultern trug die Frau zwei bronzene Schalenfibeln, die durch eine Bronzekette miteinander verbunden waren. Auf die flachen Fibelgrundplatten sind gegossene Zierbleche mit eingepunzten Mustern gelötet. Gut vergleichbare Stücke kennen wir nur aus angelsächsischen Gräbern des Themsebeckens. Eine fünfte, große Scheibenfibel ist mit ihrem aufgelegten Goldblech ein absolutes Einzelstück. Das Zierblech ist mit einem komplizierten, mehrfach deutbaren Ornament in Preßtechnik versehen. Eine Maskendarstellung wird ihrerseits aus zwei stilisierten Darstellungen von Tiermenschen gebildet. Wenngleich sich uns der tiefere Sinn dieser Darstellung verschließt, so verweisen Details der Komposition auf den sog. germanischen Tierstil I, die Beelener Fibel wäre eine der frühesten Arbeiten dieser Verzierungsart. Diese Stilrichtung entstand im südskandinavischen Raum, einfachere Scheibenfibeln mit Verzierung im Stil I kennt man aus dem Nordsee-Küstengebiet und dem angelsächsischen England. Die Frau aus Beelen verfügte offensichtlich über die Mittel, sich nach der neuesten Mode Fibeln aus weitentfernten Gebieten Europas zu beschaffen. Dies erschwert natürlich die Frage ihrer Herkunft, geht man davon aus, daß der Anstoß zur neuen Sitte der Körperbestattung von außen kam. Vieles spricht aber dafür, daß die Tote aus sächsischem Gebiet – sei es aus Norddeutschland oder Südengland – nach Beelen kam. In den sächsischen Bereich des Elbe-Weser-Dreiecks weisen auch zwei bronzene Bügelfibeln eines anderen Frauengrabes der Zeit um 500 n. Chr. Hier hat der Typ der ‚Fibel mit gelappter Kopfplatte' sein Hauptverbreitungsgebiet. Im 6. Jahrhundert ändert sich das Bild etwas, fränkische Einflüsse werden stärker. So war einer Frauenbestattung des mittleren 6. Jahrhunderts eine Almandinscheibenfibel fränkischer Herkunft beigegeben. Allerdings lag in dem Grab auch eine sog. Fensterurne, ein Tongefäß mit einer eingesetzten Glasscherbe, derlei ist aus fränkischem Gebiet nicht bekannt. Die jüngste Bestattung, im 7. Jahrhundert niedergelegt, barg nur wenige Glasperlen. Die Beelener Funde beleuchten die Vorgänge um die sog. sächsische Landnahme in Westfalen von einer neuen Seite. Für kriegerische Ereignisse gibt es keine Indizien. Vielmehr bestattete auf dem Friedhof bereits seit dem 2. Jahrhundert eine Bevölkerungsgruppe mit gutem, zeitweise sogar herausragendem Wohlstand, die von Beginn an Verbindungen zu den sächsischen Gebieten an Weser, Elbe

Beelen/Kreis Warendorf. Absichtlich durchlöcherte Urne mit ausgewählten Beigaben (Grab 108). Um 500 n. Chr. ▷

und Themse hatte. Ob dieser Wohlstand und gleichzeitig der Übergang von der Brand- zur Körperbestattung durch den Zuzug neuer Bevölkerungsgruppen zustande kam, muß wohl noch Spekulation bleiben.
In diesem Zusammenhang gewinnt auch der bereits 1928 etwa 500 m vom Gräberfeld entdeckte Schatzfund eine neue Bedeutung. In einem Tongefäß lagen eine römische Merkurstatuette aus Bronze mit Silbereinlage, ein punzverzierter Goldring, drei Silberblechringe, drei Silberdrahtringe sowie zwei stabförmige Bronzegewichte. Zeitpunkt und Intention der Niederlegung sind schwer zu bestimmen. Die Statuette ist frührömisch, die Gewichte kennen Parallelen des 4. bis frühen 7. Jahrhunderts. Die Silberringe sind zeitlich nicht einzugrenzen, das bislang einzige echte Vergleichsstück zu dem Goldring stammt aus einem angelsächsischen Grab des späteren 5. Jahrhunderts. Damit könnte der Schatz etwa gleichzeitig mit dem Grab mit der Goldscheibenfibel in die Erde gelangt sein. Die Zusammensetzung des Schatzfundes ist merkwürdig. Vieles – so die Statuette und die nicht zum praktischen Gebrauch bestimmbaren Blechringe – deuten auf einen Weihefund, etwa das Inventar eines Heiligtums. Die Gewichte weisen aber auf einen Händler und damit einen profanen Niederlegungsgrund. Dies würde auch die Art der Deponierung – in einem Tongefäß angeblich in einer Siedlungsgrube – bestätigen. Gräber und Schatzfund belegen aber in jedem Falle in Beelen eine Bevölkerungsgruppe, die an den weltpolitischen Ereignissen der Zeit – sei es als germanische Söldner in römischen Heeresdiensten, sei es durch die sächsischen Expansionsbewegungen nach England wie auch nach Süden – ihren Anteil hatte.

Eine merowingerzeitliche Bronzepfanne und ein Beinkamm aus Korschenbroich/Kreis Neuss

Ursula Francke

Bei Ausschachtungsarbeiten am Rüttnersweg in Korschenbroich wurde im Januar 1991 auf der Schaufel eines Baggers der Rest eines Bronzegefäßes und Fragmente eines Knochenkammes entdeckt. Das Bronzegefäß ist noch zu ca. zwei Dritteln erhalten (Randdurchmesser 20,6 cm, Höhe 7,5 cm). Vermutlich bei der Bergung mit dem Bagger wurden die Pfanne leicht verdrückt und Teile der Wandung abgebrochen. An einer Stelle des in Teilen erhaltenen Randes setzt horizontal eine kleine Platte mit drei Nietlöchern an, an der ein waagerecht abstehender Griff befestigt war. Das mit 0,2 mm Stärke dünnwandige Gefäß ist in einem Stück gegossen und nachgedreht. Es ist auf der Wandung innen mit fünf und außen mit zwei eingravierten, umlaufenden Rillenbändern verziert, während die Mitte des Spiegels durch konzentrische Kreise betont ist. Der unten wulstartig verstärkte Standring ist mit jeweils einer Reihe stehender und hängender Winkelmotive durchbrochen, so daß der Eindruck eines Winkelbandes entsteht. Die Verzierung des Standrings wirkt etwas grob und unregelmäßig, teilweise fehlen die Stege zwischen den Winkeln.

Bronzegefäße charakterisieren in merowingischen Grabinventaren die Ausstattung der adeligen Führungsschicht. Zu einem solch reich ausgestatteten Grab dürfte der Fund in Korschenbroich gehören. Die Pfanne gehört zu dem sog. koptischen Bronzegeschirr, einer typischen Grabbeigabe merowingerzeitlicher Adelsgräber. Der Begriff bezeichnet gegossene Bronzegefäße, die im mediterranen Raum hergestellt und weithin verhandelt wurden. Die genauere Lokalisierung der Werkstätten wird kontrovers diskutiert. Man vermutet die Produktionsstätten im koptischen Ägypten, im byzantinischen Kleinasien, im westgotischen Spanien oder im langobardischen Italien. Die ältere Forschung beurteilt die Zeitstellung

Korschenbroich/Kreis Neuss. Merowingerzeitlicher Knochenkamm. Um 600 n. Chr.

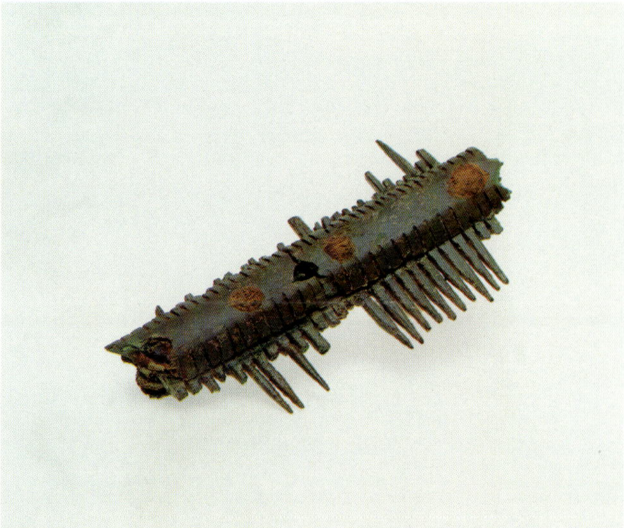

Korschenbroich/Kreis Neuss. Merowingerzeitliche Bronzepfanne. Um 600 n. Chr.

der koptischen Gefäße im Merowingerreich häufig zu jung. Aus der großen Grabkammer 1 von Hüfingen „An der Gierhalde" bei Donaueschingen, die sich dendrochronologisch in die Zeit um 606 n. Chr. datieren läßt, stammt ein vergleichbares Bronzebecken. Anzuschließen ist ebenfalls aus der Zeit um 600 n. Chr. Grab 122 aus dem belgischen Berleegem. Nach dem mittleren Drittel des 7. Jahrhunderts tauchen solche Gefäße in den Adelsgräbern des Merowingerreiches nicht mehr auf. Die Funde aus dem oberitalienischen Langobardenreich lassen sich gut datieren. Das reiche Männergrab 1 von Santo Stefano in Cividale läßt sich noch in das späte 6. Jahrhundert einordnen. Die Mehrzahl der Funde gehört in die 1. Hälfte des 7. Jahrhunderts. Die wissenschaftliche Erschließung des koptischen Bronzegeschirrs wird J. Werner verdankt, derzufolge es sich hier um eine Pfanne der Form B 2 handelt. Die zu Korschenbroich räumlich nächsten Fundorte von koptischem Bronzegeschirr sind Morken/Kreis Bergheim, Gladbach/Kreis Neuwied und Nijmegen. Wie bereits in der römischen Antike bildeten solche Griffschalen oder ersatzweise ein Becken jeweils mit einer Kanne ein spezielles Service zur Hand- und Fußwaschung, die sowohl im liturgischen als auch im profanen Bereich Verwendung fanden. Nach M. Schulze ist eine Deutung als wertvolles Flußopfer nicht auszuschließen, da im Früh- und Hochmittelalter der Aberglaube an Wassergeister und Dämonen noch weit verbreitet war. In Verbindung mit einem Kamm ist in Korschenbroich wohl eine profane Nutzung anzunehmen. An der Tafel fränkischer Adeliger waren diese Bronzegefäße kostbare Vorzeigeobjekte und dienten zur Demonstration kultivierter Lebensweise und waren daher auch als Grabbeigaben besonders geeignet.

Im Zusammenhang mit dem Bronzegefäß ist das Fragment des beinernen Kammes zu sehen. Die Kammplatte des zweizeiligen, noch 8,6 cm langen, aber an beiden Enden abgebrochenen Dreilagenkamms liegt zwischen zwei flachgewölbten, unverzierten Griffleisten, die durch eiserne Nieten befestigt sind, von denen sich drei noch erhalten haben. Der Fundzusammenhang von Kamm und Bronzeschale ist kaum zufällig und kommt beispielsweise auch in dem großen fränkischen Gräberfeld von Krefeld-Gellep vor. Waschzeug und Kamm bilden eine Funktionseinheit: Mit Becken oder Pfanne und Kamm hatte man den Toten zur Beisetzung hergerichtet. Diese Beigaben hatten in den Jenseitsvorstellungen ihren festen Platz.

Lit.: J. Werner, Zur Ausfuhr koptischen Bronzegeschirrs ins Abendland während des 6. und 7. Jahrhunderts. Vierteljahrsschr. Sozial- u. Wirtschaftsgesch. 42, 1955, 353 ff. – Ders., Fernhandel und Naturalwirtschaft im östlichen Merowingerreich nach archäologischen und numismatischen Zeugnissen. Ber. RGK 42, 1961, 311 Abb. 1. – H. Dannheimer, Zur Herkunft der koptischen Bronzegefäße der Merowingerzeit. Bayer. Vorgeschbl. 44, 1979, 124 ff. – M. Schulze, Zur Interpretation hoch- und frühmittelalterlicher Flußfunde. Frühmittelalterl. Stud. 18, 1984, 229 ff. Abb. 1. – U. Francke/B. Päffgen, Eine ‚koptische' Bronzepfanne aus Korschenbroich. Arch. Rheinland 1991 (Köln 1992) 96–97.

Kölner Grabsteine aus dem 7.–11. Jahrhundert

Sven Seiler

Als im Jahre 1991 die östlichen Pfeiler des im Kriege zerstörten Westturmes der Kirche St. Kunibert abgetragen wurden, machte man einen aufregenden Fund: Im Inneren des südlichen Pfeilers waren 38 bearbeitete Kalksteine vermauert, von denen sich 25 Steine als Architekturstücke von Pilastern, Basen, Kapitellen und Teilen eines Gesimses herausstellten, die ursprünglich die westliche Außenwand des unmittelbaren Vorgängers der heutigen, im Jahre 1247 geweihten Kirche gliederten. Mit ihrer Hilfe war es u. a. möglich, diesen Vorgängerbau – von dem bereits seit 1978 Fundamente ergraben waren, die sich aufgrund des Mauerwerks und übereck angeordneter Nischen in die erste Hälfte des 11. Jahrhunderts datieren ließen – zeitlich noch genauer, in die Jahre um 1040, zu bestimmen. Einige dieser Werksteine waren mehrfach wiederverwendet und aus römischen Architekturteilen herausgemeißelt worden, die ihrerseits später zu christlichen Grabsteinen umgearbeitet wurden. Es waren fast ausschließlich Grabsteine, Grabplatten und Stelen, die – meist als Fragmente – aus dem Pfeiler geborgen wurden. Die frühesten gehörten in merowingische Zeit und lassen sich stilistisch in das 7./8. Jahrhundert datieren, die jüngsten stammen aus dem 10./11. Jahrhundert. Dieser Fund weist damit sowohl auf einen Friedhof als auch auf eine zugehörige Kirche hin, die es hier seit merowingischer Zeit gegeben haben muß. Als Kirche für das 7. Jahrhundert ist ein dem Papst und Märtyrer Clemens (88–97 n. Chr.) geweihter, von Bischof Kunibert (623–667 n. Chr.) gegründeter oder zu seiner Grabeskirche bestimmter Bau erwähnt. Die in diese Zeit zu datierenden Grabsteine können somit als Nachweis für eine Kirche des 7./8. Jahrhunderts dienen, auch wenn sie selbst und die zugehörigen Gräber fehlen bzw. möglicherweise nicht erkannt wurden, da sie später zerstört oder überbaut worden sind. Die jüngsten der gefundenen Grabsteine stammen aus dem 10./11. Jahrhundert, d. h. aus spätkarolingischer bis frühottonischer Zeit. Sie sind somit Zeugnisse dafür, daß hier ein römischer Friedhof bestand, der über die merowingische Zeit des 7./8 Jahrhunderts hinaus bis in das 11. Jahrhundert weiterbenutzt wurde.

Köln. St. Kunibert. Fränkischer Grabstein des 7./8. Jahrhunderts aus der Verfüllung eines mittelalterlichen Grabens.

In den Fundamenten der Kirche St. Kolumba waren zwei Grabsteine vermauert, die sich stilistisch ebenfalls in das 7./8. Jahrhundert datieren ließen. Damit

Köln. St. Kunibert. Zu einer Pilasterbasis umgearbeiteter Grabstein des 10. Jahrhunderts.

Köln. St. Kunibert. Spätottonisches Pilasterkapitell.

bezeugen auch sie einen Friedhof und eine Vorgängerkirche bereits für die merowingische Zeit. Im Verlauf der Ausgrabungen zwischen 1974 und 1976 wurde unter St. Kolumba ein kleiner nachrömischer Apsidenbau freigelegt, der als Urbau der heutigen Kolumbakirche gelten kann. Den Grabsteinen zufolge könnte er ebenfalls in die Zeit des Bischofs Kunibert gehören. Am Niederrhein wurden bisher ca. 220 Grabsteine, Grabplatten und Grabstelen aus der Zeit vom 7. bis zum 11. Jahrhundert gefunden. Aus Köln und Umgebung stammen davon allein 140 Steine, also weit mehr als die Hälfte. Nahezu 40 fand man in der Nähe der Kirche St. Maria im Kapitol zu Köln. Abgesehen von zehn Grabplatten, die offenbar noch unverändert über Gräbern oder auf Sarkophagen lagen, waren fast alle Grabsteine, -stelen und -platten als Spolien wiederverwendet, d. h. sie wurden umgearbeitet oder als Baumaterial benutzt. Grabplatten decken Sarkophage und Grabstätten ab. Im Fußboden eingelassen, kennzeichnen sie oft auch den Bestattungsort. Sie sind meist trapezförmig, selten rechteckig. Grabstelen stehen meist aufrecht an Gräbern, besitzen daher einen Schaft, mit dem sie in die Erde eingelassen werden. Als Pfeiler können sie entweder nur an der Vorderseite oder auch rundum bearbeitet sein. Grabsteine sind in der Regel kleiner als die Grabplatten. Im Gegensatz zu Grabplatten bezeichnen sie den Bestattungort. Bislang konnte nicht entschieden werden, ob sie auf dem Grab lagen, aufgestellt oder gegen eine Wand gelehnt waren.

Die Grabsteine lassen sich in eine frühe Gruppe des 7.–8. Jahrhunderts unterscheiden, auf denen Stangenkreuze, d. h. lateinische oder griechische Kreuze eingemeißelt sind, die auf einem Schaft stecken. Später folgen mit einem Schwerpunkt im 9. Jahrhundert Steine mit Volutenkreuzen, deren Balken sich an den Enden spiralig einrollen und in deren Seitenfelder gelegentlich Ornamente eingeritzt sind. Daneben kennt man Grabsteine mit Scheiben-, Diagonal- oder Andreaskreuzen, mit Rahmenprofilen, Eckzieren in Form von Muscheln, Rosetten und Palmetten sowie mit Inschriften. Und es gibt auch Grabplatten mit Flechtbändern, Stabverzierung oder mit figürlichen Darstellungen. Die Steine mit Rahmenprofilen gehören schon dem 10./11. Jahrhundert an, desgleichen auch die Grabplatten mit eingemeißelten Stäben, die vermutlich als Klerikerstäbe zu deuten sind.

Fragmente beinahe aller dieser Grabsteine wurden im Kern des Turmpfeilers von St. Kunibert gefunden. Die Funde veranschaulichten damit die Kontinuität des Friedhofes von St. Kunibert seit merowingischer Zeit und bezeugten somit indirekt die Existenz einer von Bischof Kunibert als Grabstätte gewählten Kirche. Nicht aus dem Turmpfeiler, sondern aus dem Boden des Kirchenmittelschiffes von St. Kunibert stammt ein merowingischer Grabstein des 7./8. Jahrhunderts mit der Darstellung eines griechischen Kreuzes, dessen gleichlange Arme sich nach außen verbreitern. Auch hier ist der ursprüngliche Ort der Aufstellung unbekannt, der Stein wurde in der Verfüllung eines anderen, nicht zugehörigen jüngeren Grabes gefunden. Eindrucksvoll sind die plastische Herausarbeitung des Kreuzes und das in den Sockel eingemeißelte Zickzackmuster. Das Besondere sind vor allem die Spuren einer weißen Farbgrundierung und brauner Farbreste: Aufgrund bisheriger Beobachtungen hatte man nur vermutet, daß die Grabsteine auch farbig gefaßt waren – dieser Stein liefert nun einen Beweis.

Köln. St. Kunibert. Merowingischer Grabstein (Umzeichnung). 7./8. Jahrhundert.

Lit.: A. Nisters-Weisbecker, Grabsteine des 7.–11. Jahrhunderts am Niederrhein. Bonner Jahrb. 183, 1983, 175 ff.

Das Grab des Bischofs Rudolf von Schleswig in St. Kunibert zu Köln

SVEN SEILER und MARIANNE GECHTER

Seit 1978 fanden in der Kirche St. Kunibert Ausgrabungen statt. Sie begleiteten den Wiederaufbau und die Restaurierung der Kirche bis zum Jahre 1993, waren allerdings oftmals nur im Bereich von Heizungsschächten möglich. Im Verlauf der Grabungen zeigte sich zunächst, daß St. Kunibert auf einem römischen Friedhof errichtet wurde. Durch Hitze verziegelter Lehm, Pfostenlöcher und verkohlte Schwellbalken könnten auf Grabbauten hinweisen, die später verbrannt und zerstört wurden. Im westlichen Teil des Mittelschiffes fanden sich Fundamentreste aus mehrheitlich wiederverwendeten römischen Tuffen, Kalk- und Sandsteinstücken und Grauwacken. Sie ließen sich zu einem rechteckigen Mauerwinkel eines Gebäude zusammenfügen, von dem ca. 3,70 m in Nord-Süd-Richtung freigelegt wurden. Wie weit es sich nach Osten erstreckte und wo die Nordwand lag, konnte nicht geklärt werden. Münzen oder Keramik, die das Mauerwerk datieren könnten, sind nicht zum Vorschein gekommen. Die Lage des Mauerwerks im Herzen des Mittelschiffes, die teilweise wiederverwendeten römischen Steine (Spolien) und die anhand der Keramik als römisch ausgewiesenen Kulturschichten, in denen der Mauerwinkel eingebettet war, lassen auf das älteste nachrömische Baufundament schließen, das bislang unter der Kirche ergraben wurde. Ob es sich um die urkundlich überlieferte Clemenskirche handelt, die von Bischof Kunibert (623–667 n. Chr.) gegründet oder erweitert und zu seiner Grabeskirche gemacht wurde, ist damit noch nicht erwiesen. So muß auch offen bleiben, ob auf diesen Bau eine Gruppe von fränkischen Grabsteinen des 7./8. Jahrhunderts zu beziehen ist, die im südöstlichen Pfeiler des heutigen Westturmes als Baumaterial vermauert waren (siehe S. 297). Wesentlich größere Teile wurden von einem Bau ergraben, der sich als unmittelbarer Vorgänger der heutigen, spätromanischen Kirche erwies.

Bereits 1978 wurden unter dem im Krieg zerstörten Westbau Mauern freigelegt, die vermutlich zu den Gebäuden des ehemaligen Stiftes gehörten. Ein rechteckiges Fundament in der Mittelachse des Westbaues ließ sich als Rest einer Vorhalle deuten, die zu einer Kirche gehörte, von der im Jahre 1991 im ersten westlichen Langhausjoch Fundamente einer dreigeteilten Anlage von insgesamt 17 m Länge (von Norden nach Süden) und 7,50 m Breite (von Westen nach Osten)

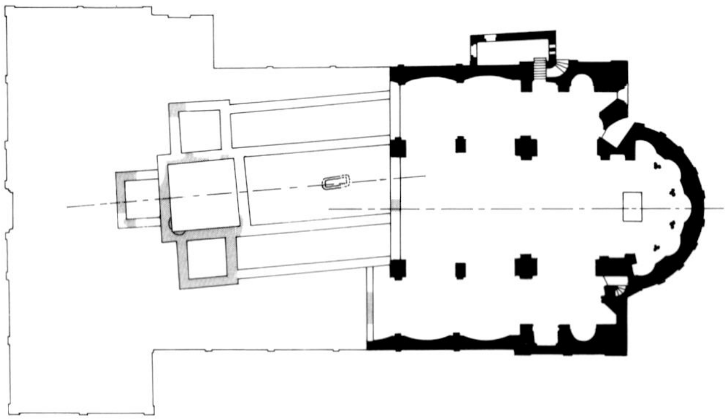

Köln. St. Kunibert. Grundriß. Lage des vermutlich ersten Bischofsgrabes in der Mittelachse des spätottonischen Kirchenbaus aus der 1. Hälfte des 11. Jahrhunderts.

Köln. St. Kunibert. Grundriß. Lage des Sarkophags des Bischofs Rudolf von Schleswig in der Mittelachse der heutigen, spätromanischen Kirche von 1247.

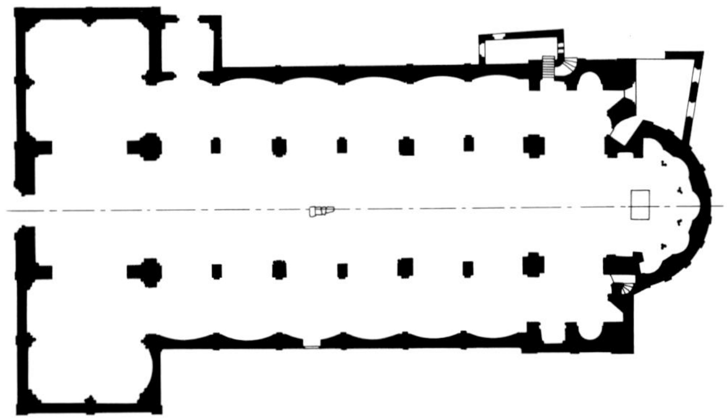

Köln. St. Kunibert. Zerstörtes Bischofsgrab in der Mittelachse des spätottonischen Kirchenbaus. Mitte 11. Jahrhundert.

Köln. St. Kunibert. Sarkophag mit den Überresten des Bischofs Rudolf von Schleswig (gestorben 1047).

mit einem quadratischen Mitteltrakt und – nach Osten etwas zurückversetzt – zwei kleineren annähernd quadratischen Seitenflügeln freigelegt wurden. Zum Innenraum geöffnete, übereck angeordnete flache Muldennischen gliederten die Wände des Mittelteiles. Anhand dieser Muldennischen ließ sich der Bau in die 1. Hälfte des 11. Jahrhunderts datieren. Denn sie gehörten zu einem Nischentypus, der beispielsweise in Köln im Westwerk von St. Pantaleon, in der ottonischen Apsis des dreischiffigen Baues von St. Kolumba oder im Chor und den Querkonchen von St. Georg erscheint. Eine noch genauere zeitliche Bestimmung erlaubten Architekturfragmente, die fast ausschließlich aus fränkischen Grabsteinen umgearbeitet waren, die aus dem südöstlichen Turmpfeiler geborgen wurden. Sie ließen sich zu flachen, in regelmäßigen Abständen angeordneten Pilastern rekonstruieren, die ursprünglich die Außenwand dieses Westbaues gliederten und ihn anhand von Parallelen zum Essener Münster, zum Trierer Dom und der Heiligkreuz-Kapelle bei Trier in die Zeit um 1040 datierten.

Dieser Westbau gehörte vermutlich zu einer dreischiffigen Kirche. Da bislang aber Spuren des Langhauses

Köln. St. Kunibert. Bleiplatte aus dem Sarkophag des Bischofs Rudolf von Schleswig. Sie nennt seinen Namen und das Sterbedatum: 4. November 1047.

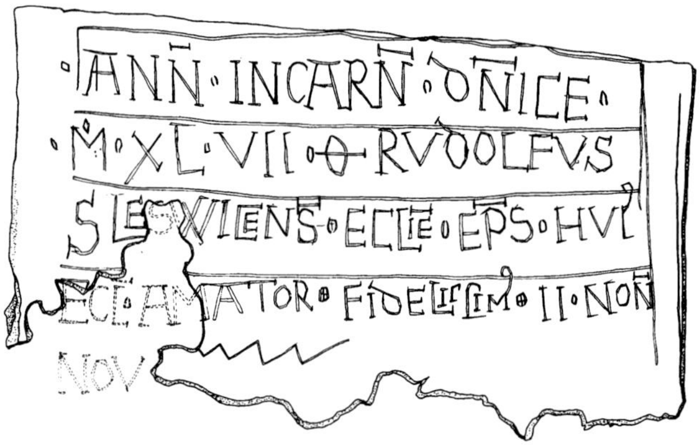

Köln. St. Kunibert. Bleiplatte aus dem Sarkophag des Bischofs Rudolf von Schleswig. Umzeichnung der Inschrift.

und des Ostabschlusses fehlen, bleibt der Umfang der Kirche vorerst unbestimmt. In der Flucht der Längsachse dieses Baues, die von der Mittelachse der spätromanischen Kirche um einige Grade in Südwest-Nordost-Richtung abweicht, wurde ein zerbrochener, leerer Steinsarkophag gefunden. Er ließ auf eine herausragende Bestattung in der spätottonischen Kirche der 1. Hälfte des 11. Jahrhunderts schließen. Es stellte sich die Frage, ob hier möglicherweise die erste Grabstätte des Bischofs von Schleswig lag, von dem urkundlich bekannt ist, daß er im Jahre 1047 in St. Kunibert beerdigt wurde: Seine Gebeine hatte man zweihundert Jahre später aufgefunden und in der spätromanischen Kunibertskirche erneut bestattet.

Das wiederentdeckte Grab des Bischofs von Schleswig

Am 2. November 1992 wurde in der Mittelachse von St. Kunibert ein Heizkanal angelegt. Dabei stieß man auf zerbrochene Steinplatten, die einen trapezförmigen Steinsarkophag abdeckten. Am 4. November wurden die Platten entfernt. Der Blick ins Innere des Sarges gab braun verfärbte Gewänder frei und ließ einen kristallin und bis zur Unkenntlichkeit ausgeblühten Schädel erkennen.
Die Gebeine des Toten waren verschoben, Unterschenkel und Hände fehlten, wodurch der Tote wie ein kleines Bündel wirkte – zugleich ein Zeichen für eine Wiederbestattung. Der Tote war innerhalb des Sarkophages in einem Holzsarg beigesetzt, an dessen nahezu verfaulten Brettern auf der linken Seite eine verbogene Bleiplatte haftete. An der rechten Seite des Verstorbenen lagen die Bruchstücke eines Holzstabes. Goldfäden schimmerten durch die Stoffreste, und es schien, als habe man dem Toten ein Messer oder einen Dolch mit ins Grab gegeben. In Gegenwart des Pfarrers von St. Kunibert wurde die Bleiplatte aus dem Sarkophag gehoben und mit Hilfe eines Urkundenbuches der lateinisch geschriebene Text gelesen: „1047 starb Rudolf, Bischof der Schleswiger Kirche, dieser (St. Kunibert) Kirche treuester Freund (und Stifter) am 4. November". Damit war der Verstorbene als Bischof von Schleswig zu erkennen, und die Fragmente des Holzstabes mußten die Reste seines Bischofsstabes sein.
Wer war dieser Bischof Rudolf von Schleswig, dessen Grab auf den Tag genau 945 Jahre nach seinem Tode am 4. November 1992 geöffnet wurde? Man weiß nur wenig aus seinem Leben und kennt nicht seinen Familiennamen. Im Jahre 1025 war er aus dem Kölner Klerus zum siebten Bischof von Schleswig gewählt worden. Da er dem Stift St. Kunibert einen Hof in Lachem bei Merkenich schenkte, könnte er aus der

Umgebung von Köln-Merkenich stammen. Abgesehen von seiner Beziehung zu dem Stift St. Kunibert hatte er Verbindungen zum Laurentiuskloster und zum Stift St. Gereon in Köln. Rudolf nahm an zahlreichen kirchenpolitisch bedeutsamen Ereignissen teil, so an der Synode in Frankfurt im Jahre 1027, auf der unter dem Vorsitz Kaiser Heinrichs III. u. a. die Ehrensache des Grafen von Hammerstein und seiner Frau Irmingard verhandelt wurde. Im Jahre 1040 begleitete er wahrscheinlich Erzbischof Bezellin von Bremen, der 1035 ebenfalls aus dem Kölner Klerus gewählt worden war, zu Erzbischof Hermann II. nach Köln, wo die beiden Kirchenfürsten einen längeren Streit beilegten. Sie reisten im Juni nach Stablo weiter, Erzbischof Hermann nahm in Anwesenheit des Kaisers die Weihe der neuen Abteikirche vor. In einem Privileg, das Kaiser Heinrich dort für das Kloster Nivelles ausstellte, erscheint Rudolf als Zeuge. Im Dezember desselben Jahres nahm er erst an der Synode von Frankfurt teil und dann an der Weihe der Überwasserkirche von Münster. Im Jahre 1043 war Rudolf bei der Weihe von St. Severin in Köln anwesend.

Sicher hatte Rudolf besondere Bindung an St. Kunibert. Ob er dem Stift früher als Kanoniker angehörte oder in den letzten Jahren seinen Wohnsitz hier nahm, entzieht sich unserer Kenntnis. Gewiß hat er sich St. Kunibert als Grabkirche ausgesucht, dafür spricht die Memorienstiftung. Danach sollte zur Feier seines Jahrgedächtnisses eine Kerze von einem halben Pfund Wachs vor dem Kreuzaltar, wo Rudolf begraben war, aufgestellt werden. Aus den Einkünften des Hofes in Lachem erhielt jeder Kanoniker zwei Denare, jeder Priesterkanoniker einen Denar.

Das Memorienbuch vermerkt weiterhin, daß Rudolf von Schleswig zweihundert Jahre nach seinem Tode wiederaufgefunden, ehrfurchtsvoll erhoben und an derselben Stelle *(in eodem loco)* erneut beigesetzt worden sei. Genau diese Stelle wurde im Jahre 1992 freigelegt. Da sie der Ort einer Wiederbestattung war, bestätigte sich der Wahrheitsgehalt des Memorienbuches. Wo aber war der ursprüngliche Bestattungsort? Zum Zeitpunkt seines Todes im Jahre 1047 stand an der Stelle der heutigen Kirche der teilweise ergrabene, um 1040 errichtete Vorgängerbau. Ihn muß Rudolf von Schleswig daher gekannt, wahrscheinlich auch sein Entstehen mitverfolgt haben, bevor er sich die Stelle für sein Grab aussuchte, in dem sein Leichnam zweihundert Jahre lang ruhte. Wenn es also in dem Memorienbuch heißt, daß der Bischof später an derselben Stelle *(in eodem loco)* wiederbestattet wurde, könnte damit gemeint sein, daß man ihn zweihundert Jahre zuvor ebenfalls in der Mittelachse der Kirche begraben hatte, damals allerdings innerhalb des etwas nach Norden verschobenen Vorgängerbaues. Damit könnte der in der Mittelachse dieses älteren Baues zerstört vorgefundene Sarkophag tatsächlich die ursprüngliche Grablege des Bischofs Rudolf von Schleswig gewesen sein.

Lit.: S. Seiler, St. Kunibert, die Ausgrabungen unter dem Westbau. In: Stadtspuren – Denkmäler in Köln 1 (Köln 1984) 298 ff. – Ders., Neue Erkenntnisse zur älteren Baugeschichte der Kirche St. Kunibert. In: Colonia Romanica, Jahrb. Förderverein roman. Kirchen e. V. VII (1992) 44 ff. – Series Episcoporum Ecclesiae Catholicae Occidentalis. Ed. O. Engels et S. Weinfurter. Series VI, Tomus II Archiepiscopatus Ludensis (Stuttgart 1992) 105. – Chr. Radtke, König Magnus der Gute und Haithabu/Schleswig. In: Mare Balticum. Kieler hist. Stud. 36 (Sigmaringen 1992) 67 ff., bes. 70. – P. Kürten, Das Stift St. Kunibert in Köln von der Gründung bis zum Jahre 1453. Kölner Schr. Gesch. u. Kultur 10 (Köln 1985) 156; 226.

Archäologische Bodenfunde aus der Altstadt von Höxter

Andreas König

Das in den vergangenen Jahren bei den Ausgrabungen im Stadtkern zutage geförderte vielfältige Fundgut entstammt schwerpunktmäßig dem weiten Zeitraum vom frühen Mittelalter bis ins 19. Jahrhundert. Für die Landesausstellung wurden aus dem reichhaltigen Material Objekte zusammengestellt, die auf das hochmittelalterliche Marktgeschehen in Höxter zurückzuführen sind. Die Auswahl umfaßt vornehmlich Schreibgriffel aus Buntmetall und Knochenkämme. Den Ausgangspunkt hierfür bilden Funde von der Rathausgrabung, die einen schlaglichtartigen Blick auf den romanischen Brückenmarkt gewähren. Zu dieser Zeit gehörte der Ort am Hellweg mit seiner Weserbrücke zu den wichtigen Warenumschlagplätzen in Norddeutschland. Hinzu treten Fundstücke aus der Stadt, die dem Verbrauchermilieu entstammen und sicherlich einst auf dem Markt erworben worden waren. Bei der Rathausgrabung konnten knochenverarbeitende Werkstätten auf dem Brückenmarkt während des 12. und 13. Jahrhunderts nachgewiesen werden. Ihren Rohstoff erhielten sie von den dort ebenfalls ansässigen Schlachtern. Den Bodenfunden zufolge stellten die Knochenschnitzer Kämme, Perlen, Ringe und Spielwürfel her. Die Produktionsabfälle belegen des weiteren, daß sie in geringem Umfange auch Geweih verarbeiteten.

Die Kammherstellung beschränkte sich auf zwei Grundformen: Langzinkenkämme und weit aufwendiger gearbeitete Dreilagenkämme. Letztere wurden aus mehreren Zinkenplättchen mit Fassungen in Form von aufgenieteten Deckleisten gefertigt. Sägespuren an den Leisten lassen erkennen, daß die Zinken erst im zusammengesetzten Zustand gearbeitet wurden. Besonders große, mit Durchbruchmustern verzierte Exemplare besitzen wegen der erforderlichen Stabilität zwei Deckleistenpaare. Die Mehrzahl der in Höxter geborgenen Dreilagenkämme ist beidseitig zu nutzen und weist jeweils eine fein- und eine grobgezähnte Seite auf. Bisher liegt diese Kammform aus Fundzusammenhängen des 11.–13. Jahrhunderts vor. Ihre Verwendung zur Haarpflege ist offenkundig. Umstritten ist hingegen die Funktion der einteiligen Langzinkenkämme. Häufig als Web- oder aber auch als wohlfeile Haarkämme gedeutet, scheinen sie jedoch eher zum Aufstecken der Haartracht gedient zu haben. Die Stücke wurden aus Rinderknochen angefertigt, und zwar aus der fleischarmen Mittelhand und dem Mittelfuß des Rindes. Die in der Regel sorgfältig überarbeiteten Kämme tragen nur selten Verzierungen, die sich auf das Kopfteil beschränken. Dieser weist des öfteren eine kleine Durchbohrung auf. Der Gebrauch von Langzinkenkämmen ist in Höxter für das 11.–14. Jahrhundert zu belegen.

Wie Funde aus dem benachbarten Corvey veranschaulichen, wurden Musikinstrumente ebenfalls aus Knochen hergestellt. Bei Ausgrabungen in einer Ansiedlung vor den Klostertoren traten Werkstattabfälle eines Knochenschnitzers aus der 1. Hälfte des 12. Jahrhunderts zutage. Hierunter befinden sich zwei Fragmente von Querflöten aus Schienbeinknochen von Schafen oder Ziegen. Die ältesten Indizien für Geweih- und Knochenverarbeitung in Höxter stammen bisher aus dem 9. Jahrhundert. Den archäologischen Befunden nach zu urteilen, wurde die Tradition dieses Handwerkes bis in das 19. Jahrhundert fortgeführt und fiel letztlich der Industrialisierung zum Opfer.

Auch die ehemals auf dem Brückenmarkt tätigen Kaufleute haben ihre Spuren im Bodenarchiv Höxters hinterlassen. Zahlreiches Fundgut der Rathausgrabung und aus der Altstadt ist auf ihre Handelsaktivitäten zurückzuführen. In diesem Zusammenhang sind Schreibgriffel aus Buntmetall besonders augenfällig. Seit der Antike sind Griffel bzw. Stili zum Beschriften von Wachstafeln überliefert. Im Mittelalter wurden derartige Tafeln im weitesten Sinne als Notizbücher verwendet. Die in das Wachs geritzten Aufzeichnungen konnten jederzeit wieder leicht gelöscht und der Schreibgrund erneut genutzt werden, ohne kostbares Pergament zu vergeuden. In Höxter ist inzwischen die beachtliche Anzahl von sieben Stilifunden zu verzeichnen, von denen zwei vom Brücken-

Höxter. Langzinkenkämme aus Knochen (Länge zwischen 11,5 und 14,8 cm). 12./13. Jahrhundert.

markt (Rathaus) stammen. Fünf Exemplare sind der sog. Harzer Gruppe zuzuweisen: Griffel, deren Schaft sich in ein vierkantiges, verziertes Oberteil und ein rundes, spitzauslaufendes Unterteil gliedert. Die den oberen Abschluß bildende Öse ist häufig in Form einer stilisierten Hand ausgebildet und diente zur Aufhängung. Die auffälligste Fundkonzentration im Harzumland war namengebend für diese im 12. und 13. Jahrhundert vor allem in Norddeutschland verbreiteten Schreibgriffel. Eine bisher unbekannte Sonderform bilden zwei weitere Stili, als deren Charakteristikum eine zierende Drahtumwicklung des Schaftoberteiles zu nennen ist. Schreibgriffelfunde der Harzer Gruppe liegen vornehmlich von Burgen und aus Stadtkernen vor und bezeugen in profanen Lebensbereichen eine zunehmende Schreibkundigkeit, die bis in das Hochmittelalter noch weitgehend dem Klerus vorbehalten war. In den frühen Marktorten und Städten gehörten gerade die Kaufleute zu dem Personenkreis, der auf diese Fähigkeit angewiesen war.

Seit dem Frühmittelalter ist in Höxter der Import von qualitätvollem keramischen Geschirr zu belegen. Die zahlreichen Funde der Rathausgrabung sprechen dafür, daß diese Ware im Hochmittelalter auf dem Brückenmarkt vertrieben wurde. Neben Erzeugnis-

sen aus dem Umland und neben der Ware aus dem Rheinland wurde auch Keramik aus den nahegelegenen nordhessischen und südniedersächsischen Töpfereizentren feilgeboten. Einen bevorzugten Importartikel bildete das im 13. Jahrhundert aufkommende und besonders als Trink- und Schenkgeschirr geeignete Steinzeug. Hierzu zählt ein vermutlich aus Nordhessen stammender Krug der Mitte des 13. Jahrhunderts: Das Fundstück ziert ein auf die Schulter aufgelegter Figurenfries von wahrscheinlich allegorischem Charakter. In die angarnierten Ösen am unteren Gefäßkörper waren ursprünglich Ringe eingehängt, die bei Bewegung ein Klappergeräusch verursachten. Der in seinem Dekor einzigartige Krug gehört zu den ansprechendsten und eigenwilligsten Keramikfunden des 13. Jahrhunderts aus Höxter. Er führt eindrücklich das Bestreben des mittelalterlichen Menschen vor Augen, den Trinkgenuß durch besonderes Geschirr zu veredeln.

Lit.: A. Grassmann, Das Wachstafel-Notizbuch des mittelalterlichen Menschen. In: Zur Lebensweise in der Stadt um 1200. Ergebnisse der Mittelalter-Archäologie. Zeitschr. Arch. Mittelalter, Beih. 4 (Köln 1986) 223–235. – U. Richter, Der mittelalterliche Langzinkenkamm. Zur Verbreitung und Funktion eines speziellen Knochenkammes. Stadt- und Bergbaumuseum Freiberg, Schriftenreihe 11, 1994, 55–89. – V. Schimpff, Zu einer Gruppe hochmittelalterlicher Schreibgriffel. Alt-Thüringen 18, 1983, 213–260. – H.-G. Stephan, Zur mittelalterlichen Töpferei im Weser- und Leinebergland (800–1500). Aspekte von Handwerksgeschichte, Handel und Technologie. In: Töpfereiforschung – archäologisch, ethnologisch, volkskundlich (Bonn 1991) 219–248. – I. Ulbricht, Die Verarbeitung von Knochen, Geweih und Horn im mittelalterlichen Schleswig. Ausgr. in Schleswig, Ber. u. Stud. 3 (Neumünster 1984).

Höxter. Schreibgriffel aus Bronze (Länge zwischen 11,4 und 16,3 cm). 12./13. Jahrhundert. Unterlage: Kopie einer römischen Wachstafel.

Höxter. Faststeinzeugkrug mit Figurenfries (Höhe 30 cm). Mitte 13. Jahrhundert.

Höxter. Dreilagenkämme aus Knochen mit Durchbruchmuster (Breite 9,5 und 12,3 cm). 11./12. Jahrhundert. ▷

Vom Hof zum Schloß – Ausgrabung und Bauforschung an der Burg und dem Renaissance-Schloß Horst

Elmar Alshut und Hans-Werner Peine

Gelsenkirchen. Schloß Horst. Ansicht von Norden. Gemälde von A. Hönig, 1842.

Kaum jemand, der heute den an einem großen Verkehrsknotenpunkt im Gelsenkirchener Nordwesten stehenden Schloßbau erblickt, würde vermuten, den Rest eines der frühesten und bedeutendsten Renaissanceschlösser Nordwestdeutschlands vor sich zu haben. Obgleich nur noch ein Teil der einstigen Vierflügelanlage den Verfall überstanden hat, zeichnet sich auch heute noch im Grundriß ein regelmäßiger Baukörper quadratischen Ausmaßes von gut 50 m Kantenlänge mit vier leicht vorgeschobenen Ecktürmen deutlich ab. Im rechten Winkel hatte man nach Norden zwei mehrgeschossige Gebäude angeordnet, auf die nach Süden zwei lediglich eingeschossige Flügel antworteten. Das architektonische Konzept erschloß zum erstenmal in unserer Region die einzelnen Innenräume der beiden hohen Hauptflügel nach dem Vorbild italienischer Palazzo-Architektur durch hofseitig vorgelagerte Galerien. Ebenso neu war die Integration eines ausgebildeten Treppenhauses mit geradläufigen Stufenbahnen und Umkehrpodest. Die gesamte Anlage wurde vornehmlich von Arndt Johannsen to Boecop, Stadtbaumeister in Arnheim, entworfen und ausgeführt. Zur außergewöhnlich reichen bauplastischen Gestaltung der Fassaden und Innenräume zog man namhafte Künstler und Bildhauer (etwa Heinrich und Wilhelm Vernukken bzw. Laurenz von Brachum) aus dem deutsch-niederländischen Grenzgebiet hinzu, wodurch sich vor allem der niederländische Einfluß am Renaissancebau erklärt. Als wahre Höhepunkte bildhauerischen Könnens weit über unseren Raum hinaus dürften die einst neun großen Bildkamine aus Baumberger Sandstein gelten, von denen allein der sog. Küchen- bzw. Auferstehungskamin an seinem alten Standort verblieb. Auftraggeber dieser zwischen 1556 und 1578 erbauten Anlage war der kurkölnische Marschall Rütger von der Horst. Die Geschichte des Adelsgeschlechtes von der Horst im Emscherbruch beginnt jedoch bereits

Gelsenkirchen. Schloß Horst. Gesamtansicht der Ausgrabungen im Innenhof mit den Befunden aus dem 12.–16. Jahrhundert.

Gelsenkirchen. Schloß Horst. Teil einer Ofenkachel mit Darstellung einer Tugend. Terrakotta. 3. Viertel 16. Jahrhundert.

So liefern die Angaben in einem Horster Rechungsbuch von 1534 bis 1548 diesbezüglich nur sehr allgemeine Hinweise auf einen Bergfried und mehrere Zugbrücken. Gesichert ist dagegen, daß die Burg im Jahre 1554 abbrannte. Der Bergfried, der offensichtlich dem Feuer standhalten konnte, wurde 1559 im Zusammenhang mit dem Bau des Renaissanceschlosses durch Steffen von Duisburg abgerissen.
Im Vorfeld umfassender Restaurierungsmaßnahmen am Schloß brachten die seit 1990 durchgeführten Ausgrabungen einen hervorragenden Einblick in die Baugeschichte dieser Horster Gründung. Dieser zufolge errichtete Gerhard von der Horst im späten 12. Jahrhundert eine Turmhügelburg auf dem Gelände einer Hofstelle oder eines Weilers, welche(r) sicherlich zum Familienbesitz gehört hatte und – wie der mehrphasige Befund zeigt – wohl bis in das 11. Jahrhundert zurückreicht. Neben einem mehreckigen Gebäude (Turm?) zählen drei weitere Häuser zur ältesten Bebauung des knapp 2 m hohen Hügels, der durch einen Wassergraben sowie ein Bollwerk (Dm. ca. 40 m) aus mächtigen Baumstämmen an seinem Fuße gesichert war. Bei den Gebäuden handelt es sich um Holzbauten mehrerer Generationen in Pfosten- und Schwellbalkenbauweise, die meistenteils Bränden wesentlich früher. Das von der Ruhr (im heutigen Essen-Steele) stammende Adelsgeschlecht ‚von der Horst' wurde nach bisher vorliegenden Erkenntnissen mit Gerhard von der Horst um 1200 an der Emscher ansässig. Die wohl bedeutendste Gestalt dieser Familie im Mittelalter dürfte Arnold von der Horst gewesen sein. Am Mittelrhein engagierte er sich im Kampf gegen das Raubritterunwesen. Vermutlich als Dank verlieh ihm König Rudolf von Habsburg – ohnehin ein Förderer des spätmittelalterlichen Städtewesens – für seinen Burgplatz das Stadtrecht. Auch wenn diese Rechte faktisch niemals umgesetzt werden konnten, unterstreicht der königliche Gnadenerweis die Bedeutung Arnolds für die Region. Über die alte Burg, welche unter Gerhard angelegt worden sein dürfte, geben die Quellen nur spärlich Auskunft.

Gelsenkirchen. Schloß Horst. Technische Keramiken und Gläser aus einer Apotheke oder Alchimistenwerkstatt. 17. Jahrhundert.

Gelsenkirchen. Schloß Horst. Fragmente eines Schlachtenfrieses mit Szenen aus dem 2. Punischen Krieg. Hannibal kämpft gegen Scipio. Terrakotta. 3. Viertel 16. Jahrhundert.

zum Opfer gefallen waren. Nach der letzten Zerstörung erhöhte man wohl gegen Ende des 13. Jahrhunderts den Hügel um wenigstens 1,5 m und errichtete darauf einen steinernen Wohnturm von 11 × 8 m. Gleichzeitig kam es zu einer Erneuerung der Verteidigungsanlagen am Fuße des Hügels. Am Wohnturm erfolgten in der ersten Hälfte des 16. Jahrhunderts bis hin zu Rütger, dem Erbauer des Renaissanceschlosses, An- und Zubauten in Backstein. Wie das Modell zeigt, ging man von der Erweiterung des Wohnturmes auf 19 × 11 m mit großzügigem Kloakenanbau aus, der in die der neuen Situation angepaßte Gräfte entsorgte. Vervollständigt wurde dieses Ensemble im weiteren von einem sicherlich zweigeschossigen Backsteinbau (16 × 10 m), einem Rundturm (Dm. 5,4 m) und einem Anbau im Torbereich. Vor allem die Hauptgebäude ummantelten partiell den alten Turmhügel. Einen Eindruck dieser letzten Ausbaustufe vermittelt neben dem Grabungsbefund mit hoher Wahrscheinlichkeit ein unter den Horster Hausteinen befindliches Flachrelief mit der Darstellung einer Burg.

Vom Leben auf Gehöft und Burg zeugen zahlreiche Funde, die bei den Ausgrabungen zutage gefördert wurden. Neben einheimischem Kochgeschirr konnten vor allem Gläser und importierte Keramik aus dem Rheinland als Tafelgeschirr nachgewiesen werden. Von den zahlreichen Metallfunden sei an dieser Stelle lediglich ein Typar (Siegelstempel) des Hermann von Hamme, ansässig im Raum Gelsenkirchen-Buer, erwähnt. Dessen Beziehung zum Hause von der Horst geht aus einer Urkunde von 23. August 1395 hervor, in der er anläßlich einer Horster Memorienstiftung neben Anderen als Zeuge auftritt. Um diese Burg herum und somit in deren Gräfte wurde das mächtige Schloß errichtet. Der statisch unsichere Baugrund erwies sich für dieses frühe Beispiel niederländisch beeinflußter Renaissancearchitektur in Westfalen als wenig förderlich. Einstürze und baufälligkeitsbedingte Abbrüche reduzierten im Laufe der Jahrhunderte das Hauptschloß. Heute sind nur noch der größte Teil des Eingangsflügels in ursprünglicher Höhe, nicht einmal das gesamte Sockelgeschoß (Ost- und Westturm sind allein archäologisch nachgewiesen) und nur ein Erdgeschoßsaal des sog. Herrenhauses vorhanden. Glücklicherweise blieb von dem wertvollen Hausteinschmuck der Fassaden und Innenausstattung eine erstaunliche Menge erhalten und konnte durch zahlreiche diesbezügliche Grabungsfunde entscheidend vermehrt werden. Zur Innenausstattung gehört auch eine größere Zahl von Fragmenten keramischen Dekors. Durch diese Fundstücke sind bislang unverständliche Passagen in den sog. Bautagebüchern besser zu verstehen. Dort wird z. B. in den Aufzeichnungen mehrfach von einer großen Zahl von „keyserskop“ (Kaiserköpfen) berichtet, für deren Holzmodelle 1562 der Bauherr, Rütger von der Horst, Wilhelm Vernukken den Auftrag erteilte. 1563 wurden diese Kaiserköpfe schließlich von dem Kachelbäcker Meister Dyrych von Buir, „wonendt bynnen Collen, yn der Steylgasse, vermoge eynes verdrags“ nach den erstellten Holzvorbildern in Ton gebrannt. Die römischen Kaiserköpfe (z. B. Tiberius) konnten nun als runde Medaillons im Halbrelief von 0,4 m Durchmesser identifiziert werden. Farbspuren zeigen, daß ihr Rand blau, der Hintergrund von Umschrift und ockerfarbenem Porträt schwarz gehalten ist. Die Farbe der Haare ist nicht mehr zu ermitteln. Schriftzug und umgebende Wülste sind goldfarben gefaßt. Als Vorlage für die Kaiserporträts diente offenbar das 1557 erschienene Buch *„vivae omnium fere imperatorum imagines“* von Hubertus Goltzius im Besitz Rütgers.

Zur Bereicherung der Raumausstattung trugen u. a. die ebenfalls nach Aussage der Bautagebücher von Dyrych nach Vorlage aus Ton gefertigten „81 gantze Compartementen mit der slacht“ und „161 Compartementen mit de kynderenen“ bei. Diese Kompartimente wurden als Friese mit sich ständig wiederholendem Bildmotiv verwendet. Die klassische Thematik von Medaillons wie Friesen, letztere nach Aldegrever-Kupferstichen gefertigt, zeugt von einer auch anderweitig zu belegenden umfassenden humanistischen Bildung des Auftraggebers. Aus gleicher Werkstatt stammen auch diverse Ofenkachelfunde sowie mehrere Fragmente von Innenfeldmodellen, welche als Muster („patronen“) für gewünschte Ofenkacheln dienten. Die ungewöhnlich aufwendige Innenausstattung im Verein mit vielfältigen Relikten einer außerordentlich feinen Tischkultur vermitteln

Gelsenkirchen. Schloß Horst. Sturzbecher in Form eines Mannes in spanischer Hoftracht (Höhe 33,5 cm). Glasurkeramik. 2. Hälfte 16. Jahrhundert. ▷

Gelsenkirchen. Schloß Horst. Burganlage des 14.–16. Jahrhunderts. Modell.

ein eindrucksvolles Bild prächtiger Hofhaltung auf Schloß Horst. Besteck aus Silber und Elfenbein, Gläser, darunter zahlreiche venezianischer Machart, Gefäße aus geschnittenem Stein, Trink- und Schankgefäße aus Keramik, hier vor allem Importe aus dem Rheinland und dem Westerwald, bilden wohl einen der umfangreichsten und qualitätvollsten Komplexe renaissancezeitlichen Tafelgeschirrs Nordwestdeutschlands.

Besondere Aufmerksamkeit verdienen Siegburger Trichterhalsbecher, Krüge, Pullen, Schnellen sowie eine Pilgerflasche mit Reliefauflagen, deren Bildthemen der klassischen Mythologie (Helena, Lukretia) oder biblischen Erzählungen (David und Bathseba) entlehnt sind, aber auch Tugenddarstellungen, Personen in zeitgenössischer Tracht, Tiere und florale Motive aufweisen.

Dieser dominierenden Gruppe Siegburger Steinzeugs stehen kleinere Komplexe Kölner, Frechener, Raerener und Westerwälder Steinzeugs gegenüber, darunter

Bartmannkrüge, z. T. mit Medaillonauflagen (Wappen, Rosetten, Köpfe) und Spruchbändern (z. B. „DRINK UND ESS – GOTT NICH VERGESS"), Humpen, Sternenkannen sowie Fragmente einer Ringkanne. Ein ausgesprochenes Spitzenprodukt des Töpferhandwerks, das seinesgleichen sucht, wurde 1991 bei der Grabung am Westturm auf der ehemaligen Berme gefunden. Es handelt sich um einen 33,5 cm hohen Sturzbecher in Gestalt eines Mannes in spanischer Hoftracht. Das an Barrett, Kopf, Brust und Schulter nur leicht beschädigte Stück läßt sich zum Teil sicher ergänzen. So weist ein entsprechender Abdruck auf Brust und Gesicht auf einen doppelzipfeligen Bart hin, wie ihn auch der Bauherr Rütger von der Horst auf einem Porträtgemälde des Jahres 1553 trägt. Daß das Barrett rund zu ergänzen ist, belegt die Bauplastik am Schloß gleich mehrmals, u. a. in einem Portaldetail an der hofseitigen Herrenhausfassade. In ihm, aber auch in dem Sturzbecher, ließ der Bauherr sich vermutlich selbst darstellen. Parallelen zu diesem großen und qualitätvollen Sturzbecher sind nicht bekannt, so daß mit großer Sicherheit von einer Auftragsarbeit ausgegangen werden kann. Produziert wurde er in den sechziger oder siebziger Jahren des 16. Jahrhunderts in Siegburg. Auf diese Produktionsstätte deutet das weiße, leicht geflammte und mit einer blauen Bemalung versehene Steinzeug hin. Die Mündung des Bechers war allem Anschein nach ursprünglich in Edelmetall gefaßt. Handhaltung und dazugehörige Fehlstelle auf der Brust deuten darauf hin, daß es sich bei dem ehedem dort befestigten Gegenstand nur um eine Pfeife gehandelt haben kann. Ist dem so, stellt der Fund einen der frühesten Belege für Tabak als Genußmittel im deutschsprachigen Raum dar. Diese Annahme wird zudem von einem Hinweis in einem Horster Rechnungsbuch von 1542/1543 gestützt, in dem der Kauf von „knels" (minderwertiger Tabak), „safferans" und „raebarber" verzeichnet ist. Zusammen mit diesem Sturzbecher wurde ein grauer salzglasierter Steinzeugkrug mit blauer Bemalung gefunden. Auf seiner Schulter trägt er drei ovale Auflagen mit der Jahreszahl 1634 und dem von aufsteigenden Löwen unterhalb des Reichsapfels gehaltenen Wappen der Stadt Amsterdam. Einen durchaus seltenen und interessanten Fundkomplex bilden in Horst diverse technische Keramiken und Gläser, die allgemein in Brennereien, Apotheken oder Alchimistenwerkstätten in Gebrauch waren: Destillierkolben („Cucurbits"), Destillierhelme („Alembiks") sowie andere, nicht näher in ihrer Funktion bestimmbare Glasobjekte.

Festzustellen bleibt schließlich, daß man nur durch eine enge Zusammenarbeit verschiedenster Wissenschaftsdisziplinen dem kulturhistorisch hohen Stellenwert des Restaurierungsprojekts Schloß Horst gerecht werden kann. Vermag die hier vorgestellte, kurze und vorläufige archäologische Zwischenbilanz auch nur eine – wenn auch wichtige – Facette des Projektes zu beleuchten, nämlich seine Bodenurkunden, so geben gerade diese wichtige Aufschlüsse über die Vorgängeranlagen und die ehemalige Gestalt des Schlosses und gewähren damit einen tiefen Einblick in die adelige Sachkultur des Mittelalters und der frühen Neuzeit im Grenzraum von Rheinland und Westfalen.

Lit.: E. Alshut/U. Reinke/R. Röber/B. Sigrist, Schloß Horst, Gelsenkirchen. In: E. Grunsky (Hrsg.), Im Wandel der Zeit. 100 Jahre Westfalen. Amt für Denkmalpflege (Münster 1992) 133–188. – K. Gonska, Dat Hueß zor Horst. Die Adelsfamilie im Emscherbruch und ihre Erben im 16. und 17. Jahrhundert. Mat. Kunst u. Kulturgesch. Nord- u. Westdeutschland 10 (Marburg 1994). – R. Röber, Archäologische Untersuchungen zu Schloß Horst. Vorbericht über die Ausgrabungssaison 1990. Beiträge zur Renaissance zwischen 1520 und 1570. Ebd. 2 (Marburg 1991) 61–76.

Die ‚Frau von Herford' und ihr Hausrat

Holger Grewe und Matthias Wemhoff

Herford. Blick vom Turm der Münsterkirche auf die Grabungsfläche. Im Vordergrund sind die Kloaken der Abtei zu erkennen.

Diese Frau war schon eine besondere Frau im Heiligen Römischen Reich Deutscher Nation! Viele Männer hätten sich um ihre Stellung gerissen. Sie, die Äbtissin des hochadeligen, papstunmittelbaren Reichsstiftes Herford, war unabhängig und einflußreich. Spätestens seit der Mitte des 12. Jahrhunderts nahm sie als Landesherrin in ihrem Territorium Hoheitsrechte wahr, als Äbtissin leitete sie nicht nur den Konvent der Stiftsdamen, sie nahm für ihr Gebiet seit diesem Zeitpunkt auch die Rechte eines Bischofs, natürlich mit Ausnahme der Sakramentenspendung, in Anspruch. Doch wie lebte nun eine Frau in dieser Stellung, wie sah ihr Hausrat aus, wie ihr Tischgeschirr? Auf diese Fragen lieferte eine Ausgrabung der Jahre 1988–1990 in Herford anschauliche Antworten – Antworten vor allem für die Zeit des späten 16. und des 17. Jahrhunderts, denn aus dieser Epoche stammt der Großteil der aus der Kloake der Äbtissin geborgenen Funde.

Die Kloake, ein etwa 2,5 × 2,5 m großer und noch bis zu 3,4 m tief erhaltener, aus Bruchsteinen gemauerter Schacht, befand sich außen an der Südwand des Abteigebäudes. Der Brandplan von 1638 legt nahe, daß an dieser Stelle ein Anbau an das Hauptgebäude anschloß und die Kloake somit überdacht gewesen ist. Eine direkte Einleitung von Abfällen und Fäkalien ist somit möglich gewesen. Der genaueste Plan der Abtei, der mit preußischer Gründlichkeit kurz nach der Säkularisation vom Bielefelder Distriktbaumeister Menckhoff erstellt worden ist, zeigt die Kloakenanlage nicht mehr. Bei barocken Umbaumaßnahmen am Anfang des 18. Jahrhunderts scheint sie aufgegeben worden zu sein. Dafür enthält der Menckhoff-Plan präzise Nutzungsangaben. Aus diesem Plan wird deutlich, daß sich im östlichen Teil der westlich der Münsterkirche vorgelagerten Abtei der Wohnbereich der Äbtissin befunden hat. Weiter östlich lag nur noch die den Heiligen Cosmas und Damian geweihte Privatkapelle der Äbtissin. Im Westen schloß sich dagegen der mit Porträts von Königen und Päpsten, also den Gönnern des Stiftes, ausgemalte Lehnssaal an, der repräsentative, festliche Ort der Abtei. Weiter westlich finden wir dann einen Raum, der als ‚Königszimmer' bezeichnet wird: ein deutlicher Hinweis darauf, daß hier die Äbtissin hochstehende Gäste unterbringen konnte. Mit dem Bau dieser Abtei setzte die Äbtissin

Herford. Ansicht des Abteigebäudes um 1830. Im Hintergrund ist der Turm der Münsterkirche dargestellt.

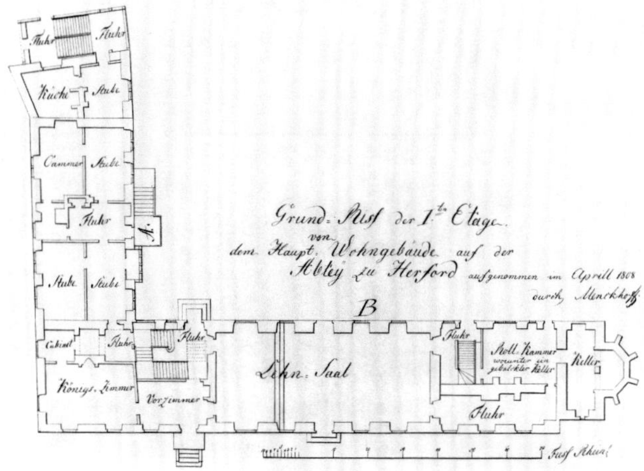

Herford. Grundriß des Erdgeschosses der Abtei mit Nutzungsangaben (1808): Der Wohnbereich der Äbtissin, das Königszimmer und der Lehnssaal sind eigens gekennzeichnet.

im 13. Jahrhundert ein deutliches Zeichen. Eine solche Pfalz bauten sich Bischöfe und Reichsfürsten. Das Wohngebäude wurde hier also zum Ausdruck des eigenen Selbstverständnisses genutzt.
Doch wie kam es, daß die Vorsteherin eines geistlichen Konventes wie eine Fürstin residierte? Die Entwicklung konnte bei den Ausgrabungen überraschend präzise nachgezeichnet werden. Zur Zeit Ludwigs des Frommen wurde ein älteres Holzkloster durch eine klosterähnliche Anlage für einen großen Konvent ersetzt. Zu dieser Zeit lebten die Stiftsdamen in strenger Gemeinschaft. Das scheint auch noch im 10. Jahrhundert so gewesen zu sein, denn nach einem Brand im Jahr 926 baute man das Stift auf dem alten Grundriß wieder auf. Spätestens im 12. Jahrhundert fallen jedoch im Grundriß der Gebäude Veränderungen ins Auge. So entstand im Bereich des alten Westflügels ein großes Gebäude neu, vermutlich die erste Abtei. Zu diesem Zeitpunkt hatte sich die Äbtissin räumlich somit bereits von der Gemeinschaft ihrer Stiftsdamen gelöst. Gleichzeitig scheinen jedoch auch die Stiftsdamen jeweils eigene Häuser besessen zu haben. Nach einem Brand in der ersten Hälfte des 13. Jahrhunderts wurde die Abtei westlich der Münsterkirche neu errichtet. Die Abtei entwickelte sich zum dominierenden Gebäude des Stifts, wenn auch im Schatten der Münsterkirche. Und die Äbtissin lebte in diesem Gebäude, wie es einer hochadeligen Dame ihres Ranges zukam. Die wertvollen Glasfunde belegen dieses eindrucksvoll. Und eine Person, die diese Güter genutzt hat, können wir auch benennen: Auf einem in Siegburg hergestellten Trichterhalskrug prangt das Wappen der Margaretha von der Lippe, die von 1565 bis 1578 als erste protestantische Äbtissin das Reichsstift regierte. Es liegt nahe, daß diese Frau selbstbewußt auch die Auswahl der Bildauflagen auf dem Krug vorgenommen hat. Sie wählte alttestamentarische Szenen aus, in denen Frauen die Handelnden sind: Judith, wie sie den Tyrannen Holophernes enthauptet, und die Töchter Lots, wie sie vor dem brennenden Sodom ihren alten und betrunkenen Vater verführen. Der Siegburger Trichterhalskrug und zahlreiche andere Gefäße aus hochwertigem Steinzeug waren Bestandteil des repräsentativen Tafelgeschirrs der Äbtissin. Neben irdenen Koch- und Vorratsgefäßen aus lokaler Produktion wurden diese häufig reich und individuell dekorierten Steinzeugwaren aus dem Rheinland und bald darauf auch aus dem Westerwald importiert.
Dem Streben nach Repräsentation und dem Anspruch fürstlichen Lebensstils entsprachen jedoch die Erzeugnisse aus Glas besonders. Der kunstvollen Bearbeitung dieser Materie war zum Ende des 16. Jahrhunderts ein vielgestaltiger Reichtum an Formen und

Herford. Gläser des 16. Jahrhunderts. Das bemalte Stangenglas zeigt die eherne Schlange des Moses. Der grüngefärbte Becher im Vordergrund ist mit einer Jagdszene verziert.

Dekoren zu eigen. Aus den Kloakenschächten der Abtei konnte ein umfangreicher Glasbestand geborgen werden, dessen mehrere tausend Fragmente einen Querschnitt durch die frühneuzeitliche Glasproduktion darstellen, von den eher geläufigen Formen des Waldglases über die Erzeugnisse der in venezianischer Tradition arbeitenden Hütten bis hin zu kostbaren Einzel- und Sonderformen. Zu den illustren Stücken des exklusiven Hausrats zählt der smaragdgrüne Jagdbecher, dessen Wandung von Emailmalerei überdeckt und dessen zylindrische Randzone durch Goldauflagen dekoriert ist. Seine Form leitet sich aus dem Krautstrunk – dem Inbegriff des mittelalterlichen Glases – ab, dessen Nuppenbesatz zugunsten eines Bildfeldes auf die untere Wandungszone reduziert wurde. Die mehrfarbige Malerei zeigt eine

Jagdszene, in der ein Reiter mit Hunden einem oder mehreren Hirschen nachsetzt. An dem Gewand und der Bewaffnung des Reiters sowie dem Zaumzeug des Pferdes haben sich Überreste von Goldapplikationen erhalten, die als detailreiche Binnenzeichnung von der Qualität der Emailbemalung zeugen. Die Grün- oder Gelbgrünfärbung, die die weit überwiegende Zahl historischer Gläser kennzeichnet, beruht auf Oxidspuren in den Schmelzmaterialien. Im Falle des Jagdbechers freilich wurde die Grünfärbung gezielt beeinflußt. Daneben setzte man der Glasschmelze färbende Substanzen zu, durch die sich intensive Farbwirkungen erzeugen ließen. So ist das opake Rot einer Rippenschale durch die Zugabe von Kupferoxid erzielt worden. Das leuchtende Blau einer weiteren Schale ist das Produkt des Beischlags von Kobaltoxid. Insbesondere die weitmundigen Rippenschalen eigneten sich zur Entfaltung solcher Farbwirkungen in besonderer Weise. Diese Schalen blies man unter Verwendung einer Form aus. So entstanden die markanten senkrechten Rippen auf dem Gefäßumbruch. Die tiefblaue Flasche mit Spiralfadendekor, eines der erlesensten Gefäße der Äbtissin, besticht durch ihre leuchtende Farbwirkung. Die Form dieser Flasche mit kreisrundem Körper ist von Feldflaschen aus anderen Materialien, zum Beispiel aus Holz oder Keramik, entlehnt, die bereits seit dem frühen 14. Jahrhundert bekannt sind. Die neben dem konischen Ausguß paarig angebrachten Ösen werden allerdings kaum je einen Trageriemen aufgenommen haben, so daß die Flasche mit einer Wandungsstärke von stellenweise nur 0,4 Millimetern ein exklusives Zierstück gewesen ist.

Neben die Spielarten farbigen Glases treten am Ausgang des Mittelalters Gefäße aus vollständig entfärbter Glasmasse. Das aus dem Nahen Osten übernommene Verfahren der Glasentfärbung führte zunächst im norditalischen Raum zu neuen Herstellungszentren in Venedig und Murano. Seit dem 14. Jahrhundert setzte eine nordalpine Produktion dieser Gläser ein, deren Werkstätten bislang allerdings nicht lokalisiert werden konnten. Die venezianischen Glashütten leisteten auch in der Folgezeit kunsthandwerkliche Höchstleistungen in der Behandlung von Formen und Dekoren. Seit dem 16. Jahrhundert arbeiteten schließlich auch in Nordwesteuropa zahlreiche Hüttenmeister in venezianisierender Art (‚à la façon de Venise'), deren qualitätvolle Erzeugnisse im Herfor-

Herford. Phallusglas aus der Kloake der Äbtissin. 16. Jahrhundert.

Herford. Nuppenbecher mit geblasenem Muster. 1. Hälfte 16. Jahrhundert.

der Fundgut nicht fehlen. Charakteristische Dekormerkmale sind etwa punktierte Reihen farbiger Emaille, die im Falle der hohen Kuppa eines Kelchglases die Randzone und die Grate formgeblasener Rippen bedecken oder die zu stilisierten Blüten formiert sind. Die größte Untergruppe innerhalb der nach venezianischer Art gefertigten Gläser bilden Pokale, Fußschalen und andere Gefäße mit weiß-opaken Fadeneinlagen. Das Flechtwerk gekreuzter und tordierter Glasfäden überzieht häufig den gesamten Gefäßkörper oder verbindet sich wie bei dem zylindrischen Deckelpokal mit aufwendigen Goldapplikationen.

Neben einer Vielzahl kostbarer Einzel- und Sonderformen im Haushalt sticht ein Objekt nicht zuletzt durch seinen Fundkontext hervor. Das Phallusglas vertritt einen Formentyp, der bislang fast nur durch Exemplare von unzulänglich dokumentierter Herkunft repräsentiert war. In Herford konnte nun ein annähernd vollständig erhaltenes Glas geborgen werden, dem lediglich die Mündung fehlt, welche sich über dem röhrenartigen Gefäßhals trichterförmig weitete. In der älteren Forschung sind die phallischen Gläser als Zeugnis und Bestandteil eines mittelalterlichen Fruchtbarkeitszaubers angesehen worden, dessen Wirkung durch die besondere Form der Gefäße bestärkt werden sollte. Der ohnehin delikate Fundzusammenhang, in dem jenes Glas in der Latrine des Wohntraktes der Äbtissin erscheint, läßt solche Deutungen allerdings kaum zu. Vielmehr ist das Stück der Gruppe der Scherzgefäße zuzurechnen, die das phantasievolle Instrumentarium skurriler Trinksitten waren. Der überwiegende Teil des Herforder Glasschatzes wurde im Jahr 1988 in stark zerscherbtem und verwittertem Zustand geborgen. Durch die Reinigung und Konservierung jeder einzelnen Scherbe wurde die Voraussetzung zur Restaurierung ausgewählter Objekte geschaffen.

Lit.: M. Wemhoff, Das Damenstift Herford. Die archäologischen Ergebnisse zur Geschichte der Profan- und Sakralbauten seit dem späten 8. Jahrhundert. Denkmalpfl. u. Forschung Westfalen 24 (Bonn 1993). – H. Grewe, Das Fundmaterial aus der Kloake der Äbtissin des Damenstiftes Herford. Ebd. (in Druckvorbereitung).

Die Ausgrabungen im Kloster Brenkhausen bei Höxter – Das ehemalige Nonnenkloster Vallis Dei

Margit Mersch und Bernd Thier

Noch heute wird der kleine Ort Brenkhausen in seinem Erscheinungsbild von einer Klosteranlage geprägt, deren Anfänge in die Mitte des 13. Jahrhunderts zurückreichen. Aus der Gründungszeit sind die Kirche und der Ostflügel der Klausur erhalten; Süd-, West- und Nordflügel stammen aus dem 18. Jahrhundert. Durch mehrere Grabungskampagnen zwischen 1989 und 1994 konnten die mittelalterliche Baugestalt und der bauliche Werdegang des Klosters weitgehend rekonstruiert werden. Um 1245 entstanden in Brenkhausen die ersten Gebäude des Zisterzienserinnenklosters Vallis Dei (Gottestal), einer Gründung Abt Hermanns von Corvey. Der Anlage mußten die alte Dorfkirche und mehrere, teilweise recht aufwendig gestaltete Gebäude – vielleicht ein Adelshof – weichen. Man begann mit dem Bau der Klosterkirche, von der aber zunächst nur der östliche Teil, der Chor und die Hälfte des Langhauses, also zwei der geplanten drei Joche mit einer provisorischen Westwand errichtet wurden. An den Chor schloß sich nach Süden hin der Ostflügel mit Sakristei, Kapitelsaal und Refektorium (Speisesaal) und dem Dormitorium (Schlafsaal) im Obergeschoß an. Der Südflügel wurde in gleicher Größe und Bauart ausgeführt und setzte zum Innenhof hin den gewölbten Kreuzgang fort. Die Bauarbeiten am westlichen Teil des Klaustrums wurden jedoch etwa 1270 nach zwei Brandkatastrophen unterbrochen. Erst um 1350 erweiterte man die Kirche auf die geplanten drei Joche und fügte den noch fehlenden Westflügel hinzu, so daß die Anlage endlich

Höxter-Brenkhausen. Kloster Brenkhausen. Ansicht des barocken Klostergebäudes von Südwesten. 17. Jahrhundert.

Höxter-Brenkhausen. Kloster Brenkhausen. Tischgeschirr aus der Kloake im Innenhof des Kreuzganges: Irdenware und Steinzeug. 17. Jahrhundert.

die für ein Kloster geforderte Geschlossenheit und den umlaufenden Kreuzgang erhielt. Allerdings geschah dies nicht entsprechend den ursprünglichen Bauplanungen. Der Westflügel fiel nicht nur in Bautechnik und -stil sehr viel bescheidener aus, sondern er wich auch deutlich von der Ausrichtung der anderen Gebäudeteile des Klaustrums ab. Die Südwand der Kirchenerweiterung als Verbindung zum Westflügel mußte damit ebenfalls aus der Flucht des Kirchengrundrisses ausscheren. Für diese Änderung der Orientierung, die im übrigen der Flucht der vorklösterlichen Bebauung des Geländes entspricht, konnten bisher keine Gründe ausgemacht werden.
In der somit erreichten Baugestalt blieb das Kloster über 350 Jahre lang äußerlich unverändert bestehen. Die Benediktinerinnen, die 1601 das Kloster auf Anordnung Abt Theodors von Corvey von den Zisterzienserinnen übernahmen, ließen zwischen 1710 und 1746 Süd-, West- und Nordflügel im Barockstil neu erbauen. Abriß und Neubau von Kirche und Ostflügel waren ebenfalls geplant, konnten aber bis zur Säkularisierung des Klosters 1803 nicht verwirklicht werden.

Die Funde aus der Kloake im Innenhof des Kreuzganges

Bei den Grabungen im Jahre 1993 wurde der obere Rand eines steinernen Kloakenschachtes aufgedeckt,

Höxter-Brenkhausen. Kloster Brenkhausen. Niederländische Gläser nach venezianischer Art aus der Kloake im Innenhof des Kreuzganges. 17. Jahrhundert. ▷

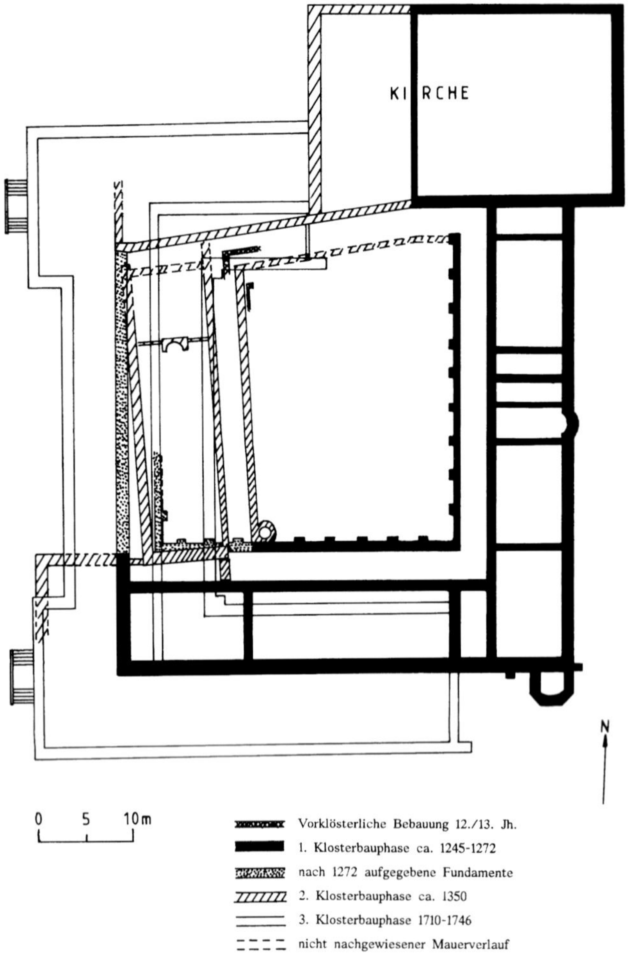

Höxter-Brenkhausen. Kloster Brenkhausen. Plan mit den verschiedenen Bauphasen.

in dessen Verfüllung zahlreiche wichtige Glas- und Keramikfunde zutage traten. Die Ausgrabung der Latrine wurde im Sommer 1994 fortgesetzt, so daß die Restaurierung und Bearbeitung des umfangreichen Fundmaterials noch nicht abgeschlossen ist. Die im späten Mittelalter in der südwestlichen Ecke des Kreuzganginnenhofes aus Bruchsteinen angelegte Kloake weist lediglich eine Tiefe von 2,5 m auf und ist ohne besondere Fundamentierung direkt auf den anstehenden Kies gesetzt. Da die Kapazität des Schachtes begrenzt ist, waren regelmäßige Entleerungen erforderlich. Seit Ende des 16. Jahrhunderts scheint dies nach Aussage der Funde unterblieben oder nicht mehr vollständig geschehen zu sein. In den Einfüllschichten finden sich Hinweise auf die Nutzung als Kloake sowie Haushalts- und Werkstattabfälle aus der Glaserei und der Schuhmacherei des Klosters. Die jüngsten Funde aus der oberen Verfüllung lassen sich dem beginnenden 18. Jahrhundert zuweisen, in dem die Latrine aufgegeben wurde. Die meisten der geborgenen Objekte stammen aus dem späten 16. und dem 17. Jahrhundert, darunter besonders die aufwendig gestalteten Teller und Schüsseln der Weser- und Werraware sowie einige Steinzeugkrüge, die aus Südniedersachsen und dem Westerwald bezogen wurden. Etwas chinesisches Porzellan und niederländische Fayence vervollständigen unseren Einblick in die Ausstattung des Frauenklosters zur Zeit der Renaissance und des Barock. Außerdem fanden sich einfache, einheimische Töpfe aus heller, glasierter Irdenware, die ursprünglich zum Kochen dienten, jedoch sekundär als Nachtgeschirre Verwendung fanden. Die hohe Qualität der Glasfunde spricht für ein luxuriöses Klosterleben. Neben einfachen dickwandigen Bechern, grünlichen Stangen-, Paß- und Nuppengläsern fanden sich Fragmente eines emailbemalten Glases, ein Becher aus Eisglas, Teile einer rosafarbenen Flöte sowie drei fast vollständige Gläser ‚à la façon de Venise'. Eine Herkunft aus Venedig scheint jedoch nicht vorzuliegen, vielmehr ist ein Bezug aus den Niederlanden anzunehmen. Unter den Holzobjekten trat neben Resten von Tellern und Daubengefäßen als herausragender Fund ein Backmodel des späten 16. Jahrhunderts an das Tageslicht, der auf der einen Seite das Lamm Gottes, auf der anderen den Kampf Samsons mit dem Löwen zeigt. Als kurioser Verlustfund hat ein Bund mit acht eisernen Schlüsseln zu gelten, das Auftreten zweier kleiner Orgelpfeifen aus Zinn kann mit einer Reparatur der Kirchenorgel in Verbindung zu bringen sein. Die Bearbeitung der Funde dürfte einen tiefen Einblick in die profane klösterliche Sachkultur Westfalens im 17. Jahrhundert liefern.

Lit.: H. J. Brüning, Zur Geschichte des Klosters Brenkhausen. Höxtersches Jahrb. 6, 1981, 43–97. – H.-G. Stephan, Keramik der Renaissance im Oberweserraum und an der unteren Werra (Köln, Bonn 1992). – Ders., Hausrat aus einem Abfallschacht der Frührenaissance in Höxter. Westfalen 50, 1972, 149–178. – O. Drahotová, Europäisches Glas (Hanau 1991). – T. Dexel, Gebrauchsglas (Braunschweig 1977).

Steinwerke, Brunnen und Kloaken – Ein Blick in die Geschichte der Warburger Altstadt

Cornelia Kneppe und Hans-Werner Peine

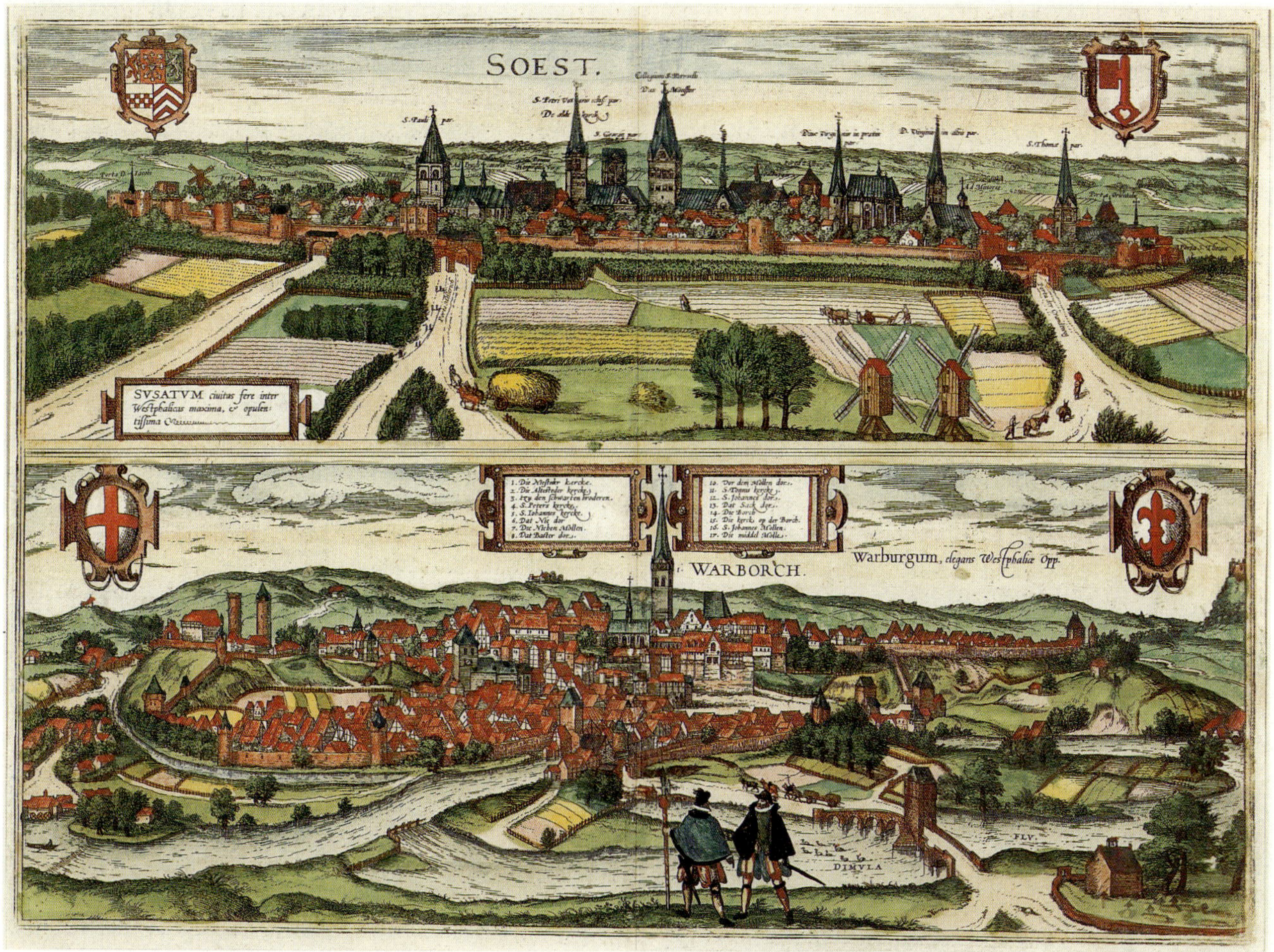

Warburg/Kreis Höxter. Stadtansicht von 1657. Kupferstich. Darüber: Stadtansicht von Soest (siehe S. 101).

Im Vorfeld der Umgestaltung des zwischen Klockenstraße und Josef-Kohlschein-Straße gelegenen Betriebsgeländes der Firma Heitmann mußten kurzfristige und somit auch räumlich auf das Notwendigste reduzierte archäologische Untersuchungen unternommen werden. Die Aussicht auf einen relativ ungestörten archäologischen Befund ergab sich daraus, daß zum einen die abgebrochenen Fabrikgebäude nicht unterkellert und sie zum anderen, wie aus dem Urkataster von 1831 hervorgeht, auf weitgehend unbebautem Gartenland errichtet worden waren. Wissenschaftlich erschienen die Ausgrabungen von großer Wichtig-

keit, war doch davon auszugehen, daß sie aufgrund ihrer Lage mitten in der Altstadt von Warburg in deren älteste Entwicklung Einblick geben würden.
Nach Meinung der historischen Forschung wurde die Altstadt kurz vor 1195 planmäßig angelegt und zu einem Zeitpunkt um 1250 bis zu dem neu angelegten Mühlengraben erweitert. Sie lehnte sich im Südosten an die um 1010 erstmals bezeugte Burg an, den Sitz des 1020 verstorbenen Grafen Dodiko, und dürfte einen Teil des Dorfes Warburg umfaßt haben, das 1036 erstmals erwähnt wird. Weitere vorstädtische Siedlungsschwerpunkte bildeten die Pfarrkirche St. Peter

Warburg/Kreis Höxter. Blick von Westen über den Grabungsschnitt längs der Klockengasse.

auf der Hüffert sowie drei bischöfliche Wirtschaftshöfe, von denen nachweislich einer im Bereich des Dorfes lag. Im Norden und Osten, teilweise auf Neustädter Grund, sind drei vorstädtische Siedlungen mit Corveyer Besitzanteilen nachweisbar. Wie die Lage der ersten Altstädter Pfarrkirche, seit 1283 Kirche der Dominikanerniederlassung, verdeutlicht, ließen sich die ersten Kaufleute und Handwerker in relativ siedlungsungünstiger Hanglage nördlich und östlich der Burg beidseitig des Straßenzuges „Im Sack" nieder, der einen Abschnitt des bei Warburg die Diemel überschreitenden Fernweges von Paderborn nach Hessen bildete. In der zweiten Hälfte des 12. Jahrhunderts mehren sich die Anzeichen dafür, daß dem Ort Warburg stadtähnliche Bedeutung zukam: So ließen sich Hörige des 75 km entfernten Werdener Oberhofes Rassenhövel bei Wadersloh in Warburg nieder und bezeugen damit die wirtschaftliche Anziehungskraft Warburgs über die engere Börderegion hinaus. Ausgehend von der 1195 urkundlich bezeugten Stadterhebung Bürens, in der Warburg und Paderborn als städtische Vororte des Bistums Paderborn aufgezählt sind, wird widerspruchslos angenommen, daß die Privilegierung der Altstadt Warburg sowie die großzügige Anlage der Altstadt mit sich rechtwinklig kreuzendem Straßengefüge und ausgespartem Marktplatz bereits vor diesem Zeitpunkt erfolgten. Diesen aus den archivalischen Quellen rekonstruierten, in vielen Punkten wenig gesicherten Forschungsstand galt es, anhand der Grabungen zu überprüfen, um genauere Aussagen über die älteste Besiedlung des Geländes und deren weitere Entwicklung zu erhalten.
In einem ersten Grabungsschnitt entlang der Klockenstraße traten ca. 0,4 m unter Geländeniveau mittelalterliche Siedlungshorizonte in einer Mächtigkeit von 2,4 m zutage. In dem ca. 40 m langen Grabungsschnitt wurden fünf mittelalterliche Hausparzellen erfaßt. Wegen dieses bislang für Westfalen einmaligen Grabungsbefundes wurden vier weitere Schnitte angelegt, durch die zwei der mittelalterlichen Parzellen näher untersucht werden konnten: Auf den fünf Parzellen konnte man jeweils bis zu sechs zeitlich aufeinanderfolgende Gebäude unterschiedlicher Konstruktionsweisen (Pfosten- und Ständerbauten) erkennen. Auf den beiden näher untersuchten Hausparzellen zeigte sich, daß bereits in der zweiten Nutzungsphase um 1200 an die hölzernen Vorderhäuser steinerne

Warburg/Kreis Höxter. Fundgut aus einem spätmittelalterlichen Brunnen an der Klockengasse. 14./15. Jahrhundert.

Hinterhäuser, sog. Steinwerke, angefügt wurden, die wenigstens bis in die frühe Neuzeit bestanden hatten. Spätestens seit der Zeit um 1200 ist somit eine giebelständige Häuserzeile entlang der Klockenstraße ohne seitliche Zugänge zu den rückwärtigen Grundstücksflächen nachzuweisen. Die Breite der ein- und zweischiffigen Vorderhäuser betrug 7–12,5 m, ihre Tiefe bis zu 13 m, während die nahezu quadratischen Steinwerke eine Seitenlänge von ca. 8 m besaßen. Den verschiedenen Häusern können zehn Herdstellen, die im hinteren Vorderhausbereich lagen, zugeordnet werden. Des weiteren ließen sich größere Gruben und

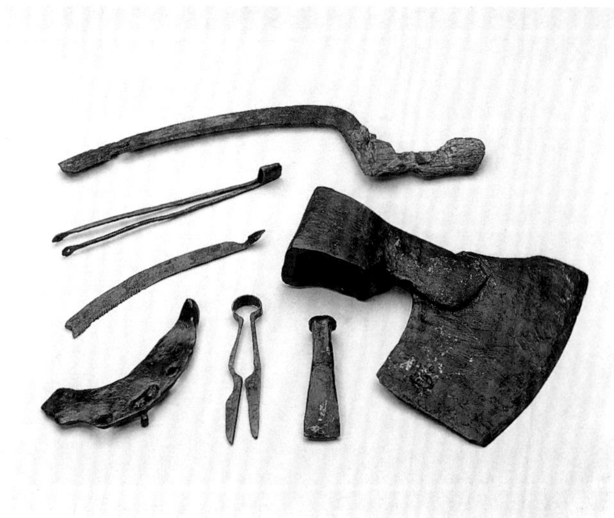

Warburg/Kreis Höxter. Mittelalterliche Eisenfunde: Axt, Sicheln, Meißel, Tuchscheren und Hufeisenfragmente. 12./13. Jahrhundert.

Gräben z. T. mit Holzaussteifungen in den Häusern feststellen. Fast sämtliche Häuser wurden durch Brand zerstört. So ließen sich immer wieder über den Fußböden (Lehm-Estriche mit Laufhorizonten) starke Brandhorizonte und die nach Norden eingestürzten und durchglühten Giebelwände nachweisen. Eine spezifische Nutzung der verschiedenen Häuser war nur in wenigen Fällen zu ermitteln, so beispielsweise Viehaufstallung an der Klockenstraße und Spuren von Schuhmacherhandwerk an Klockenstraße und Josef-Kohlschein-Straße. Die mit Steinwerken ausgestatteten Gebäudekomplexe dürften dagegen von Kaufleuten bewohnt worden sein, wird doch diese Bauform als architektonische Besonderheit der neuen städtischen Oberschicht angesehen. So besaßen die relativ feuersicheren Steinwerke Schutz- und Lagerfunktion und ermöglichten als eigenständige Baukörper hinter den Wohn- und Wirtschaftsgebäuden auch eine Differenzierung der Hausgemeinschaft. Neben dem keramischen Fundmaterial erlaubt vor allem die dendrochronologische Untersuchung der Pfosten- und Schwellbalken der zahlreichen Häuser eine genaue Datierung der frühesten Siedlungsphasen, deren Beginn demnach auf das dritte Viertel des 12. Jahrhunderts einzugrenzen ist. Für die Geschichte der Altstadt bedeutet das Grabungsergebnis, daß die regelmäßig angeordnete Plananlage bereits geraume Zeit vor 1195 bestanden hat. Aufschluß über die Parzellierung und die Straßenführung ergaben sich auch aus den Beobachtungen der Siedlungsüberreste an der Josef-Kohlschein-Straße, die aus Zeitgründen nicht näher untersucht werden konnten, sowie aus Zaunspuren als Markierung der ältesten Parzellengrenzen. Sämtliche ergrabenen Häuser sind dem Mittelalter zuzuweisen, jüngere Bebauungsstrukturen wurden durch den Bau der modernen Fabrik zerstört. Auf den rückwärtigen Teilen der Grundstücke fanden sich Ver- und Entsorgungseinrichtungen, wie Brunnen und Kloaken, aus denen umfangreiches Fundmaterial geborgen werden konnte: So wurden in einem spätmittelalterlichen Brunnen hölzerne Möbelteile, Keramik sowie gedrechselte und geböttcherte Holzgefäße, Holzlöffel, ein Bronzegrapen, ein Clogg (Holzschuh) sowie Spielzeug (Kreisel, Püppchen) gefunden und geben einen Einblick in das breite Fundspektrum. Aus den frühneuzeitlichen Brunnen und Kloaken stammen vor allem zahlreiche irdene Grapentöpfe, Teller und Stangengläser. Weiterer mittelalterlicher Hausrat, Spielzeug, eisernes Arbeitsgerät sowie Überreste von Schuhwerk sind kennzeichnend für das Fundgut in den Haushorizonten.

Der hervorragenden Stratigraphie auf diesem großen Parzellenblock, dem guten Erhaltungszustand der Hölzer und anderen organischen Materialien und nicht zuletzt der Bedeutung des Bereichs für die Geschichte der Altstadt wäre allerdings nur eine umfangreiche Flächengrabung in Zusammenarbeit mit der Stadt Warburg gerecht geworden.

Lit.: B. Trier, Neujahrgruß 1992. Jahresbericht für 1991, 82ff. – F. Mürmann (Hrsg.), Die Stadt Warburg 1036–1986. Beiträge zur Geschichte einer Stadt 1–2 (Warburg 1986). – H. Stoob, Warburg, in: Westfälischer Städteatlas, Lfg. I 15 (Münster 1975).

Niederkrüchten-Arsbeck/Kreis Heinsberg. Mittelalterlicher Turmhügel (Motte). 12./13. Jahrhundert.

Das Statuenfragment einer Heiligen Barbara aus Düsseldorf

Jörg Heimeshoff

Der wohl bemerkenswerteste bewegliche archäologische Fund der Ausgrabung in der Trasse des neuen Düsseldorfer Rheinufertunnels ist das aus zwei Teilen bestehende Fragment einer Statue der Heiligen Barbara (nur zur Hälfte erhalten), die im Juli 1991 im freigelegten Schacht eines Kanals gefunden wurde. Eine schwarze Verfärbung deutet auf Brandeinwirkung hin (möglicherweise die Folge der Explosion eines Pulverturms im Jahre 1634, die große Teile Düsseldorfs zerstört hatte). Die ca. 40 cm hohe Skulptur aus Sandstein zeigt die Heilige neben einem oktogonalen Turm; sie steht auf dem Oberkörper ihres Vaters, des reichen Dioskuros von Nikomedien, der sie grausam hatte foltern und ermorden lassen. Der Heiligenlegende zufolge war Barbara, eine Christin, in einem Turm eingeschlossen. Im 14. und 15. Jahrhundert wurde die Gestalt der Hl. Barbara eine der beliebtesten und am häufigsten dargestellten Heiligenfiguren: Neben dem Turm zählen Hostie, Palmzweig und Pfauenfeder zu ihren Attributen. Wahrscheinlich hielt die Düsseldorfer Barbara ebenfalls einen Palmzweig in ihrer Rechten.

In der Düsseldorfer Darstellung der Heiligen Barbara liegt die rechte Hand mit dem Attribut am oberen Teil des Turmes dem kleineren aufgefundenen Bruchstück der Statue an. Der oktogonale Turm zeigt eine hohe, rundbogige Öffnung, die den Blick auf eine Art Wendeltreppe freigibt. Auf der dritten Stufe von unten steht eine Schale oder ein Kelch mit einer Hostie, ein Hinweis auf das Opfer, das Barbara für ihren Glauben dargebracht hat. Der Turm ist mit Fugenschnitt versehen, der sich am unteren Teil auch über die Laibungen erstreckt. Die drei Fensteröffnungen des oberen Teiles zeigen abgesetzte Gewände mit Fugenlinien. Zwischen den Geschossen gliedert ein Gesims das Bauwerk. Der Künstler wird hier ein gotisches Kaffgesims vor Augen gehabt haben. Das Mauerwerk des Turms endet an einem vorkragenden Dachzinnenkranz. Eigenartig unförmig wirkt der Turmhelm. Es scheint, als sei er in den Flächen abgearbeitet worden. Der unbekannte Bildhauer orientierte sich bei der Gestaltung des Turms an der heimischen Architektur und wählte als Motiv einen mittelalterlichen Bergfried. Als solcher symbolisiert er den Turm der Gefangenschaft Barbaras. Unter dem Saum des Kleides der Heiligen ragt das in Gestalt des Dioskuros symbolisierte und besiegte Böse hervor. Das bärtige Gesicht zeigt grimmige Züge; es muß ursprünglich im deutlichen Kontrast zum lieblichen Gesicht der Barbara gestanden haben: Nach Dionysius dem Kartäuser (1402/1403–1471) bezweckt eine solche Antithese die Reinigung der Seele beim Anblick des Entsetzlichen und das Erschrecken vor dem Bösen. Dioskuros trägt eine mit einem geflochtenen Wulst umgebene Kappe. Am Halsansatz der Jacke, die an der rechten Schulter mehrfach geschlitzt ist, erscheint das fein gefältelte Unterhemd. An der unteren Bruchkante der Plastik ist das Krummschwert zu sehen, mit dem Dioskuros seine Tochter tötete. Wenn die Krümmung nicht nur auf das Skulpturenformat zurückzuführen ist, kann in dieser Formgebung ein Hinweis auf den kleinasiatischen Ortsbezug der Legende vermutet werden.

Das Kleid der Heiligen fällt von der Taille in langen, weichen Falten herab, die sich über den am Boden liegenden Körper verzweigen. Das linke Bein ist als Standbein, das rechte als Spielbein in leichter Vorwärtsbewegung dargestellt. Es zeichnet sich deutlich unter dem Gewand ab und verleiht der Skulptur dadurch eine Körperbetonung, die in der deutschen Plastik des ausgehenden 15. Jahrhunderts kaum anzutreffen ist. Dies und die Art der Gewandbehandlung weisen eher in den flämischen oder nordfranzösischen Raum, der seinerseits Einflüsse burgundischer Plastik zeigt. Augenfälligstes Merkmal ist ein reich ornamentiertes Band (Gürtel?), das entlang des vorn aufspringenden Gewandes herabhängt und die Mitte der Figur betont. Die Flächen des Kleides sind mit einem großformatigen pflanzlichen Dekor versehen.

Düsseldorf. Fragmentierte Statue der Heiligen Barbara aus Sandstein (Höhe ca. 80 cm). Spätes 15. Jahrhundert. ▷

Aus einem verschlungenen Stengel oder einer Wurzel entwickelt sich ein dreigeteiltes Blatt: die symbolhafte Darstellung des Triumphs über den Tod und das Zeichen der Unsterblichkeit. Die flachere Ausarbeitung der Figurenrückseite zeigt, daß sie wie die meisten Heiligenfiguren des Mittelalters auf die Frontalansicht hin konzipiert war. Die Verzierungen des Kleides finden sich in ähnlicher Form auf zahlreichen Darstellungen in der Tafelmalerei der zweiten Hälfte des 15. Jahrhunderts und rechtfertigen eine Einordnung der Skulptur in diesen Zeitraum. Die Siegerpose der Heiligen Barbara ist ikonographisch bereits in Darstellungen der klassischen Antike formuliert und wurde in die christliche Bilderwelt übernommen.

Lit.: M. CAROLL-SPILLECKE (Hrsg.), Archäologie am Düsseldorfer Rheinufer. Die Ausgrabungen 1985 bis 1992 (Düsseldorf 1994) 29–39.

Düsseldorf. Sandsteinstatue der Heiligen Barbara. Detail.

Ausgrabungen im spätmittelalterlichen bis frühneuzeitlichen Töpfereibezirk der Stadt Brühl/Erftkreis

Ulrike Müssemeier

Zwischen Januar und April 1993 konnten im Zuge einer Baumaßnahme im spätmittelalterlichen bis frühneuzeitlichen Töpfereibezirk der Stadt Brühl archäologische Untersuchungen durchgeführt werden. Die Brühler Steinzeugproduktion ist bisher im Vergleich zu der des nahen Siegburg weniger erforscht. Aufgrund zahlreicher archäologischer Funde sind in Brühl Töpfereien für die gesamte Uhlstraße wie auch für die Böningerstraße und den Fischmarkt im Süden der Uhlstraße belegt. In der Regel sind jedoch nur knappe Fundmeldungen bekannt geworden, moderne Dokumentationen von Öfen, Gruben mit Töpfereiabfällen und Schuttschichten fehlten bisher. Die Möglichkeit einer archäologischen Untersuchung bot sich nun auf einem am Parkplatz Janshof gelegenen Grundstück. Ca. 1,5 m unterhalb des heutigen Laufhorizontes konnten vor allem zwei mit Töpfereiabfällen verfüllte Gruben und die Reste eines Töpfereibrennofens aufgedeckt werden.

Die zunächst angeschnittene Grube war 3,5 m lang, 1,4 m breit und erreichte eine Tiefe von maximal 1 m. Das Profil zeigt eine muldenförmige Sohle. Die Verfüllung ließ keine Stratigraphie erkennen. Das keramische Material war sehr dicht gelagert und läßt sich vorläufig der ersten Hälfte des 14. Jahrhunderts zuweisen. Einige Steinzeugkrüge haben einen dreieckig verdickten Rand, die weitaus meisten Stücke besitzen jedoch steile unverdickte Ränder. Bezogen auf die Siegburger Steinzeugproduktion, findet der Wechsel zu schlichten Steilrändern im ausgehenden 13. Jahr-

Brühl/Erftkreis. Töpfereibezirk. Grabungsprofil. Grube mit Fehlbränden.

Brühl/Erftkreis. Töpfereibezirk. Freigelegter Töpferofen. 2. Hälfte 14. Jahrhundert.

Brühl/Erftkreis. Krüge. 14. Jahrhundert.

Brühl/Erftkreis. Feldflaschen. 14./15. Jahrhundert.

hundert statt. Es gibt verschiedene Krugformen mit unverdickten Rändern: solche mit konischem, geripptem, eher halbhohem Hals; andere mit hohem, durch einen ausgestellten Grat profilierten Hals; und Krüge mit senkrechtem, geripptem Hals und einer Leiste auf dem Wandungsumbruch, deren Oberteil glatt ist und deren Unterteil Drehrillen trägt. Die zuletzt genannte Form ist in dem Brühler Fundmaterial sehr zahlreich vertreten. Gute Parallelen zu den Brühler Krügen mit unverdickten Rändern stammen aus einer im zweiten Viertel des 14. Jahrhunderts verfüllten Baugrube des Kölner Doms. Die bisher vorgestellten Gefäße bestehen zumeist aus rotbräunlich geflammtem Steinzeug, das z. T. eine feinkörnig rauhe Oberfläche hat. Die glatten, leicht glänzenden Gefäßoberflächen sind auf eine Anflugsglasur zurückzuführen. In Steinzeug oder Irdenware sind Fragmente kleiner, kugeliger Becher bezeugt, die eine über dem Standfuß stark ausbiegende, gerillte Wandung aufweisen. Als weitere Gefäße in Irdenware sind zu nennen: Grapen mit geriefter Wandung und dreieckigem, nach außen schräg abgestrichenem Rand, kleine, zweihenklige Fußflaschen sowie große Schüsseln mit applizierter Randleiste. Diese Gefäße sind nur eine kleine Auswahl aus der fundreichen Grube, die nicht beansprucht, das ganze Spektrum an vertretenen Gefäßformen aufzuzeigen.

Auf der nördlichen Grundstückshälfte wurde der Ofen mit seiner im Westen anschließenden Arbeitsgrube aufgedeckt. Der Literatur folgend handelt es sich um einen sog. liegenden Töpfereibrennofen, bei dem Feuerungs- und Brennraum hintereinander gestaffelt sind. Leider zeigte sich recht bald, daß der weitaus größte Teil des Brennraums im Osten bereits zerstört worden war, als an dieser Stelle 1969 eine Baggerrampe für Ausschachtungsarbeiten eines angrenzenden Kellers angelegt wurde. Eine weitere Störung rührte von einem Kanalgraben her, der etwas versetzt zur Längsachse des Ofens und der Arbeitsgrube verlief. Trotz dieser tiefgreifenden Störungen vermittelten die erhaltenen Reste ein sehr aufschlußreiches Bild. Westlich vor dem aus Ziegeln gesetzten Schürloch zur Feuerung des Ofens hatte sich eine bis zu 12 cm starke Aschenschicht abgelagert. Der anschließende, etwa ovale Feuerungsraum war in den anstehenden Boden eingetieft und seitlich mit strohgemagertem Lehm ausgekleidet worden. Er wies eine noch erhaltene Tiefe von 1,3 m auf, mit der er bis in den anstehenden Kies eingriff. Das angrenzende Erdreich und die Lehmauskleidung waren durch die Hitzeentwicklung verziegelt. In der Lehmauskleidung hatten sich Abdrücke verglühter Streben erhalten; ihre Neigung beim Austritt aus der Wandung gab einen Winkel von ca. 45° für die ehemalige oberirdi-

sche Überwölbung des Feuerungsraumes an. Auf der muldenförmigen Sohle hatte man sechs Reihen quadratischer Fliesen verlegt. Sie mögen das Auskehren der Asche nach dem Brennvorgang erleichtert haben und verhinderten ein tieferes Eingreifen in den anstehenden Boden, vor allem in das lockere Kiesband. Der Übergang vom Feuerungsraum zum östlich anschließenden Brennraum war sehr steil angelegt; infolge der starken Hitze waren dieser Bereich und der Ansatz der beiden nach Osten führenden Züge stark verschlackt und an der Oberfläche verglast. Die Auskleidung der Flanken am Übergang zum Brennraum war, soweit erhalten, durch gesetzte Ziegel verstärkt worden. Nach Osten verbreiterte sich der Ofen zum anschließenden Brennraum (zerstört). Der besser erhaltene nördliche Zug hatte eine lichte Breite von 0,4–0,45 m und stieg nach Osten leicht an.
Der Ofen und die im Westen anschließende Arbeitsgrube waren mit Resten des eingebrochenen Ofens und mit Keramik verfüllt, die zumeist aus dem letzten, offensichtlich mißlungenen Brennvorgang stammt. Zum weitaus größten Teil sind dies Feldflaschen mit linsenförmigem Gefäßkörper, der von der einen zur anderen Seite flach gedreht und mittels eines kleinen erhabenen Zylinders geschlossen wurde. Der Hals mit den beiden Henkeln wurde nachträglich aufgesetzt. Es finden sich Stücke aus hartgebrannter, gelber Irdenware, aus grauem Steinzeug mit gesinterter, brauner Eisenengobe und aus rotbräunlich geflammtem Steinzeug mit Glasur. Ähnliche Feldflaschen aus Steinzeug werden dem 15. Jahrhundert zugewiesen, Parallelen liegen jedoch auch schon aus dem 14. Jahrhundert vor.
Aus der Arbeitsgrube stammen außerdem Fragmente von weißtonigen, grünglasierten Halbzylinderkacheln, die ebenfalls als Fehlbrände vorliegen, was für eine Produktion vor Ort spricht. Der vor den Halbzylinder gesetzte Rahmen ahmt gotische Fensterarchitektur nach. In den oberen Ecken des Rahmens sind im Dreipaß angeordnete, gezackte Blätter dargestellt, die an Stechpalmenblätter erinnern. Vielleicht handelt es sich aber auch um stilisierte Eichenblätter, die auf Kölner Kacheln dieses Typs recht häufig vorkommen. Die beiden Wappendarstellungen zeigen links das kurkölnische Wappen mit Kreuz, das rechte könnte das Wappen des niederrheinischen Geschlechts von Merode sein, das vier oder fünf Längsstreifen trägt. Im 14. und 15. Jahrhundert waren verschiedene Angehörige dieser Familie Lehnsmänner des Kölner Erzbischofs, der sie wiederholt als Amtmänner von Brühl einsetzte. Die Kacheln sind stilistisch einer Variante des sog. Typs Tannenberg zuzuweisen, bei der im oberen Teil des Spitzbogens ein Stück des Kachelblattes belassen und rundlich ausgeschnitten wurde. Das Stilelement der Verrundung ist in der zweiten Hälfte des 14. Jahrhunderts erstmals nachzuweisen, im 15. Jahrhundert flacht der zunehmend geschwungene Giebel weiter ab, sodaß eine Herstellung der Brühler Kacheln in der zweiten Hälfte des 15. Jahrhunderts eher unwahrscheinlich ist.

Lit.: E. Hähnel, Siegburger Steinzeug – Formen und Entwicklung 1. Siegburger Steinzeug I. Führer u. Schr. Rhein. Freilichtmus. u. Landesmus. Volkskde. Kommern 31 (Köln 1987) 9–52. – G. Hauser, Alltagsgeschirr des 14. Jahrhunderts in Köln. In: S. Wirth, Mittelalterliche Gefäßkeramik. Die Bestände des Kölnischen Stadtmuseums (Köln 1990) 23–36. – A. Jürgens, Langerwehe – Brühl – Frechen: Neue Grabungen und Erkenntnisse in Rheinischen Töpfereizentren. In: D. R. M. Gaimster u. a., Zur Keramik des Mittelalters und der Neuzeit im Rheinland. BAR Internat. Ser. 440 (Oxford 1988) 125–149. – H.-P. Mielke, Zur Typologie und Datierung gotischer Nischenkacheln mit dem „Mainzer Rad". Mainzer Zeitschr. 71/72, 1976/1977, 150–157. – G. Reineking von Bock/ A. Jürgens/M. Jürgens, Brühler Keramik des Mittelalters. Ausstellungskat. Brühl 1985. Schr. Brühler Gesch. 7 (Brühl 1985).

Wohnhaus und Werkstatt in der Aulgasse 40–44 in Siegburg

Andrea Korte-Böger

In den Jahren 1989–1991 wurden durch die Stadt Siegburg, Stadtarchiv/Untere Denkmalbehörde in der Aulgasse, im ehemaligen Töpfereizentrum der Stadt, zwei große Ausgrabungskampagnen unternommen. Durch diese Grabungen wurden erstmals Reste von Töpfereien aus nahezu allen Produktionsphasen Siegburger Töpfereigeschichte aufgedeckt. Die Lage der Werkstätten unmittelbar entlang der Aulgasse mit einem etwa 20 m breiten Streifen ins Innere der jeweiligen Grundstücke – so wie sie sich auf den untersuchten Parzellen nachweisen ließen – kann für den ganzen Verlauf der Töpfereivorstadt vermutet werden.

Siegburg/Rhein-Sieg-Kreis. Freigelegter Ziegelsteinfußboden des Kellers in dem spätmittelalterlichen Haus Aulgasse 40.

Das Wohngebäude Aulgasse 40

Von diesem Gebäude, das bereits um 1600 abgerissen oder zerstört wurde, waren noch die Außenwände bis zu einer Höhe von 1 m von der Fundamentunterkante sowie die Zugangstreppe zu dem 3 × 5 m großen Keller erhalten. Der Kellerfußboden war vollständig mit Ziegelsteinen ausgelegt. Auf dem Fußboden und der Treppe fanden sich verstreut größere Mengen runder Brennhilfen und eine Anzahl teilweise nur wenig zerbrochener Gefäße. Als Gefäßtypen dominieren stempel- und schnittverzierte Trichterhalsbecher, konische Becher und kleine Henkelkrüglein. Interessanterweise fanden sich hier auch zwei Pullen aus Frechen und ein Stück Kobaltglas, dessen Schmelze man zur Herstellung der Kobaltglasur benötigt. Die Teile einer Schöpfkelle oder eines Siebes aus Buntmetall, zwei Gewichtsteine und ein Brunnenvierzack-Anker gehörten wohl zu den Gebrauchsgegenständen des Haushalts. Auf die Ausstattung des Hauses verwiesen die Reste einer aufwendigen Ofenkachel und wenige Schieferstücke der ehemaligen Dacheindeckung. Alle Funde waren eingebettet in eine Schicht gelben Lehms. Die Lehmschicht war durchzogen von Bruchstücken eines Kalkputzes, die überwiegend eine glatte Oberfläche aufwiesen. Hinweise auf eine Stuckverzierung geben zwei erhabene rosettenartige Muster. Dicht außerhalb der Südwand des Kellers lagen auf dem Niveau der damaligen Geländeoberfläche reichliche Reste von Bleiglasfenstern und eisernen Gitterstreben. Die Funde erlauben den Schluß, daß es sich um das Wohnhaus eines wohlhabenden Eigentümers handelte: ein mit Ziegelsteinfußboden gepflasterter Keller mit breiter Treppe; die Wohnräume belichtet durch bleiverglaste Fenster und gesichert mit eisernen Gitterstreben; die Decken mit einem stuckgeschmückten Putz versehen; in einem Raum außerdem ein reichverzierter Kachelofen. Die Dacheindeckung mit Schiefer muß dagegen nicht unbedingt als Zeichen der Wohlhabenheit gewertet werden, sondern kann eher einem Brandschutzbedürfnis der Bewohner in der Töpfereivorstadt entsprungen sein, wo die Öfen nicht nur Rauch sondern auch Funkenflug freigaben. Mit Sicherheit war der Eigentümer ein wohlhabender Töpfermeister der Aulgasse, der hier – mit seiner Familie – wohnte und in der unmittelbaren Nachbarschaft seine Werkstatt betrieb. Die Forschungen von Otto Treptow zur Topographie der Stadt und zur Aulgasse weisen auf ein Mitglied der renommierten Töpferfamilie Knütgen hin.

Die Fehlbrandgrube Aulgasse 44

Eine in der unmittelbar anschließenden Parzelle gelegene Grube war mit einer großen Menge renaissancezeitlicher Fehlbrände verfüllt worden. Die runde, spitz zulaufende, 1,10 – 1,20 m tiefe Grube wies oben einen Durchmesser von 1,30 m auf. Das Bild des Be-

Siegburg/Rhein-Sieg-Kreis. Trichterhalskrug aus der Zeit der Türkenkriege. Fehlbrand (Höhe 16 cm). 1564.

Siegburg/Rhein-Sieg-Kreis. Mit Auflagen und Kobaltglasur verzierte Pulle (Höhe 27 cm). 16. Jahrhundert.

fundes war bereits aus der vorhergehenden Grabung, Aulgasse 8, bekannt: Man war auf den ehemaligen Standort einer Töpferscheibe gestoßen. In der Grube stak ehedem die zwischen dicken Steinen befestigte Achse, auf der die Töpferscheibe lief. Nachdem die Scheibe nicht mehr benutzt wurde, grub man die Achse wieder aus und verfüllte die Grube mit Fehlbränden und Brennhilfen. Die räumliche Nähe zum benachbarten Wohnhaus legt eine Verbindung zwischen diesem und dem Werkstattplatz nahe. Insgesamt wurden in der Grube etwa 200 Gefäße bzw. Gefäßteile gefunden, auf denen 58 unterschiedliche Verzierungsauflagen in immer wieder anderen Kombinationen auftreten. Zusätzlich waren zum Verfüllen noch etwa 1,5 Zentner Brennhilfen und Plätztonstücke hineingeschüttet worden. Die Pullen, Krüge, Kannen, Töpfe, Fußbecher und Trichterhalsbecher zeigen alle Schäden, die beim Brennen durch ungleichmäßige oder zu große Hitze entstehen: abgeplatzte Henkel, eingerissene Ränder und Deformierungen. Auch in der Blütezeit der Siegburger Töpferei bereitete die Brennführung im Ofen also immer wieder Schwierigkeiten.

Die Fehlbrände führen aber nicht nur dieses Problem vor Augen. Viele der Gefäße sind mit blasig-schwarz ausgeschmolzenen Farbflecken verziert: Sie dokumentieren die Versuche, eine neue Verzierungsform in Siegburg einzuführen, deren Technik aber noch nicht vollständig beherrscht wurde – es handelt sich um die Verzierung mit Kobaltglasur. Die Kobaltglasur sollte dabei nicht die Auflagen als Verzierungsform ersetzen, sondern trat zusätzlich hinzu. Teilweise scheint die Farbe willkürlich aufgetupft worden zu sein, teilweise entdeckt man aber auch das Bemühen, Auflagendetails durch die Farbe besonders zu betonen. Die Farbflecken, auch wenn sie nicht aufgekocht sind, sondern das gewünschte leuchtende Blau zeigen, sind in allen Fällen ausgelaufen. Teilweise sind ganze Gefäßflächen mit einem zarten blauen Schleier überzogen. Dieser Fehler wird dadurch hervorgerufen, daß die Farbfelder nicht in der Tonoberfläche begrenzt wurden, so daß die Glasurfarbe während des Brennvorgangs verlaufen konnte. Spätere Generationen von Töpfern im Westerwald vermieden ihn, indem sie die glasurgemalten Partien mit einem feinen, nur wenige Millimeter tiefen Schnitt umrahmten und so die Glasur an einem Ausfließen hinderten.

Lit.: Ausstellungskat. „Eine Töpferwerkstatt der Familie Knütgen – Neue archäologische und historische Forschungen zur Unteren Aulgasse". Kunst u. Alt. Rhein 133 (Köln 1991). – Th. Ruppel, Werkstattfunde in der Töpfereisiedlung Aulgasse. Arch. Rheinland 1990 (Köln 1991) 135–137. – Ders., Weitere Untersuchungen zur Geschichte der Siegburger Töpfersiedlung „Aulgasse". Arch. Rheinland 1991 (Köln 1992) 138–140. – Lt. mündlicher Auskunft Otto Treptows könnte es sich um das Wohnhaus Christian Knütgens handeln.

Spätmittelalterliche Töpfereifunde aus Langerwehe/Kreis Düren

Bernd Päffgen

Langerwehe gehört zu den bedeutenden mittelalterlichen Töpfereizentren im Rheinland. Die Töpferwerkstätten exportierten nach Großbritannien, Belgien, in die Niederlande, nach Norddeutschland, Skandinavien und in das Baltikum. Trotz dieser Bedeutung des Töpferortes gibt es aber nur wenige archäologisch dokumentierte Befunde und Funde. Der Beginn der Keramikproduktion in Langerwehe ist nicht recht zu überblicken. Gesichert ist die Produktion von Irdenware Pingsdorfer Machart und Grauware durch die Ausgrabungen im benachbarten Jüngersdorf. Aber auch in Langerwehe selbst wurde helltonige, häufig rotbraun bemalte Irdenware des Hochmittelalters beobachtet. In der ersten Hälfte des 13. Jahrhunderts dürfte Faststeinzeug hergestellt worden sein, wie es vergleichbar aus Siegburg, vom Vorgebirge, Mayen

Langerwehe/Kreis Düren. Töpfereibezirk ,Ulhaus'. Töpferofen. Um 1500.

Langerwehe/Kreis Düren. Töpfereibezirk 'Ulhaus'. Dränagevorrichtung unterhalb des Töpferofens.

Langerwehe/Kreis Düren. Töpfereibezirk 'Ulhaus'. Reifenschacht mit Gefäßfüllung.

und aus dem Mittelrheingebiet bekannt ist. Gewisse traditionelle Züge zeichnen die Langerweher Keramikproduktion aus. Die Verwendung von Eisen- oder Lehmengobe, die den Gefäßen eine mattviolette bis braune Farbe verleiht, verdickte Randformen und Rollrädchendekor charakterisieren noch das in Langerwehe produzierte spätmittelalterliche Steinzeug. Die Ware zeichnet sich durch einen dunkelgrauen, manchmal gelblichen Scherben aus. Die Salzglasur fand in Langerwehe weniger Verwendung. Das Formenspektrum gleicht dem der Siegburger Produktion. Besonders für die Zeit des 14.–15. Jahrhunderts lassen sich jedoch ortstypische Formen erkennen. Es dominieren bauchige Krüge mit Dorn-, Karnies- oder Steilrand, die zum Teil plastische Leisten aufweisen, Doppelhenkelkrüge, schlanke Krüge nach Art der sog. Siegburger Jakobakannen, Doppelhenkeltassen und Becher. Als Sonderformen sind Gefäße auf drei Standknubben, Saugflaschen und Pilgerflaschen zu nennen. Nicht zu unterschätzen ist die spätmittelalterliche Langerweher Irdenware. Hartgebrannte helltonige Grapen, Saugflaschen und Signalhörner wurden partiell mit grüner, seltener gelblich-bräunlicher Bleiglasur überzogen. Von den Tonhörnern ist über-

liefert, daß sie an Pilger verkauft wurden, die nach Aachen und Kornelimünster wallfahrteten.
Mitte März des Jahres 1989 wurde bei Ausschachtungsarbeiten für den Erweiterungsbau der Möbelschreinerei Herten nördlich des Langerweher Bahnhofs ein Teilbereich des mittelalterlichen Töpfereigebietes angeschnitten. In der Nordostecke des Bauplatzes waren die Reste eines sog. liegenden Töpferofens angeschnitten. Erhalten hatten sich der Feuerungsraum und drei Züge zum anschließenden, etwas höher gelegenen Brennraum. Wände und Boden des im Grundriß annähernd birnenförmigen Feuerungsraumes waren mit Töpferton ausgekleidet, der durch Hitzeeinwirkung schwarz gebrannt und gesintert war. An einigen Stellen müssen sich extrem hohe Temperaturen entwickelt haben, da sich regelrechte Tropfleisten aus Sinter gebildet hatten. Im nordwestlichen Teil der Rückwand waren noch Fingerspuren des Ofenbauers zu erkennen, die vom ‚Schlusen', dem Glattstreichen des Tonverputzes, stammen. Im Profil zeichnete sich ab, daß der obere Bereich des Feuerungsraumes in ältere Schichten aus Töpfereiabfall und Reste abgebrochener Ofenkuppeln eingetieft war. Das untere Drittel der Feuerung schnitt in den gewachsenen Boden ein. Die ehemals vorgelagerte Arbeitsgrube war modern durch ein Backsteinfundament entfernt worden. Unmittelbar an der Rückwand des Ofens ansetzend befand sich ein Sockel von 30 cm Höhe, der in der Mittelachse als Flammenbrecher diente und dafür sorgte, daß die Flammen an der Rückwand gleichmäßig zu den darüberliegenden Zügen geleitet wurden. Ein solcher Sockel konnte gleichzeitig als Auflage für die zur Befeuerung benötigten Holzscheite dienen und die notwendige Sauerstoffzufuhr unter den Brennstoff gewährleisten. Die moderne Hofpflasterung und ein Mauerfundament hatten den Übergangsbereich der Züge in den Brennraum zerstört. In den Zügen fiel eine von Rissen durchzogene Verglasung auf, die auf starke Hitzeeinwirkung zurückzuführen ist. Für die Feuerung und den Brennraum ist eine kuppelartige Überwölbung anzunehmen.
Die Ofenverfüllung war von Raubgräbern durchwühlt. Der Boden der Feuerungskammer zeichnete sich hart gebrannt ab. Nach der Entfernung des Bodens fand sich in der nordwestlichen Ecke eine Ansammlung von sechs fast vollständig erhaltenen Gefäßen. Von hier aus führte eine Leitung aus ineinandergesteckten Tonröhren schräg bis zur Mittelachse

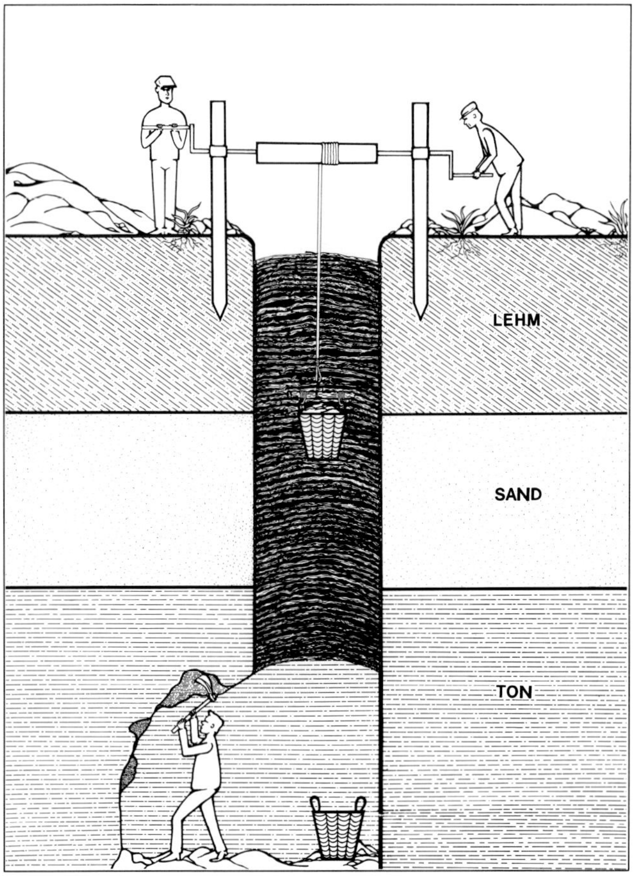

Langerwehe/Kreis Düren. Tongewinnung im späten Mittelalter. Skizze.

des Ofens und unter der Mitte des Schürkanals hinaus in einen südöstlich gelegenen Brunnen. Das Endstück der Rohrleitung war durch das moderne Backsteinfundament gestört. Der aus Bruchsteinen gemauerte Brunnenschacht muß demnach während des Betriebs des Töpferofens bestanden haben. Die Verfüllung bestand aus schlickartigem dunklem Sediment, das mit Backstein, Bruchstein und Keramik durchsetzt war. Die Gefäße, die unter dem Feuerungsraum als Sammelstelle für die vom Hang her einsickernde Feuchtigkeit dienten, lassen sich in die Zeit um 1500 datieren und geben ein Datum für die Errichtung des Ofens. Der in den Hang eingetiefte Feuerungsraum konnte durch diese Konstruktion trocken gehalten werden, indem Tagwässer aufgefan-

Langerwehe/Kreis Düren. Töpfereibezirk ‚Ulhaus'. Mehrere hundert Fehlbrände aus dem Reifenschacht. Steinzeuggefäße verschiedenster Art. 2. Hälfte 15. Jahrhundert.

gen und in den Brunnen abgeleitet wurden. Da die Brennzeit der Langerweher Töpfer durch Zunftordnungen und ähnliche Vorschriften auf den Zeitraum von April bis November festgelegt war und die Öfen im Winter nicht genutzt werden konnten, war eine solche Drainage für den Betrieb in den niederschlagsreichen Monaten sinnvoll.

Während der tieferen Ausschachtungen kam eine annähernd kreisrunde Verfärbung von 1,40 m Durchmesser zutage. Bis in eine Tiefe von 5,50 m ließ sich ein runder Schacht nachweisen, der vollständig mit den Fehlbränden mehrerer Ofenbeschickungen verfüllt war. Es handelt sich um einen Schacht zur Gewinnung von Töpferton. In der Töpfersprache heißt eine solche Anlage Reifenschacht. ‚Dolgräber' teuften einen Schacht, in dem zwei Mann stehen konnten, auf die Tiefe der Ton führenden Schichten ab und förderten in kleinen glockenförmigen Tunnelbauten den Ton zutage. Der Schacht wurde mit Rutengeflecht verstärkt, wie eine historische Aufnahme des Amtes für Rheinische Landeskunde zeigt. Der Langerweher Reifenschacht dürfte mit etwa drei bis vier mißglückten Bränden verfüllt worden sein. Der hier ansässige Töpfer wird von den mißglückten Ofenbeschickungen hart getroffen worden sein. Interessant erscheint, daß nicht Gefäße in besserem Zustand aussortiert wurden und als zweite Wahl in den Handel kamen, sondern jeweils der gesamte Fehlbrand verkippt wurde. Bereits die Beschickung des Ofens war eine sensible Angelegenheit, bei der man nicht auf ‚göttlichen Beistand' verzichten wollte: Bis in das 20. Jahrhundert hinein wurde die Ofenbeschickung mit Weihwasser eingesegnet, ein Meßopfer dargebracht und in die vermauerte Ofeneinsatztür ein Kreuz aus Strohhalmen eingedrückt. Für die Handwerksgewohnheiten der Langerweher Töpfer kennt man das sog. Brassen, das man festlich beging, wenn ein Brand geglückt war.

Während die Abbaumethode mittels Reifenschacht im 19. und 20. Jahrhundert hinlänglich bekannt ist, stellt der neue Befund den ältesten bekannten Nachweis dar. In diesem Reifenschacht lagen bis 5,50 m tief dicht an dicht Hunderte von Langerweher Steinzeuggefäßen. Als Gefäßformen sind zumeist Einhenkelkrüge unterschiedlicher Größe und Gestaltung, seltener Doppelhenkelkrüge sowie Tassen und große Vorratsgefäße vertreten. Das einheitliche Fundensemble läßt sich in die Mitte oder das dritte Viertel des 15. Jahrhunderts datieren. Anstelle von eigens gefertigten Brandhilfen hatte man größere Keramikscherben benutzt, die glasierte Brüche und Gefäßstandspuren aufweisen. Zwischen Töpfereiabfall lag auch eine dekorierte Bodenfliese gotischer Zeit. Es handelt sich um das etwa halb erhaltene Fragment einer Tonfliese mit gelblich-grün bleiglasierter Oberfläche von ursprünglich 11 × 11 cm. Auch hier könnte es sich um einen Fehlbrand handeln; die Oberfläche ist stellenweise abgeplatzt. Während man aus Burgen und Kirchen vergleichbare Fliesen kennt, gibt es bislang kaum Hinweise auf die Produktion der Tonfliesen: Es ist anzunehmen, daß in Langerwehe – wie in anderen rheinischen Töpferorten – solche Tonfliesen zur Produktionspalette gehörten. Weitere Indizien sprechen für die Herstellung von unverzierten tönernen Bodenfliesen und Hohlziegeln zur Dachdeckung.

Ein interessanter Aspekt für die Töpfereigeschichte in Langerwehe ergibt sich durch den archäologischen Nachweis von Frühsteinzeugproduktion des 13. Jahrhunderts. In einer Abfallgrube fanden sich unter anderem ein kleiner Kugeltopf, mehrere Becher auf Wellenfuß (sog. Urnenbecher), ein Becher auf Standknubben, ein Einhenkelkrug auf Standknubben und ein Grapen.

Langerwehe/Kreis Düren. Töpfereibezirk ,Ulhaus'. Steinzeugkrüge. Fehlbrände. 2. Hälfte 15. Jahrhundert.

Lit.: A. Jürgens/D. Kleine, Langerwehe und Frechen. Neue Erkenntnisse zu Brennöfen, Steinzeug und Irdenware. In: Archäologie in Nordrhein-Westfalen – Geschichte im Herzen Europas. Schr. Bodendenkmalpflege NRW 1 (1990) 341–343. – B. Päffgen/A. Werner, Neue Töpfereifunde des 15. bis 16. Jahrhunderts aus Langerwehe. Arch. Rheinland 1989 (1990) 191–193. – Dies., Neue archäologische Untersuchungen im Töpfereibezirk Uhlhaus in Langerwehe. Dürener Geschbl. 82, 1993, 5 ff.

Essen-Burgaltendorf. Horster Schleuse. 1774/75. Zeugnis der frühen Ruhrschiffahrt und wegen verschiedener historischer Baureste im Boden ein geschütztes Bodendenkmal.

◁ *Münster. Max-Clemens-Kanal. Ehemaliges Kanalbett. 1731. Erste künstliche Wasserstraße Westfalens und Bodendenkmal.*

Pfeifenfunde in der Zitadelle Jülich

HERMANN MESCH

Die Zitadelle Jülich ist ein Befestigungsbauwerk von internationaler Bedeutung, sie ist das älteste Bauwerk dieser Art in Europa. Gleichzeitig mit Zitadelle und Schloß wurde auch die Stadtbefestigung Jülichs 1548 durch den Architekten A. Pasqualini im italienischen Bastionärssystem errichtet. Da die Entwicklung der Geschütze im 16. Jahrhundert schnelle Fortschritte machte, erforderte dies einen immerwährenden Umbau der Zitadelle. Die größte Ausdehnung wurde in der französischen Besatzungszeit, 1794–1814, mit dem Bau des Fort Napoleon auf der Merscher Höhe und mit dem Brückenkopf auf dem anderen Rurufer erreicht. Die Festungswälle und Gräben vor der Stadt ließ man nach 1860 schleifen. Im Zweiten Weltkrieg wurde Jülich in einem vernichtenden Angriff am 16. November 1944 zerstört. Darüber hinaus wurden große Teile der Schloßruine und weitere Gebäude 1964 gesprengt. Der Ostflügel mit der kunsthistorisch bedeutenden Kapelle wurde hingegen restauriert, er zeigt heute den Bauzustand der Renaissance. Dort und im Schloßkeller hatte man eine Ausstellung zur Geschichte der Zitadelle präsentiert. 1972 bezog das Gymnasium die Zitadelle. Seit 1970 wird das Außenmauerwerk des Zitadellenbaukörpers durch das Staatshochbauamt der Stadt Aachen restauriert. Hier entstand durch die Verwendung moderner Ziegel ein fast neu wirkendes Bauwerk. Seit Anfang der neunziger Jahre geht man behutsamer mit der noch vorhandenen Substanz um: Nur die Fehlstellen werden mit entsprechenden Ziegeln ausgebessert. 1989 wurde das archäologische Projekt ‚Zitadelle' eingerichtet, das seit 1990 über vierzig Grabungen durchgeführt hat. Ziel der Ausgrabungen ist es, Grundlagen für die weitere Restaurierung zu schaffen sowie Fragen zur Geschichte und Erbauung der Zitadelle zu untersuchen.

Neben der Feststellung vieler Befunde haben die Archäologen natürlich auch viele Funde gemacht. Selten sind primäre Fundlagen, denn der Boden an der Zitadelle war mehrfach umgelagert und oft zu Wällen aufgebaut, die ihrerseits wieder Veränderungen unterworfen waren. Der gesamte Erdaushub des Wallgra-

Jülich/Kreis Düren. Zitadelle. Tonpfeifenkopf mit Lilie. Frühes 17. Jahrhundert.

Jülich/Kreis Düren. Zitadelle. Porzellanpfeife mit Aufschrift: „Andenken an den Cameraden Scheffler 6. Companie zu Fuß in Spandau". 19. Jahrhundert.

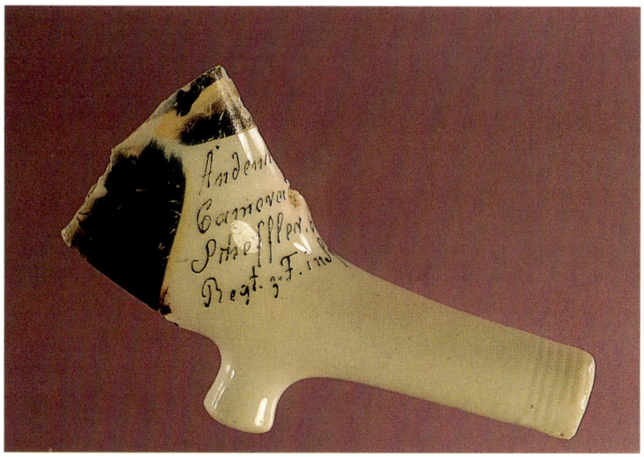

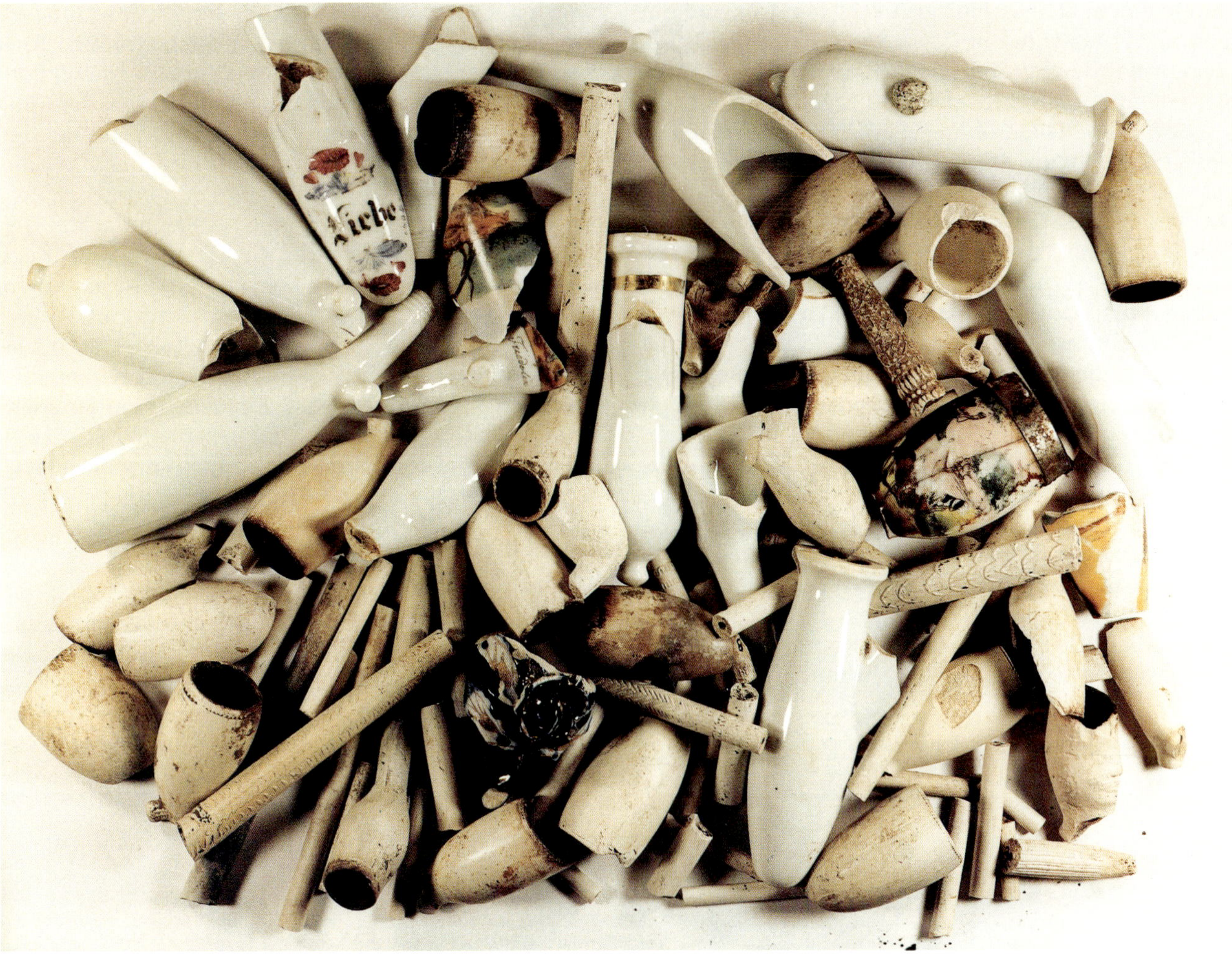

Jülich/Kreis Düren. Ton- und Porzellanpfeifen des 16.–19. Jahrhunderts aus dem Bereich der Zitadelle.

bens wurde in den Wällen wieder gebraucht; darin befindet sich viel römische Keramik, während mittelalterliche Relikte fehlen. Funde setzen erst wieder mit Keramik des 16. Jahrhunderts ein, Militaria jüngeren Datums gehören ebenfalls zum Fundgut. Da man in früheren Zeiten zerbrochene Keramik im Wallgraben entsorgt hatte, fanden sich dort auch rund 800 Stücke von Ton- und Porzellanpfeifen. Die Sitte des Rauchens ist im Gebiet von Aachen seit dem Ende des 16. Jahrhunderts bekannt: Die erste schriftliche Erwähnung von rauchenden spanischen Soldaten stammt aus dem Jahre 1587. Die ersten Tonpfeifen wurden zu Beginn des 17. Jahrhunderts in den Niederlanden gefertigt. Der weißbrennende Ton stammte damals aus England. Später wurde von den Niederländern auch Ton aus Frechen, Köln und Siegburg benutzt. Der Kontakt mit den Tonhändlern brachte es mit sich, daß in der Folgezeit das Handwerk der Pfeifenmacher sich auch im Rheinland etablierte. Zur Herstellung von Pfeifen gehören nur wenige Werkzeuge: eine zweiteilige Form, in der Regel aus Metall, Messing oder Bronze, ein Stopfer und ein Draht, der Weierdraht,

der mit einem kleinen Holzgriff versehen war und mit dem der Rauchkanal in den weichen Ton des Stiels gepreßt wurde. Zusätzlich verwendeten die Pfeifenmacher einen Schraubstock und verschiedene Messer. Bevor der Pfeifenrohling bei ca. 1000 ° C im Töpferofen gebrannt wurde, mußte er im trockenen Zustand mit einem Achatstein geglättet werden.
Die Verbindung zwischen Kopf und Stiel wird als Hals bezeichnet, die kleine Stellfläche an seiner Unterseite als Ferse. Auf der Ferse befinden sich bei frühen Pfeifen die sog. Fersenmarken; es gibt aber auch Marken an den Fersenseiten. Bei Pfeifen ohne Ferse kann die Marke am Boden angebracht sein. Die Dekore reichen von einfachen Verzierungen bis hin zum vollständigen Überzug mit Bildern und Texten. Die Datierung der Tonpfeifen kann nur ungefähr erfolgen, da die Pfeifenformen lange ohne größere Veränderungen in Gebrauch waren. In der Regel gilt: je kleiner der Kopf desto älter die Pfeife. Das Fassungsvermögen lag um 1600 bei einem Kubikzentimeter. Es wuchs bis 1700 auf das dreizehnfache Volumen an. Duco datiert die Pfeifen nach der Kopfform, die er in fünf Gruppen einteilt. Im 17. Jahrhundert waren die längsten Exemplare 25 cm lang, im 18. Jahrhundert konnten selbst 90 cm noch übertroffen werden. Tonpfeifen kamen im 19. Jahrhundert zugunsten von Porzellanpfeifen langsam aus der Mode. Unter den Jülicher Tonpfeifen befinden sich viele Exemplare mit der Herstellermarke „46" samt Krone und Perlring, die aus dem Westerwald stammen. Bei den Porzellanpfeifen gibt es ein außergewöhnliches Exemplar mit der Inschrift „Andenk Camerad Scheffler 6 Comp Regt z. F. in Spandau". Dieser Schriftzug weist auf einen Soldaten der 6. Companie des Regiments zu Fuß hin, der in der Zitadelle Spandau seinen Dienst tat, bevor er nach Jülich versetzt wurde. Seine Porzellanpfeife fand sich beim Abtrag des Zitadellen-Süddammes, unter dem 1992 insgesamt 15 Fundamente von zwei Brücken aufgedeckt wurden. Der Fund muß während dem Bau des Dammes 1860 in den Damm gelangt sein und liefert somit heute die Datierung.

Lit.: W. Hackspiel, Der Scherbenkomplex von Haus Gelinde – Gebrauchsgeschirr des 18. und 19. Jahrhundert. Kunst u. Alt. Rhein 139 (Köln 1993) 135–148 (Tonpfeifen).

Porzellan von einem Adelssitz im Ruhrgebiet

Uwe Schellhas

Im Frühjahr 1994 wurden in Castrop-Rauxel bei Kanalisationsarbeiten Teile einer Wasserburg freigelegt. Es handelt sich um die „Henrichenburg", die 1787 wegen Baufälligkeit abgerissen und nach der dieser Stadtteil benannt worden ist.
Die Unzugänglichkeit der historischen Quellen hat dazu geführt, daß man bisher nur ungenaue Vorstellungen von dieser Burganlage hatte und keine umfangreichere Auswertung vorgenommen werden konnte. Veranlaßt durch die Freilegung von Baustrukturen, begann das Referat Mittelalter des Westfälischen Museums für Archäologie/Amt für Bodendenkmalpflege mit intensiven Nachforschungen in den verschiedensten Archiven und Bibliotheken, bei denen eine Skizze der Gesamtanlage und ein früher Lageplan der Burg aufgespürt wurden. Demnach bestand die Hauptburg 1785 aus vier Gebäudeflügeln, die mit einem Wassergraben umgeben waren. Im Süden der Burg befand sich zwischen Gräfte und ehemaligem Emscherarm zusätzlich ein dreiflügeliger Wirtschaftstrakt. Heute liegen die Überreste der vollständigen Anlage mit Haupt- und Vorburg im Osten des Stadtteils Henrichenburg in einem unbebauten Areal. Wie die archäologischen Beobachtungen im Rahmen der Erschließungsmaßnahme zeigten, ist der Erhaltungszustand des Bodendenkmals hervorragend. Da das Gelände bisher lediglich als Wiese genutzt wurde, unterblieb eine Beeinträchtigung der archäologischen Substanz. Daneben gewährleistet der hohe Grundwasserspiegel eine ausgezeichnete Konservierung der Funde.
Während der Bauarbeiten wurden bis zu 1,7 m breite Ziegelfundamente aufgedeckt, die offensichtlich zum Südflügel der Hauptburg gehören. Sie belegen eindrucksvoll den überlieferten fortifikatorischen Charakter der Burg an der Südgrenze der Veste Recklinghausen. Der sehr gute Erhaltungszustand einer hölzernen Wasserleitung aus dem Jahr 1680 zeigt, daß auch die Versorgungsstrukturen der Burg erhalten geblieben sind. Für den neuen Abwasserkanal durchschnitt man zwei Gräftensysteme. In dem älteren Graben, der Ende des 15. Jahrhunderts verfüllt wurde, fanden sich neben fragmentierter Keramik u. a. Möbelreste aus Holz, Kleidungsbestandteile aus

Castrop-Rauxel/Kreis Recklinghausen. Burganlage ‚Henrichenburg'. Untersuchungen im Hauptburgbereich während der Kanalisationsarbeiten.

Castrop-Rauxel/Kreis Recklinghausen. Burganlage ‚Henrichenburg'. Frühneuzeitliche Ziegelfundamente der Hauptburg. 18. Jahrhundert.

Leder und Utensilien der eisernen Rüstung und Bewaffnung. Die zweite Grabenanlage, die die Skizze von 1785 festhält, barg im oberen Bereich vor allem Güter des gehobenen Bedarfs aus dem 17. und 18. Jahrhundert. Zahlreiche Glasfragmente traten zutage – Fensterglas, gelegentlich noch mit Resten der Bleifassungen, Fragmente von Spiegeln und natürlich zahlreiche Glasgefäße. Ein umfangreicher Porzellankomplex kam in einem Gräftenarm der Henrichenburg ans Tageslicht. Von den frühen Porzellangefäßen europäischer Produktion sind die Fragmente eines Geschirrsatzes aus Meißen erwähnenswert. Henkeltassen und die Reste von zugehörigen Untertassen im Blau-Weiß-Dekor lassen auf ein ehemals vollständiges Service schließen.
In großem Umfang gelangte aber chinesisches Porzellan aus der ersten Hälfte des 18. Jahrhunderts in den Burggraben. Blauer Dekor auf weißem Grund überwiegt (Blau-Weiß-Porzellan), häufig sind figürliche Szenen wiedergegeben. Etwa zwei Drittel dieses Geschirrs ist auf der Außen- bzw. Unterseite flächendeckend mit kapuzinerbrauner Unterglasur überzogen. Offensichtlich wurden mehrere Geschirrsätze gleichzeitig in die Gräfte entsorgt, denn in Fragmenten liegen einige Untertassen und Teekopjes mit gleicher Verzierung vor. Unter den wenigen signierten Gefäßen fanden sich diverse Stücke mit identischen Signaturen. Auch hier handelt es sich wieder um Untertassen und Kopjes, die durch ihren Dekor auf Gedecke schließen lassen. Daneben treten auch mehrfarbige Porzellane auf. So können zwei Sätze kleinerer, im sog. Imari-Stil verzierter Teller erkannt werden. Warum man die umfangreiche Zusammenstellung chinesischen Gebrauchsporzellans, die wohl von den Besitzern der Henrichenburg, A. A. R. Freiherr von Gysenberg (1663–1725) und J. C. A. Freiherr von Westerholt (1725–1767), in der ersten Hälfte des 18. Jahrhunderts erworben wurde, schon kurze Zeit später in den Burggraben geworfen hat, läßt sich derzeit nicht klären.

Castrop-Rauxel/Kreis Recklinghausen. Burganlage ‚Henrichenburg'. Chinesisches Porzellan aus dem Burggraben. 1. Hälfte 18. Jahrhundert. – Die Tasse stammt aus Meißen.

Abbildungsnachweis

Die photographischen Aufnahmen, Karten, Ansichten, Pläne und Zeichnungen wurden von den beteiligten Bodendenkmalpflegeämtern, Universitätsinstituten, Museen und Stadtverwaltungen zur Verfügung gestellt.

Axel Thünker DGPh, Remagen, photographierte die Bodendenkmäler auf den Seiten 15–17, 19, 21, 31, 32, 47, 55, 88, 89, 96, 142, 148, 161, 174, 202, 249, 253, 284, 329, 344 und 345 sowie auf dem Vorsatz vorn und Vorsatz hinten.

Die Ansicht des römischen Köln (S. 82/83) zeichnete Roderic Stokes, Köln.

Aufbewahrungsorte der abgebildeten Denkmäler und Modelle

Westfälisches Museum für Archäologie/Amt für Bodendenkmalpflege, Münster: 2, 23, 39, 40, 178, 189, 194, 196, 197, 206, 208, 214–219, 290–293, 310, 311, 313, 318, 319, 322, 323, 327, 328, 351

Westfälisches Museum für Naturkunde, Münster: 42, 45, 46, 142, 146, 149, 153, 154, 157, 162, 165, 166

Rheinisches Amt für Bodendenkmalpflege/Rheinisches Landesmuseum, Bonn: 51, 58, 59, 182, 185, 187, 220, 242–244, 246, 247, 250, 254, 256, 257, 263, 280, 281, 288, 295, 334, 342, 343

Archäologischer Park/Regionalmuseum, Xanten: 72, 75, 77, 78, 222, 225, 227, 229–231, 234, 236, 239, 241, 242

Römisch-Germanisches Museum/Amt für Bodendenkmalpflege der Stadt Köln: 87, 265, 266, 268, 270–273, 275, 297–299, 301, 302

Köln (Domgrabung): 92, 94

Museum für Kunst- und Kulturgeschichte der Stadt Dortmund: 100, 194, 199, 200, 210, 211

Lippisches Landesmuseum, Detmold: 106

Stadt Soest: 117

Museum Burg Linn, Krefeld: 132, 259, 260

Stadt Moers: 136

Stadt Neuss: 137, 139

Museum für Ur- und Frühgeschichte Quadrat, Bottrop: 169

Stadt Höxter: 305–307

Stadt Gelsenkirchen: 314

Stadtmuseum Düsseldorf: 331, 332

Stadtmuseum Siegburg: 337, 338

Stadtgeschichtliches Museum, Jülich: 346, 347

Privat: 175, 176

Ortsverzeichnis

Die halbfetten Seitenzahlen verweisen auf die Unterschriften zu den Abbildungen.

Aachen 23, 52, 56, 62, 65, 138, 231, 248, 341, 347
–, Dom 56
– -Kornelimünster 18, 341
– –, *Varnenum* 18, 247; **253**
– -Süsterfeld 58
– -Vetschau 58
Abbéville 176
Afghanistan 272
Ägypten 273, 295
Ahlintel, Grube 46
Aldenhoven 52, 58
– -Niedermerz 288
– -Pattern 53, 58, 62, 256, 257; **256, 257**
– –, Haus Ahr 62
– –, Haus Bock 62
– –, St. Matthäus 62; **63**
Alexandrien 272
Alpen 160, 172
Alt-Belmen → Jüchen-Belmen
Alt-Elfgen → Grevenbroich
Ammerter Mark → Heek
Amsterdam 314
Andernach 288
Anreppen → Delbrück
Aplerbeck → Dortmund
–, St. Georg → Dortmund
Aquileia 77
Arnsberg **44**
Asciburgium → Moers-Asberg
Atauerca 176

Bad Honnef 63
Bad Lippspringe 289
Bad Salzuflen-Wüsten-Krutheide 108
Baltikum 339
Bassenheim 273
Bedburg
– -Blerichen 60
– -Kaster 118, 138
Bedburg-Hau 62
–, Schloß Moyland 62
Beelen 35, 289 ff.; **290, 292, 293**
Begram 272
Belgien 65, 339
Bergheim-Jobberath 62
– -Kenten **288**
Bergisch-Gladbach-Paffrath 64
Bergisches Land 51, 64
Bergkamen 203
– -Oberaden 20, 34, 203 ff.; **204, 206**
Berleegem 296
Berlin 212
Bermel 264
Berthouville 232
Bielefeld 25
Bilk → Düsseldorf
–, Alt St. Martin → Düsseldorf
Börry 228
Bonn 50, 54, 56, 62; **65**
– -Bad Godesberg 54
– -Muffendorf 54
– -Oberkassel 52
Borchen-Etteln 30; **30**
Borken 13
–, Die Berge 13
Bornheim-Sechtem 52; **51**
Bottrop-Kirchhellen 27, 175; **175**
– -Welheim 167 ff.; **168–171**
Brauweiler → Pulheim
Breinig → Stolberg
Brenkhausen → Höxter
Brilon 156
– -Gudenhagen 41
– -Nehden 156 ff.; **156, 158, 159**
Briloner Hochfläche 156
Britannien 254
Bruchhauser Steine → Olsberg
Brühl 64, 333 ff.; **333, 334**
Brüssel 66
Bünde 17, 160 ff.
–, Doberg 17, 160 ff.; **160, 162, 163**
Büren 326

– -Wewelsburg 177, 178; **177, 178**
Buldern 45
Bundenbach 146

Carnuntum 77
castellum Nivisium → Neuss
Castrop-Rauxel 216, 349; **213, 214, 216, 217**
–, Erin (Zeche) 213 ff.
– -Henrichenburg 349; **349, 351**
Chaourse 232
Cividale, Santo Stefano 296
Coesfeld 44; **46**
– -Lette 30, 188 ff.; **188, 190**
Colonia Claudia Ara Agrippinensium (CCAA) → Köln
Colonia Ulpia Traiana (CUT) → Xanten
Corbridge 237
– *Corstopitum* 237
Corvey 38, 101, 104, 112, 304
Costedt → Porta Westfalica

Dänemark 260
Dechenhöhle → Iserlohn
Dehme 153
Delbrück 166
– -Anreppen 34, 203 ff.; **204, 206, 209**
Detmold 106, 109, 195, 197; **109**
–, Lutherkirche 109
– -Hiddesen **96**
– -Jerxen-Orbke 106
Die Berge → Borken
Dieckmann, Steinbruch → Halle
Doberg → Bünde
Donaueschingen 296
Dorestad am Kromme Rijn → Wijk-bij-Duurstede/ Prov. Utrecht
Dormagen 54, 63; **53**
–, Klein-Balgheimer Hof 63
– -Nievenheim 58
– -Straberg 52
Dorsten 164, 166; **165, 166**
– -Hambach 164
Dorstfeld → Dortmund
Dortmund 25, 27, 39, 97 ff., 112, 198 ff.
–, Haus Rodenberg 98
–, Hohensyburg (Sigiburg) 97
– -Aplerbeck 98
– –, St. Georg 98
– -Dorstfeld 200
– -Grevel 200
– -Groppenbruch 98
– -Lindenhorst 98
– -Lütgendortmund 98, 100, 200
– –, Kloster Marienborn 98, 100
– -Marten 98, 192, 194, 198 ff.; **97, 99, 100, 194, 199, 200**
– -Mengede 41
– -Oespel 98, 192, 194, 198 ff.; **97, 99, 100, 199, 200**
– -Wickede 98, 99
Dortmunder Rücken 97
Dülmen **142**
Düsseldorf 61, 330 ff.; **330, 332**
–, Lambertuskirche 61
– -Bilk, Alt St. Martin 61
– -Gerresheim 63
– –, Derner Hof 63
– -Kaiserswerth, St. Suitbert 61
– -Oberkassel 64
– -Rath 53, 54, 62
Duisburg 51, 61, 119 ff.; **119–123**
–, Salvatorkirche **122**
– -Werthausen **119**

Eggegebirge 152
Eichthal, Gut → Overath
Eifel 60
Elsbachtal → Jüchen
Elsdorf-Angelsdorf 53
– -Oberembt **288**
Emden 195
Emmerich 62
England 291, 294, 347
Erin, Zeche → Castrop-Rauxel
Erkelenz 179
– -Commerden 58
– -Hückelhoven 52, 53, 58, 63
– -Kückhoven 20, 52, 179 ff.; **22, 180–183, 185, 187**
Erkrath 62
–, Haus Morp 62
– -Hochdahl 52; **50**
Erwitte-Völlinghausen 30; **28**
Eschweiler-Weisweiler 53
Essen 51, 61, 97, 124 ff.; **125**
–, Gräflich Rittberg'sche Kurie 125
–, Marktkirche 124–126; **126**
–, Münster 124, 301
–, Abtei Werden 97
– -Burgaltendorf **345**

– -Steele 310
Euregio Maas–Rhein 65

Frankfurt 303
Frankreich 175, 176
Frechen 52, 58, 64, 314, 337, 347
– -Großkönigsdorf **288**
Fröndenberg 45
–, Ziegeleigrube Voßacker 45; **42**
– -Küchenberg 45

Gallien 127, 230, 232
Gaulskopf → Warburg
Garzweiler
– Nord 276
– I, Braunkohlentagebau 21, 60, 62
– II, Braunkohlentagebau 64
Geilenkirchen-Hommerschen 58, 244 ff.; **244–247**
Geldern 62, 165
– -Kapellen 62
– –, St. Georg 62
Gelduba → Krefeld-Gellep
Gellep → Krefeld
Gelsenkirchen 41, 308
–, Schloß Horst 41, 308 ff.; **4, 40, 308–312, 314**
– -Buer 312
Gladbach 296
Grefrath 62
Grenzach 248
Gressenich → Stolberg
Grevel → Dortmund
Grevenbroich 60, 62, 276
– -Alt-Elfgen 276, 278
Groppenbruch → Dortmund
Großbritannien 339
Großer St. Bernhard 274
Großkönigsdorf → Frechen

Hagen 147
– -Vorhalle 17, 147 ff.; **46, 147, 148, 150**
Halle 48
–, Steinbruch Dieckmann 48; **43**
Haltern 26, 34; **26, 35**
Halterner Sande 176
Hambach → Dorsten
Hambach → Niederzier
–, Braunkohlentagebau → Niederzier
Hambacher Forst 58, 60, 254, 255
Hamma 228
Hamminkeln 62
–, Schloß Ringenberg 62
Haps 34
Harzumland 305
Haus Bürgel → Monheim
Hedem → Lübbecke
Heek 18, 34
–, Ammerter Mark 18
– -Averbeck 190
– -Nienborg 35
– -Wichum 34
Heiden 118
Heidenburg 288
Heiligkreuzkapelle → Trier
Hemer 30, 98
Hennef-Blankenberg 18
Henrichenburg → Castrop-Rauxel
Herculaneum 251, 252
Herford 39, 195, 316 ff.; **4, 318, 319**
–, Abtei 316; **316, 317**
–, Damenstift 39
–, Münsterkirche 317
–, Reichsstift 316
Herne 25
Herzebrock-Clarholz 289, 291
Hessen 176, 326
Hilchenbach **16**
Hille **154**
–, Steinbruch Sudbrack 154
– -Wallücke 154, 155; **154**
– –, Steinbruch Störmer 154
Himalaja 160
Höxter 27, 39, 101 ff., 118, 304 ff., 321 ff.; **101, 103, 305, 306**
–, Kilianikirche 104; **102**
– -Brenkhausen 321 ff.
– –, Kloster Brenkhausen/Kloster Vallis Dei 39, 321 ff.; **321, 322, 324**
Holtwick 44
Hommerschen → Geilenkirchen
Horn-Bad Meinberg-Leopoldstal 106; **105**
Hückelhoven → Erkelenz
Hüfingen 296
Hülsdonk → Moers
Hummersen → Lügde

Inden
– I, Braunkohlenrevier 58, 256
– II, Braunkohlenrevier 64
– -Altdorf 52, 54, 58, 60, 62
Indien 228
Ingelheim 288
Iserlohn, Dechenhöhle 48; **45**
Italien 80, 203, 223, 230, 274, 295
Iuliacum → Jülich

Jerxen-Orbke → Detmold
Jüchen 21, 60, 62
–, Elsbachtal 21, 60, 62, 276 ff.; **276–278, 280, 281**
–, Hahner Hof 62
– -Belmen 62; **61**
– – -Alt-Belmen 276, 278
Jülich 56, 61, 66, 127 ff., 138, 252, 285, 346 ff.; **61, 129, 130, 346, 347**
–, *Iuliacum* 127, 129, 285
Jülicher Börde 277
Jüngersdorf → Langerwehe

Kaiserswerth, St. Suitbert → Düsseldorf
Kalkar 62
– -Niedermörmter 60; **59**
Kall-Urft, Burg Dalbenden **249**
Kampanien 223
Kaster → Bedburg
Kempen 165, 166
Kirchhellen → Bottrop
Kleinasien 295
Kleve 62
Köln 23, 24, 43, 66, 79 ff., 93, 127, 129, 177, 236, 252, 254, 264, 265 ff., 269 ff., 274, 275, 285, 297 ff., 300 ff., 314, 335, 347; **4, 84, 87, 90, 265, 266, 268, 269, 272, 273, 275**
–, Albansviertel 90
–, Alt St. Heribert 86
–, *Colonia Claudia Ara Agrippinensium* 90; **81**
–, Dom 24, 79, 81, 86, 91 ff., 334; **91–94**
– –, Domkloster 92
–, Groß St. Martin 86
–, Kaiser- und Bischofspfalz 81
–, Laurentiuskloster 303
–, Marstempel 81
–, *Porta Martis* 81
–, *Praetorium* 81
–, St. Aposteln 86, 90
–, St. Cäcilien 86
–, St. Georg 301
–, St. Gereon 84, 86, 303
–, St. Kolumba 86, 297, 298, 301
–, St. Kunibert 297, 299, 300 ff.; **297–302**
–, St. Maria im Kapitol 298
–, St. Maria Lyskirchen 86
–, St. Pantaleon 86, 274, 301
–, St. Severin 84, 86, 303; **88**
–, St. Ursula 86
– -Blumenberg 79; **80, 81**
– -Deutz 84
– -Esch 86
– –, St. Martin 86
– -Junkersdorf 84
– -Lachem 302, 303
– -Merheim 86
– –, St. Gereon 86
– -Merkenich 303
– -Müngersdorf 84
– -Rheinkassel 86
– –, St. Amandus 86
– -Weiden 89
– -Weiler 86
– –, SS. Cosmas und Damian 86
– -Zündorf 86
– –, St. Michael 86
Kölner Bucht 98
Königswinter **202**
Kornelimünster → Aachen
Korschenbroich 295, 296; **295**
Kranenburg 54
Krefeld 51, 54, 56, 61, 131 ff.
– -Gellep 60, 258 ff.; **259, 260**
– –, *Gelduba* 132, 259; **131–133**
– -Linn 132; **133**
– –, Burg Linn 132
– –, Haus Rath 132
– -Traar 131
Küchenberg → Fröndenberg
Kückhoven → Erkelenz

Lachem → Köln
Lage
– -Lückhausen 108; **107**
– -Müssen 107; **106**
– -Müssen-Hachheide 108
Langerwehe 64, 339 ff.; **339–343**

– -Jüngersdorf 52, 58, 339
Leopoldstal → Horn-Bad Meinberg
Lich (alte Ortslage) → Niederzier-Steinstraß
Lichtenau-Blankenrode **284**
Lindenhorst → Dortmund
Lindlar-Steinscheid 63
Linnich 54, 58, 261 ff.; **261, 263**
Lippe 105 ff.
Lippstadt 39
Lonetal 172
Lotte-Wersen **31**
Ludwigshafen 195
Lübbecke 197; **16**
– -Hedem 197; **196**
Lückhausen → Lage
Lügde-Hummersen 106
Lünen-Wethmar 35, 36; **36**
Lütgendortmund → Dortmund
Lüttich 66
Lüttingen → Xanten
Lyon 274

Mähren 179
Mainz 221
Marienheide-Himmerkusen 64
Marsberg-Obermarsberg
–, Eresburg 38; **37**
–, Stiftskirche 38
–, St. Peter und Paul 37
Marten → Dortmund
Massif Central 232
Mauer 175, 176
Mausbach → Stolberg
Mayen 339
Mechernich-Weyer **174**
Meckenheim 52, 54, 58
Medebach 116
Meerbusch-Strümp 52, 53, 60; **51, 58**
Meertal → Neuss
Meißen 350
Merkenich → Köln
Meschede 27
Miesenheim 176
Millau 232
Minden 112
Mitteleuropa 152, 167, 178, 188
Mittelgebirge 200
Mittelgebirgszone 177
Mittelrhein 176, 340
Moers 51, 52, 61, 134 ff.
– -Asberg 56
– –, *Asciburgium* 57; **119**
– -Hülsdonk 52, 63, 134 ff.; **134–136**
– –, Daubenspeckshof 63
Mönchengladbach 23
–, Schloß Rheydt 62
– -Mülfort 56; **57**
Monheim 18, 54
–, Haus Bürgel 18, 54; **55, 56**
Morken 296
Mülheim a. d. Ruhr 53, 62
–, Schloß Broich 53, 62
–, Schloß Styrum 62
Münster 25–27, 39, 112; **39, 345**
–, Marktkirche St. Lamberti 40
–, Überwasserkirche 303
– -Gittrup 190
Münsterland 44, 289 ff.
Müssen → Lage
– -Hachheide → Lage-Müssen
Muffendorf → Bonn
Murano 319

Naher Osten 319
Nehden → Brilon
Nennig 269
Netphen-Deuz 33; **33**
Nettetal-Hinsbeck 62
– -Kaldenkirchen **21**
Neupotz 257
Neuss 24, 51, 56, 61, 137 ff.; **139, 140**
–, Beginenkonvent ‚Michaelisberg' 141
–, *castellum Nivisium* 138
–, St. Quirin 141
– -Gnadental 140; **4**
– -Grimlinghausen 138
– -Meertal 141; **138**
– -Norf 53, 137
– -Reckberg 138; **137**
– -Rosellen 137
– -Selikum 137
– -Uedesheim 138
Nideggen 62
– -Wollersheim 50
Niederbieber 268
Niedergermanien 23, 231

Niederkrüchten-Arsbeck **329**
Niederlande 34, 54, 65, 324, 339, 347
Niedermerz → Aldenhoven
Niederrhein 9, 164
Niederrheinische Bucht 165, 166
Niederzier 52, 53, 58, 60; **64**
– -Hambach 52; **254, 255**
– –, Braunkohlentagebau 58, 60, 254, 285; **288**
– -Oberzier 58
– -Steinstraß 58, 60, 251, 285 ff.
– – -Lich (alte Ortslage) 251 ff., 285; **13, 251, 287, 288**
Nienborg → Heek
Nijmegen 296
Nivelles 303
Nivisium → Neuss
Nörvenich 62
–, Burg Binsfeld 62
Norddeutsche Tiefebene 177
Norddeutschland 102, 160, 291, 304, 305, 339
Nordeifel 9
Nordeuropa 188
Nordfrankreich 330
Nordgallien 285
Nordhessen 306
Nordseeküste 291
Nordwestdeutschland 102, 152, 155, 178, 308, 314
Nordwesteuropa 164, 319
Norf → Neuss

Oberaden → Bergkamen
Oberbergisches Land 145
Oberembt → Elsdorf
Oberhessen 33
Obermarsberg → Marsberg
Oberntudorf → Salzkotten
Oerlinghausen 109; **108**
Oespel → Dortmund
Olsberg, Bruchhauser Steine 18; **32**
Osnabrück 112
Osteuropa 152
Ostwestfalen 30, 97, 195, 218
Ostwestfalen-Lippe 9
Overath, Gut Eichthal 50

Paderborn 24, 26, 112, 326
–, Dom 26
–, Kaiserpfalz 24
– -Schloß Neuhaus 26
Paderborner Hochfläche 177
Pesaro 273
Plaidt 264
Pompeji 77, 226, 252
Porta Westfalica 212, 218, 219
– -Costedt 218, 219; **218, 219**
– -Veltheim 210 ff.; **210, 211**
Pulheim
– -Brauweiler 50

Raeren 314
Ramsdorf → Velen
– -Knüverkamp → Velen-Ramsdorf
Rath → Düsseldorf
–, ehem. Franziskanerinnenkloster → Düsseldorf-Rath
Ratingen-Breitscheid 64
Reckberg → Neuss
Recklinghausen 349
Reichshof 145
– -Denklingen 65
– -Odenspiel 144; **146**
Remscheid 64
– -Lennep 62
– –, Minoritenkloster 62
Rheda-Wiedenbrück 34
Rheinbach 52, 58
– -Flerzheim 52
Rheinbacher Lößplatte 58
Rheinberg 52
Rheingebiet 33
Rheinische Lößbörde 276
Rheinisches Braunkohlenrevier 23
Rheinisches Lößgebiet 187
Rheinland 49–51, 54, 60, 64–66, 77, 145, 179, 187, 242, 257, 258, 272–274, 291, 306, 312, 314, 315, 317, 339, 347
Roermond 56, 228
Rom 84, 230, 242
–, S. Lorenzo 230
Ruhrgebiet 9, 200, 349

Sachsen 104
Sachsen-Anhalt 186
Saerbeck 34
Salzkotten-Oberntudorf 28, 191, 192; **28, 193**
Sauerland 158
–, Briloner Hochfläche 156
Saulzoire 232

Schermbeck 175; **19, 176**
Schloß Horst → Gelsenkirchen
Selikum → Neuss
Sibirien 164
Siegburg 61, 64, 314, 315, 317, 333, 336 ff., 339, 340, 347; **336–338**
Skandinavien 231, 260, 339
Smyrna 209
Soest 18, 27, 28, 39, 110 ff.; **110, 112, 113, 115, 117**
–, Brunstein-Kapelle **114**
–, Erzbischöfliche Pfalz, ‚Hohes Hospital' 111, 116
–, Nikolai-Kapelle 118
–, Patroklidom 111
–, Petrikirche 111, 112, 114, 116; **111**
–, St. Patroklistift 112
–, Vincentius-Kapelle 116
– -Ardey 110
– -Deiringsen/Ruploh 110
Soleihac 176
Spandau 348
Spanien 175, 176, 295
St. Denis 112
Stablo 303
Steinbruch Störmer → Hille-Wallücke
Steinbruch Sudbrack → Hille
Steinheim 175
Steinstraß → Niederzier
Stockumer Rücken 97
Stolberg 18
– -Breinig 231
– -Gressenich 231
– -Mausbach 231
Süddeutschland 152, 184
Südengland 291
Südgallien 232
Südniedersachsen 306, 324
Südskandinavien 291
Südwestdeutschland 291
Südwestfälisches Bergland 33
Südwestfalen 33
Swanscombe 175
Syrien 273

Tautavel 176
Tecklenburg 18
Teutoburger Wald 48, 106
Themsebecken 291
Thil/Caubiac 232
Thüringen 291
Tiberiacum 285
Titz-Höllen 50
–, Gut Coenen 50
Trier 84, 219, 254, 274
–, Dom 301
–, Heiligkreuzkapelle 301
Troja 84
Tundra, arktische 172
Turin 275

Udby 228
Übach-Palenberg 66

Vaison-la-Romaine 247
Vallis Dei, Kloster → Höxter-Brenkhausen
Varnenum → Aachen-Kornelimünster
Velbert-Langenberg 64
Velen 176
– -Ramsdorf 176; **14**
– – -Knüverkamp 176
Veltheim → Porta Westfalica
Venedig 319, 324
Vetera Castra → Xanten
Vetera I → Xanten
Vetschau → Aachen
Vienne 232
Vorderer Orient 191
Voreifel 58
Vorgebirge 339
Vorhalle → Hagen
Voßacker, Ziegeleigrube → Fröndenberg

Wadersloh
–, Oberhof Rassenhövel 326
– -Liesborn 38; **38**
Wallücke → Hille
Warburg 30, 39, 177, 195, 325 ff.; **325–328**
–, St. Peter 326
– -Bonenburg 152
– -Borgentreich 191; **195**
– – -Großeneder **192, 194, 196, 197**
– -Ossendorf 28, 36
– –, Gaulskopf 28, 36
Warburger Börde 196
Wardt → Xanten
Warstein-Allagen **46**
Wassenberg 62

Weeze 175; **176**
Wermelskirchen 64
Werthausen → Duisburg
Weserbergland 101, 160
Wesseling 60
Westerkappeln-Velpe 153; **153**
Westerwald 314, 317, 324, 338, 348
Westeuropa 152, 183
Westfalen 25, 27, 28, 30, 43, 46, 97, 112, 152 ff., 166, 176, 177, 188, 191, 200, 212, 289, 291, 312, 315, 324, 326
Westfalen-Lippe 25, 26, 35, 42, 152
Westfälische Bucht 34
Wewelsburg → Büren
Wickede → Dortmund
Wichum → Heek
Wiehengebirge 153, 155, 197
Wiehengebirgsvorland 48
Wijk-bij-Duurstede, Dorestad am Kromme Rijn 288
Winchester 260
Witten 41
–, Haus Herbede 41
– -Annen 41; **23**
Wittgensteiner Land 9
Wüsten-Krutheide → Bad Salzuflen

Xanten 19, 56, 57, 66 ff., 222, 228 ff., 233, 236, 237, 241 ff.; **224, 228, 230, 231, 233, 242, 243**
–, *Colonia Ulpia Traiana* 20, 57, 66 ff., 221, 222, 228, 233 ff., 236, 237 ff., 241, 243; **69–78, 233–236, 238–242**
–, *Vetera I* 226
–, *Vetera Castra* 72
– -Birten 56
– -Lüttingen 57, 223
– -Wardt 57, 220 ff., 223 ff.; **221, 222, 224, 226**

Zülpich 56, 272; **4**
– -Bessenich 50
Zypern 242